公证强制执行
理论与实务精要

陈凯 付颖哲 ◎ 著

中国法制出版社
CHINA LEGAL PUBLISHING HOUSE

谨以此书献给我所热爱的公证事业

前　言

　　本书是我们已经完成，并由中国法制出版社出版的《担保法理论与实务精要》的姊妹篇。《担保法理论与实务精要》主要讨论金融借贷融资以及与担保有关的法律知识和实务，偏重实体；而本书主要讨论公证强制执行，[①]即讨论金融借贷融资的债权人如何仅经强制执行公证程序，而不经诉讼程序直接进入执行程序实现债权的问题，偏重程序。

　　与《担保法理论与实务精要》不同，本书的阅读人群主要是公证机构的公证执业人员，以及从事金融借贷业务并经常向公证机构申请办理强制执行公证业务的金融从业人员。从我们多年的公证和律师执业经验看，办理强制执行公证业务的公证执业人员和金融从业人员，一方面应当掌握借贷、担保等实体性法律知识和实务，另一方面应当熟知公证强制执行的程序性法律知识和实务，从而最终从实体和程序两个方面掌握防范公证执业和金融业务各项法律风险的知识和技能。所以，本书与《担保法理论与实务精要》一起，既可以作为公证人员防范公证执业法律风险的专业书籍，也可以作为金融从业人员了解公证强制执行制度和防范金融借贷法律风险的参考资料。

　　在具体内容上，本书和《担保法理论与实务精要》的风格一样，在理论论述的基础上，偏重于对实务操作和实务问题的讨论。就此，我们一方面会对公证强制执行的基础理论尽可能透彻地论述清楚，另一方面将会以更多的笔墨借助人民法院在强制执行程序和执行异议程序中作出的法院裁定等法律文书，在

[①] 本书所涉及的几个特殊用语：(1) 强制执行公证：是一种公证业务类型，即赋予债权文书强制执行效力的公证，是公证所拥有的三个主要效力，即证明效力、债权文书强制执行效力以及法律行为构成要件效力中的一项。(2) 公证强制执行：与诉讼强制执行相对，是指经强制执行公证，在债务人不履行到期债务时，债权人持公证债权文书，不经诉讼，径行申请的强制执行。(3) 公证强制执行程序：是指从申请办理强制执行公证开始，一直到人民法院依据公证债权文书实施强制执行，帮助债权人最终实现债权的整个过程。(4) 公证强制执行制度：是指用于规范自申请办理强制执行公证，到人民法院实施强制执行整个过程中各方程序主体权利义务的法律规定的总称。

公证强制执行理论的基础上对实务进行分析和讨论，用实践说明、讨论和验证公证强制执行理论的有效性。

在强制执行公证的实践中，我们发现法官、律师，甚至是当事人的法律意识和法律水平普遍有所提高。在结果上，如果公证行业执业人员业务素质的提高不能跟上司法实践的发展，被赋予强制执行效力的公证书、执行证书就会遇到越来越多的问题和质疑，希望本书能够对公证人员提高自己的业务水平有所裨益。举一个实践中的例子，根据原《中华人民共和国物权法》第二百零六条，关于人民法院在查封、扣押抵押物后的最高额抵押担保的债权是否不再增加的问题，实践中有主观说即"依据当事人是否已经知道查封事项"和客观说即"依据人民法院是否已经采取了有效的查封措施"两种观点，问题矛盾点在于从人民法院的查封登记是否可以推定当事人已经知晓查封事项。对此，2021年实施的《中华人民共和国民法典》即有所涉及，相应的法条增加了"知道或者应当知道"的表述，立法上倾向于客观说。对于公证机构出具执行证书的工作而言，如果采纳客观说，则会导致公证机构需要审查抵押物是否存在被查封的情形，并根据查封措施和债权发生的时间，对债务人和抵押人的责任范围在执行证书中给予不同的表述，否则可能侵害抵押物的后顺位抵押权人和抵押人的其他一般债权人的利益，最终导致债权人依据公证债权文书提出的执行申请部分被驳回。但是，如果依据主观说，公证机构在出具执行证书前的核查工作中，即须就对抵押物采取查封措施的执行机关是否通知了抵押权人查封的事宜进行核实和审查，在没有证据证明抵押权人已经知晓抵押物被查封的情况下，应当排除查封措施对抵押人责任范围的影响。如何选择，应视人民法院最终普遍的司法实践结果而定。

从上述例子可以看出，公证强制执行制度所面对的司法实践不断发展和变化，对公证执业人员的相关法律水平提出了很高的要求。我们认为，公证机构从业人员一方面应当掌握公证强制执行程序的基本理论，做到运用自如；另一方面应当努力学习新的实体和程序法律知识，不断更新自己的知识水平和技能。为此，我们在本书第一部分也即公证强制执行制度的基础理论，着重介绍该制度的实体法律和程序法律基础，为本书后续实务方面的讨论打下理论基础，也作为我们对理论和实务发展的一种回应和铺垫。该部分的内容着重处理几个有关公证强制执行制度的核心问题：第一，为什么债权债务关系经过公证，即可直接向执行机关申请执行？相较于诉讼执行程序，公证强制执行程序有哪些制度上的优势？第二，哪些债权债务关系可以经公证直接进入强制执行程序？此类债权债务关系有哪些法律特征？第三，国家强制力在强制执行程序中施予债务人的同时，如何对债务人的合法权益进行救济，更进一步，救济程序应当如何设置？可以说，本书在第一部分之后的讨论，均是以第一部分的理论为出发点，无论是我们引述的法院裁定，还是进行的理论和实务分析，都是建立在第一部分的理论基础之上的，都是在一再拷问第一部分通过理论分析得出的结论是否正确。

第二部分是关于我国公证强制执行制度的演进和选择，着重介绍公证强制执行制度在我国的制度演进，介绍该制度随着我国社会、政治、经济制度和结构的变化，法律制度的调整而发生的变化。从制度演进的角度，讨论我国公证强制执行制度如何处理核心的制度问题——在对债务人救济问题上的程序选择和制度设置。

第三部分是关于最高人民法院颁布的《最高人民法院关于公证债权文书执行若干问题的规定》的应用和解读。可以说，该规定的颁布，使公证强制执行制度在我国的立法和司法都迈入了新阶段，其内容对公证强制执行制度的发展和演化都将产生深远的影响。

第四部分是关于公证强制执行程序中的实体性法律问题，主要包括公证强制执行制度的适用范围以及人民法院应对该程序中双方当事人、案外人的哪些实体权利进行救济，论述人民法院不予执行公证债权文书的实体法律因素。

第五部分是关于公证强制执行程序中的程序性法律问题，分为两章，分别论述公证强制执行程序的公证部分和强制执行部分，主要包括公证机构办理强制执行公证的程序、出具执行证书的程序以及人民法院依据公证债权文书和执行证书以及当事人的申请所进行的强制执行程序，重点是结合第四部分对双方当事人、案外人实体权利救济的讨论结果，讨论应当如何设置救济程序的问题。

第六部分是关于公证强制执行程序中的特殊问题，主要是关于执行异议、执行异议之诉、轮候查封、移送处置、参与分配、终本执行和终结执行。通过该部分的论述，讨论公证债权文书在进入执行程序后，当事人所面临的一系列程序性问题，公证人员可借此了解当事人在执行程序中所须面临的有关执行的一系列程序和问题，反向思考如何改进自己的公证工作，以提供更好的公证法律服务。

本书的完成首先要感谢陕西省西安市汉唐公证处，没有公证处的大力支持，本书无法完成；其次要感谢我在公证执业中相识的各级法院的专业法官，他们丰富的执业经验成为我在完成本书过程中验证结论的最好的试金石；最后要感谢我的公证业务团队，没有他们分担我日常繁重的公证业务，我不可能有精力完成本书的写作。

陈　凯

二〇二一年七月一日　于西安·大话南门

凡 例

《最高人民法院关于适用〈中华人民共和国民事诉讼法〉的解释》	《民事诉讼法司法解释》
《最高人民法院关于人民法院执行工作若干问题的规定(试行)》	《执行工作规定》
《最高人民法院关于公证债权文书执行若干问题的规定》	《公证债权文书执行规定》
《最高人民法院关于适用〈中华人民共和国民事诉讼法〉执行程序若干问题的解释》	《民事诉讼法执行程序解释》
《最高人民法院关于人民法院办理执行异议和复议案件若干问题的规定》	《执行异议和复议规定》
《最高人民法院关于执行案件立案、结案若干问题的意见》	《执行案件立案、结案意见》
《最高人民法院关于审理民间借贷案件适用法律若干问题的规定》	《民间借贷司法解释》
《最高人民法院关于人民法院民事执行中查封、扣押、冻结财产的规定》	《查封、扣押、冻结财产规定》
《最高人民法院关于人民法院办理财产保全案件若干问题的规定》	《财产保全规定》
《最高人民法院关于适用〈中华人民共和国民法典〉有关担保制度的解释》	《担保制度司法解释》
《最高人民法院、司法部关于公证机关赋予强制执行效力的债权文书执行有关问题的联合通知》	《联合通知》

《最高人民法院、司法部、中国银监会关于充分发挥公证书的强制执行效力服务银行金融债权风险防控的通知》	《关于充分发挥公证书的强制执行效力服务银行金融债权风险防控的通知》
《最高人民法院关于审理融资租赁合同纠纷案件适用法律问题的解释》	《融资租赁司法解释》
《最高人民法院关于当事人对具有强制执行效力的公证债权文书的内容有争议提起诉讼人民法院是否受理问题的批复》	《公证债权文书内容争议诉讼受理批复》
《最高人民法院关于审理民事案件适用诉讼时效制度若干问题的规定》	《诉讼时效规定》
《全国法院民商事审判工作会议纪要》	《九民纪要》
《最高人民法院关于适用〈中华人民共和国合同法〉若干问题的解释（二）》	《合同法司法解释二》
《最高人民法院关于执行程序中计算迟延履行期间的债务利息适用法律若干问题的解释》	《计算迟延履行期间债务利息解释》
《最高人民法院关于在执行工作中如何计算迟延履行期间的债务利息等问题的批复》	《计算迟延履行期间债务利息批复》
《最高人民法院关于适用〈中华人民共和国担保法〉若干问题的解释》	《担保法司法解释》
《最高人民法院关于民事执行中变更、追加当事人若干问题的规定》	《变更、追加当事人规定》
《最高人民法院关于严格规范终结本次执行程序的规定（试行）》	《终本执行规定》
《最高人民法院关于审理涉及公证活动相关民事案件的若干规定》	《公证活动相关民事案件规定》

目录
CONTENTS

第一章 公证强制执行制度的法理基础

一、诉讼程序的困境 002
二、公证强制执行制度的实体法基础 004
三、公证强制执行制度的程序法基础 007
四、《公证债权文书执行规定》的得与失 010

第二章 我国公证强制执行程序的制度演进和制度选择

第一节 公证强制执行制度在我国的制度演进

一、2000 年《联合通知》前的制度发展 014
二、2000 年《联合通知》后的制度发展 016
三、2017 年《关于充分发挥公证书的强制执行效力服务银行金融债权风险防控的通知》及制度发展展望 020

第二节 公证强制执行制度的救济程序选择
——兼评《公证债权文书执行规定》

一、人民法院不予执行实体事由和审查标准的变化 025

二、最高人民法院审查标准发生过反转性变化的原因分析·················027

三、2015年《民事诉讼法司法解释》第四百八十条第一款审查标准之下救济程序的困境··029

四、公证债权文书执行程序中救济程序选择···························030

五、《公证债权文书执行规定》的救济程序选择························031

六、对《公证债权文书执行规定》的评价·····························035

第三章 《公证债权文书执行规定》的解读和应用

第一节 《公证债权文书执行规定》的背景与任务

一、《公证债权文书执行规定》的背景·······························038

二、《公证债权文书执行规定》的任务·······························039

第二节 《公证债权文书执行规定》的理解与应用

一、公证债权文书的法定概念（第一条）·····························043

二、执行管辖（第二条）···046

三、执行依据（第三条、第四条）···································048

四、受理执行审查、裁定和救济（第五条至第七条）···················058

五、公证机构《不予出具执行证书决定书》（第八条）···················065

六、申请出具执行证书和申请执行的期间（第九条）···················075

七、执行标的的确定（第十条、第十一条）···························082

八、裁定不予执行公证债权文书的事由（第十二条、第十九条）·········091

九、不予执行的审查程序（第十三条至第十八条、第二十条、第二十一条）···098

十、不予执行公证债权文书之诉（第二十二条、第二十三条）···········109

十一、债权人、利害关系人提出的实体诉讼（第二十四条）·············138

十二、规范冲突的解决（第二十五条）·······························152

第四章 公证强制执行程序中的实体性法律问题

第一节 公证赋予强制执行效力的债权文书范围

一、2000年《联合通知》 154
二、担保协议可予办理强制执行公证的司法解释 156
三、2017年《关于充分发挥公证书的强制执行效力服务银行金融债权风险防控的通知》...... 156
四、影响公证赋予强制执行效力的债权文书范围的要素 157

第二节 特殊法律关系的强制执行公证

一、无担保的租赁合同 161
二、融资租赁 165
三、还款协议 182
四、回购式交易合同 187

第三节 不予执行公证债权文书的实体因素

一、程序视角下不予执行公证债权文书的实体因素 197
二、公证债权文书所载的法律关系不生效、可撤销、无效 198
三、公证债权文书载明的法律关系与事实不符 200
四、公证债权文书载明的债权因清偿、提存、抵销、免除等原因全部或者部分消灭 202

第五章 公证强制执行程序中的程序性法律问题——公证阶段

第一节 强制执行公证的办理阶段

一、公证机构办理强制执行公证的一般理论 206

二、公证管辖 ··· 207
三、执行承诺 ··· 211
四、公证审查和公证笔录 ·· 220
五、公证书的内容 ··· 225
六、公证送达 ··· 227

第二节 强制执行公证的出具执行证书阶段

一、公证机构出具执行证书程序的一般理论 ······································ 230
二、出具执行证书审查程序的审查事项 ··· 235

第三节 执行证书的内容

一、执行证书的应有内容 ·· 254
二、被执行人责任范围不一致的特殊情况 ······································· 268
三、执行证书错误的救济程序 ·· 279
四、公证书和执行证书的更正和补正 ·· 282
五、公证债权文书的撤销、不予受理和不予出具执行证书 ······················· 284

第六章 公证强制执行程序中的程序性法律问题——执行阶段

第一节 公证债权文书强制执行申请及审查

一、人民法院执行程序的启动 ·· 288
二、公证债权文书申请强制执行的时效 ··· 301
三、执行依据 ··· 304
四、公证债权文书强制执行的立案审查 ··· 314

第二节 申请不予执行公证债权文书程序

一、申请不予执行公证债权文书的期间设定 ····································· 318

二、审理不予执行公证债权文书申请的程序设置 323
三、申请不予执行公证债权文书异议审查的内容 325
四、人民法院不予执行公证债权文书的事由 329

第三节　不予执行公证债权文书之诉

一、不予执行公证债权文书之诉的由来 338
二、不予执行公证债权文书之诉的程序安排 341
三、不予执行之诉中的"民刑交叉"问题 348
四、不予执行公证债权文书之诉的结论 351

第四节　公证强制执行程序中的特殊问题

一、执行异议和执行异议之诉 352
二、轮候查封、移送处置、参与分配 370
三、终本执行和终结执行 388

后　记 397

问题目录

第一章 公证强制执行制度的法理基础

第二章 我国公证强制执行程序的制度演进和制度选择

第三章 《公证债权文书执行规定》的解读和应用

【问题1】借款合同的目的交易无效是否影响依借款合同的公证债权文书执行？……041

【问题2】执行法院是否能够仅裁定不予执行执行证书？……045

【问题3】执行管辖异议的提起是否有时限限制？……047

【问题4】为什么执行依据只有公证债权文书，而不包括执行证书？……049

【问题5】公证债权文书的公证证词中未列明权利义务主体及给付内容，人民法院怎么处理？……052

【问题6】《公证债权文书执行规定》施行前的公证债权文书的公证证词中没有给付内容，是否应当裁定不予执行？……053

【问题7】保证人在主债权展期时，并未再次就保证合同办理强制执行公证，能否强制执行？……055

【问题8】何谓"给付义务不明确"，以及何谓"受理后，裁定驳回执行申请"？……059

【问题9】如何正确理解给付内容不明确？……061

【问题10】公证书遗漏担保人是否导致公证债权文书错误？……063

【问题11】当事人提交《不予出具执行证书决定书》，能否直接提起诉讼？……067

【问题12】没有或在一审、二审期间提交公证机构出具的《不予出具执行证书决定书》，是否应当驳回诉讼？ ········070

【问题13】《不予出具执行证书决定书》是债权人主动放弃的结果，其能否直接提起诉讼？ ········073

【问题14】因超过申请执行公证债权文书的期间而被裁定不予执行，债权人应如何救济？ ········077

【问题15】债务人还款，是否会中断执行时效？ ········079

【问题16】超过申请执行公证债权文书的期间，但未超出诉讼时效，债权人应如何救济？ ········081

【问题17】人民法院如何在执行中根据公证债权文书确定给付内容？ ········083

【问题18】被执行人是否可以因执行证书内容错误、执行证书核实不合法或未尽核实义务等执行证书的原因申请不予执行？ ········085

【问题19】民间借贷实际利率（而非公证债权文书载明利率）超过法定保护范围，应当如何处理？ ········088

【问题20】当事人是否可以委托代理人办理公证债权文书？ ········095

【问题21】债务人认为债务数额不对，应当如何救济？ ········097

【问题22】申请不予执行公证债权文书的十五日时效，法院会遵守吗？ ········100

【问题23】指定执行、提级执行、委托执行情况下，由哪个法院审查处理不予执行公证债权文书的申请？ ········103

【问题24】执行证书载明的债权金额错误，是否会导致不予执行？ ········107

【问题25】公证债权文书内容与事实不符或无效的，被执行人应当如何救济？ ········111

【问题26】内容与事实不符，公证债权文书就一定"确有错误"吗？ ········114

【问题27】已经履行部分债务是否属于"公证债权文书载明的民事权利义务关系与事实不符"的情形？ ········118

【问题28】权利义务关系与事实不符的审查尺度和范围如何？ ········123

【问题29】"抵押典当合同，实为抵押借贷合同"，是否应当以"权利义务关系与事实不符"为由不予执行？ ········124

【问题30】非金融机构的自然人经营性放贷，是否会导致法院判决不予执行？ ········127

【问题31】被执行人认为债权合同具有可撤销的瑕疵，应当如何救济？ ········129

【问题32】《公证债权文书执行规定》在第二十二条第一款中规定不予执行法定事由的规范作用是什么？ ········131

【问题33】提起不予执行公证债权文书之诉是否应停止执行？ ········132

【问题34】公证债权文书载明的债务已经部分清偿的情况下，债务人如何进行救济？ ……135

【问题35】不存在《公证债权文书执行规定》第二十四条第一款规定的两种情形，债权人是否可以直接向人民法院提起诉讼？ ……138

【问题36】执行法院未裁定予以执行的实体权利，如何救济？ ……141

【问题37】夫妻一方认为另一方单独在共有房屋上设定的抵押权无效，能否请求不予执行？ ……145

【问题38】案外人、利害关系人如何对公证债权文书提起"案外人撤销之诉"？ ……149

第四章　公证强制执行程序中的实体性法律问题

【问题39】强制执行的债务是否只能是债权人的唯一选择？ ……158

【问题40】融资租赁合同强制执行公证中的执行标的是什么？ ……170

【问题41】融资租赁合同是不是租赁合同？ ……173

【问题42】售后回租式融资租赁合同是否可以公证强制执行？ ……175

【问题43】融资租赁公证强制执行是否既收回租赁物又执行未到期租金？ ……179

【问题44】不明确还款协议性质会导致不予执行吗？ ……182

【问题45】还款协议涉及的原协议无效应当如何处理？ ……184

【问题46】股票是否可以用于收益权回购并办理强制执行公证？ ……187

【问题47】不动产所有权或使用权是否可以用于收益权回购交易并办理强制执行公证？ ……192

【问题48】"股加债"关系是否可以经公证被赋予强制执行效力？ ……195

第五章　公证强制执行程序中的程序性法律问题——公证阶段

【问题49】抵押物在异地，公证机关是否有受理抵押合同的强制执行公证管辖权？ ……209

【问题50】当事人是否可以通过后续约定改变公证强制执行的程序选择结果？ ……213

【问题51】什么是"到场"办理公证，如何证明被执行人已到场办理公证？ ……216

【问题52】公证笔录是否可以作为确定债权合同内容的依据？ ……220

【问题53】人民法院如何处理公证证词中未列明"权利义务主体、给付内容"的情形？ 225

【问题54】公证债权文书是否须送达当事人后生效？ 228

【问题55】债权人申请执行证书，被申请执行人未到场的情形，是否符合法律规定？ 232

【问题56】债权人申请和公证机构出具执行证书时，是否需要通知债务人、担保人？ 234

【问题57】公证机构在出具执行证书前，是否需要对债务履行情况进行审核？ 236

【问题58】公证机构在出具执行证书前，应当审查哪些内容？ 243

【问题59】公证债权文书债权的受让人能否申请出具执行证书并向人民法院申请执行？ 244

【问题60】公证机构应当如何核实债务履行情况，人民法院如何看待公证机构的核实工作？ 247

【问题61】核实函未妥投，是否影响公证机构核实债务履行情况的效果？ 249

【问题62】公证机构签发执行证书时，是否需当事人，尤其是债务人、担保人到场？ 251

【问题63】执行证书出具前的核查，未穷尽所有送达措施送达核实函的，是否视为"其他严重违反法定公证程序的事项"？ 252

【问题64】如何将公证费、律师费纳入公证强制执行的执行标的范围？ 255

【问题65】执行证书中未写明数额的违约金，是否应当纳入强制执行的标的？ 259

【问题66】公证机构和执行机关应当如何计算利息？ 260

【问题67】没有约定逾期利率，公证机构和执行机关应当如何计算利息？ 263

【问题68】没有约定清偿顺序，被执行人财产应当如何清偿债务？ 267

【问题69】最高额抵押担保期间，抵押物被查封，执行证书中抵押人责任范围应如何确定？ 268

【问题70】不予执行公证债权文书程序是否审查出具执行证书的程序？ 280

【问题71】执行证书需要向被执行人送达吗？ 281

【问题72】部分公证债权文书的错误是否可以通过补正公证书加以纠正？ 284

第六章 公证强制执行程序中的程序性法律问题——执行阶段

【问题73】公证书中权利义务主体和给付内容不明确的结果如何？ 289

【问题 74】公证强制执行是否可以"诉前财产保全"? ……………………… 291

【问题 75】保证人所在地或保证人财产所在地法院是否拥有执行管辖权? ……… 294

【问题 76】执行机关在实践中可能会采取什么样的执行措施? ……………… 298

【问题 77】未在规定时效内申请出具执行证书或向人民法院申请强制执行的法律后果是什么? ……………………………………………………… 303

【问题 78】公证强制执行的执行依据是公证债权文书还是执行证书? …………… 305

【问题 79】办理强制执行公证后,债权人是否能够直接提起诉讼? ……………… 313

【问题 80】债务人迟延履行公证债权文书载明之义务,能否要求其支付迟延履行生效法律文书应当支付的加倍利息? ……………………………………… 315

【问题 81】未在规定时限提出"不予执行公证债权文书"异议申请的后果是什么? ………………………………………………………………… 320

【问题 82】送达执行通知书后,被执行人应向哪个法院申请"不予执行公证债权文书"? …………………………………………………………… 322

【问题 83】哪些主体可以提出不予执行公证债权文书的异议申请? …………… 324

【问题 84】在不予执行公证债权文书审查程序中,异议人提出实体争议的,人民法院应当如何处理? …………………………………………………… 326

【问题 85】实体争议涉及可能存在的第三人的民事权益,法院应如何处理? … 327

【问题 86】担保人是否可以以债务人未向其履行反担保承诺为由拒绝履行担保责任? ……………………………………………………………… 328

【问题 87】怎么理解公证债权文书的"内容违反法律强制性规定"这一不予执行的事由? ……………………………………………………………… 330

【问题 88】《关于含担保的公证债权文书强制执行的批复》是否可以作为裁判依据? …………………………………………………………………… 333

【问题 89】就公证强制执行的执行异议作出的执行裁定案件编号不合规,是否应当驳回执行申请? ………………………………………………………… 334

【问题 90】公证机构部分撤销执行证书,是否导致整个公证债权文书均不得强制执行? ……………………………………………………………… 335

【问题 91】人民法院是否能仅对部分执行标的,或部分被执行人裁定不予执行? … 336

【问题 92】不予执行公证债权文书之诉的基本面目是什么? …………………… 339

【问题 93】自然人借款中未实际支付借款,公证债权文书还能作为执行依据吗? … 343

【问题 94】合同在债权文书公证后发生变更,公证债权文书还适合作为执行依据吗? ………………………………………………………………… 345

【问题 95】保证人因保证期间届满而不再承担保证责任，公证债权文书还适合作为执行依据吗？ 346

【问题 96】《公证债权文书执行规定》如何处理民刑交叉问题？ 349

【问题 97】公证债权文书符合部分不予执行情形时，人民法院应如何处理？ 351

【问题 98】在执行程序中，人民法院先执行保证人，而非债务人的担保物，该执行行为是否违法？ 353

【问题 99】何谓"执行行为异议"？ 354

【问题 100】如果执行证书涉及的内容部分不符合法律规定，是否会导致整个公证执行申请被驳回？ 356

【问题 101】第三人是否能够就公证程序违法提出执行异议？ 359

【问题 102】如何区分案外人排除执行异议和对执行依据的异议？ 361

【问题 103】公证强制执行程序中，第三人排除执行的异议之诉的样态如何？ 366

【问题 104】公证强制执行程序中，案外人就公证债权文书提出异议的程序样态如何？ 367

【问题 105】执行案件和执行异议的承办法官是否可以是同一人，案号能否相同？ 369

【问题 106】实践中，能否直接对轮候查控措施提出执行异议？ 371

【问题 107】如果执行法院不是首封法院，没有处置权，但是首封法院不处置执行财产，应当如何处理？ 376

【问题 108】"参与分配"中"被执行人的财产不能清偿所有债权"的判断标准是什么？ 379

【问题 109】参与执行分配的实质性要件是什么？ 380

【问题 110】参与分配申请，应当向哪个法院提出？ 384

【问题 111】参与分配申请的时限如何确定？ 384

【问题 112】何谓"终本程序"？ 389

【问题 113】债权人可以就执行终结后产生的新债务另行起诉吗？ 391

【问题 114】当事人是否可以对人民法院作出的结案通知提出执行异议？ 394

第一章
公证强制执行制度的法理基础

现代民事程序法理论，正在从原有的单纯帮助、服务个体实现具体法律关系中实体权利的价值目标，向国家通过建构和维护有序、权威、安全和高效的民事程序规则，履行向社会整体性地提供秩序和安全的司法保障职能的价值目标转进。在这一过程中，民事诉讼理论中原有的对实体上的个体正义诉求，部分被程序上的整体秩序诉求所取代；而公证强制执行制度因为兼及民事实体法律制度中的自由价值内核，以及法治国家对民事司法程序的秩序要求，兼顾了实体和程序的诉求，从而在部分民事纠纷类型中具备了替代诉讼程序的能力，成为一项非常重要的程序性法律制度。

一、诉讼程序的困境

在民事诉讼中，法官总是要面对一个不愿面对，却无法回避的客观事实。那就是，实体权利纠纷已经发生，当事人之间的真实权利状况很难事后查清，只能依据当事人提交的有效证据推断案件的情况，以"事实"为依据作出判决在客观上只能是一种美好的愿望。因此，德国学者沃尔弗拉姆·亨克尔教授在论及法官裁判结果的相对正义时认为，"国家在民事诉讼中的任务实质在于对当事人提出的证据进行评价，并对当事人证明的事实情况适用法律"[1]。现代民事诉讼理论并未向法官提出在民事诉讼中彻底查明当事人之间真实权利状况的程度要求，民事诉讼法律制度也未给法官设置类似的义务，而仅仅是要求法官在对当事人所举证据进行评价的基础之上认定"证明了的事实情况"，并据以适用法律作出判决。事实上，即使当事人提交了证明案件事实的所有可能证据，诉讼程序中的举证、质证、辩论、证据证明力的比较、法官的自由裁量等诉讼环节或因素也会单独或共同地、直接或间接地影响法官依据证据所做的事实认定，其结果是法官认定的"事实"还是可能偏离当事人之间真实的权利状况。这一结果在根本上是由民事诉讼作为民事纠纷"后端解决机制"的程序性质引起的，

---

[1] ［德］沃尔弗拉姆·亨克尔：《程序法规范的正当性》，载［德］米夏埃尔等编：《德国民事诉讼法学文萃》，赵秀举译，中国政法大学出版社2005年版，第6页。

第一章　公证强制执行制度的法理基础

属于民事诉讼程序的先天不足，无可避免。就此，德国学者耶林在理性分析后，甚至对民事诉讼得出了近乎否定性的评价："诉讼是一种增加伸张权利的困难的制度，它将程序上的形式问题添加到了争议关系的实体问题中……"，"增强了不正当对正当的反抗力……"。① 面对这样的洞见和质疑，在具体案件中实现实体正义的道路上走入困境的民事诉讼理论只能兼而试图从当事人的实体权利义务之外寻找诉讼程序设置的正当性理据，例如"民事诉讼中居于核心地位的不再是对个体公民利益的保护，而是为了公共利益而保障法的和平的国家秩序职能"②。根据类似的理论观点，在与追求绝对实体正义相左的一些诸如缺席判决的诉讼程序制度得到完美诠释的同时，当事人的一些诉讼行为在本质上也被强制性地推定为行使实体权利的行为，成为法院判决的正当性理据之一。③ 这样，在现代民事诉讼法律规范变得愈加严整、规范，呈现出因逻辑自足而获得体系美感的同时，程序也变得愈加冗长和不可理喻，对实体正义的诉求在事实和观念上也由绝对转为相对、由个体转为整体，成为民事诉讼法律理论确立新的法哲学内涵和国家构建有序、权威、安全的诉讼秩序的牺牲品，而且这一趋势愈加显著。

相较于诉讼程序患有的不治之症，公证强制执行程序部分地提供了一个比较优化的解决方案。在该程序中，当事人首先是在关系融洽的债权债务关系成立伊始便通过公证程序对法律关系的真实性、合法性以及内容加以证明。债务到期后，公证人员无须像法官在烦琐的诉讼程序中对当事人就债权债务关系提出的证据进行评价和认定，而是直接就当事人之间合同义务的履行情况进行简单核查，并进而依据法律的授权通过出具执行证书启动强制执行程序，最终实现当事人的实体权益。这一程序符合民事程序法律理论一切为了"实体正义"

---

① 耶林：《罗马法的精神》Ⅲ 1，转引自汉斯·弗里德黑尔姆·高尔：《民事诉讼目的问题》，载［德］米夏埃尔等编：《德国民事诉讼法学文萃》，赵秀举译，中国政法大学出版社2005年版，第34页。
② 参见［德］沃尔弗拉姆·亨克尔：《程序法规范的正当性》，载［德］米夏埃尔等编：《德国民事诉讼法学文萃》，赵秀举译，中国政法大学出版社2005年版，第3-14页。
③ ［德］沃尔弗拉姆·亨克尔教授认为，"法院可以不考虑实体法律状况而以缺席审判驳回缺席原告的诉讼，或者是以未经证明的主张为基础对缺席被告作出缺席判决。这样的缺席判决被解释为是对不服从国家权威的惩罚"是一种不够全面的观点。参见［德］沃尔弗拉姆·亨克尔：《程序法规范的正当性》，载［德］米夏埃尔等编：《德国民事诉讼法学文萃》，赵秀举译，中国政法大学出版社2005年版，第9页。笔者认为，这一观点是一种必然的结果。因为判决需要权威，而权威出自秩序，当民事主体将民事纠纷诉交法院，进入诉讼程序的时候，就意味着他们所获得的法院判决必然会有暴力和恣意的因子，民事主体在秩序当中失去原本真实拥有的民事权益就在所难免。亨克尔教授是在这种观点的基础上，将当事人以缺席审判的方式行使实体权利也作为缺席判决正当性的理据之一。

的精神要义，最大可能地避免了程序因素介入实体法律关系和由此引发的程序异化。[①]那么，这一法律制度的法理基础，或正当性来源到底是什么？

二、公证强制执行制度的实体法基础

在一个合同法律关系当中，当事人为了各自的目的或利益签订合同并获得了规范意义上债权人或债务人的法律地位。其中，债务人的法律地位是就某一特定行为处于不自由状态（作为或不作为），他的自由在特定合同法律关系中为合同义务或自己的承诺所限制。这种在法律上的不自由建立在合同双方义务交换的依存和牵连关系之上，建立在履行义务也是民事主体私法自治手段和结果的观念之上。当债务人不履行或不当履行合同义务时，司法机关则会依据法律的授权行使国家司法权力强制债务人履行其自愿负担的债务，从而履行保护民事主体实体权利的国家义务。[②]无论是诉讼强制执行还是公证强制执行，其正当性在根本上皆来源于此，即个人自决、责任自负以及国家对司法保障义务的履行。两者的不同之处就在于，公证强制执行的内容和标的，只能是当事人双方在结成法律关系伊始以合同方式自愿确立的权利义务；而诉讼强制执行的内容，是法官依据证据评价结果，最终以裁判确定下来的民事义务。

（一）违约救济和解约救济

无论是经诉讼强制执行还是经公证强制执行，实质上都是法律制度在守约

[①] 2000年最高人民法院、司法部发布《联合通知》，对公证强制执行制度的适用范围进行限定。经过近十年的发展，最高人民法院2008年12月作出《公证债权文书内容争议诉讼受理批复》，明确规定依法被赋予强制执行效力的公证债权文书不具有可诉性，从根本上肯定了公证强制执行程序具有与诉讼程序相同的制度功能。2014年9月18日，最高人民法院通过其作出的《关于含担保的公证债权文书强制执行的批复》，将公证强制执行制度的适用范围在法律上扩大到抵押合同、质押合同、保证合同等《联合通知》之外的合同类型。

[②] 德国民事诉讼法理论将当事人要求正确判决的主观权利视为民事诉讼法中公法关系的实质要素，其连结点是所谓的"权利保护请求权"，其被看作"自由法治国家公民的自由激情和自我意识的标志"；并认为该权利是接通民事实体权利和国家司法权力的桥梁，也是诉讼中公法关系赖以产生的正当性基础。这一权利将"国家置于服务者的地位，公民可以要求国家提供服务，以便帮助实现个人权益，国家在诉讼中具有的只是帮助性的、服务性的职能，只是在履行它对当事人所负担的义务"。笔者认为，这种义务是一种营造并维持司法秩序和社会秩序的义务，任何债权人都可以要求国家司法机关履行该义务，从而帮助其实现债权，最终在整个社会中强制性地形成一种有债必偿的社会秩序。参见［德］沃尔弗拉姆·亨克尔：《程序法规范的正当性》，载［德］米夏埃尔等编：《德国民事诉讼法学文萃》，赵秀举译，中国政法大学出版社2005年版，第11页。

方面对违约情形时为其安排的救济程序。面对违约情形,守约方在寻求法律救济时面临两个可能的选择:第一,请求违约方承担违约责任;第二,在满足法定或约定条件时,解除合同并请求赔偿。两者相比,前者因为并不能去除守约方的对待给付义务,所以违约方承担违约责任在效果上是使合同关系达到"如约履行"的状态,以便继续维持与守约方对待给付义务的交换关系;而后者恰恰相反,其会终止合同权利义务,去除守约方对待给付义务的同时也有了弥补其在订约机会、订约和履约上损失的制度需要,所以在效果上的理想状态是使合同关系退回至缔约时的状态。这也是在德国法上,合同解除权被称为"Rücktrittsrecht",即"退回权"的原因。结果上,违约和解约大体相背而行,为守约方提供了违约救济的所有可能。

(二)公证强制执行制度的实体法基础

如前文所述,公证强制执行的执行标的,是当事人双方在结成法律关系伊始为违约方确立的合同义务。究其原因,公证机构在面对民事纠纷时,并无法官自由裁量和司法裁判的权利,公证强制执行在整个程序上也无诉讼中的庭审、质证、辩论等程序环节;更深一层的原因在于,公证人员无法像法官一样在依据证据认定事实的基础上,对于违约,构造出新的有别于合同约定义务的救济性义务。例如,在买卖关系中,如出卖人交付的标的物存有质量瑕疵,买受人即享有请求出卖人以修理、更换、减价,并赔偿损失的方式承担违约责任的权利,这些违约责任项下的民事义务均不同于合同所载明的义务。对此,公证机构一方面无法对出卖人是否应承担上述责任,以及买受人在上述民事责任中的选择是否正当进行判断;另一方面也无法具体就修理、减价、赔偿损失等义务中所包含的程度和数量等进行考量。简言之,公证机构没有就救济性义务通过诉讼程序进行有效构造的程序和权力,只能借助对合同公证在违约方履行合同义务的轨迹上发挥作用,这既是公证强制执行制度的实体法基础,也是该制度在适用范围上存在限制的根本原因。

面对特定法律关系中的违约情形,无论是违约救济,还是解约救济,如果经诉讼强制执行,或是经公证强制执行,都会得出相同的结果,则对该特定法律关系,公证强制执行就可以替代诉讼强制执行成为对违约的有效法律救济。鉴于违约救济"如约履行"的效果预设,违约法一般会根据违约情形的实际情况安排继续履行+赔偿损失、采取补救措施+赔偿损失以及损失赔偿替代履行三种违约责任组合;而解约法则会安排终止履行+恢复原状和赔偿损失,或采取补救措施和赔偿损失的法律责任组合,以达到"退回缔约状态"的效果。在讨论公证强制执行制度实体法上的正当性和适用范围时，应当综合考虑违约救济的上述实体法律方案。

更进一步讲，如果说公证强制执行制度是沿着合同义务的路径强制执行原合同的约定义务，而诉讼强制执行制度则是可以另行在合同义务无法履行的情况下，转向在合同义务的基础上构造新的救济性义务施以强制执行。

（三）公证强制执行制度的适用范围

世界范围内，施行公证强制执行制度的大陆法系国家和地区的民事程序法一般都会将该制度的适用范围大体限定于金钱之债和种类物之债，如日本《民事诉讼法》第二十二条第五项规定，"对于支付一定金额或者给付其他替代物或一定数额的有价证券的请求，由公证人作成的，记载债务人立即服从强制执行的公证文书可以进行强制执行"；我国台湾地区"公证法"第十三条第一项规定，当事人可以请求公证人就"以给付金钱或其它代替物或有价证券之一定数量为标的"法律行为作成之公证书，载明应径受强制执行者，得依该证书执行。究其原因，是金钱之债和种类物之债一般不会发生"给付不能"的情形，公证强制执行实现的始终是合同载明的民事权利，就合同真实性、合法性进行公证的法律文书即可以成为强制执行的依据。类似的情况也出现在我国《民法典》[①]第五百七十九条和第五百八十条第一款之中，前者规定金钱债务不存在给付不能；后者则规定非金钱债务在没有法律上或事实上不能履行、不宜强制执行以及合理期限内未要求履行的情况下，不能排除债权人请求债务人以继续履行的方式承担违约责任的权利，而标的物为种类物的债务关系就是典型的非金钱债务。换言之，如果经公证的债权文书所载明的义务是非金钱之债，且出现法律上、事实上等给付不能情形的，那么债权文书所载合同义务的履行将被阻断，债权人只能请求解除合同或者损害赔偿替代履行，而不能请求债务人履行经公证的债权文书中所载明的合同义务，公证机构就原合同出具的公证债权文书自然不能作为执行依据。

在债务人迟延履行种类物给付义务的场合，债权人不仅拥有请求债务人以继续履行＋赔偿损失的方式承担违约责任，也有经催告并在合理期限后解除合同的权利。后者，在法律上则可能涉及终止履行、恢复原状或采取补救措施，以及赔偿损失的后果，该义务并非合同原始义务，加之公证机构无法也无权判断债权人行使解除权是否符合法定或约定的条件，所以很难适用公证强制执行制度。从这一点看，公证强制执行制度很难适用于种类物之债；但事实上，公证

---

① 本书引用的冠以"中华人民共和国"的法律、法律草案和行政法规，简称时直接省略中华人民共和国。

强制执行制度的适用范围和该制度与诉讼程序组合而成的救济机制有关。如果采取公证强制执行与诉讼强制执行并行的机制，前者排除合同当事人以后者方式寻求救济的权利，此时即会发现种类物之债中，债权人选择行使解除权解除合同后，就解除合同的后果无法向人民法院提起诉讼。这一问题，不会发生在单纯的金钱债务关系中，如在借款合同关系中，债权人请求债务人承担违约责任和解除合同在结果上并无二致。对于上述问题，在程序设置上可选择的解决方案是，采取放弃并行或有限度并行的救济机制，前者允许债权人在办理强制执行公证后，仍然有权就违约救济或解除救济向人民法院提出相应的诉讼请求，而后者则是仅允许债权人在解约后向人民法院提出相应的诉讼请求。如果采取上述可选择的、开放式的解决方案，尤其是放弃并行救济机制，公证强制执行程序在实践中的适用范围毫无疑问将会得到大大拓展。

三、公证强制执行制度的程序法基础

（一）程序塑造理论

在民事诉讼中，"国家法院有的只是帮助性的、服务性的职能，只是在履行它对当事人负担的义务"[1]，帮助和服务是这些国家义务的全部内容。故而，当事人的程序性权利规定和法院、法官的程序性义务规定组成了民事程序法的主要内容。在诉讼程序中，法院总是期待当事人在程序中发挥自己的积极性，行使或不行使程序性权利就成为当事人塑造自己实体权利的方式和过程，也成为法院作出裁判的正当性理据。所以，在"不告不理"等原则成为约束法院主动行为的民事诉讼基本原则的同时，当事人也有了在民事程序中借助其程序行为主动地、直接或间接塑造其实体权利的可能性和自由空间，例如不参加诉讼、撤诉等，亦如当事人在法律允许的范围内行使或不行使自己的民事权利。德国学者沃尔弗拉姆·亨克尔将之称为"程序塑造理论"，当事人根据自己的实体权利安排程序性权利，例如约定诉讼管辖地、约定诉讼或仲裁等，即根据或通过实体权利塑造程序；在进入程序后，根据自己的需要行使或不行使程序性权利，从而间接改变自己的实体权利义务，即通过程序塑造实体。根据该理论，当事人在缺席判决中遭受到不利是正当的，"因为他希望如此而且法律规范尊重他的意愿"[2]；相应的诉讼

---

[1] ［德］沃尔弗拉姆·亨克尔：《程序法规范的正当性》，载［德］米夏埃尔等编：《德国民事诉讼法学文萃》，赵秀举译，中国政法大学出版社2005年版，第11页。

[2] ［德］沃尔弗拉姆·亨克尔：《程序法规范的正当性》，载［德］米夏埃尔等编：《德国民事诉讼法学文萃》，赵秀举译，中国政法大学出版社2005年版，第13页。

法律规范也是正当的，因为它通过缺席审判的规定给予了当事人通过这种方式塑造自己民事实体权利的程序性权利。从结果上来说，"谁不使用诉讼上的塑造的可能性，谁将丧失塑造诉讼的机会"[①]。之所以如此，是因为民事实体法和程序法都是由相同的法律原则所支持，前后是为因果关系。[②] 在整个塑造过程中，国家有义务在程序上向当事人提供制度选择，也有义务允许并尊重当事人所作出的选择，程序塑造理论给了公证强制执行制度以最强有力的理论支持。

（二）塑造公证强制执行程序的目的

同样，当事人也可以根据自己实体权利的特征将解决未来可能产生的纠纷的程序塑造为公证强制执行程序。在强制执行公证中，债务人在债权文书中作出执行承诺以及其与债权人向公证机构递交公证申请在实质上是进行程序塑造的行为。其中，债务人作出执行承诺是出于换取债权人对待给付义务或缔约前先期给付（自然人借款关系）的目的，该承诺成为当事人之间建立债权债务关系的一项极为重要的交易条件。债权人基于执行承诺和公证债权文书，在纠纷产生时即拥有不经诉讼直接申请公证强制执行的程序性权利，实际上得自其在与债务人建立债权债务关系时在经济上所具有的优势地位。这是一种实体权利义务状况在程序权利义务设置上的反射，也符合当事人自由塑造程序的基本逻辑，也是实体义务拘束延伸到程序义务拘束的结果。更进一步说，在缔结合同时，债权人即有权选择权利的救济途径，将之嵌入债权文书中成为交易条件并产生对合同债务关系双方的法律拘束效力。这一点，对于债权人而言，其将原本诉讼中由债权人提出并由债务人所在地法院管辖，且由债权人提出证据证明债权债务关系真实有效的诉讼格局，塑造成为由债务人在执行程序中提出异议并证明存在不予执行公证债权文书法定事由的程序格局。

（三）塑造公证强制执行程序的方法和限度

债权人在缔约时，虽然可以利用优势经济地位将日后解决纠纷的程序塑造成公证强制执行程序；但是，也应当看到，程序的塑造有赖于有争议的实体法

---

① ［德］沃尔弗拉姆·亨克尔:《程序法规范的正当性》，载［德］米夏埃尔等编:《德国民事诉讼法学文萃》，赵秀举译，中国政法大学出版社2005年版，第13页。

② 需要注意的是，这种因果关系并不是必然因果关系。现代民事诉讼程序理论在帮助当事人实现自己民事权利的道路上也在尝试加入"为了公共利益而保障法的和平的国家秩序职能的内涵"，缺席审判就是最典型的例证，给当事人设定程序性义务负担，从而满足某一种特殊的需要。

律关系的类型和特征,[①] 因为当事人塑造程序的可能性也是他们之间实体法律关系类型和特征的如实反映,所以并不是所有类型的合同关系都能由当事人将纠纷解决程序塑造成为经公证强制执行的程序。在债权文书中与债务人就日后不经诉讼直接申请强制执行的程序性安排达成合意时,债权人亦会考虑在未来发生纠纷时,在继续履行+赔偿损失之外,是否还有解除合同等其他选择。同时,立法者亦会考虑,随着当事人之间相互的债务履行,债务人可能会拥有的抗辩权,以及由此引发的救济性义务重新构造的实体需求。从这一点看,公证强制执行程序并非诉讼强制执行程序般的全能型程序。

与民事债权文书主体在发生纠纷后的诉讼程序中以达成调解协议的方式、在执行程序中以达成和解协议的方式塑造相关民事程序不同,当事人将程序塑造成公证强制执行程序是在缔约之初,其完全可以预见到未来债务履行时可能出现的期限抗辩等仅需进行事实判断的简单法律问题,公证机构不需要进行价值评判即可确定该等抗辩的有效与无效,所以他们当初进行程序塑造在效力上完全可以及于被赋予强制执行效力的债权文书项下的债务。但是,在一些合同关系中,抗辩权和合同解除权均出现和形成于债务履行过程中,须根据当事人之间合同关系的具体发展状况综合进行价值评判。如在买卖合同中,当事人在缔约之初就无法对未来就标的物瑕疵提出的对付款请求的抗辩和减少价款的请求的程度或金额进行有效预判,所以缔约之初的程序塑造在效力上不能及于这些合同。由此,可以得出的结论是,当事人对公证强制执行程序的塑造是一种有限度的程序塑造,不能及于在纠纷产生时需要法官在就债权人或债务人行使解除权或抗辩权有效性和程度进行评价的基础上,就权利行使后当事人之间新的救济性权利义务进行构造的法律关系类型。

在得出当事人对公证强制执行程序的塑造是一种有限度的程序塑造后,紧接着的问题就是应当依债务人的义务类型,还是依当事人之间的合同关系类型对这种程序塑造进行限制。如果选择公证强制执行和诉讼强制执行并行救济机制,很显然不能将程序塑造适用范围限制于债务人所负担的义务为给付金钱或种类物,因为并行机制会影响双务合同关系中债权人或债务人因迟延履行、瑕疵履行而对解除权、抗辩权的有效行使。但是,如果选择开放式的救济机制,即在办理了强制执行公证后,债权人、债务人还可以选择诉讼程序进行救济,就可以将程序塑造的适用范围依债务人的义务类型扩大至所有的债务关系类型。

---

① [德]沃尔弗拉姆·亨克尔:《程序法规范的正当性》,载[德]米夏埃尔等编:《德国民事诉讼法学文萃》,赵秀举译,中国政法大学出版社2005年版,第6页。

例如，在买卖合同关系中，当事人就给付标的物或给付货款的债务经公证被赋予强制执行效力，如果此时出卖人因买受人迟延支付价款而解除合同，或买受人因出卖人瑕疵履行主张部分同时履行抗辩或提出减少价款请求，则可以在公证强制执行程序进入执行阶段后中止执行，等待另行诉讼的结果。鉴于我国公证强制执行制度的理论探讨和实践摸索刚刚起步，而且实践中采取并行救济机制的倾向较为明显，[①] 所以最高人民法院、司法部在 2000 年 9 月 1 日联合下发的《联合通知》在第二条中是以合同关系类型，而不是以债务人所负义务类型对强制执行公证的适用范围进行限制。从这些年公证强制执行制度的发展和实践来看，这一从法律实证主义角度出发进行的限制是客观和必要的。

四、《公证债权文书执行规定》的得与失

2018 年 9 月 30 日最高人民法院颁布的《公证债权文书执行规定》在公证强制执行制度的发展历史上具有划时代意义，下文根据前述公证强制执行制度的法律理论基础，讨论该规定的得与失。

（一）公证债权文书作为执行依据的规范性依据

债权的执行力，国家法律规范性拣选特定合同和债务类型赋权公证机构办理强制执行公证，以及债务关系双方通过债务人执行承诺完成程序的选择和塑造，共同搭建起了公证强制执行制度的程序框架和秩序。因为公证机构是就合同载明的义务办理公证并赋予强制执行效力，制发公证债权文书，作为执行依据最终予以执行；所以，在这个程序当中，处于核心地位的是公证债权文书。虽然，自 1982 年《民事诉讼法（试行）》第一百六十八条起民事程序法即规定债权文书经公证可以直接申请强制执行，但一直并未明确规定人民法院据以执行的依据。结果上，虽然《民事诉讼法》一直规定将"公证债权文书确有错误"作为"不予执行"的法定事由，但缺乏明确的判断"错误"的基准；很自然地，执行证书错误是否导致不予执行的问题也就难以明确，实体错误是否仅依赖执

[①] 根据 2008 年 12 月 22 日发布，2008 年 12 月 26 日起施行的《公证债权文书内容争议诉讼受理批复》，当事人对办理公证强制执行的债权文书有争议直接向人民法院提起民事诉讼的，人民法院不予受理。债权人或债务人只有在执行程序中提出异议，法院裁定不予执行的，才能够向人民法院提起诉讼。该批复实际上使公证强制执行程序与审判程序成为并行的两个程序，当事人在办理强制执行公证前面临的是二选一的选择题。

行异议程序审查则无定论，最终导致司法实践中的审查范围、尺度不一。①

2018年《公证债权文书执行规定》第三条"债权人申请执行公证债权文书，除应当提交作为执行依据的公证债权文书等申请执行所需的材料外，还应当提交证明履行情况等内容的执行证书"给出明确的规定，解决了一系列的理论及实务问题。首先，公证债权文书是执行依据，所以人民法院在执行程序中执行的是公证债权文书所载明的合同义务。是以，全部或部分的合同义务因合同无效或被撤销而不再具有法律拘束力，或因《民法典》第五百五十七条所列履行、抵销、提存、免除等被消灭，或合同权利义务在履行中经合意被变更，或担保人因法定事由不再承担担保责任等，公证债权文书都不能再作为执行依据，结果是不予执行。其次，执行证书不是执行依据，其内容错误并非执行依据公证债权文书错误，不会导致不予执行；不仅如此，结果上，必然导致执行机关应根据真实情况依职权确定正确的给付内容予以执行。再次，公证债权文书即使错误，在程序上也应由判决否定该依据的执行效力；而且，自公证债权文书所载合同义务履行期限届满开始，应予计算的是执行时效，而非诉讼时效。最后，通过规定公证债权文书为执行依据，进一步确认债权人、债务人不能直接通过另行诉讼寻求救济；同时，对第三人实体权利的救济也须遵照《民事诉讼法》第五十九条"第三人撤销之诉"的模式进行。

---

① 1984年11月8日，最高人民法院、司法部联合发布的《关于执行〈民事诉讼法（试行）〉中涉及公证条款的几个问题的通知》第一条"人民法院认为有相反证据足以推翻公证证明"，对"确有"有"足以推翻公证证明"的进一步程度性要求。2008年最高人民法院颁布《公证债权文书内容争议诉讼受理批复》时的观点"提交的证据足以推翻债权文书的"与上述1984年通知的标准基本一致。但2015年《民事诉讼法司法解释》第四百八十条第一款第三项规定的"公证债权文书的内容与事实不符"在不予执行标准上与之前的规定和观点至少在语义上存在差异：首先，前者包含对错误在内容上的要求，不能是随便什么错误都可以用于认定公证债权文书是否有错误，而应当是直接针对公证证明的债权债务关系，或实质内容上与债权文书不一致；后者在语义上没有这样的要求，只要是公证债权文书的内容与事实不符即可。其次，即使错误是直接针对执行所依据的债权债务关系，前者还有一个程度要求，即足以推翻公证债权文书，或者是该错误能够说明该债权债务关系不真实、不合法；而后者在语义上没有这一程度要求。最后，即使错误是直接针对执行所依据的债权债务关系的，在判断是否能够推翻公证债权文书时，还需要执行法官根据案件的实际具体情况审查确定。所以，前者要求法官在裁判时，除了要对是否存在错误进行事实判断，还要对错误的程度进行价值判断，法官在其间必须行使自由裁量权；而后者法官只需要进行事实判断即可，从语义上讲，无须进行价值判断。陈凯：《刍议〈关于人民法院办理执行异议和复议案件若干问题的规定〉第十条对公证强制执行制度的影响》，载《中国公证》2016年第5期。

（二）简评《公证债权文书执行规定》

《公证债权文书执行规定》通过确定公证债权文书为执行依据，认可、确认和强化了公证债权文书在公证强制执行制度中的核心地位，区分了公证债权文书的程序错误和实体错误并分别设置执行异议程序和不予执行诉讼程序加以救济，将对公证债权文书的异议遵循审执分离的原则全面整合进现有的执行异议、复议和诉讼程序当中，完成了公证强制执行程序的规范化，推动了制度的健康发展。但是，也应当看到，《公证债权文书执行规定》所带来的变革也具有局限性：第一，在现有公证执行和诉讼执行并行机制下，确定公证债权文书为执行依据，限制了公证强制执行制度的适用范围。公证强制执行的执行标的只能是合同载明的义务，也即在债务人违约情形下，只能完成对债权人要求债务人以继续履行和经简单计算的赔偿损失方式承担违约责任的实体权利进行救济。一旦涉及瑕疵履行，则对债权人依《民法典》第五百七十七条、第五百八十二条所享有的要求债务人以承担修理、重作、更换、退货、减少价款或者报酬等方式承担违约责任的实体权利无法救济，须法官事后根据当事人的约定及具体违约情形进行救济性权利义务的构造。这样，如买卖等财货转移合同、委托及加工承揽等给付劳务和交付劳动成果等双务合同，当事人则无法按照公证强制执行程序进行程序塑造。这一点，也反映在《公证债权文书执行规定》第二十二条第一款，之所以该条规定的"不予执行"法定事由没有债务人因债权人瑕疵履行而享有的同时履行等抗辩权，或享有减价等实体权利的不予执行的法定事由，原因是此类型合同已经被2000年《联合通知》排除在公证强制执行制度的适用范围之外。所以说，《公证债权文书执行规定》实际上也限制了公证强制执行制度的适用范围和发展空间，除非突破公证执行和诉讼执行的并行机制。第二，《公证债权文书执行规定》在制度上构造出"不予执行公证债权文书之诉"这一新的诉讼类型，通过给债务人增加诉讼成本、增加对不予执行法定事由的举证责任和为停止执行须提供有效执行担保的方式阻却了不当诉讼。但是，该程序仍然因诉请设置，如债务人很难有效提出反诉、无法追加第三人而无法解决当事人之间的实体纠纷。所以，《公证债权文书执行规定》的规范性内容仍然有得有失，现阶段应当承认得大于失。

第二章

我国公证强制执行程序的制度演进和制度选择

在我国有关民事程序和公证的法律制定和演变过程中，公证债权文书作为强制执行依据得到明确认可并获得相应的制度保障是一个逐步演进的过程。在这一过程中，这种典型的非诉纠纷解决方式在我国经济发展中起到的作用也愈加重要。公证强制执行制度的演化，不是孤立的现象，其制度演进是随着民事实体法、程序法法律制度的变化，甚至是随着我国政治经济制度的变化而变化。本章一方面介绍公证强制执行制度的具体演进，另一方面介绍该制度演进过程中的实体法、程序法因素，着重澄清演化的底层逻辑，从而使把握该制度未来的发展成为可能。

第一节　公证强制执行制度在我国的制度演进

一、2000年《联合通知》前的制度发展

我国的公证强制执行制度肇始于1951年最高人民法院、司法部联合发布的《关于保护国家银行债权的通报》，其规定在认证契约时，载明强制执行条款；嗣后如有一造当事人违约，对造当事人即可请求法院依照契约执行。该通报将公证机构对契约的证明，与当事人的程序性选择结合起来，初步勾勒出了公证强制执行制度的面貌。可以说，基于我国在基本经济制度上"公有制"的目标设定，我国公证强制执行制度从一开始即被设定了服务和保护国有金融机构的基本制度功能。通报中对契约应载明强制执行条款的程序性要求十分重要，决定了经公证径行进入强制执行的程序从一开始就是基于当事人的程序选择，而非法律强行规定的制度特征。此后，因政策和经济制度的调整，国家进入全民所有和计划经济时代，"强制执行"在实践中缺乏必要性，所以该通报在实践中并未得到实际应用。

（一）《公证暂行条例》《民事诉讼法（试行）》颁布之后的发展

1982年，国务院颁布《公证暂行条例》，并成为新中国成立后第一部正式的公证方面的系统性法律规范。该条例第四条第十项中规定的"对于追偿债款、物品的文书，认为无疑义的，在该文书上证明有强制执行的效力"，对公证强制执行制度的适用范围从义务类型的角度加以限制，"追偿债款、物品"就是"给付债款、物品的义务"。与此同时，作为民事程序法上的回应，1982年实施的《民事诉讼法（试行）》在第一百六十八条"公证机关依法赋予强制执行效力的债权文书，一方当事人不履行的，对方当事人可以向有管辖权的基层人民法院申请执行。受申请的人民法院发现公证文书确有错误的，不予执行，并通知原公证机关"中，就被公证机构赋予强制执行效力的债权文书作为执行依据的问题作出了规定。值得关注的是，该条规定申请执行的条件是"不履行"，并未涉及"不完全履行"，也即不对，或者说无法对"瑕疵履行"的违约情形进行救济；这一"全有或全无"的适用条件，给公证强制执行制度在适用范围方面的发展定下总基调，2017年《民事诉讼法》在第二百三十八条第一款中仍然延续了这一模式。至此，在公证法规和民事程序法的双重作用下，我国公证强制执行制度得以初步确立，该制度后来的演进也在总体上没有脱离这一基本框架。

1984年11月8日，最高人民法院、司法部联合发布《关于执行〈民事诉讼法（试行）〉中涉及公证条款的几个问题的通知》对《民事诉讼法（试行）》第一百六十八条中公证文书错误的程度性要求"确有"给出了具体意见，即在"人民法院认为有相反证据足以推翻公证证明"的规定中提出"足以推翻"的程度性要求；而且，在对公证文书确有错误的处理程序上，通知确立了应以公证机关撤销公证书的方式为公证债权文书确有错误的基本处理原则，这也符合当时公证机构的司法行政机关性质。

1985年4月9日，最高人民法院、司法部在向湖北高院作出《关于已公证的债权文书依法强制执行问题的答复》时，公证强制执行的制度和程序就已经开始发挥社会效用，并直接反馈到法院系统的司法实践当中，至少人民法院在司法实践中对该制度能够适用的合同文书范围产生了疑问；由于各种新的交易类型尚未大规模出现，立法和司法机关还是因循过往规则，仅从义务类型角度对该制度的适用范围加以限制，而没有从适用的合同类型上加以限制。此后，司法部在1986年12月4日发布的《办理公证程序试行细则》中，并未对强制执行公证提出进一步的要求。

(二)《公证程序规则(试行)》、1991年《民事诉讼法》颁布之后的发展

1990年12月12日司法部颁布的《公证程序规则(试行)》,在第三十五条中对赋予债权文书强制执行效力的公证的条件进一步具体细化,即"(一)债权文书经过公证证明;(二)债权文书以给付一定货币、物品或有价证券为内容;(三)债权文书中载明债务人不履行义务时应受强制执行的意思表示",但是该条款中并未要求公证机关签发执行证书。该规则从办理公证的角度,对债务人的"执行承诺"提出了明确的要求,从而保障了债务人程序选择的自由。与此同时,相较于《民事诉讼法(试行)》的规定,1991年颁布实施的《民事诉讼法》在第二百一十八条中最为显著的变化就是通过"受申请的人民法院应当执行"的表述,施予人民法院对公证债权文书的执行义务,也使得公证债权文书真正成为人民法院的执行依据之一。

1992年司法部颁布实施的《抵押贷款合同公证程序细则》第六条第二款规定:"双方当事人可以在合同中约定,借款人违约时,贷款人可以申请公证机关出具强制执行证书,向人民法院申请强制执行借款人的抵押财产。"第十四条规定:"以第三人所有或经营管理的财产提供抵押担保的抵押贷款合同公证,参照本细则办理。"上述规定,第一次明确规定了可以就作为非债务人的第三人的抵押合同办理强制执行公证,并首次提出在债务人违约的情况下,需要公证机构出具执行证书启动执行程序,从而借此对公证机构在执行前的核查工作提出要求。在实务中,执行证书主要有两个作用:第一,在公证强制执行程序中,通过执行证书,明确公证机构就债务人债务履行情况进行核实的程序和义务;第二,明确当事人向人民法院申请强制执行的标的数额,明确执行费的收取和执行范围。基于公证机构在出具执行证书前的核实程序和义务,公证机构在执行程序中作为法院强制执行程序辅助机构的地位也随之得以确立。

二、2000年《联合通知》后的制度发展

2000年8月10日,经国务院批准,司法部印发《关于深化公证工作改革的方案》,该方案阐述了公证强制执行制度的功能定位,即"充分利用公证的强制执行效力,稳定经济秩序、防范金融风险。要充分发挥公证的证明、沟通、服务、监督职能,规范民事、经济行为,预防纠纷,减少诉讼,维护社会公正

和市场经济秩序"。[①] 紧随上述方案，最高人民法院、司法部于2000年9月发布《联合通知》，从赋予债权文书强制执行效力的条件和债权文书的范围两个方面对公证强制执行制度的适用范围和条件作出限制。我国公证强制执行制度第一次有了全面、系统并且是较为细致的规范性依据。时至今日，《联合通知》依然是公证机构开展强制执行公证，以及人民法院依据执行证书实施强制执行工作的主要法律依据。2002年8月1日开始实施的《公证程序规则》，在第三十五条规定的赋予债权文书强制执行效力的条件中，加入了债权债务关系明确、给付内容无疑义的要求，而且明确对公证机关签发执行证书提出要求。但是，申请签发执行证书的条件上，"债务人不履行或不完全履行债权文书"有别于1991年《民事诉讼法》第二百一十八条所要求的"一方当事人不履行"。我们认为，《公证程序规则》中的"不完全履行"仅指数量上的不完全履行，即部分履行；而非质量上的不完全履行，即履行的数量无问题但存在质量瑕疵的情况。

2000年《联合通知》发布后，公证强制执行制度发展较为顺利，对经济发展和解决经济纠纷起到了应有的促进作用。实践中，《联合通知》发布之后的理论和实务方面的争议主要集中在以下三个问题之上：第一，实体上，担保合同是否可以被赋予强制执行效力；第二，在公证强制执行制度的历史沿革中确立起来的人民法院不予执行的法定事由"确有错误"应当如何理解；第三，程序上，如何对债务人、案外人进行有效救济，尤其是公证强制执行和诉讼强制执行是不是并行程序的问题。实际上，后两个问题在实务上是一个问题，我们将在本章第二节中加以详细讨论，这里仅讨论自《联合通知》施行之时起，担保合同是否可以赋予强制执行效力的争论。

（一）反对担保合同作为可被赋予强制执行效力的债权文书的规范性文件和观点

2003年最高人民法院执行工作办公室在《关于中国银行海南省分行质押股权异议案的复函》中认为，公证管辖的范围不包括担保协议。

曾有观点提出，"一切有担保的债权均不属于公证执行的范围"，认为设置担保的合同关系属于不明确的债权债务关系，不能强制执行，否则可能会侵害

[①] 2017年7月，司法部在哈尔滨召开的全国公证工作会议提出，全国行政体制公证机构今年底前要全部转为事业体制。截至2017年11月14日，全国889家行政体制公证机构已提前全部完成改制任务。

担保人的权利,并给人民法院强制执行带来困难。[①] 该观点与最高人民法院执行工作办公室的观点一致,我们认为最高人民法院的顾虑可能在于,即使债权人行使基于担保合同设立的保证债权、抵押权、质权,也应以查明债务人债务履行情况为前提。所以,仅就担保合同的内容而言,债权债务关系并不明确,须待主债权关系经审理查明后方才明确。而且,在担保属于债务关系之外第三方提供的担保,在债务关系双方串通损害担保人的情况下,公证强制执行制度即有可能"助纣为虐"。实践中,如果担保合同被赋予强制执行效力,而主债权合同未被赋予,结果是担保合同即使进入强制执行程序,也须等待主债权合同在诉讼程序中就债务履行情况获得明确的结果。所以,在程序上还不如不允许担保合同被赋予强制执行效力。

综合理论上的观点,反对担保合同,尤其是物权担保合同被赋予强制执行效力的观点主要有以下几个方面。以抵押合同为例。(1)抵押合同属于物权合同,不是债权文书。这一观点是较为典型的传统认识,主要原因在两方面:第一,1995年《担保法》规定抵押合同自抵押登记时生效;第二,抵押合同基于前者原因在效果上系与抵押权同时生效,似乎符合同一时期国内对德国民法典中物权行为理论中物权合同的认识。(2)抵押合同在内容上不是以给付一定货币、物品或有价证券为内容,而是以设置抵押权为内容,担保的效果在于抵押权人自行行使抵押权。(3)抵押合同尽管对主债权合同具有从属性,但其内容相对独立,导致依据主债权履行情况跨界到抵押合同中作为强制执行标的,会出现复杂的参照和对应关系,简单的公证强制执行程序无法处理其间复杂的法律关系。

2004年,以四大国有银行为核心的中国银行业全面启动商业化进程后,担保合同在规范上是否能被赋予强制执行效力的问题突然显得尤为突出:只要是银行信贷业务,基于商业金融风险的考虑就一定会要求通过担保合同增加信用以防范金融风险,如果不能赋予担保合同强制执行效力,公证强制执行制度服务以银行信贷为核心的金融交易的核心制度价值就可能只是一句空话。

(二)支持担保合同作为可被赋予强制执行效力的债权文书的规范性文件和观点

1992年,司法部《抵押贷款合同公证程序细则》第六条第二款、第十四条

---

① 蒋惠岭:《〈关于公证机关赋予强制执行效力的债权文书执行有关问题的联合通知〉的理解与适用》,载中华人民共和国最高人民法院执行工作办公室编:《强制执行指导与参考》(2003年第1辑),法律出版社2003年版,第121页。

分别规定贷款人就借款人、第三人提供的抵押物直接向公证机构申请出具执行证书以向人民法院申请强制执行。该细则成为最早肯定担保合同可以被赋予强制执行效力的规范性文件。

1994年，上海市高级人民法院、上海市司法局印发的《关于执行公证机关依法赋予强制执行效力的公证债权文书问题的讨论纪要》指出，抵押贷款合同属于公证机构赋予强制执行效力的债权文书的范围。在赋予担保合同强制执行效力的问题上，上海市的审判机关走在了全国的前列。

2000年《联合通知》虽然没有明确抵押合同属于可被赋予强制执行效力的债权文书，但抵押合同属于《联合通知》第二条第六项规定的"符合赋予强制执行效力条件的其他债权文书"，因此抵押合同也属于公证机关赋予强制执行效力的债权文书的范围。此前，《最高人民法院公报》1999年第5期（总第61期）刊登的光大银行北京营业部与仟村百货购物中心、仟村科工贸开发公司公证债权文书执行案，以司法判例的方式认可公证机构对抵押合同赋予强制执行效力的合法性和可行性。

2007年颁布并实施的《物权法》通过第十五条"当事人之间订立有关设立、变更、转让和消灭不动产物权的合同，除法律另有规定或者合同另有约定外，自合同成立时生效；未办理物权登记的，不影响合同效力"，改变了《担保法》第四十一条"当事人以本法第四十二条规定的财产抵押的，应当办理抵押物登记，抵押合同自登记之日起生效"的规范内容，使得抵押合同从实践性合同转变为诺成性合同，在立法上有了较大的转向。《物权法》第十五条除了在不动产物权领域内确立负担行为（缔结合同，发生合同效力）和处分行为（登记或交付，发生物权变动效力）的区分原则之外，还明确了抵押合同系债权合同的法律性质，为抵押合同作为债权文书被赋予强制执行效力扫清了障碍。

2008年4月23日，中国公证协会通过并发布的《办理具有强制执行效力债权文书公证及出具执行证书的指导意见》第二条第一款规定，当事人申请办理具有强制执行效力的债权文书公证，应当由债权人和债务人共同向公证机构提出。涉及第三人担保的债权文书，担保人承诺愿意接受强制执行的，担保人应当向公证机构提出申请。该规定在公证行业内部起到了统一认识的作用。2009年，司法部在《关于进一步做好依法赋予债权文书强制执行效力公证工作的通知》，再次强调办理强制执行公证应遵循上述指导意见，从而间接重申了担保合同可以经公证被赋予强制执行效力的合法、合规性。

上述中国公证协会指导意见和司法部通知发布后，全国各地给予了积极的回应，2009年云南省高级人民法院、云南省司法厅《关于公证债权文书强制执行效力有关问题的通知》、陕西省高级人民法院、陕西省司法厅《关于规范公证机关办理和人民法院执行赋予强制执行效力债权文书过程中有关问题的指导意见（试行）》均确认了公证机构可以对担保合同赋予强制执行效力。2012年1月1日实施的《江苏省公证条例》第二十五条第一款规定："经公证并载明债务人愿意接受强制执行承诺的债权文书中约定的下列给付义务，债务人不履行或者履行不适当的，债权人可以依法向有管辖权的人民法院申请执行：（一）借款合同、还款协议（含具有还款内容的无名协议）以及债务人一方出具的还款承诺书中债务人所承担的还款义务；（二）借用合同、赊欠货物的合同、还物协议中债务人返还或者给付标的物的义务；……"第二款规定："前款第（一）、（二）项给付义务上设有抵押、质押或者连带责任保证，担保人愿意接受强制执行并经公证的，适用前款规定。"从公证强制执行制度的实际运行来看，全国各地的公证机构和审判、执行机关均已接受了担保合同可被赋予强制执行效力的观念。

2014年，最高人民法院在其对山东高院的《关于含担保的公证债权文书强制执行的批复》中明确规定，公证机构依法赋予强制执行效力的包含担保协议的公证债权文书，人民法院可以强制执行。紧接着，最高人民法院在其颁布并于2015年5月5日开始实施的《执行异议和复议规定》第二十二条"公证债权文书对主债务和担保债务同时赋予强制执行效力的，人民法院应予执行；仅对主债务赋予强制执行效力未涉及担保债务的，对担保债务的执行申请不予受理；仅对担保债务赋予强制执行效力未涉及主债务的，对主债务的执行申请不予受理"中，一方面，明确提出担保合同可以被赋予强制执行效力，使得长久以来就担保合同是否可以经公证被赋予强制执行效力的争议尘埃落定；另一方面，最高人民法院的上述规定也就担保合同被赋予强制执行效力而主合同不被赋予的问题作出规定，从具体问题上调和了公证强制执行程序和诉讼程序之间的紧张关系。

三、2017年《关于充分发挥公证书的强制执行效力服务银行金融债权风险防控的通知》及制度发展展望

（一）2017年《关于充分发挥公证书的强制执行效力服务银行金融债权风险防控的通知》

2017年7月13日，最高人民法院、司法部、中国银监会在《关于充分发挥

公证书的强制执行效力服务银行金融债权风险防控的通知》第一条，明确将强制执行公证制度的适用范围扩大到各类融资合同，包括各类授信合同，借款合同、委托贷款合同、信托贷款合同等各类贷款合同，票据承兑协议等各类票据融资合同，融资租赁合同，保理合同，开立信用证合同，信用卡融资合同（包括信用卡合约及各类分期付款合同）等；债务重组合同、还款合同、还款承诺等；各类担保合同、保函；等等。并对公证强制执行制度提出了"充分发挥公证作为预防性法律制度的作用，提高银行业金融机构金融债权实现效率，降低金融债权实现成本，有效提高银行业金融机构防控风险的水平"的要求。

相较于2000年《联合通知》第二条中的借款合同，上述2017年通知用"各类融资合同"扩大了公证强制执行制度的适用范围，其涉及的合同性质已经不再局限于单纯的借款合同，内容复杂程度急剧上升，尤其是融资租赁合同、保理合同等涉及买卖、租赁、委托等合同因素的合同关系。以融资租赁合同为例，在大的类型上分为"两方的售后回租式融资租赁合同"，和"三方的一般融资租赁合同"；其中，后者又分为"以租代购式融资租赁"和"租后返还式融资租赁"。其中，在两方售后回租式融资租赁交易中，出租人根据《融资租赁司法解释》第九条第二项之规定可以授权承租人将已经出售给出租人的租赁物登记抵押给出租人，[①]这就要求公证机构在办理该项强制执行公证时就承租人将租赁物出售给出租人的买卖合同、出租人将从承租人买受的租赁物租赁给承租人的租赁合同、承租人将已经出售给出租人的租赁物抵押给出租人的抵押合同的内容予以审查和公证，并赋予租金债务及其抵押担保以强制执行效力。其间，在语义上明显存在矛盾的是，已经不是租赁物所有权人的承租人却将租赁物抵押给已经成为租赁物所有权人的出租人，并且还需要考虑这种特殊的情况下就租赁物的抵押权进行登记的可能性。这样复杂的实体法律关系，不仅对公证强制执行适用范围、公证审查、债务核实等环节的制度设计提出挑战，也向广大公证执业人员的法律素养提出了极高的要求。

[①]《融资租赁司法解释》第九条第二项规定，"承租人或者租赁物的实际使用人，未经出租人同意转让租赁物或者在租赁物上设立其他物权，第三人依据物权法第一百零六条的规定取得租赁物的所有权或者其他物权，出租人主张第三人物权权利不成立的，人民法院不予支持，但有下列情形之一的除外：……（二）出租人授权承租人将租赁物抵押给出租人并在登记机关依法办理抵押权登记的"，该规定在民法典颁布后，已经在《融资租赁司法解释》（2020年修正）中取消，但我们认为依据担保原理，该种抵押担保仍然有效，用以担保融资租赁合同中的租金债权，只不过合同法和担保法均被整合进民法典，从而导致在合同部分的规范或司法解释中无须再就此类问题单独作出规定。

2017年《关于充分发挥公证书的强制执行效力服务银行金融债权风险防控的通知》第十条"公证机构和银行业金融机构协商一致的,可以在办理债权文书公证时收取部分费用,出具执行证书时收齐其余费用"将公证费的收取分成了两次。这一规定非常务实,我们在实务中发现,金融机构在特殊的交易类型中经常会有这样的需求。例如,在证券公司开展的"股票质押式回购业务"中,证券公司通常都可以采取"强行平仓"的操作,规避融资风险实现债权;但是,在人民法院对质押的标的股票采取冻结措施的情况下,证券公司则无法按照惯常操作完成强行平仓,这就需要尽快通过执行证书进入执行阶段,但实践中发生这种异常情况的概率非常小。故从交易风险的发生概率和降低融资成本两个角度考虑,将公证费的收取分成两次,仅在有需求的情况下收取出具执行证书的公证费,借此可有效降低融资成本和满足当事人的实际需求。

无可否认的是,2017年《关于充分发挥公证书的强制执行效力服务银行金融债权风险防控的通知》为融资合同这类框架性质的大的合同类型提供了办理强制执行公证的合法性依据,所以将有力地促进公证机构将强制执行公证的业务范围向更大的领域进行拓展和延伸;而这一延伸的边界,实际上在于程序设计和法律规范上就债务人民事权益的救济所进行程序设置和可能性之上。

(二) 2018年《公证债权文书执行规定》——公证强制执行制度发展的十字路口

2018年10月1日,《公证债权文书执行规定》开始实施,该规定是有关公证强制执行制度中最为重要的规范性文件,将会对该制度的发展产生极为深远的影响,甚至使公证强制执行制度站到了发展的十字路口。公证强制执行程序大致分成两部分,即前面公证机构办理强制执行公证和出具执行证书的部分,和后面人民法院强制执行的部分。因有关执行阶段的规定,并非公证强制执行制度的总体性问题,所以该规定由最高人民法院单独颁布,而不是最高人民法院、司法部联合发布;也正因为如此,该规定的规定是从强制执行的角度逆向影响整个公证强制执行制度。

1.《公证债权文书执行规定》的第一种可能——放开公证强制执行制度的适用范围

《公证债权文书执行规定》第二十二条规定了"不予执行债权文书之诉",这是一种新的诉讼类型,与判决执行中的执行异议之诉相似,但亦有较大的区别。后者,因为法院判决的既判力,从而导致在执行异议之诉的诉讼程序中不对执行所依据的判决进行审查;而前者,因为公证债权文书本身并不具有既判力,这就

第二章 我国公证强制执行程序的制度演进和制度选择

导致受案法院对公证债权文书的审查直接涉及公证债权文书中的实体权利义务。

尽管在该条款中，最高人民法院的步伐还比较小，仅仅赋予债务人就公证书不真实、债权文书可撤销或无效，以及债权文书所载之债务已经全部或部分清偿三个方面提出不予执行之诉，可以在2000年《联合通知》、2017年《关于充分发挥公证书的强制执行效力服务银行金融债权风险防控的通知》所限制的合同类型的框架内，不必涉及债务人存有有效抗辩权即存在《民法典》第五百七十七条"采取补救措施"的情形。举例说明，甲乙之间达成买卖合同，并就乙的价款债务通过强制执行公证赋予强制执行效力。乙不支付价款时，债权人甲可以持公证书申请出具执行证书，并最终申请强制执行。但是，这一过程中有一个麻烦，就是如果债务人乙作为买受人认为甲交付的标的物存在质量瑕疵，一方面其可以在质量问题严重的情况下对乙支付全部价款的请求进行抗辩，另一方面其有权基于《民法典》第五百七十七条、第五百八十二条之规定提出减少价款、修理、重作的实体请求。前一项的抗辩权如果有效存在，就意味着强行就价款进行执行行为不当；如果是后者，即买受人有减少价款等实体权利，则意味着强制执行在结果上可能出现错误。所以说，"不予执行债权文书之诉"还是在2000年《联合通知》、2017年《关于充分发挥公证书的强制执行效力服务银行金融债权风险防控的通知》公证强制执行制度的范围从义务类型和合同类型两个方面予以限制的框架内设计的救济程序，并未超出两个通知的范围。

"不予执行债权文书之诉"程序的出现，让我们已经看到放开公证强制执行制度适用范围在合同类型上的限制的可能性。未来，完全可以将买卖合同纳入进来，就该合同中的价款义务赋予强制执行效力，在买受人（债务人）提出有质量瑕疵，并要求减价或重作、退货等的情况下，一方面，债务人完全可以借助不予执行之诉或另行起诉寻求上述权利的司法确认；另一方面，债务人可以缴纳执行担保停止公证强制执行，等待法院就减价、重作等问题作出判决后继续执行。这样，传统的先查明债务人违约状况，充分保障债务人就违约情形提出抗辩或行使相关实体权利，然后对债务人科以违约责任的事前救济模式，就转变为在执行程序中，由债务人自行就其行使抗辩权或提出相关实体权利提起诉讼的事后救济模式。"先查清还是先执行"，就会是未来立法过程中争论的主要命题。

虽然在程序建构上，通过不予执行公证债权文书之诉这一程序完成了开放对给付钱款、物的债务赋予强制执行效力的准备工作，但也应当看到最高人民法院在这一问题上仍然持有保守立场，因为《公证债权文书执行规定》第二十二条所给的三项不予执行公证债权文书的法定事由中，没有就瑕疵履行提出抗辩，或行使减价、重作等实体权利的事由；因此，在程序性规范，即诸如《公证债权文书执行规定》的规定上放开公证赋强的适用范围，还是以在两个通知的实体适用范围上的放开为前提。

2.《公证债权文书执行规定》的第二种可能——重回"公证不影响诉讼权利"的时代

2008年《公证债权文书内容争议诉讼受理批复》，正式形成了诉讼、仲裁、公证债权文书三个执行依据和程序并举的程序法格局，其后的几年最高人民法院不仅明确表示担保合同可以被赋予强制执行效力，而且司法实践也表现出对公证债权文书的友善。甚至于，在《公证债权文书执行规定》颁布后的司法实践中，在办理强制执行公证后，债权人、债务人另行起诉时，人民法院即会审查起诉的法律关系是否与公证债权文书载明的法律关系一致：如果一致，则驳回起诉，告知直接申请强制执行；如果不一致，则予以受理并审查，并最终作出判决。这一做法，实际上还是坚持了诉讼、公证债权文书并行的格局，只不过在具体操作中有所软化。

当然，在实践中，我们看到了进一步软化，并演化为"重回公证不影响诉讼权利时代"的可能性，也即办理强制执行公证，不影响债权人、债务人另行提起诉讼获取拥有既判力的判决的程序性权利。这是一种法律政策上进行考量的结果，取决于公证机构的执业水平和社会对公证强制执行制度的观感，还取决于公证强制执行制度所代表的总体效率和诉讼程序所代表的个案正义之间的博弈。

第二节　公证强制执行制度的救济程序选择
——兼评《公证债权文书执行规定》

客观地讲，公证强制执行制度是在不经诉讼程序的基础上直接启动强制执行程序予以执行，其间国家强制力得以介入，始终存在对债务人直接施以强制执行力是否具有充分正当性的问题，所以公证强制执行制度确立之后的发展历程，实际上就是对债务人救济制度的选择历程。从程序设置上讲，公证强制执行程序分为两个阶段：第一个阶段在公证机构，即办理强制执行公证和出具执行证书阶段，主要由《公证法》《公证程序规则》加以规范，着重规范公证机构的公证执业行为；第二个阶段在人民法院，即审查公证债权文书及执行证书和强制执行阶段，在《公证债权文书执行规定》颁布实施之前，主要由《民事诉讼法》《民事诉讼法司法解释》《执行异议和复议规定》及相关司法解释加以规范。《公证债权文书执行规定》颁布实施之后，则专门由该规定加以规范，规范重点在于对公证强制执行的当事人、利害关系人进行救济，保障强制执行的合法性。

一、人民法院不予执行实体事由和审查标准的变化

在《民事诉讼法》第二百四十五条第二款，即"公证债权文书确有错误的，人民法院裁定不予执行，并将裁定书送达双方当事人和公证机关"的规范中，何谓"确有错误"是一个长久以来颇具争议的理论和实务问题，最早可以追溯到 1982 年《民事诉讼法（试行）》第一百六十八条。对该问题的理解，关系到执行程序中对当事人、利害关系人（案外人）救济程序的设置。

（一）最高人民法院在 2008 年的非正式观点

1984 年 11 月 8 日，最高人民法院、司法部联合发布《关于执行〈民事诉讼法（试行）〉中涉及公证条款的几个问题的通知》，对《民事诉讼法（试行）》第一百六十八条中公证文书错误的程度性要求"确有"给出了具体意见，即在"人民法院认为有相反证据足以推翻公证证明"的规定中提出"足以推翻"的程度性要求；而且，在对公证文书确有错误的处理程序上，该通知明确了应以公证机关撤销公证书为处理原则。

在最高人民法院 2008 年 12 月 22 日发布《公证债权文书内容争议诉讼受理批复》的同时，最高人民法院研究室两位法官进行解读时认为，《民事诉讼法》第二百三十八条第二款可裁定不予执行的公证债权文书"确有错误"的情形包括债权文书没有给付内容或存在争议、没有执行承诺、公证员受贿及舞弊、足以推翻债权文书、违背公共利益等七种情形。[①] 其中，既有程序问题，也有实体问题。两位法官同时也认为上述情形仍须在司法实践中进一步总结和概括，需

---

① 《批复》回答了当事人对具有强制执行效力的公证债权文书的内容有争议提起诉讼人民法院是否受理的问题，对于公证债权文书确有错误的情形，本批复没有解释，主要原因是实践中情形十分复杂，需要认真调查研究。但我们考虑，依照目前的法律规定，以下几种情形应考虑认定为'确有错误'：（一）债权文书没有给付内容的；（二）债权债务关系约定不明确，双方当事人对债权文书约定的给付内容（数额、期限、方式）等存在争议的；（三）债权文书没有明确载明债务人愿意接受强制执行承诺的；（四）利害关系人有充分证据证明债权文书是债务人与债权人为规避法律义务、损害他人利益，恶意串通进行公证的；（五）公证员在办理公证时有受贿、舞弊行为的；（六）提交的证据足以推翻债权文书的；（七）人民法院认为执行该债权文书违背社会公共利益的。如何界定'确有错误'的情形，还需要在实践中进一步总结和概括，需要在理论上进一步研究和论证。"罗东川、林文学：《〈关于当事人对具有强制执行效力的公证债权文书的内容有争议提起诉讼人民法院是否受理问题的批复〉的理解与适用》，载《人民司法》2009 年第 3 期，第 25 页。

要在理论上进一步研究和论证；但其谈到实体错误时指出应当以"（六）提交的证据足以推翻债权文书的"为标准，这与《关于执行〈民事诉讼法（试行）〉中涉及公证条款的几个问题的通知》内容一致。

（二）最高人民法院在2015年《民事诉讼法司法解释》第四百八十条第一款中的正式观点

《公证债权文书内容争议诉讼受理批复》之后，最高人民法院在总结过往司法实践的基础上，在2015年实施的《民事诉讼法司法解释》第四百八十条中对"确有错误"给出明确规定，即包括不可被赋予强制执行效力、严重违反公证程序、无执行承诺、内容与事实不符或违反强制性规定以及违背公共利益五种情形。在程序上，该司法解释延续了《公证债权文书内容争议诉讼受理批复》的做法，即只有在裁定不予执行后，当事人、利害关系人方可寻求诉讼救济。

上述两个观点所涉及的不予执行事由均涉及实体和程序问题，在程序问题上大体相同。但是，在实体审查的尺度问题上，最高人民法院法官2008年的观点认为只有在"提交的证据足以推翻债权文书"的情况下方可裁定不予执行，而这一事由和审查标准在2015年《民事诉讼法司法解释》第四百八十条第一款第三项中变更为"公证债权文书的内容与事实不符"，尺度明显放宽。这两个标准之间存在的是"鸿沟"级别的差别，形成了公证债权文书审查标准上"极度宽松"和"极度严苛"的两个极端。①

---

① "对比罗东川、林文学法官在《批复》发布时的'提交的证据足以推翻债权文书的'和《民事诉讼法司法解释》第四百八十条第一款第（三）项'公证债权文书的内容与事实不符'两个不予执行的标准，很容易发现两者在语义上存在巨大的差异：首先，前者包含对错误在内容上的要求，不能是随便什么错误都可以用于认定公证债权文书是否确有错误，而应当是直接针对执行所依据的债权债务关系；后者在语义上没有这样的要求。其次，即使错误是直接针对执行所依据的债权债务关系，前者还有一个程度要求，即足以推翻公证债权文书，或者讲是该错误能够说明该债权债务关系不真实、不合法；而后者在语义上没有这一程度要求。最后，即使错误是直接针对执行所依据的债权债务关系的，在判断是否能够推翻公证债权文书时，还需要执行法官根据案件的实际具体情况审查确定。所以，前者要求法官在裁判时，除了要对是否存在错误进行事实判断，而且要对错误的程度进行价值判断，法官在其间必须行使自由裁量权；而后者法官只需进行事实判断即可，在语义上讲，无须进行价值判断。"陈凯：《刍议〈关于人民法院办理执行异议和复议案件若干问题的规定〉第十条对公证强制执行制度的影响》，载《中国公证》2016年第5期。举例说明，即使在债权文书公证书的公证证词中，在与债务关系无关的债务人、担保人的婚姻状况、年龄等事项上，或在不影响债务关系认定的债权文书签署时间等事项上出现错误的，在表面上和事实上也都符合"内容与事实不符"的标准，径行裁定不予执行在结果上都未违反第四百八十条之规定，但是在"提交的证据足以推翻债权文书"的标准之下，法官则需要对债权文书与事实不符的内容是否影响当事人的实体权利进行综合价值评判，不能仅仅对是否存在错误进行事实判断，而据以裁定是否予以执行。

二、最高人民法院审查标准发生过反转性变化的原因分析

2008年《公证债权文书内容争议诉讼受理批复》和2015年《民事诉讼法司法解释》第四百八十条第一款在实体审查尺度和标准上发生了反转性变化，关于是什么引起了这一变化，我们认为主要有以下两个原因。

（一）2007年《物权法》中的"区分原则"

2007年《物权法》通过第十五条"当事人之间订立有关设立、变更、转让和消灭不动产物权的合同，除法律另有规定或者合同另有约定外，自合同成立时生效；未办理物权登记的，不影响合同效力"、第二十三条"动产物权的设立和转让，自交付时发生效力，但法律另有规定的除外"，明确了债权文书和物权处分分属两个不同法律事实的"区分原则"。自此，办理赋强公证时的债权文书仅产生对人性质的债权，即只产生要求债务人履行特定行为的法律效力，而不产生对债务人财产的物权性实际处分效果的观念有了明确的法律规范依据。《物权法》所确立的"区分原则"对公证强制执行程序的直接影响是，在该程序的第一阶段中，公证机构仅需证明债务双方的债权合意真实有效即可，执行机关在第二阶段完成的任务原则上也仅限于强制债务人履行第一阶段确定的特定行为。如果债权文书在强制执行过程中影响到了利害关系人的实体权益，第一阶段的公证机构因为合同的私人性质很难查明，则只能由负责第二阶段的执行机关在程序的后端加以处理进入救济。鉴于合同相对性原则，以及合同之债标的仅限于债务人的特定行为的法律特征，除合同存在无效情形外，利害关系人在执行程序中对债权文书的内容无权置喙。于是，我们可以看到最高人民法院2008年实体审查标准是"提交的证据足以推翻债权文书"，即在结果上几乎仅限于合同之债"无效"的情形；实务中，如果债务人不配合，利害关系人即使提出异议，也很难在证据上满足这一证明要求，全靠执行法官在非诉性质的执行程序中进行自由裁量。总体上看，《物权法》第十五条中"合同生效"和"物权设立"的区分原则改变了《担保法》第四十一条"抵押合同自登记之日起生效"的规定，打开了公证机构就担保物权合同，尤其是抵押合同办理强制执行公证的可能性。从这一点看，《物权法》的出台在客观上促进了公证强制执行制度的发展。

（二）2014年担保合同被纳入可赋强范围

从1951年最高人民法院、司法部联合发布的《关于保护国家银行债权的通报》规定经公证证明的国家银行债权可径行申请强制执行起，公证强制执行制度的主要任务就是服务于银行等金融机构债权的高效和低成本实现。实务中，绝大多数金融债权都带有担保措施；但2000年《联合通知》没有明确规定可赋强的合同类型包括担保合同，2003年最高人民法院执行工作办公室甚至在《关于中国银行海南省分行质押股权异议案的复函》中明确提出"追偿债款、物品的文书"不包括担保协议，法律规定和实务需求脱节。这一问题，在2004年自四大国有银行开始的中国银行业全面启动市场和商业化之后，日益凸显，尤其是抵押合同、质权合同是否可以被赋予强制执行效力的问题。

对比前述对《物权法》区分原则的分析，如果不涉及抵押合同、质权合同，债权人来自债权文书的债权并不直接作用于债务人的财产，债权文书中的权利义务仅与债务双方有关，与债务人财产有关的利害关系人只能在极端情况下主张债权文书无效，所以可以设置较为宽松的审查标准。但是，赋强公证一旦涉及抵押合同、质权合同，那么基于该合同设立的抵押权、质权会直接作用于利害关系人（如实际共有人）的民事权益。[1] 此时，即会涉及两个难以处理的问题：第一，问题在于是抵押合同、质权合同（负担行为）是否有效，还是设立抵押权、质权的登记和交付行为（处分行为）是否有效；第二，利害关系人应在执行程序中救济，还是在另行提起的诉讼中予以救济。所以，尽管实践需求迫切，尽管《物权法》已经就抵押质押合同的债权文书性质予以确认，但最高人民法院一直未就担保合同是否可以被赋予强制执行效力给出明确的意见。

2014年最高人民法院在其对山东高院的《关于含担保的公证债权文书强制执行的批复》中明确规定，公证机构依法赋予强制执行效力的包含担保协议的公证债权文书，人民法院可以强制执行，但顾及利害关系人的合法权益，不予

---

[1] 在"安徽L银行与任某某、灵璧县G公司等金融借款合同纠纷申请再审案"［最高人民法院（2015）民申字第1733号］中，尽管抵押房产证载权利人只有抵押人，但最高人民法院还是认为"抵押房产系夫妻共同财产，未经夫妻另一方同意，该擅自以共有房产设立抵押的行为无效"，但表述内容是"设立抵押的行为"无效，而非"抵押合同"无效。如果该案系经公证而强制执行，抵押合同基于其债权性质是有效的，但抵押人登记设立抵押权的处分权侵害了夫妻另一方的共同共有权。这样，夫妻另一方就很难提交足以推翻抵押合同的证据促使执行法院裁定不予执行，但其共有权明显又是需要救济的民事权益。从这一点看，"提交的证据足以推翻债权文书"这一审查标准因抵押合同的有效性而明显不足；但如果适用"公证债权文书的内容与事实不符"这一审查标准，人民法院即可以抵押人并非抵押合同所述之有权处分抵押物的主体为由裁定不予执行。

执行的审查标准也须收紧。于是，便有了 2015 年《民事诉讼法司法解释》第四百八十条第一款第三项中"公证债权文书的内容与事实不符"的严苛标准。对于公证强制执行制度而言，可谓"收之东隅、失之桑榆"。

三、2015 年《民事诉讼法司法解释》第四百八十条第一款审查标准之下救济程序的困境

虽然 2015 年《民事诉讼法司法解释》第四百八十条第一款第三项中"公证债权文书的内容与事实不符"的严苛标准，忽略合同无效或抵押权、质权设定行为无效的问题，但是在程序第二阶段中如何对利害关系人进行救济，一直未有针对公证债权文书的专门规定，实务中一直是比照执行异议程序加以救济。

在法院的执行异议审查程序中，人民法院对当事人的实体异议不作审查，对案外人的异议采取"形式审查为原则，实质审查为例外"的原则。[1] 在公证债权文书的执行程序中，鉴于执行名义是公证债权文书，而非法院判决，所以实务中的审查是比照案外人的原则进行。这一程序的问题在于：第一，利害关系人在担保物上的实体权利没有法院判决加以确定，只能依据《执行异议和复议规定》中对案外人的原则"排除"执行；第二，就是最高人民法院法官在《公证债权文书执行规定》答记者问中所说的"不具有最终认定实体权利义务关系的功能"[2]，即使最终取得不予执行裁定，但利害关系人的实体权利还是须在另行提起的诉讼中通过法院判决加以确定。对于法院判决，案外人可以提起执行异议之诉，以该诉之判决取代原审判决，甚至可以在该诉中主张实体权利从而获得对其实体权利的认定判决；但对于公证债权文书而言，则需要面对如何处理申请执行人在裁定不予执行之后、被申请执行人在驳回不予执行申请之后以及利害关系人在驳回不予执行申请之后的诉讼问题。

在 2015 年《民事诉讼法司法解释》第四百八十条第一款审查严苛标准之下，上述救济程序所面临的问题被放大，其结果是最高人民法院执行局负责人在其就《公证债权文书执行规定》答记者问时述及的现实问题："此前公证债权文书执行程序的法律规定较为粗疏，尤其是申请不予执行事由宽泛，提出申请的期

---

[1] 江必新、刘贵祥主编：《最高人民法院关于人民法院办理执行异议和复议案件若干问题规定理解与适用》，人民法院出版社 2015 年版，第 347 页。
[2] 《完善公证债权文书执行程序 切实维护当事人合法权益——最高人民法院执行局负责人就公证债权文书执行相关问题答记者问》，载全国法院切实解决执行难信息网，https://jszx.court.gov.cn/main/SupremeCourt/117077.jhtml，访问时间：2022 年 10 月 17 日。

限没有明确限制，导致有关不予执行的审查裁量标准难以统一，被执行人动辄提出不予执行申请，严重影响了该类案件的正常执行。同时，不予执行裁定去除了公证债权文书的执行力，但并不具有最终认定实体权利义务关系的功能，裁定不予执行后，当事人仍需通过诉讼取得新的执行依据，不仅增加司法成本，更不利于公证债权文书执行以及债权人及时实现权利。"[1] 也就是说，对于公证强制执行程序中的债务人、利害关系人的法律救济，最高人民法院认为《民事诉讼法司法解释》《执行异议和复议规定》所组成的规则体系在实践中已经不堪重负，在公证强制执行的第二阶段即执行阶段的改革亟待进行。

四、公证债权文书执行程序中救济程序选择

对于人民法院而言，其在公证强制执行的第二个阶段，即审查公证债权文书及执行证书和强制执行阶段，关注的重点在于如何对执行双方当事人、利害关系人进行有效的救济，从而保障强制执行的合法有效性。面对《民事诉讼法司法解释》《执行异议和复议规定》所组成的规则在现实中出现的"不予执行裁定不具有最终认定实体权利义务关系的功能"，当事人、利害关系人在"宽泛的申请不予执行的事由"之下提出的实体执行异议只会影响正常执行的问题，最高人民法院在《公证债权文书执行规定》中抛弃了"执行异议—执行异议之诉"这一救济路径，另起炉灶，转而将提出实体权利主张的当事人和利害关系人直接推向诉讼程序，通过获得的首次诉讼判决，最终对存在实体错误的公证债权文书进行纠正。我们认为，最高人民法院采取这一方案可能是出于以下三点考虑。

第一，立法上，2017年《民事诉讼法》第二百三十八条第二款公证债权文书"确有错误"中存在"确有"的程度要求，须进行价值评判；而公证债权文书和对其强制执行确实存在程序错误和实体错误两种情形，一部分如无执行承诺的简单问题放在执行程序中即可通过简单的事实判断进行审查，另一部分如执行担保物存在其他共有人的复杂实体问题则无法放在执行程序中进行审查，因为无法将其他共有人等利害关系人拉入程序中产生对其具有法律拘束力的法院实体裁判。如果在执行异议程序中允许利害关系人提出实体主张并进行审理，

---

[1] 《完善公证债权文书执行程序 切实维护当事人合法权益——最高人民法院执行局负责人就公证债权文书执行相关问题答记者问》，载全国法院切实解决执行难信息网，https://jszx.court.gov.cn/main/SupremeCourt/117077.jhtml，访问时间：2022年10月17日。

一方面执行异议之诉会显得"无的"放矢，因为需要纠正的执行名义并不是民事判决；另一方面会使公证执行陷入毫无必要的实体审查中而致程序拖沓。所以，将公证债权文书的上述两种错误分离，分别设定程序给予救济，让存在实体争议的利害关系人另行起诉就十分必要了。

第二，对于债权文书，当事人在实体上有确认无效、主张撤销的权利，而利害关系人除确认无效的权利之外，还有债的保全中撤销权等实体权利，一方面这些权利并不适宜在执行异议程序中进行审查，否则会影响因这些权利引起的正常诉讼秩序，而且也会影响公证债权文书的正常执行；另一方面人民法院基于对无效、可撤销事由的认定做出的不予执行裁定并不适宜于当事人实现或确认这些权利，还须在诉讼程序中加以主张和实现。

第三，统一将当事人、利害关系人推向诉讼救济，可以减轻执行部门执行异议和执行异议之诉的压力，而且配以执行担保，加大债务人、利害关系人救济成本，则可以最大限度避免在救济实体权利过程中因无理异议而影响执行程序。另外，对于利害关系人而言，公证债权文书在权利义务内容上仅涉及债务人做出特定行为的义务，本身即与利害关系人可能存在的实体权利无关；所以，在程序上拒绝利害关系人对公证债权文书提出实体异议，让其另行提起诉讼也符合民事实体法、程序法的内在要求。

五、《公证债权文书执行规定》的救济程序选择

《公证债权文书执行规定》在规范内容上，充分体现了最高人民法院的上述程序选择思路，但要加以落实和贯彻，则须做到以下几点：第一，彻底分清公证债权文书的程序问题和实体问题，前者在公证强制执行程序中以异议裁定加以解决，后者在另行提起的诉讼中以法院实体判决加以解决；第二，合理设置当事人、利害关系人提起诉讼的条件，即如何认定争议系有关实体权利；第三，设置执行担保，妥善解决另行起诉和执行之间的矛盾。具体而言如下。

（一）区分公正债权文书的程序问题和实体问题

《公证债权文书执行规定》将原来的不予执行裁定，分解为不予受理、驳回执行申请和不予执行三个判决和裁定类型，缓解了不予执行裁定只能提起诉讼予以救济的"一刀切"做法造成的"不该诉讼的诉讼"的尴尬局面，其只解决公证强制执行的程序问题。

1. 不予受理、驳回执行申请的事由规定在《公证债权文书执行规定》第五条，

具体分为两种情形：（1）不应赋予强制执行效力（债权文书不得公证赋强）的，或者说公证书不能作为执行依据的情形，如没有执行承诺、公证证词中给付内容不明确的，应当依据本条经复议后提起诉讼，或不经复议直接提起诉讼；（2）不符合申请强制执行条件的，即未提交执行证书。我们认为，对于第（2）种情形，应当可以在公证机构出具执行证书后向执行机关再次提出执行申请，不过这一结论尚需司法实践加以证实。

应当注意，对于上述程序问题，《公证债权文书执行规定》并未提及被申请执行人和利害关系人可以申请异议。也就是说，上述问题系人民法院执行部门依职权进行审查之事项，被申请执行人和利害关系人此时在程序上还未成为被执行人，故《公证债权文书执行规定》并未规定其可以就上述问题提出执行异议。

2. 不予执行的事由规定在《公证债权文书执行规定》第十二条，具体分为未到场（含监护人未到场）、公证员未回避、公证员贪腐等几种情形。对于被申请执行人的救济，《公证债权文书执行规定》与《执行异议和复议规定》第十条不同，即被申请执行人申请不予执行，驳回不予执行申请的，可以复议，驳回复议的，不能诉讼。我们认为，这是《公证债权文书执行规定》在彻底分清程序问题和实体问题的必然结果，和诉讼程序中对法官回避等问题的处理方式一致。

对于上述程序问题，系人民法院执行部门依申请审查之事项，被执行人未提出不予执行申请的，人民法院无依职权审查义务。此处，之所以未提及利害关系人就上述程序问题提出不予执行申请的权利，是因为公证债权文书在内容上涉及的仅仅是相对和对人性质的债权，与利害关系人实体权利无关。为了解决实践中可能出现的被执行人通过不予执行申请拖沓程序的情形，《公证债权文书执行规定》在第十三条、第十四条中对被执行人不予执行的申请给出了适当限制：（1）应当在执行通知书送达之日起十五日内提出书面申请，涉及公证员回避、贪腐事项且执行程序尚未终结的，应当自知道或者应当知道有关事实之日起十五日内提出；（2）存在上述多个事项的，应当一并提出，否则，除有证据证明不予执行事由在不予执行申请被裁定驳回后知道的，人民法院应当不予审查二次提出的不予执行申请。

被执行人未依据《公证债权文书执行规定》有效提出不予执行申请，或利害关系人认为上述情形影响到其合法权益的，按照《公证债权文书执行规定》的思路，其只能以上述事项确实影响其实体权益为由（即存在因果关系）提起诉讼，而不能以上述事由提起诉讼。

3.《公证债权文书执行规定》第十二条第二款，即"被执行人以公证债权文书的内容与事实不符或者违反法律强制性规定等实体事由申请不予执行的，人民法院应当告知其依照本规定第二十二条第一款规定提起诉讼"的意图很明确，即人民法院在执行程序中根本不审查实体问题。在结果上，利害关系人主张实体权利的，只能依据具体的实体权利和民事诉讼法的规定另行起诉予以主张。例如，利害关系人主张其为担保物的共有人，而担保物权的设定未经其同意，其只能以无权处分之共有人为被告提起侵权之诉，或者以物权担保关系当事人为被告提起确认合同无效的确认之诉。

《公证债权文书执行规定》第十二条第二款改变了2015年《民事诉讼法司法解释》第四百八十条第一款第三项和第三款组成的实体问题须经不予执行方可诉讼的规则，该条款和《公证债权文书执行规定》第二十二条、第二十四条对提出实体权利义务主张的执行当事人、利害关系人，统一规定只能通过诉讼程序加以救济。

（二）设置当事人、利害关系人起诉的前提

在实体争议的处理上，《公证债权文书执行规定》在区分程序问题和实体问题的基础上进一步"分而治之"，从债务人和担保人（被执行人）、债权人（申请执行人）和利害关系人几个角度分别加以规范。

1. 债务人、担保人

对于因2015年《民事诉讼法司法解释》第四百八十条第一款第三项"公证债权文书的内容与事实不符或者违反法律强制性规定"等实体事由申请不予执行的实体问题，根据《公证债权文书执行规定》第十二条第二款、第二十二条之规定，救济方式是只能在执行终结前通过诉讼程序加以救济：即存在第一项，债权文书的内容与事实不符，如债权文书借款数额与实际借款数额不一致；第二项，债权文书存在合同无效和可撤销事由；第三项，债权文书所述的债权债务关系因清偿、提存等原因全部或部分消灭的情形的，债务人可以在执行程序终结前，以债权人为被告，向执行法院提起诉讼，请求不予执行公证债权文书。

应当注意的是，《公证债权文书执行规定》第二十二条第一款所述的仅仅是"债务人"，似乎只有债务人才能提起诉讼，而"第三担保人"不可以，但是《公证债权文书执行规定》第十二条第二款中的"被执行人"却将这一范围扩大至债务人之外的担保人。

2. 债权人、利害关系人

《公证债权文书执行规定》第二十四条第一款规定债权人、利害关系人"可以就公证债权文书涉及的民事权利义务争议直接向有管辖权的人民法院提起诉讼"，与债务人、担保人提起的诉讼不同：（1）债务人、担保人提起诉讼的管辖法院是

执行法院，而债权人、利害关系人是对公证债权文书涉及的民事权利义务争议直接向有管辖权的人民法院，包括非执行法院的其他人民法院提起诉讼；（2）债务人、担保人提起诉讼是针对"不予执行公证债权文书"，而债权人、利害关系人是就"公证债权文书涉及的民事权利义务争议"提起诉讼，两者在诉请上存在差异。

第二十四条规定内容中有关利害关系人的部分比较特别：一方面，对于第一款第一项，即"公证债权文书载明的民事权利义务关系与事实不符"，因为合同相对性所限，所以利害关系人一般无权置喙，即使债权文书存在无效事由，或担保合同所涉担保物存有利害关系人的权益（共有、优先权、合同上或企业破产法中的担保撤销权），也应为无效或可撤销事宜；另一方面，对于第一款第二项，"经公证的债权文书具有法律规定的无效、可撤销等情形"，也是利害关系人依据已有法律和已有程序请求人民法院宣告债权文书无效或撤销债权文书的权利，并非基于本《公证债权文书执行规定》而产生的程序性权利。所以，本条规定可能的目的是，一方面阻却利害关系人在公证强制执行程序中以执行异议的方式主张权利，减少执行异议和执行异议之诉程序的压力，促使利害关系人另行通过确认合同无效或可撤销主张权利，这一点从本条第一款"直接向有管辖权的人民法院提起诉讼"中"有管辖权"的表述就可以加以证实；另一方面摆清利害关系人另行起诉与公证强制执行程序之间的关系，即本条第三款中"利害关系人提起诉讼，不影响人民法院对公证债权文书的执行"。

（三）设置执行担保

为了防止因债务人、担保人、利害关系人通过诉讼过分影响公证强制执行程序的顺利进行，《公证债权文书执行规定》设置了执行担保制度。

第二十二条第二款规定"债务人提起诉讼，不影响人民法院对公证债权文书的执行"，例外是"债务人提供充分、有效的担保，请求停止相应处分措施的，人民法院可以准许"，例外的例外是"债权人提供充分、有效的担保，请求继续执行的，应当继续执行"。也就是说，债权人想通过公证强制执行程序加快债权实现的目的，但面临的现实是：（1）人民法院没有规范允许执行前保全，实践中也几乎没有认可执行前保全的案例；（2）只要债务人提供担保，即可要求停止处分措施，但不能撤销已经采取的查控措施。另外，如果公证债权文书中已经包含债务人提供的充分、有效的担保，是否意味着还需要另行提供一份充分、有效的担保，以停止处分措施？如果还需要，那么公证债权文书所述债权原来的担保应当如何认定，两份充分、有效的担保是否意味着对担保物交换价值的浪费？上述诉讼担保问题，在大部分债权均有充分、有效担保的情况下，变得既说不清也说不通。最可能的解释是"项庄舞剑，意在沛公"，《公证债权文书执行规定》真正的目的在于让债权人提供继续执行的担保，因为最起码在功能上有利于执行回转。同样，第二十四条第三款摆清了利害关系人提起的诉讼和公证强制执行程序的关系，即"利害关系人提起诉讼，不影响人民法院对公证债权文书的执行"，但"利害关系人提供充分、有效的担保，请求停止相应处分措施的，人民法院可以准许"。实操中，可能的情况是，利害关系人向有管辖权的法院提起诉讼的，可以持受案证明，向公证强制执行法院提出"停止相应处分措施"申请，并提供"充分、有效的担保"，而公证强制执行法院经审查可以停止相应处分措施。

六、对《公证债权文书执行规定》的评价

《公证债权文书执行规定》是最高人民法院在对2000年《联合通知》之后的公证强制执行司法实践进行总结的基础上，专门针对公证债权文书在执行程序中的审查和执行整体性给出的规则。《公证债权文书执行规定》中设置的程序和规则，相较于散见于2015年《民事诉讼法司法解释》第四百八十条、2015年《执行异议和复议规定》第二十二条及相关规定，以及2008年《公证债权文书内容争议诉讼受理批复》等规范性文件所组成的规则，虽然也存在一定的疑问，但总体上呈"思路清晰、规范有度"的特征。可以说，自《公证债权文书执行规定》开始，公证强制执行制度在我国的司法实践进入新的历史时期。

客观地讲，最高人民法院对公证强制执行制度在整体上仍持肯定立场，否则其不会将公证债权文书的实体问题从不予执行的审查程序中剥离，用另行起诉、起诉不影响执行以及执行担保的方式尽可能地确保强制执行的顺利进行。对公证强制执行程序第二阶段，《公证债权文书执行规定》初步完成了程序设定，公证行业应该在对第一阶段的程序设定上做出相应回应。例如，根据《公证债权文书执行规定》第八条之规定，即"公证机构决定不予出具执行证书的，当事人可以就公证债权文书涉及的民事权利义务争议直接向人民法院提起诉讼"，不予出具执行证书即属于公证强制执行程序第一阶段之事项，《民事诉讼法》和《公证债权文书执行规定》都不会涉及。对此，中国公证协会《办理具有强制执行效力债权文书公证及出具执行证书的指导意见》第十四条规定了具体事项，我们认为，公证机构应当着重研究不予出具执行证书的具体事项，考虑是否根据《公证债权文书执行规定》的程序选择思路，统合《公证程序规则》中不予办理公证和终止公证的事项，做出恰当调整。

第三章

《公证债权文书执行规定》的解读和应用

第一节 《公证债权文书执行规定》的背景与任务

一、《公证债权文书执行规定》的背景

关于《公证债权文书执行规定》的出台背景，最高人民法院执行局负责人在答记者问中表示"对于持有公证债权文书的债权人来说，毫无疑问，申请执行是最经济、最快捷、最稳妥的权利实现路径"，但是，"此前公证债权文书执行程序的法律规定较为粗疏，尤其是申请不予执行事由宽泛，提出申请的期限没有明确限制，导致有关不予执行的审查裁量标准难以统一，被执行人动辄提出不予执行申请，严重影响了该类案件的正常执行。同时，不予执行裁定去除了公证债权文书的执行力，但并不具有最终认定实体权利义务关系的功能，裁定不予执行后，当事人仍需通过诉讼取得新的执行依据，不仅增加司法成本，更不利于公证债权文书执行以及债权人及时实现权利。经过深入调研，《规定》最终改变了过去不予执行审查'一刀切'的粗放式做法，细化了不予执行程序，分别对程序问题和实体问题设置了不同救济途径"[①]。从最高人民法院法官的上述观点看，最高人民法院一方面肯定公证强制执行制度在维护债权人合法权益，促进债权实现，乃至维护国家经济秩序方面所起到的制度功能和社会效果；另一方面也对我国既存法律规范在维护该制度正常运行所起到的规范作用提出疑虑，尤其是在最高人民法院大力提倡"审执分离"理念的背景下，认为现有制度在一定程度上阻碍了公证强制执行制度的有效运转，最为突出的问题是不予执行的事由过于宽泛。而解决问题的方法也很直接，就是限制不予执行事由，核心和具体措施是区分程序和实体问题和事由，设置不同救济途径。《公证债权文书执行规定》就是在这一背景下，于2018年6月25日由最高人民法院审判委员

[①]《完善公证债权文书执行程序 切实维护当事人合法权益——最高人民法院执行局负责人就公证债权文书执行相关问题答记者问》，载全国法院切实解决执行难信息网，https://jszx.court.gov.cn/main/SupremeCourt/117077.jhtml，访问时间：2022年10月17日。

会第1743次会议通过，自2018年10月1日起施行。

二、《公证债权文书执行规定》的任务

《公证债权文书执行规定》在规范内容上，主要是从对程序性问题和实体性问题的区分出发，解决过往不加区分、笼统放在不予执行申请审查程序中加以审查的问题，着力解决公证强制执行制度在运行过程中的实际问题：（1）《公证债权文书执行规定》首先将程序性问题按照不同的性质和类型放置在不同的执行程序阶段（执行申请受理阶段、不予执行审查阶段）中加以解决，由人民法院执行部门依职权对不予受理的问题，或依申请对不予执行申请进行审查。（2）《公证债权文书执行规定》将民事争议实体性问题统一交给人民法院的审判部门在诉讼程序中加以解决：一是尽可能避免实体问题，尤其是利害关系人的实体问题影响对公证债权文书的执行；二是给予实体纠纷正确的司法救济路径，解决在执行程序中处理执行当事人、利害关系人实体争议的不适当、不彻底的问题。（3）《公证债权文书执行规定》将公证强制执行异议审查程序接入《执行异议和复议规定》所设定的统一程序当中，确保现有执行异议程序的一致性。

关于《公证债权文书执行规定》对程序性问题和实体性问题的区分，最高人民法院在（2019）最高法执复58号执行裁定书中认为，"《公证债权文书执行规定》明确了对当事人提出的不予执行公证债权文书申请的两种不同救济程序。第一，被执行人以公证债权文书的内容与事实不符或者违反法律强制性规定等实体事由申请不予执行的，人民法院应当告知其依照该司法解释第二十二条第一款规定提起诉讼。第二，被执行人以严重违反法定公证程序为由申请不予执行的，执行法院可以直接审查，经审查认为理由成立的，裁定不予执行；理由不成立的，裁定驳回不予执行申请。公证债权文书被裁定不予执行的，当事人可以就该公证债权文书涉及的民事权利义务争议向人民法院提起诉讼；公证债权文书被裁定部分不予执行的，当事人可以就该部分争议提起诉讼。当事人不服驳回不予执行申请裁定的，可以自裁定送达之日起十日内向上一级人民法院申请复议。针对本案当事人提出的不予执行申请，执行法院应当根据其不同理由作出不同程序指引。针对其提出的公证债权文书的内容与事实不符或者违反法律强制性规定等实体事由，应当告知其提起诉讼。针对其提出的程序严重违法事由，执行法院应当依法予以审查"，并认为"山西高院未审查及区分当事人提出的程序事由及实体事由，一概认为无法在执行异议程序中解决不予执行公证债权文书诉请，将对不予执行公证债权文书的审查程序与执行异议案件审查

程序完全割裂，不完全符合现行规定精神"。① 由此可以发现，最高人民法院在实务中认为在公证债权文书的审查程序中，首先要做的就是区分程序事由和实体事由。

我们认为，在公证强制执行程序中，《公证债权文书执行规定》区分实体审查和程序审查具有以下功能。

（1）改变诉讼格局。在没有公证强制执行程序的情况下，债权人须经诉讼证明债权债务关系真实、有效，方可在此基础上在诉讼程序中诉请实现债权；但是，在《公证债权文书执行规定》实体审查的框架内，债务人、利害关系人需自行提起诉讼，以债权债务关系不存在、无效或存在其他瑕疵为由诉请不予执行，并在总体上就自己的主张负有举证责任。

（2）阻却不当异议和诉讼。一般情况下，执行异议是不缴纳案件受理费；除非是在进入执行异议之诉程序后，利害关系人同时要求确认实体权利。在实体诉讼中，一般需要交纳案件受理费；《公证债权文书执行规定》框架内有关实体争议的不予执行之诉，除需缴纳案件受理费之外，如果想要停止相应处分措施，债务人须另行提供担保，代价更大。② 是以，相较于原先单纯执行异议执行审查的程序设置，《公证债权文书执行规定》框架内的诉讼审查程序设置有了阻却不当异议和诉讼的作用，也促使被执行人另行提起诉讼时，将诉请的范围仅限制在有争议的范围之内，例如提出不予执行部分公证债权文书的诉请。

（3）公证强制执行程序中，公证机构首先会对债权文书的真实性、合法性进行事前审查，这在功能上相当于诉讼程序中人民法院对债权法律关系进行的事后审查，经债务履行的审核即进入执行程序，使得执行的合法性有了基本保障。《公证债权文书执行规定》设置的另行诉讼和依担保停止处分措施，可最大限度地实现公证强制执行的制度功能。

（4）阻挡案外刑事问题对公证强制执行的影响，明确当事各方风险和责任的边界。实践中，民刑交叉是民事案件中的一个比较普遍和棘手的问题。民事

---

① 最高人民法院（2019）最高法执复58号执行裁定书。案件来源于中国裁判文书网。
② 笔者发现在实践中，对于不予执行之诉案件受理费，有的法院是按照案外人执行异议之诉的模式处理，即当事人按照《公证债权文书执行规定》第二十三条第二款提出实体诉讼请求的，法院按照常规收费标准收费；当事人仅提出"不予执行"诉请的，则按件收取100元左右的案件受理费。但笔者认为，为阻却不当诉讼，加大不当诉讼的诉讼成本，应当按照执行标的收取全额案件受理费；如公证债权文书所载债权部分，债务人提出不予执行部分公证债权的诉请时，可以相应减少案件受理费。

案件以外的刑事案件往往与民事案件的处理没有法律上的关系，例如一个企业的法定代表人伙同会计虚构财务报表，骗取银行贷款，触犯贷款诈骗罪，但贷款行为本身涉及的借款合同的效力则要看贷款人银行是否参与犯罪行为，否则单位和法定代表人构成贷款诈骗罪，但并不影响银行要求该企业还本付息的权利（当然，银行有权以欺诈为由，向人民法院提出撤销合同的诉讼请求）。区分公证强制执行中的程序和实体问题，分别在不同的程序中加以处理，避免了过去"眉毛胡子一把抓"的问题，也避免了债权人的合法权益无法实现的问题。对此，我们以下例加以说明。

【问题1】借款合同的目的交易无效是否影响依借款合同的公证债权文书执行？

在中国建设银行X支行与王某、陕西Z公司借款纠纷公证债权文书一案中，被执行人、案涉按揭借款合同债务人王某提出异议，其未向Z公司购买房产，也未向建行X支行借款。而且，受案碑林法院另案作出（2015）碑执字第02119号执行裁定书，认为上述房屋买卖为虚假按揭，房屋买卖无效，11701号房屋仍归原产权人Z公司所有，将该房屋予以查封。既然否定异议人对该房屋的所有权，又执行异议人购房款，显然矛盾。也就是说，王某向建行X支行所借的款项，用于购买Z公司房产的房屋买卖合同是虚假无效的，而且西安市中级人民法院西刑二初字第00091号刑事判决书也认为，登记于王某名下三套房产（涉及案涉房产）的房屋买卖无效，房屋仍归原产权人Z公司所有。

西安碑林法院经审理作出（2019）陕0103执异112号执行裁定书认为：（1）根据西安市公证处记录、卷宗，王某办理了上述公证；（2）（2015）碑执字第02119号执行裁定书，确定涉案房屋买卖为虚假按揭，房屋买卖无效，房屋仍应归原产权人Z公司所有一节，系公证书内容与事实不符的情形，应按照《公证债权文书执行规定》的相关规定向执行法院提起诉讼。最终，碑林法院驳回了王某的执行异议申请。[①]

分析：本案是刑民交叉的案件，已有刑事判决确认买卖交易无效，但是否能借此确认借款合同也无效，从而导致公证债权文书"确有错误"，则需要看借款合同本身有无无效事由。借款合同由商业银行和王某签署，公证机构加以审核并办理公证。实体上，除非商业银行知晓虚假按揭事项（构成虚假意思表示），否则借款合同没有当然无效情节。驳回异议并促使被执行人另行提起诉讼的考

[①] 陕西省西安市碑林区人民法院（2019）陕0103执异112号执行裁定书。案件来源于中国裁判文书网。

虑在于：一方面被执行人是无效法律行为买卖合同的当事人方便提起诉讼，另一方面其也是房地产公司骗取银行按揭贷款的直接或间接的参与者，不能在无法证明银行知晓虚假按揭的情况下否定借款合同的效力。也就是说，《公证债权文书执行规定》施行以后，刑事判决，只要不是对债权文书的效力做出认定，并导致公证债权文书不能再继续作为执行依据，就不能随随便便阻止公证强制执行了。人民法院首先审查的是被执行人是否到场办理公证；如果是，则被执行人签署债权文书的意思表示就经过了公证机构的公证，其也就不能简单地以"受害人"自居，以刑事判决作为挡箭牌，并要求不予执行。另外，"涉及刑事判决"不能宽泛地成为不予执行的理由，被执行人必须到不予执行之诉当中证明公证债权文书存在《公证债权文书执行规定》第二十二条第一款所列的"（一）公证债权文书载明的民事权利义务关系与事实不符；（二）经公证的债权文书具有法律规定的无效、可撤销等情形；（三）公证债权文书载明的债权因清偿、提存、抵销、免除等原因全部或者部分消灭"三项法定情形之一，人民法院在判决不予执行前，也必须确认借款合同是无效合同，否则借款合同就是有效的合同，有关借款合同的公证债权文书就是有效的执行依据。简言之，即使涉及刑事案件，被执行人还须持不予执行法定事由并取得民事判决才能阻止强制执行；否则，仅有刑事判决，还无法阻止依据公证债权文书启动的强制执行程序。本案中，王某作为借款合同当事人，签订合同并办理公证，在其不履行还本付息义务的情况下，对其施加强制执行，符合行为自负的民事责任基本原则。

　　事实上，对于合同或法律行为无效的情形，公证机构在办理公证过程中，会消减到最低。合同有效，被规定在《民法典》第一百四十三条当中，即须具备以下有效要件：（1）行为人具有相应的民事行为能力；（2）意思表示真实；（3）不违反法律、行政法规的强制性规定，不违背公序良俗。公证机构在办理公证过程中会注意上述事项，而且根据《公证债权文书执行规定》第十二条的要求，当事人必须到场，所以基本不会有不具有相应民事行为能力的人，和存在意思表示不真实的事项发生。涉及刑事的，一般法律行为出现无效的情形，都是因为双方的原因，例如虚假意思表示，也就是以合法形式掩盖非法目的的情形；单方的行为违法不会出现合同直接无效的情形。例如，本案中的王某如果是和Z公司联合骗贷，也不会导致其与银行签署的借款合同直接无效，因为在贷款合同中，仅有王某的行为是违法的，而相对方金融机构不存在违法事项。存在欺诈的，金融机构有权因此向法院申请撤销合同，这也是《公证债权文书执行规定》在第二十四条中，允许债权人金融机构以公证债权文书具有法律规定的无效、可撤销事由而提起诉讼的原因。而本案中，债权人并未选择撤销合同，而是申请强制执行，这本身也是其自身的民事权利。因此，即使存在涉及刑事犯罪的事实，一般也不会影响合同的效力。所以说，《公证债权文书执行规定》建构起的公证强制执行审查制度，恰当地处理了涉刑的合同效力问题。

在上述案件中，西安市碑林区人民法院确定涉案房屋买卖为虚假按揭，房屋买卖无效，房屋仍应归原产权人Z公司所有一节，属于公证书债权文书内容与事实不符的情形。这是不是说，债务人根据《公证债权文书执行规定》诉至执行法院请求不予执行公证债权文书，即会得到受案法院的支持？我们认为不是，因为《公证债权文书执行规定》第二十二条第一款第一项"公证债权文书载明的民事权利义务关系"有特指，即指未来强制执行的债权债务关系与事实不符。本案中，只要债务人无法证明债权人申请执行的贷款债权或贷款合同无效，就不能阻止债权人据该合同的公证债权文书申请强制执行；债务人购买房产的买卖无效（出卖人Z公司和王某因虚假意思表示而导致合同无效），仅指其签署贷款合同的动机无效，而在合同法范畴内签署合同的动机恰恰不影响合同的效力。在提出的不予执行诉讼程序当中，债务人必须提出正确的诉讼请求、事实和理由，否则无法得到法院的支持，这正是《公证债权文书执行规定》所构建的新规则的制度功能。

第二节 《公证债权文书执行规定》的理解与应用

一、公证债权文书的法定概念（第一条）

第一条 本规定所称公证债权文书，是指根据公证法第三十七条第一款规定经公证赋予强制执行效力的债权文书。

本条非常重要，结合本规定的名称即《最高人民法院关于公证债权文书执行若干问题的规定》，框定了《公证债权文书执行规定》规范的人民法院开展执行工作的对象——公证债权文书，是人民法院围绕公证债权文书开展执行工作的基准。具体而言：一方面不能完全按照判决执行的思路理解公证债权文书的执行工作，另一方面应依据公证债权文书，而非执行证书或其他法律文书开展执行工作。

作为"公证债权文书"的释义，本条有点循环解释的意思，但很明确，即

"经公证赋予强制执行效力的债权文书",核心为债权文书。于是,《民事诉讼法》第二百四十五条所指的公证债权文书"确有错误",是指"经公证被错误赋予强制执行效力债权文书",核心是公证债权文书出现"错误",包括:(1)不该被赋予强制执行效力的债权文书,包括该债权文书内的权利义务关系不是当事人之间真正的债权债务关系,和当事人无意借助公证强制执行途径解决可能发生的纠纷;(2)不能被赋予强制执行效力的债权文书,包括该债权文书不是法律规定可以赋予强制执行效力的债权文书类型,和债权文书存在无效和被撤销的情形。

我们在这里先解决哪些债权文书不能被赋予强制执行效力的问题。能够被赋予强制执行效力的债权文书,如前文所述,主要是那些出现违约情形,不需要人民法院的法官重新进行权利义务构造就能进行救济的债权文书,其法律特征被规定在2000年《联合通知》第一条当中,为:(1)债权文书具有给付货币、物品、有价证券的内容;(2)债权债务关系明确,债权人和债务人对债权文书有关给付内容无疑义;(3)债权文书中载明债务人不履行义务或不完全履行义务时,债务人愿意接受依法强制执行的承诺。2017年《关于充分发挥公证书的强制执行效力服务银行金融债权风险防控的通知》第二条亦重申了上述法律特征。而债权文书的具体类型,则被规定在以下几个规范性法律文件当中。

1. 2000年《联合通知》第二条:(1)借款合同、借用合同、无财产担保的租赁合同;(2)赊欠货物的债权文书;(3)各种借据、欠单;(4)还款(物)协议;(5)以给付赡养费、扶养费、抚育费、学费、赔(补)偿金为内容的协议;(6)符合赋予强制执行效力条件的其他债权文书。

2. 2014年最高人民法院在其对山东高院的《关于含担保的公证债权文书强制执行的批复》中明确规定,公证机构依法赋予强制执行效力的包含担保协议的公证债权文书,人民法院可以强制执行。最高人民法院于2015年颁布并于2020年修正《执行异议和复议规定》第二十二条第一款"公证债权文书对主债务和担保债务同时赋予强制执行效力的,人民法院应予执行"重申了这一规定,即明确将担保合同列入债权文书的范围。《公证债权文书执行规定》第六条"公证债权文书赋予强制执行效力的范围同时包含主债务和担保债务的,人民法院应当依法予以执行"再次重申了这一规定内容。需要注意的是,后两个规范性文件都指明可以单独赋予担保合同强制执行效力,但此时人民法院将不受理对未经公证赋予强制执行效力的主债务部分的执行申请。

3. 2017年《关于充分发挥公证书的强制执行效力服务银行金融债权风险防控的通知》第一条:(1)各类融资合同,包括各类授信合同、借款合同、委托贷款合同、信托贷款合同等各类贷款合同，票据承兑协议等各类票据融资合同，融资租赁合同，保理合同，开立信用证合同，信用卡融资合同（包括信用卡合约及各类分期付款合同）等；（2）债务重组合同、还款合同、还款承诺等；（3）各类担保合同、保函；（4）符合本通知第二条规定条件（与2000年《联合通知》第一条一致）的其他债权文书。

【问题2】执行法院是否能够仅裁定不予执行执行证书？

复议申请人D公司不服陕西省蒲城县人民法院（2019）陕0526执异58号执行裁定，向渭南市中级人民法院提起复议申请，该院经审查就复议申请人D公司与任某某、付某某、张某某、蒲城G公司、蒲城Z公司执行异议复议一案作出（2020）陕05执复17号执行裁定书认为，"《公证债权文书执行规定》第一条规定：本规定所称公证债权文书，是指根据公证法第三十七条第一款规定经公证赋予强制执行效力的债权文书。第十条规定：人民法院在执行实施中，根据公证债权文书并结合申请执行人的申请依法确定给付内容。故一审在审查中适用《公证债权文书执行规定》第五条的规定，裁定对蒲城县公证处作出的（2015）蒲证执字第某号强制执行证书不予执行，属适用法律错误"[1]。

分析：渭南中院的观点是，执行证书不是执行依据，不能裁定不予执行执行证书；如果法院经审查发现公证机构出具的执行证书中的给付内容错误，则应当根据公证债权文书和执行申请确定给付内容，这也是《公证债权文书执行规定》第十条中对执行法院的规定性义务。而不是以执行证书错误为由驳回整个执行申请，因为执行依据即公证债权文书并没有错误。换句话说，如果执行法院可以裁定不予执行执行证书，公证机构再一次出具执行证书，执行法院即必须受理执行申请，因为执行依据公证债权文书并没有错误；执行法院的否定性结论并未触及公证债权文书这一执行依据，所以不予执行执行证书的裁定根本不解决问题。可以说，《公证债权文书执行规定》第十条是《公证债权文书执行规定》将公证债权文书确定为执行依据，将公证债权文书确定为执行工作的对象和基准，明确执行机关负有确定正确执行内容职责的必然结果。

---

[1] 陕西省渭南市中级人民法院（2020）陕05执复17号执行裁定书。案件来源于中国裁判文书网。

二、执行管辖（第二条）

第二条 公证债权文书执行案件，由被执行人住所地或者被执行的财产所在地人民法院管辖。

前款规定案件的级别管辖，参照人民法院受理第一审民商事案件级别管辖的规定确定。

本条是有关公证债权文书执行案件的执行管辖问题，与公证机构受理强制执行公证申请办理公证的公证管辖无关。这一点其实非常好理解，因为《公证债权文书执行规定》并非最高人民法院与司法部联合发布，故其不应当涉及应由司法部出台规定予以规范的公证管辖问题。本条第一款规定的地域管辖与《民事诉讼法》第二百三十一条第二款"法律规定由人民法院执行的其他法律文书，由被执行人住所地或者被执行的财产所在地人民法院执行"一致，该条款中的其他法律文书应当包含公证债权文书。这里，应当注意以下几点。

1. 被执行人既包括主债务人，也包括申请执行人申请执行的担保人；被执行财产包括钱款、债权、股权股票、机械设备等动产，以及土地使用权、房屋所有权等不动产权。这里在司法实践中涉及债权人通过保证人等担保人的住所地，不符合实际情况地移转执行管辖权的问题，我们会在后文专门进行分析。

2. 如果被执行人系自然人，且户籍所在地和经常居住地不同的，一般由经常居住地法院受理执行申请。湖南怀化中院在（2020）湘12执复70号执行裁定书中认为，尽管被执行人户籍所在地在怀化，但其经常居住地并不在怀化，故不应由怀化市鹤城区法院管辖，其维持了鹤城区法院驳回申请执行人执行申请的裁定结论。[①] 这一认识衍生出的问题是，如果出现申请执行人无法查明被执行人经常居住地的情况，应当如何处理？我们的意见是，从合同约定的住所地、银行账户等信息加以判断。

3. 当事人在债权文书中约定纠纷管辖的，该约定管辖不适用于确定公证债权文书的执行法院，安阳龙安区法院在其作出的（2020）豫0506执异14号执行裁定书中即持有这种观点。[②] 从这个角度讲，《民事诉讼法》第二百三十一条

---

① 湖南省怀化市中级人民法院（2020）湘12执复70号执行裁定书。案件来源于中国裁判文书网。

② 河南省安阳市龙安区人民法院（2020）豫0506执异14号执行裁定书。案件来源于中国裁判文书网。

第二款的规定具有专属管辖的性质。

本条第二款是关于执行法院级别管辖的规定,依据的规范是最高人民法院 2015 年下发的《关于调整高级人民法院和中级人民法院管辖第一审民商事案件标准的通知》、2018 年就贵州省、陕西省、甘肃省、青海省、宁夏回族自治区、新疆维吾尔自治区六地下发的《关于调整部分高级人民法院和中级人民法院管辖第一审民商事案件标准的通知》中以诉讼标的金额为标准对人民法院级别管辖作出的规定,以及 2019 年下发的《关于调整高级人民法院和中级人民法院管辖第一审民事案件标准的通知》。实践中,不超过 50 亿元的执行案件,在级别上不会由高级人民法院管辖,大多是由各高级人民法院指令某一中级人民法院负责执行。如四川高院在其作出的(2019)川执 23 号执行裁定书中,即依照《最高人民法院关于高级人民法院统一管理执行工作若干问题的规定》第八条第一款之规定,裁定将"四川省成都市蜀都公证处(2018)川成蜀证内经字第××号具有强制执行效力的债权文书公证书由成都铁路运输中级法院执行"①。

【问题 3】执行管辖异议的提起是否有时限限制?

在北京二中院执行中国民生银行股份有限公司 B 分行与 X 公司公证债权文书一案〔(2019)京 02 执 820 号〕过程中,被执行人 X 公司提出执行管辖异议请求"将案件移送内蒙古自治区赤峰中级人民法院执行",理由是"被执行人 X 公司以及其他担保人吉某某、李某某、赤峰 Y 公司的住所地即营业机构所在地、户籍地、经常居住地均为内蒙古自治区赤峰市松山区(含新城区);被执行财产亦在内蒙古自治区赤峰市松山区"。

北京二中院审理查明,该院执行机关于 2019 年 7 月 3 日向 X 公司作出(2019)京 02 执 820 号执行通知书。同年 7 月 4 日,该院以法院专递邮件形式向 X 公司住所地邮寄上述执行通知书,同年 7 月 5 日,上述邮件被签收;而 X 公司所提交本案执行异议申请书载明日期为 2019 年 9 月 19 日。根据《民事诉讼法执行程序解释》②第三条第一款之规定,即"当事人对管辖权有异议的,应当自收到执行通知书之日起十日内提出",X 公司的执行管辖权异议已经超过法律、司法解释规定的异议期间。北京二中院最终就 X 公司的执行异议作出(2019)京 02 执

---

① 四川省高级人民法院(2019)川执 23 号执行裁定书。案件来源于中国裁判文书网。
② 本书所涉案例,为保持文书原貌,除有特殊说明外,出版时未更新改动相关法律法规。——编辑注

异1145号执行裁定驳回了X公司的异议申请。①

分析：执行管辖问题，并不是专属于公证债权文书的执行程序的问题，也会出现在判决、仲裁裁决的执行程序之中。所以，一些规定不会出现在《公证债权文书执行规定》中，而是在执行的一般规定中。《民事诉讼法执行程序解释》给出了有关执行管辖的一般性规定：（1）申请执行人向被执行的财产所在地人民法院申请执行的，应当提供该人民法院辖区有可供执行财产的证明材料，如抵押房产的登记证明、账户信息、车辆和器械设备的照片和处所等。（2）对两个以上人民法院都有管辖权的执行案件，人民法院在立案前发现其他有管辖权的人民法院已经立案的，不得重复立案。立案后发现其他有管辖权的人民法院已经立案的，应当撤销案件；已经采取执行措施的，应当将控制的财产交先立案的执行法院处理。（3）人民法院受理执行申请后，当事人对管辖权有异议的，应当自收到执行通知书之日起十日内提出。人民法院对当事人提出的异议，应当审查。异议成立的，应当撤销执行案件，并告知当事人向有管辖权的人民法院申请执行；异议不成立的，裁定驳回。当事人对裁定不服的，可以向上一级人民法院申请复议。本案就是当事人提出的异议申请超过规定的十日期限。（4）管辖权异议和复议期间，不停止执行行为。

另外，管辖权异议提起的时效是从执行通知有效送达之日起开始计算，在未能有效送达的情况下，应当自被执行人知道或应当知道之日起算。北京西城区法院在（2019）京0102执异404号执行裁定书中认为，"本案中，本院执行实施部门对被执行人范某某未有效送达执行通知书等相关法律文书后，于2019年7月16日，在涉案房屋张贴执行公告，范某某于2019年7月22日，向本院提出管辖权执行异议，应视其申请未超过法律、司法解释所规定的时效，其异议申请本院应予审查"②。

三、执行依据（第三条、第四条）

第三条 债权人申请执行公证债权文书，除应当提交作为执行依据的公证债权文书等申请执行所需的材料外，还应当提交证明履行情况等内容的执行证书。

第四条 债权人申请执行的公证债权文书应当包括公证证词、被证明的债权文书等内容。权利义务主体、给付内容应当在公证证词中列明。

---

① 北京市中级人民法院（2019）京02执异1145号执行裁定书。案件来源于中国裁判文书网。
② 北京市西城区人民法院（2019）京0102执异404号执行裁定书。案件来源于中国裁判文书网。

（一）公证债权文书是执行依据，执行证书不是执行依据

公证强制执行程序的执行依据被规定在《公证债权文书执行规定》第三条、第四条，规定内容非常重要，因为其会从根本上限制执行异议的审查范围。根据《公证债权文书执行规定》第三条之规定，公证强制执行的依据是"公证债权文书"，而不包括"执行证书"。从北京高院作出的（2019）京执复237号执行裁定中的观点，"根据《公证债权文书执行规定》第一条、第三条和第十二条等条文的规定，执行证书不是据以执行的公证债权文书的组成部分，不属于不予执行公证债权文书的审查范围。T中心以作出执行证书的程序违法为由，申请不予执行公证债权文书，缺乏法律依据，北京二中院对该理由不予审查，符合司法解释的规定"[1]看，至少北京两级法院认为执行证书不是执行依据，而且执行证书的内容和程序违法都不是不予执行公证债权文书的理由。当然，还有一些法院可能是《公证债权文书执行规定》掌握得不够好，还是认为执行证书是执行依据，而非公证债权文书。例如，呼和浩特市赛罕区人民法院在其就"呼和浩特市X小额贷款有限责任公司与被执行人王某某公证债权文书执行异议案"于2019年11月11日作出的（2019）内0105执异360号执行裁定书中认为，"仲泰公证处出具的（2015）呼仲证内字第4188号具有强制执行效力的债权文书公证书，是执行证书的程序性要件，不是执行依据"。

【问题4】为什么执行依据只有公证债权文书，而不包括执行证书？

之所以公证强制执行的依据只有公证债权文书，而不包括执行证书，我们认为有以下理由。

1.通常情况下，执行依据是执行机关实施强制执行的依据，无须审查，例如判决；但因公证债权文书并非判决那样系由法院通过司法程序作出，法院还应当根据被执行人申请进行审查，或审查程序和实体问题，或只审查程序性问题。公证强制执行程序是典型的前端救济制度，当事人办理公证时并无纠纷，由公证机构办理、审查和出具公证债权文书，保障了最起码的真实性、合法性，所以不必进一步在执行程序中审查实体，而是由当事人以另行起诉的方式启动实体审查，借此阻却当事人提出的不当实体异议。与此相对，执行证书是在纠纷发生后，至少是在债务人违约情况下出具的，单凭公证机构这个准司法机构客观上无法完全保障真实性，需要进行实体审查，不能将公证债权文书和执行证书一同处理。

---

[1] 北京市高级人民法院（2019）京执复237号执行裁定书。案件来源于中国裁判文书网。

所以，我们认为北京高院所称"不属于不予执行公证债权文书的审查范围"并不完全准确，应当是：（1）执行法院在不予执行异议程序中，不审查公证债权文书的实体问题，仅审查其是否存在程序性瑕疵，如《公证债权文书执行规定》第十二条"当事人未到场办理公证"等简单事由，公证债权文书的实体问题则由当事人通过另行起诉，即在确定公证债权文书确有错误的同时，以另一个执行依据或判决结论予以替代或否定的方式加以解决。（2）执行法院会审查执行证书中的内容是否正确，但不会因执行证书错误而驳回执行申请，因为结合公证债权文书和当事人申请确定给付内容本身就是来自《公证债权文书执行规定》第十条的执行法院的规范性义务；也就是说，无论执行证书是否正确，执行法院都有义务自行确定给付内容，甚至于说是执行法院可以抛开执行证书自行确定给付内容。从这个角度讲，执行证书确实不属于不予执行公证债权文书的审查范围。

2. 执行依据不包括执行证书，给了执行机关审查和变更的空间，公证强制执行制度在实际实施中也因此获得了弹性。如果执行依据是公证债权文书和执行证书，意味着，如果执行证书错误，则执行机关即应以执行依据错误为由驳回执行申请。例如，公证机构是按照年利率40%计算违约损失并出具执行证书，但执行机关认为应当按不超过合同成立时一年期贷款市场报价利率四倍的水平计算违约损失，则可以在执行证书不是执行依据的情况下，直接变更为合同成立时一年期贷款市场报价利率四倍最终执行。正是基于执行证书不是执行依据，《公证债权文书执行规定》第十条才有了规定"人民法院在执行实施中，根据公证债权文书并结合申请执行人的申请依法确定给付内容"的可能性；否则，执行机关只能"照章办事"，即作为执行依据的执行证书中载明的内容上是什么，就得遵照执行，或者经审查推翻公证债权文书和执行证书共同组成的执行依据。可以说，将执行证书排除在执行依据之外，一方面是肯定公证机构前期办理公证出具公证债权文书公证书的工作和意义，另一方面直面公证机构在后期执行证书出具过程无法对债务履行情况进行彻底审查的现实。

3. 在公证机构办理公证债权文书时，当事人或其委托人必须到场，这是《公证债权文书执行规定》第十二条第一款第一项的规范性要求；但是，如果执行依据包括执行证书，则这一规则根本没办法在实务中落实。实践中，债务人基本都不会在出具执行证书时到场。因此，公证机构对债务履行情况的核实，实际上是为执行机关进行进一步审查所开展的预备工作。

应当看到，将执行证书排除在执行依据之外，潜台词实际上是给了执行机关就执行证书的内容进行审查和变更的权利，但同时也限制或剥夺了执行机关因执行证书的内容或程序错误而驳回执行申请的权利。结果上，执行机关的审查和调整的范围仅限于执行证书的内容，公证债权文书中的实体争议则不在执行机关应当审查的范围之内，债务人、债权人和第三人只有依据《公证债权文书执行规定》第二十二条、第二十四条通过另行提起诉讼加以救济。

既然执行依据不包括执行证书，那为什么向执行机关申请执行时需要提交执行证书呢？因为，执行证书是接通民事实体债权债务和国家强制执行行为的关键性法律文书，其所载的内容包含债务人未依约履行债务的事实，即违约事实；以及债务人基于该等事实依据法律应承担的法律责任，即执行标的，也即执行证书承担着从履行义务到承担责任的作用。从执行证书"证明履行情况等内容"中的"证明"一词的"证"和"明"文义来看，执行证书应包含：（1）公证机构对债务履行情况的核查工作；（2）债务人债务履行情况。

另外，《公证债权文书执行规定》未就当事人在申请强制执行前申请财产保全给出明确规定。2015年《民事诉讼法》第一百条、第一百零一条规定，当事人可以在诉讼或仲裁前提起保全申请。但是这一规定，虽然在《财产保全规定》第一条第三款"法律文书生效后，进入执行程序前，债权人申请财产保全的，应当写明生效法律文书的制作机关、文号和主要内容，并附生效法律文书副本"中，由"法律文书"的称谓为其他执行名义适用财产保全制度预留了制度空间，但《公证债权文书执行规定》并未跟进对公证债权文书给出规则适用保全制度。

我们认为，在《公证债权文书执行规定》将执行依据确定为公证债权文书，而不包括执行证书的情况下，依据公证债权文书允许执行前保全，具有完全的合法性；毕竟公证机构核实债务履行情况需要时间，债权人有保全的需求。在操作上，债权人在公证债权文书履行期限届满后，即可以提供担保申请保全，然后限期向公证机构申请出具执行证书；当然这可能会有达成和解撤销保全，或错误保全导致债务人、担保人损失，最终导致情况变得更为复杂的可能性。最后，债权人持公证债权文书、执行证书向人民法院申请强制执行进入执行程序后，保全措施即自动转变为执行措施。

（二）执行依据的内容——公证证词、被证明的债权文书

《公证债权文书执行规定》第四条规定公证债权文书应当包括公证证词、被证明的债权文书等内容，即包括公证部分和合同；在公证部分的公证证词中，应当包括权利义务主体、给付内容。

本条关于公证债权文书应有的内容，包含被证明的债权文书和公证证词，前者的要求是"被证明"，如果债权人和债务人之间存在数份协议，部分办理强

制执行公证，部分没有，则没有办理强制执行公证的协议不能作为公证强制执行的执行依据；后者进一步要求：权利义务主体、给付内容，其作用相当于法院判决最后的判词。"给付内容"的要求是为了防止当事人，尤其是第三担保人（保证人、抵押人）即使收到公证书，也因债权文书篇幅过大，当事人约定以及法律关系过于复杂，很难知晓其未来须承担的法律责任，从而使公证书送达失去意义。所以，就需要公证机构在公证证词中简要、明确地列明承担给付义务的债务人、给付内容（本金和到期利息）、给付时间，同时需要列明罚息、违约金、赔偿金、实现债权的费用（律师费、公证费等）的计算方式或科目（尤其是在涉及第三担保人的情形下）。

【问题 5】公证债权文书的公证证词中未列明权利义务主体及给付内容，人民法院怎么处理？

在 Q 公司、F 公司、Z 公司等不予执行公证债权文书案件中，申请执行人某城（厦门）股权投资基金管理有限公司申请执行的公证债权文书的公证证词中未列明权利义务主体及给付内容，被执行人提出异议。就此，福建龙岩中院在其就该案作出的（2019）闽 08 执 590 号执行裁定书中认为："本案移送执行后，经审查认为，作为本案执行依据的福建省厦门市鹭江公证处（2017）厦鹭证内字第 71512 号《具有强制执行效力的债权文书公证书》在公证证词中仅证明申请人与被申请人签订合同的事实，未列明权利义务的主体及权利义务具体内容，属执行内容不明确，不符合受理条件。依照《执行工作规定》第十八条第一款第四项，《公证债权文书执行规定》第四条、第五条第三项、第七条规定，裁定如下：驳回某城（厦门）股权投资基金管理有限公司的执行申请。"[1]

分析：如前文所述，公证强制执行的执行依据是公证债权文书，不是执行证书。故而，作为执行依据，公证债权文书就必须列明可予强制执行的执行标的，并通过列明权利义务主体，明确谁是申请执行人、谁是被执行人，否则执行机关没有办法展开执行行为。明确了这一点，就明确了《公证债权文书执行规定》第四条规定"债权人申请执行的公证债权文书应当包括公证证词、被证明的债权文书等内容。权利义务主体、给付内容应当在公证证词中列明"的原因。洛阳中院在其就胡某某、姜某借款合同纠纷执行异议复议案作出的（2019）豫 03 执复 2 号执行裁定中也持有相同的观点，即"复议申请人胡某某提交的（2017）

---

[1] 福建省龙岩市中级人民法院（2019）闽 08 执 590 号执行裁定书。案件来源于中国裁判文书网。

栾证经字第 15 号赋予强制执行效力的债权文书公证书的公证证词中未列明给付内容，栾川法院裁定驳回胡某某的执行申请符合前述司法解释的规定，复议申请人的复议请求不能成立，本院不予支持"①。该院所依据的也是《公证债权文书执行规定》第四条、第五条。

但是，本案中鹭江公证处出具，和申请执行人胡某某提交公证债权文书的时间是 2017 年，《公证债权文书执行规定》并未实施，所以执行机关驳回执行申请时，还应当考虑《公证债权文书执行规定》第四条是否具有溯及力的问题。对此，下面案例中，四川高院的观点明显更为妥当。

【问题 6】《公证债权文书执行规定》施行前的公证债权文书的公证证词中没有给付内容，是否应当裁定不予执行？

在 T 公司、浙商银行股份有限公司 C 分行不予执行公证债权文书的异议纠纷中，被执行人提出公证债权文书的公证证词中没有明确权利义务主体及给付内容，从而申请不予执行。这个问题本质上涉及《公证债权文书执行规定》是否具有溯及既往的能力。

四川高院经复议审查，在其就该案作出的（2019）川执复 179 号执行裁定中，表达了自己的观点，即《公证债权文书执行规定》针对公证证词的规范要求不具有溯及既往的能力："《公证债权文书执行规定》第二十五条规定：'本规定自 2018 年 10 月 1 日起施行。'本案中四川省成都市蜀都公证处作出（2018）川成蜀证内经字第 145525~145526 号公证书的时间均为 2018 年 9 月 30 日，此时《公证债权文书执行规定》尚未施行。在该规定施行前，《公证程序规则》及《联合通知》等相关规定均要求在执行证书而非公证证词中明确权利义务主体及给付内容。故对于公证机构出具的公证债权文书是否属于执行依据不明确、应驳回执行申请的情形，应结合公证债权文书、执行证书等进行审查。本案中，当事人各方签订的《借款合同》《抵押合同》《最高额保证合同》等对借款金额、各方权利义务进行了明确约定，四川省成都市蜀都公证处对上述合同进行公证，并作出具有强制执行效力的公证书。（2019）川成蜀证执字第 337 号执行证书载明了权利义务主体、执行标的及给付内容。结合上述公证债权文书及执行证书载明的内容，能够明确确定权利义务主体及给付内容。故本案不存在因执行依据不明确应驳回执行申请的法定情形。综上，德阳台海核能装备有限公司的复

---

① 河南省洛阳市中级人民法院（2019）豫 03 执复 2 号执行裁定书。案件来源于中国裁判文书网。

议申请理由与本案查明的事实及法律规定不符,不能成立。四川省德阳市中级人民法院(2019)川 06 执异 31 号执行裁定认定事实清楚,适用法律正确,结果应予维持。"①

与上述的裁定相对,吉林市中院作出的(2020)吉 02 执 155 号执行裁定书中认为,"吉林省长春市信维公证处作出的(2017)吉长信维证字第 26193 号《具有强制执行效力的债权文书公证书》结论为:'根据《民事诉讼法》、《公证法》、《公证程序规则》和《联合通知》的有关规定,自前面的《小企业借款合同》《小企业抵押合同》《小企业保证合同》办理抵押登记后且形成债权债务关系之日起,本公证书具有强制执行效力。若甲、丙方逾期不履行义务,乙方应在合同履行期届满之日起三十四个月内持本公证书向本公证处申请出具执行证书,并凭本公证书及执行证书向有管辖权的人民法院申请强制执行。'由于申请执行人持有的上述《具有强制执行效力的债权文书公证书》没有给付内容,故应驳回执行申请"②。本案同样涉及《公证债权文书执行规定》的溯及力问题,但也应看到,执行法院对公证债权文书中明确权利主体和给付内容的要求,已经成为一种普遍的规范要求。

从"给付内容"这一要求看,对公证机构的要求提高了。过往,一些公证机构的公证书内容相对简单和格式化,通常包括("简要内容"):(1)甲方(借款方)、乙方(贷款方);(2)某年某月某日向公证处申请《某某合同》的公证,赋予强制执行效力;(3)经查,《某某合同》系双方协商一致、有民事行为和权利能力,该合同的意思表示真实,合同内容具体、明确;(4)兹证明……《某某合同》符合法律规定,双方当事人的签字、印鉴均属实;(5)根据《民事诉讼法》《公证法》《公证程序规则》,前述《某某合同》具有强制执行效力。从上述内容看,并无"给付内容"。结合下面第五条第三项裁定驳回执行申请事由之一"公证证词载明的权利义务主体或者给付内容不明确",《公证债权文书执行规定》实施后,出现公证债权文书的公证证词未载明权利义务主体或者给付内容不明确的情形,则可能面临人民法院裁定不予执行的结果。

---

① 四川省高级人民法院(2019)川执复 179 号执行裁定书。案件来源于中国裁判文书网。
② 吉林省吉林市中级人民法院(2020)吉 02 执 155 号执行裁定书。案件来源于中国裁判文书网。

第三章 《公证债权文书执行规定》的解读和应用

【问题7】保证人在主债权展期时，并未再次就保证合同办理强制执行公证，能否强制执行？

在兴业银行股份有限公司X分行与O公司、H公司、L公司、吴某甲、胡某、公某某、吴某乙民间借贷纠纷一案中，西安市公证处于2012年2月10日出具（2012）西证经字第915号公证书（以下简称915号公证书）、2016年2月2日出具（2016）西证经字第1044号公证书（以下简称1044号公证书），债权人兴业银行最终持上述公证书和西安市公证处于2020年1月10日出具的（2019）西证执字第333号执行证书向西安中院申请执行。该院于2020年4月7日向被执行人胡某送达执行通知书，胡某认为本案有不予执行的情形，于2020年4月15日向西安中院提出不予执行申请。

915号公证书中胡某的《个人担保声明书》，已于2012年办理公证，内容上有两点值得注意："第三条第（六）项约定，兴业银行X分行与被担保人（H公司）就主合同债务履行期限达成展期协议的，本人继续承担保证责任，保证期间自展期协议约定的债务履行期限届满之日起两年。第四条约定，兴业银行X分行与被担保人协议修改、补充合同的，无须征得本人同意，本人在本声明书项下所承担的义务不变。"

在办理1044号公证书时，胡某并未签署任何法律文件，也未参与办理公证（不是公证当事人）；而1044号公证书中的借款合同之补充协议中，除将原定最后还款日由2017年2月22日变更为2019年1月31日之外，还将原合同第十条担保链接条款变更为如下内容：H公司的《抵押合同》《保证合同》，胡某的《个人担保声明书》等，为本合同的担保合同。总之，兴业银行认为，1044号公证书项下的各项法律文件，仅仅是延长还款期限，原有担保均不变。

西安中院在其就本执行异议案件作出的（2020）陕01执异603号执行裁定书中总结的争议焦点为，胡某以其未参与1044号公证书的办理，提出对其应当不予执行的请求应否得到支持。该院审理认为，"本案执行依据为915号公证书、1044号公证书及333号执行证书。胡某到场办理了915号公证书，自愿作为执行依据915号公证书的保证人，应当对该公证书所公证的债务承担保证责任。1044号公证书是对915号公证书公证的借款合同的补充协议及新增的保证人的《保证合同》予以公证，补充协议主要是对主合同债务履行期限、利息等达成了展期协议，并未变更主合同债务及所应承担的保证责任。且胡某在该公证书办理过程中承诺，兴业银行X分行与O公司就主合同债务履行期限达成展期协议的，无须征得其本人同意，其继续承担保证责任，保证期间自展期协议约定的债务履行期限届满之日起两年。因此，虽然胡某并非1044号公证书的当事人，但胡某依然应当对本案债务承担保证责任"。

最终,西安中院作出(2020)陕01执异603号执行裁定,即"驳回被执行人胡某不予执行西安市公证处(2012)西证经字第915号公证书、(2016)西证经字第1044号公证书及(2019)西证执字第333号执行证书中对其全部执行内容的申请"。①

分析:西安中院驳回了胡某提出的不予执行915号公证书、1044号公证书对其的执行内容的申请,也即认为1044号公证书内容上涉及胡某,而西安中院的裁定确认了胡某并未参加1044号公证书的办理,即存在《公证债权文书执行规定》第十二条第一款第一项"被执行人未到场且未委托代理人到场办理公证的"情形,所以应当裁定驳回申请执行人依据1044号公证书申请执行胡某财产的强制执行申请。我们认为,本案涉及的问题是:

1. 实体规范上,主合同签署时同意展期提供保证担保的"承诺"是否有效?

本案所涉的,是一种实践中经常发生的情形。保证人在签署主合同的时候,欣然签署保证合同,但是在主合同债务展期时,可能并不愿意就展期签署保证合同的补充协议。本案的问题在于保证人在主债权合同中即就展期继续承担保证责任所做的承诺是否有效?就此,《民法典》第六百九十五条第二款"债权人和债务人变更主债权债务合同的履行期限,未经保证人书面同意的,保证期间不受影响"并未规定保证人书面同意的时间,即可能出现两种情况:"在主合同签订时同意"与"在主合同展期时同意"。对此,我们认为,债务履行期限对保证人来讲是一项期限风险,如果展期时不同意继续提供保证,保证人将面临债权人主张其应承担保证责任的诉请,但是此时其即承担保证责任,则存在可能因债务人此时经营状况较好而很容易追偿的可能性。所以,我们认为,保证人在主债务展期时同意或不同意继续提供担保是其一项实体权利,只有结合展期时各方的具体状况才能决定,不能通过订约时"同意"就展期继续提供担保的方式提前放弃。否则,在主债权合同展期十年或更长期限,且保证人并未在展期时同意继续提供保证担保的情况下,坚持要求保证人按照主合同订立时同意继续提供担保的承诺承担担保责任,对保证人等担保人极不公平。即使要"在主合同签订时同意"继续提供担保,也必须纳入风险可预期的框架内加以设定,即只有在明确展期的时间才能有效,例如在主合同中约定"保证人同意在主合同履行期限届满,主合同履行期限展期两年的情况下,继续承担担

---

① 陕西省西安市中级人民法院(2020)陕01执异603号执行裁定书。案件来源于中国裁判文书网。

责任"。此时，保证人对"到期后展期两年"的风险是有预期的，或者说，保证合同所约定的保证担保的主债务期限本身即包含了展期两年的情形，此时其在签署主合同时即表示同意的意思表示就是一种有效的意思表示。相反，如果不在合同签订时即对展期的期限进行限制，则主合同签署时同意的表示应当是无效的，因为展期多久，即风险多大没有说明，到期展期时还是应当征求保证人的同意。

2. 被执行未参与办理的公证债权文书能否作为执行依据？

本案中，915号公证书作为被执行人胡某的执行依据，没有太大疑问；但是，胡某并未在主债权展期时同意继续提供保证担保，并就此办理强制执行公证。也就是说，1044号公证书并不包含胡某在主债权展期时同意继续提供保证担保的意思表示，其并未在该债权文书办理公证时作出愿意经公证直接接受强制执行的意思表示，也未到场办理该公证债权文书，所以1044号公证书肯定不能作为对胡某进行强制执行的依据。从规范上讲，《公证债权文书执行规定》第四条规定的执行依据是"被证明的债权文书"，而相对于胡某而言，1044号公证书不是被证明了的公证债权文书。抛开"胡某并未在展期的时候表示同意继续提供保证担保"的实体问题不谈，即假设胡某在915号公证书合同签署和办理公证时作出"展期继续承担保证责任"的承诺是有效的，915号公证书项下债务到期日被1044号公证书展期了，而且主债务展期本身并不需要胡某参与，不需要胡某同意；也就是说，对胡某的执行依据还是915号公证书，只不过该债权文书项下的债务到期日被1044号公证书给改写了。但此时，1044号公证书也仅仅是债务履行期限被展期的证明文件，是事实依据，因为胡某并未参与1044号公证书的办理，所以其并不是执行依据。这样的推论很烧脑，而且看上去很合理。但是，有一个问题没有解决，胡某并非1044号公证书的当事人，依据1044号公证书执行相当于用没有胡某的判决书去执行胡某的财产。我们认为，1044号公证书不可以作为执行胡某的执行依据，只能依据915号公证书予以执行，因为程序上不支持。实际上，依据915号公证书对胡某进行执行的结果恰好与《民法典》第六百九十五条第二款"债权人和债务人变更主债权债务合同的履行期限，未经保证人书面同意的，保证期间不受影响"一致。结果上，如果915号公证书所载债权文书的保证期间已经经过，债权人兴业银行是无权申请对胡某进行强制执行的。至少，1044号公证书在程序上不该被用作对胡某实施强制执行的依据。

四、受理执行审查、裁定和救济（第五条至第七条）

第五条 债权人申请执行公证债权文书，有下列情形之一的，人民法院应当裁定不予受理；已经受理的，裁定驳回执行申请：

（一）债权文书属于不得经公证赋予强制执行效力的文书；
（二）公证债权文书未载明债务人接受强制执行的承诺；
（三）公证证词载明的权利义务主体或者给付内容不明确；
（四）债权人未提交执行证书；
（五）其他不符合受理条件的情形。

第六条 公证债权文书赋予强制执行效力的范围同时包含主债务和担保债务的，人民法院应当依法予以执行；仅包含主债务的，对担保债务部分的执行申请不予受理；仅包含担保债务的，对主债务部分的执行申请不予受理。

第七条 债权人对不予受理、驳回执行申请裁定不服的，可以自裁定送达之日起十日内向上一级人民法院申请复议。

申请复议期满未申请复议，或者复议申请被驳回的，当事人可以就公证债权文书涉及的民事权利义务争议向人民法院提起诉讼。

（一）不予受理

过往，人民法院在受理公证强制执行申请时，一般是根据2008年《执行工作规定》第十八条规定的条件进行审查：（1）公证债权文书已经生效；（2）申请执行人是生效公证债权文书确定的权利人或其继承人、权利承受人；（3）申请执行人在法定期限内提出申请（即执行时效）；（4）申请执行的法律文书有给付内容，且执行标的和被执行人明确；（5）义务人未履行义务；（6）属于受申请执行的人民法院管辖。不符合上述条件的，人民法院应当在七日内裁定不予受理。实践中，出现不符合上述条件的情形，人民法院执行局（综合科或综合处），要么通知当事人补充材料，要么不予执行裁定全部或部分驳回申请。总之，不予受理是没有明确的专门性质的法律规定。

《公证债权文书执行规定》第五条第一次明确了公证强制执行不予受理的情形，使其区分于不予执行的情形，这一点有重大意义：不予执行是对执行依据的否定，申请执行人在不予执行裁定后必须另行寻找执行依据，否则不可能得到执行。但是《公证债权文书执行规定》第五条所称的"不予受理"是指不能沿公证强制执行的路径进入执行程序，大部分是永久性不能公证强制执行，例外情况是暂时性不能：前者例如根本不该适用公证强制执行程序，如属于不得经公证赋予强制执行效力的债权文书，无执行承诺等；后者如暂时不符合进入执行程序的条件，但存在符合条件后进入执行程序的可能性，如未提交执行证书。

1. 不予受理的情形

根据《公证债权文书执行规定》第五条之规定，公证强制执行程序中，不予受理的情形有：（1）债权文书属于不得经公证赋予强制执行效力的文书；（2）公证债权文书未载明债务人接受强制执行的承诺；（3）公证证词载明的权利义务主体或者给付内容不明确；（4）债权人未提交执行证书；（5）其他不符合受理条件的情形。其中，第（5）项中的其他，参照《执行工作规定》第十六条之规定，不予受理的情形应当还有：（1）申请执行人不是生效公证债权文书确定的权利人或其继承人、权利承受人；（2）申请执行人未在执行期限内申请执行（结合《公证债权文书执行规定》第九条）；（3）不属于受申请执行的人民法院管辖。如果已经受理，移送管辖。

在上述不予受理的情形中，人民法院裁定不予受理或驳回执行申请后，无法再次提出执行申请的情形是：（1）债权文书不属于可以经公证赋予强制执行效力的债权文书，如买卖合同、建设工程合同、委托合同、行纪合同等；（2）公证债权文书未载明债务人接受强制执行的承诺，也即当事人未选择公证强制执行程序作为处理纠纷的途径；（3）公证证词载明的权利义务主体或者给付内容不明确，这里值得讨论的是是否可以部分不予执行；（4）申请执行人未在执行时效内申请执行（结合《公证债权文书执行规定》第九条）。与上述情况相对，在人民法院裁定不予受理或驳回执行申请后，可以在满足受理条件的情况下，再次提出执行申请的情形是：（1）债权人未提交执行证书；（2）申请执行人不是生效公证债权文书确定的权利人或其继承人、权利承受人。在上述不予受理的情形中，人民法院在司法实践中经常遇到的问题是"公证证词载明的权利义务主体或者给付内容不明确"，我们以下面的例子说明。

【问题8】何谓"给付义务不明确"，以及何谓"受理后，裁定驳回执行申请"？

2016年9月30日，建行Y支行分别：（1）与H公司签订《最高额抵押合同》；（2）与谢香某、任某某签订《最高额抵押合同》；（3）与X公司签订《最高额保证合同》；（4）与L公司签订《最高额保证合同》；（5）与谢香某、任某某、谢金某、党某某签订《最高额保证合同》，约定为H公司在2016年9月21日至2019年9月21日期间签订的借贷合同项下的一系列债务提供最高额担保。2016年10月28日，建行Y支行与H公司签订《人民币流动资金贷款合同》，借款人民币700万元整，借款期限为36个月。上述债权合同和担保合同均在陕西省榆林市榆阳区公证处办理了强制执行公证。

2018年3月19日，建行Y支行将上述债权转让给C公司陕西分公司，将向榆阳区公证处申请出具执行证书及向人民法院申请强制执行的权利一并转让给C公司陕西分公司。2018年4月9日，建行Y支行向H公司、L公司、X公司、任某某、谢香某、谢金某、党某某邮寄送达了《债权转让与催收通知》。后，C公司陕西分公司向公证机构申请出具执行证书，并向法院申请强制执行。

榆林市榆阳区法院受理了执行申请，经审查作出（2019）陕0802执4712号执行裁定，驳回执行申请，理由是"无法确定执行标的""无法确定执行顺序"，也即《公证债权文书执行规定》第五条第三项中的"给付内容不明确"。[①]

分析：本案为一个债权，两个最高额抵押、三个最高额保证，除本案的债权外，还有其他五笔在其他法院执行。榆阳法院认为：（1）根据《物权法》第二百零四条（即《民法典》第四百二十一条）"最高额抵押担保的债权确定前，部分债权转让的，最高额抵押权不得转让，但当事人另有约定的除外"，本案债权系在最高额担保债权确定前，将担保范围内的债权转让，这些债权是否还有抵押担保需要诉讼审查，所以执行标的无法确定；（2）两份最高额抵押合同未约定履行顺序，我国诉讼法亦无明确规定，故无法确定执行顺序。

对于榆阳法院的两个观点，我们认为：（1）一般认为，最高额抵押担保确定前转让债权的，根据《物权法》第二百零四条，涉及转让标的债权是否附有抵押担保、债务清偿后最高额抵押担保额度是否回归转让人等较为复杂的问题，所以除非另有相反约定，否则应当认定转让的债权在转让后没有抵押担保。此时，实践中可能会出现两种情况：第一，对标的债权转让后是否附有抵押权有约定，注意，这个约定是没有经过公证的，其已经一定程度上改变了原来经过公证的债权文书，此情况下公证债权文书已经不再适合作为执行依据；第二，对标的债权转让后是否附有抵押权没有约定，此时标的债权即没有抵押权了，依据公证债权文书也不能强制执行抵押人的抵押财产。

本案中，榆阳法院大可以仅将最高额抵押部分驳回执行申请，其他部分继续执行，但为什么要全部驳回呢？我们赞同榆阳法院整体性驳回的观点，因为抵押担保本身就是一般债权实现的最为重要的保障，缺乏抵押担保继续执行，还不如整体性提交诉讼审查。另外，如果一部分驳回，另一部分继续执行，驳回的那一部分的抵押权如何实现也是个问题。另外，《民法典》第六百九十条第

[①] 陕西省榆林市榆阳区人民法院（2019）陕0802执4712号执行裁定书。案件来源于中国裁判文书网。

二款规定"最高额保证除适用本章规定外，参照适用本法第二编最高额抵押权的有关规定"，也即最高额保证和最高额抵押的规则是一样的，所以本案中的最高额保证也无法继续依据公证债权文书强制执行。所以，综合考量，榆阳法院的观点是正确的。另外，需要注意的是本案中公证债权文书没有任何问题，仅仅是最高额抵押确定前，由于当事人转让债权的操作，导致给付内容不明确，所以本案被驳回执行申请，与公证机构并无任何关系。

（2）榆阳法院驳回执行申请的第二个理由"无法确定执行顺序"的观点，不考虑执行标的无法确定的因素，值得商榷。根据《物权法》第二百零七条"最高额抵押权除适用本节规定外，适用本章第一节一般抵押权的规定"，和第一百七十六条原则上先就债务人提供的抵押实现债权，除非当事人另有约定，所以仅需审查当事人是否有顺序约定即可。如果没有约定，径行先就债务人海鑫公司提供的抵押物实现债权即可，不存在无法确定执行顺序的问题。

除上述观点外，我们认为本案还有以下典型意义：（1）本案是典型的已经受理，经审查后认为不符合受理条件，裁定驳回执行申请的情形；（2）给付内容不确定，通常包括执行依据中不具有给付内容，例如确认之诉的判决；还包括给付内容不具体，例如执行证书中只写"实现债权的费用"，但是没有具体的数额，就属于不确定。

本案的进一步问题是，对榆阳区人民法院的裁定，债权人怎么进行诉讼救济；以及假设榆阳区人民法院裁定驳回了担保人提出的不予执行申请，担保人怎么进行救济？对于这两个问题的讨论，我们将放在对《公证债权文书执行规定》第二十二条被执行人不予执行之诉和第二十四条债权人另行诉讼的讨论之中。

【问题9】如何正确理解给付内容不明确？

在德州市经济开发区J公司与刘某某、董某某公证债权文书一案中，德州市陵城区人民法院作出（2019）鲁1403执830号执行裁定书，以公证债权文书给付内容不明确为由，裁定驳回J公司的执行申请。J公司向德州中院申请复议，德州中院经审理查明"830号执行案件的执行标的为本金人民币36万元整、利息65472元整、本金违约金3600元、利息违约金45540元整及实现债权的其他费用。在执行过程中，被执行人刘某某、董某某提出，被执行人在借款时向居间方德州经济开发区X企业管理咨询有限公司支付了保证金6万元，该笔保证金没有返还给被执行人，公证书中也没有明确对保证金作出说明，应当予以撤销。陵城区人民法院审查后，认为执行依据中没有对上述保证金的性质进行具体的规定，造成给付内容不明确"。最终，该院作出（2020）鲁14执复9号执行裁定认为:"本案中,被执行人认为公证债权文书确定的权利义务关系与事实不符,请求不予执行,执行法院应当告知被执行人可以向法院提起诉讼。在公证债权文书未被撤销或依法裁定不予执行的情况下,法院应当按照公证书的内容继续执行。德州经济开发区 X 企业管理咨询有限公司并非本案的当事人,被执行人与其签订的居间合同不在公证的范围内,(2018)鲁德州众信执字第 108 号执行证书中确定的刘某某、董某某对金光公司的给付内容具体明确,陵城区人民法院以公证书未对 6 万元保证金性质作出说明为由,裁定驳回执行申请,适用法律错误,违反法定程序,依法应予撤销。"①

分析:我们认为,二审法院的裁判非常正确,当事人之间的债权文书约定得非常清楚,债务人与案外人约定的"保证金"不影响执行,债务人可依不当得利要求咨询公司返还所谓保证金 6 万元。那么,如果债务人主张已经用 6 万元保证金清偿了部分债务怎么办?这实际上是《公证债权文书执行规定》第二十二条第一款第三项规定的债务已经部分得到清偿的情形,执行法院应当向债务人释明另行提起诉讼。相比之下,已经清偿都不影响债权文书的执行,更遑论 6 万元是用作所谓的保证金。

2. "不予受理"的意义

尽管过往亦有参照 2008 年《执行工作规定》第十八条不予受理公证强制执行申请的情形,但《公证债权文书执行规定》第五条是第一次就公证强制执行的不予受理问题所作出的专门规定。从规范意义讲,上述条款是在 2015 年《民事诉讼法司法解释》第四百八十条已经列明五项裁定不予执行事由(债权文书不得公证赋强;未亲自到场;内容与事实不符;没有执行承诺;违背公共利益)的情况下,新增"不予受理""驳回执行申请"的裁定类型;而原先根据第四百八十条应当裁定不予执行的"债权文书不得公证赋强""没有执行承诺"不予执行的事由被放置到不予受理的事由当中。这一点也很好理解,"可供公证赋强"和"执行承诺"是公证强制执行程序的两个基本特征,而且非常容易识别。如果缺失这两个基本特征,则当事人就会失去通往公证强制执行程序的"门票",所以这两项只需发挥"门票"的作用就好。

通过设置"不予受理""驳回执行申请"两个裁定类型,有以下几个积极意义:(1)区分了不符合受理条件和公证债权文书错误,毕竟无执行承诺和不属于可经公证赋予强制执行效力的债权范围的公证债权文书并非典型意义上的"错

---

① 山东省德州市中级人民法院(2020)鲁14执复9号执行裁定书。案件来源于中国裁判文书网。

误"，其结果仅仅是不能通过公证强制执行程序实现债权。（2）将无执行承诺和不属于可经公证赋予强制执行效力的债权范围的情形从不予执行事由中剥离，减轻了不予执行异议的审查压力。（3）识别出对于未提交执行证书等可以事后待满足执行申请条件的情形，避免过往一概裁定不予执行的做法，增加公证强制执行的概率。（4）将存在程序问题的公证债权文书剥离，有利于将对公证债权文书的不予执行审查全面整合进《执行异议和复议规定》。

（二）"不予受理"的特殊问题——担保

《公证债权文书执行规定》第六条规定了针对担保关系的特殊的不予受理的情形，即在总的担保关系中包含主债权关系和担保关系两个部分，如果公证债权文书包含两者，则均可以作为依据向人民法院申请执行，以实现主债权，或通过实现担保权最终实现债权；如果公证债权文书中不包含主债权合同，或担保合同，则不能就主债权合同或担保合同申请强制执行。该条款也重复了2015年《执行异议和复议规定》第二十二条的规定内容，担保合同被赋予强制执行效力从而也有了双重法律依据。

【问题10】公证书遗漏担保人是否导致公证债权文书错误？

在T银行股份有限公司济南分行与被执行人李某、张某、R科技有限公司借款合同公证债权文书一案中，被执行人李某提出异议称"公证手续存在瑕疵，执行证书未将两名保证人列为被执行人"，这是否会导致公证债权文书确有错误，最终导致人民法院裁定不予执行？

济南中院在其就本案作出的（2020）鲁01执复52号执行裁定书中认为，"复议申请人主张公证债权文书遗漏担保人，但未提供证据予以证实，即便存在其他担保人，根据《公证债权文书执行规定》第六条规定，公证债权文书赋予强制执行效力的范围可以仅包含主债务或担保债务，故未对其他担保债务一并公证并不存在程序违法问题"[①]。

分析：所有的担保合同，包括保证合同、抵押合同、质押合同都是债权文书，可以经公证赋予强制执行效力，已经成为法律各界的共识，无须赘言。根据《公证债权文书执行规定》第六条的规定，即"公证债权文书赋予强制执行效力的范围同时包含主债务和担保债务的，人民法院应当依法予以执行；仅包含主债务

---

① 山东省济南市中级人民法院（2020）鲁01执复52号执行裁定书。案件来源于中国裁判文书网。

的，对担保债务部分的执行申请不予受理；仅包含担保债务的，对主债务部分的执行申请不予受理"，公证机构甚至可以仅就债权债务关系中的担保部分办理强制执行公证，所以本案李某的异议不应得到支持。我们认为，确定公证债权文书是否确有错误并应不予执行，应当将当事人提出的异议理由分为程序事由和实体事由；如果理由涉及实体问题，则用《公证债权文书执行规定》第二十二条第一款的三项审查即可，该三项不予执行事由已经涵盖了所有债权人不能依据公证债权文书执行的实体事由。

（三）"不予受理"的法律后果及救济程序

《公证债权文书执行规定》第五条、第七条规定了"不予受理"的法律后果及救济程序。第五条规定，如果不符合受理条件，"人民法院应当裁定不予受理；已经受理的，裁定驳回执行申请"；第七条第一款规定，"债权人对不予受理、驳回执行申请裁定不服的，可以自裁定送达之日起十日内向上一级人民法院申请复议"，第二款规定"申请复议期满未申请复议，或者复议申请被驳回的，当事人可以就公证债权文书涉及的民事权利义务争议向人民法院提起诉讼"。于是，"不予受理"的法律后果及救济程序如下。

第一层级：不符合受理的条件的，人民法院应当裁定"不予受理"；已经受理，则裁定驳回执行申请。第二层级：面对不予受理裁定或驳回执行申请裁定，债权人可以自裁定送达之日起十日内向上一级人民法院申请复议，复议的申请主体是"债权人"、复议受理主体是"上一级人民法院"、复议申请期限是"自裁定送达之日起十日内"。请注意，对于不予执行裁定，债权人是无权提出复议申请的。第三层级：申请复议的期限届满而未申请复议，或复议申请被驳回的，当事人可以就公证债权文书涉及的民事权利义务争议直接向人民法院提起诉讼，也就是"另起炉灶"，通过另诉获得执行的判决依据。也就是说，不予受理后，债权人有权不经复议，在复议期满后直接提起诉讼；而债权人直接提起诉讼的，即指按照一般的诉讼程序，单纯就债权文书的争议提起诉讼。与此相对，如果上级法院经复议审查认为符合受理条件的，应裁定撤销原裁定，指令执行法院立案执行。

本条在内容上是就不予受理、驳回执行申请裁定，而给予债权人的救济方式。《执行异议和复议规定》第十条，按照通常的观点，在公证债权文书不予执行问题上的救济，只给予被申请执行人复议的权利，而申请执行人、债权人只能通过提起诉讼进行救济。《公证债权文书执行规定》将原来的不予执行裁定，分解为不予受理、驳回执行申请和不予执行三个裁定类型，缓解了不予执行裁定只能提起诉讼予以救济的"一刀切"做法：前两个，即裁定不予受理或驳回执行申请的，可以通过复议救济一些较为简单的事项。

不予受理裁定是执行机关的受理审查的一种结果，因为是在执行案件的受理阶段，所以不牵扯被执行人。对于应当不予受理而受理的情形，被执行人可以在进入执行程序后提出"驳回执行申请"的异议。实际上，上文给出的案例中，被执行人就可以提出"驳回执行申请"的异议申请。但是，要注意，一旦执行机关驳回"驳回执行申请的异议申请"，被执行人也就只能沿着"申请不予执行公证债权文书"——"不予执行公证债权文书之诉"路径，去证明公证债权文书存在《公证债权文书执行规定》第五条所列的五种程序性瑕疵或第二十二条所列的三种情形。

五、公证机构《不予出具执行证书决定书》（第八条）

第八条 公证机构决定不予出具执行证书的，当事人可以就公证债权文书涉及的民事权利义务争议直接向人民法院提起诉讼。

《公证债权文书执行规定》第八条规定，在公证机构作出不予出具执行证书的决定后，当事人即可以就债权文书的实体争议提起一般的民事诉讼。

（一）《不予出具执行证书决定书》的效力

公证债权文书作为执行依据的法律性质，导致办理强制执行公证后，当事人又就债权文书的民事纠纷向人民法院提起诉讼被认为违反了一事不再理的程序基本原则。例如，重庆高院在（2011）渝高法民终字第259号民事判决中认为，"具有强制执行力的公证债权文书与法院生效裁判、仲裁裁决具有同等的法律效力，均为法院强制执行的依据。债权人在已经取得强制执行依据——具有强制执行力的公证文书的情况下，又向法院起诉，以期再获得一份强制执行依据，显然不符合民事纠纷'一事不再理'的基本原则"[1]。实际上，最高人民法院也正是从这一基本原则出发，恪守《民事诉讼法》的规定，于2008年作出《公证债权文书内容争议诉讼受理批复》。该批复规定，办理强制执行公证后起诉的，人民法院不予受理，除非公证债权文书确有错误，人民法院裁定不

---

[1] 重庆市高级人民法院（2011）渝高法民终字第259号民事判决书。案件来源于中国裁判文书网。

予执行。此后，最高人民法院于2014年在《公证活动相关民事案件规定》第三条第二款中重审了这一规定。上述批复确认了公证强制执行程序与诉讼强制执行程序两者是并行程序的程序性安排，具有积极意义，但也出现了一个问题，那就是：公证机构在出具执行证书前的审查中，如果自主纠错决定不予出具执行证书，也即出具执行依据的机构自行撤销执行依据，当事人是否可以向人民法院提起诉讼？对此，《公证债权文书执行规定》实施之前，实践中有两种观点。

第一种观点认为，公证机构的《不予出具执行证书决定书》不能作为债权人诉权恢复依据。例如，郑州中院在其就"上诉人周某某与被上诉人贾某、赵某某、宁某某民间借贷纠纷上诉审"作出的（2015）郑民三终字第681号民事裁定书中认为："河南省郑州市黄河公证处已就本案周某某与贾某、赵某某的借款合同出具了（2014）郑黄证民字第2843号具有强制执行效力的债权文书公证书，虽然河南省郑州市黄河公证处向周某某出具了《不予出具执行证书决定书》，但该公证债权文书并未被人民法院裁定不予执行。原审法院依据《公证活动相关民事案件规定》第三条第二款的规定认为周某某持该公证债权文书向法院提起本案诉讼，不属于人民法院受理民事诉讼的范围，裁定驳回周某某的起诉并无不当，应予维持。"[①] 也即，郑州中院认为，只有人民法院才能够作出裁判消灭公证债权文书的法律效力。这种做法虽然符合《民事诉讼法》的规定，但问题也相继产生：对于公证机构而言，生效的具有强制执行效力的债权文书公证书已经被其撤销，其无权据以出具执行证书，并最终进入执行程序；对于债权人而言，程序根本无法进入执行程序，人民法院也没有机会就公证债权文书决定不予执行。这样，债权人即处于一种救济无门的状态。

第二种观点认为，《不予出具执行证书决定书》可以作为债权人诉权恢复依据。例如，商丘中院在（2016）豫14民终483号二审民事裁定书中认为，"关于本案是否属于人民法院的受案范围的问题。当事人就涉案的借款合同在河南省商丘市睢阳区公证处办理了具有强制执行效力的债权文书公证，债权人据此可向人民法院申请强制执行，但鉴于公证机关已出具了《不予出具执行证书决定书》，人民法院依法可以受理"[②]。

[①] 河南省郑州市中级人民法院（2015）郑民三终字第681号民事裁定书。案件来源于中国裁判文书网。

[②] 河南省商丘市中级人民法院（2016）豫14民终483号民事裁定书。案件来源于中国裁判文书网。

上述争议的焦点在于公证机构出具的《不予出具执行证书决定书》是否等同于执行法院作出的不予执行裁定，即是否具有否定公证债权文书执行效力的作用，从而导致债权人无法继续沿公证强制执行途径实现债权。郑州中院的观点是，程序上只有《民事诉讼法》规定中确有错误且人民法院裁定不予执行的情况下，才会起到终结公证强制执行程序的作用；而公证机构本身并无这一权力，至少没有法律依据。而商丘中院是从实际出发，如果公证机构不出具执行证书，而人民法院又不受理债权人提起的诉讼，那么债权作为民事权利就会失去法律救济的可能性。的确，两个案子哪一个也没认定公证债权文书有错误，而仅仅将争论停留在《不予出具执行证书决定书》到底是什么的问题上。《公证债权文书执行规定》第八条为上述这些争议画上了句号，该条款是在规范上不去回答《不予出具执行证书决定书》是否具有法院不予执行裁定认定公证债权文书错误的作用，而仅仅是将既有程序向前驱动，进入诉讼程序最终解决当事人之间的实体争议，《不予出具执行证书决定书》也因此有了规范意义上的制度定位。

【问题 11】当事人提交《不予出具执行证书决定书》，能否直接提起诉讼？

内蒙古自治区土默特左旗人民法院作出（2018）内 0121 民初 3060 号之一民事裁定书，驳回了内蒙古 R 建筑机械销售有限责任公司的起诉，理由是"只有在公证债权文书被裁定不予执行的情况下，当事人才能向人民法院提起诉讼"。R 公司就此提起再审称其已经向一审法庭释明了《公证债权文书执行规定》第八条的规定，也在一审审理期间向法庭提交了蒙正公证处作出的（2018）呼蒙正证决字第 31 号《不予出具执行证书决定书》，裁定因此属于错误裁定应予纠正。呼和浩特市中院经审查，于 2020 年 7 月 13 日作出（2020）内 01 民申 40 号民事裁定书认为：根据《民事诉讼法》第二百三十八条第二款，只有证明公证债权文书有错误，才能裁定不予执行；根据《民事诉讼法司法解释》第四百八十条第三款裁定不予执行后，当事人可以提起诉讼。因本案中 R 公司"未能提供充足证据证明涉案公证债权文书存在《民事诉讼法司法解释》第四百八十条第一款和第二款之规定的确有错误、第三款所规定的被人民法院裁定不予执行的证据，故内蒙古 R 建筑机械有限责任公司提起本案诉讼不符合法律规定，一审裁定驳回起诉并无不当"。[①]

[①] 内蒙古自治区呼和浩特市中级人民法院（2020）内 01 民申 40 号民事裁定书。案件来源于中国裁判文书网。

分析：我们认为，如果一审土默特左旗法院是在《公证债权文书执行规定》实施之前作出 3060 号民事裁定的，情有可原，而且也会因此认为呼和浩特中院 40 号裁定也是正确的。但如果是在之后，则实属不应，呼和浩特中院应当支持再审请求并指令土默特左旗法院审理案件，理由如下：《民事诉讼法》第二百三十八条或其他法律没有明确规定只有在裁定不予执行情况下，才能诉讼。就此，过往只有《公证债权文书内容争议诉讼受理批复》《公证活动相关民事案件规定》两个司法解释规定只有裁定不予执行后才能诉讼；但是，《公证债权文书执行规定》第二十五条第二款"本规定施行前最高人民法院公布的司法解释与本规定不一致的，以本规定为准"，所以上述批复和公证活动规定中只有裁定不予执行后才能提起诉讼的规则，已经随着《公证债权文书执行规定》的实施，因《公证债权文书执行规定》第八条和第二十五条第二款的规定而失效了。本案中，公证机构不出具执行证书，法院不受理，R 公司可谓申诉无门，这不符合法院作为司法最后一道防线的现代法治国家的要求。

我们注意到，一些法院在述及公证机构出具公证债权文书公证书的时候，用"制发"一词，作为制发公证债权文书的公证机构撤销自己制发的公证债权文书，或出具《不予出具执行证书决定书》，无可厚非。与上述裁定相对，江苏徐州中院的做法好得多，其在就"徐州铜山农村商业银行股份有限公司 D 支行与汤某某、陈某等金融借款合同纠纷案"作出的（2020）苏 03 民终 3141 号民事判决书中认为，"江苏省徐州市铜山公证处已经出具相关答复，决定不予受理 D 支行向徐州市铜山公证处提出的出具执行证书公证。此种情形应属于公证机关决定不予出具执行证书，故支行有权就公证债权文书涉及的民事权利义务提起诉讼，本案属于人民法院的受案范围"[①]。也即公证机构没有作出不予出具执行证书，而仅仅是不受理出具执行证书申请，都可以被徐州中院认为是公证机构不予出具执行证书。可见，江苏徐州的法院是以保护和实现债权人的合法权利为向导的，并未机械地理解和适用法律。

在"D 农商行股份有限公司与德州 M 装饰有限公司、德州 Y 肥业有限公司金融借款合同纠纷案"中，D 农商行第一次提起诉讼，德城区法院作出（2019）鲁 1402 民初 387 号民事裁定书，以办理公证强制执行，但未提交公证机构《不予出具执行证书决定书》为由驳回起诉。D 农商行第二次提起诉讼，提交了（2019）鲁德州众信证决字第 006 号《关于不予出具执行证书的决定书》，德城区

[①] 江苏省徐州市中级人民法院（2020）苏 03 民终 3141 号民事判决书。案件来源于中国裁判文书网。

法院受理案件并作出判决。就此，二审德州中院在其就本案作出的（2020）鲁14民终2173号民事裁定书中认为，被上诉人D农商行的本次起诉，提出了新的事实和证据，因此不属于重复起诉。①

实践中，债权人会在公证处出具不予受理或不予出具执行证书的决定书或通知后向法院提起诉讼，我们观察很多"不正常"或"很反常"的情况，即被执行人向法院提出异议，认为法院不应当受理并审理案件，应当驳回起诉，公证处不应当出具不予出具执行证书，应当出具执行证书进入执行。换句话说，被执行人"不想"人民法院通过诉讼解决纠纷，而是想通过执行证书进入执行程序，如此"贴心"地为债权人着想，何解？目的很简单，拖延时间。公证机构不予出具执行证书一般均因债权债务实体问题无法出具，所以强行出具执行证书—裁定不予执行—诉讼的程序，要比不予出具执行证书—诉讼的程序更加费时间，所以才会有被执行人"主动投诚"，要求出具执行证书。所以，在规范制定上，应当鼓励公证机构自查自纠，撤销错误的公证债权文书，或在不适宜出具执行证书的情况下，作出不予出具执行证书的决定，以使纠纷及早进入诉讼程序。

（二）《不予出具执行证书决定书》重新定位

对于不能出具执行证书的问题，从公证机构的角度出发，还有撤销赋予强制执行效力的公证书这一方案。这一方案是公证机构自查自纠的结果，在结果上会导致原来已经出具的公证书自始不发生法律效力。例如，债权人、债务人办理强制执行公证过程中，债务人做出执行承诺，事后证明该债务人为他人冒名，此时公证机构一般会选择撤销原来出具的公证书。与此相对，《不予出具执行证书决定书》在内容上是不予出具执行证书，并不当然包含自始消灭公证债权文书的效力。中国公证协会2008年《办理具有强制执行效力债权文书公证及出具执行证书的指导意见》第十四条所列举的公证机构不予出具执行证书的四种情形，即"（一）债权人未能对其已经履行义务的主张提出充分的证明材料；（二）债务人（包括担保人）对其已经履行义务的主张提出了充分的证明材料；（三）公证机构无法在法律规定的执行期限内完成核实；（四）人民法院已经受理了当事人就具有强制执行效力的债权文书提起的诉讼"，都是在不否定公证债权文书效力的基础上作出《不予出具执行证书决定书》。可见，公证界对于撤销

---

① 山东省德州市中级人民法院（2020）鲁14民终2173号民事裁定书。案件来源于中国裁判文书网。

公证书和决定不予出具执行证书的区分非常清晰，前者一般是公证机构查明公证债权文书确有错误；而后者，则是公证机构认为存在不能出具执行证书的障碍，其并不认为公证债权文书有问题。在上述不予出具执行证书的事由中，第（1）项用词是"未能"，而非"无法"；所以，如果债权人二次提交了充分的证明材料，公证机构就有义务出具执行证书。

在《公证债权文书执行规定》颁布之后，《不予出具执行证书决定书》就有了新的定位，即终结公证强制执行程序，立刻转至诉讼程序。在不考虑公证机构认为公证书错误而撤销公证书的事由的情况下，我们认为，出具《不予出具执行证书决定书》的事由应当包括：（1）《公证债权文书执行规定》第九条所述之事项，债权人未在执行时效届满前，向公证机构申请出具执行证书；（2）债权人无法提供其已经履行义务的充分证明材料，例如债权人无法证明其已经向债务人支付借款；（3）公证机构无法在法律规定的执行期限内完成核实。当然，如果公证机构撤销公证书，则应当视公证书自始不生效，自然不影响当事人通过诉讼救济其民事权利，该法律依据为《公证法》第三十九条，"当事人、公证事项的利害关系人认为公证书有错误的，可以向出具该公证书的公证机构提出复查。公证书的内容违法或者与事实不符的，公证机构应当撤销该公证书并予以公告，该公证书自始无效；公证书有其他错误的，公证机构应当予以更正"。

【问题12】没有或在一审、二审期间提交公证机构出具的《不予出具执行证书决定书》，是否应当驳回诉讼？

《公证债权文书执行规定》第八条直接引起的疑问就是"没有公证机构出具的《不予出具执行证书决定书》，能否直接提起诉讼"？在"罗某某与中国工商银行股份有限公司D支行金融借款合同纠纷二审上诉案"中，成都武侯区法院作出（2019）川0107民初8910号民事判决，支持了原告工行D支行的部分诉讼请求。二审成都中院经审查认为，"根据《公证债权文书内容争议诉讼受理批复》以及《公证债权文书执行规定》第八条的规定，工行D支行应当向公证处申请出具执行证书、向人民法院申请执行，而不应通过诉讼解决，除非该公证债权文书确有错误被人民法院裁定不予执行，或公证机构决定不予出具执行证书。本案中，工行D支行未向公证处申请出具执行证书，而直接以被赋予了强制执行效力的《个人购房借款合同》为据起诉要求债务人承担还款责任缺乏法律依据，故本院驳回工行D支行的起诉"。成都中院的判决回答了上面的问题，即"没有公证机构出具的《不予出具执行证书决定书》,不能直接提起诉讼"。①

分析:成都中院用判决维护了公证债权文书作为执行依据,与法院判决的双轨制,但也有代价。要知道,本案中一审武侯区法院已经在诉讼程序中完成了开庭、举证、质证、辩论等一系列实体审查工作,这种做法是否会造成司法资源的浪费有待商榷。

在"杨某某等与西藏X有限公司金融借款合同纠纷案"中,杨某某提出管辖权异议认为,"应裁定不予受理X公司的起诉,或将本案移送北京市朝阳区人民法院审理",理由之一是北京公证处已经办理了强制执行公证。对此,一审法院北京四中院认为,"根据本案现查明的事实,涉案《贷款合同》《股票质押合同》以及《保证合同》中均约定强制执行公证条款,且当事人亦依约办理了相应公证,因此相关争议应通过强制执行公证程序解决。X公司在起诉时向法院隐瞒了上述事项,骗取法院立案受理,属于不诚信诉讼行为。但是,在杨某某及彭某提出异议后,X公司于2019年10月18日向北京市方圆公证处申请出具执行证书,北京市方圆公证处经审查作出(2019)京方圆决字第161号《不予出具执行证书决定书》,决定对编号为(2016)京方圆内经证字第10822号、(2016)京方圆内经证字第10823号、(2016)京方圆内经证字第10824号公证书不予出具执行证书。北京市方圆公证处出具《不予出具执行证书决定书》的行为,事后弥补了立案期间的程序缺陷。基于节约诉讼资源的考虑,法院决定对杨某某、彭某关于本案应驳回X公司起诉的诉讼主张不予采纳"。北京高院经二审审查,作出(2020)京民辖终54号民事裁定书认为"本案立案后向北京市方圆公证处申请出具执行证书时,北京市方圆公证处决定不予出具相应执行证书,故杨某某、彭某关于本案应驳回X公司起诉的诉讼主张已无相应法律依据,本院对其该项请求不予支持"。从该案件的审理结果看,一审法院首先确认债权人提起诉讼的不诚信诉讼性质,但在公证机构出具《不予出具执行证书决定书》之后,非常务实地采纳并驳回当事人提出的管辖异议。②

上述北京高院的案子,债权人是在一审期间提交公证机构《不予出具执行证书决定书》的;那么,债权人在二审阶段提交《不予出具执行证书决定书》,实践中人民法院是如何处理的?陕西咸阳中院在其就"S公司与安某某、白某甲、白某乙等债权转让合同纠纷二审案"作出的(2020)陕04民终468号民事裁定

---

① 四川省成都市武侯区人民法院(2019)川0107民初8910号民事判决书。案件来源于中国裁判文书网。

② 北京市高级人民法院(2020)京民辖终54号民事裁定书。案件来源于中国裁判文书网。

书中认为,"公证机构决定不予出具执行证书的,当事人可以就公证债权文书涉及的民事权利义务争议直接向人民法院提起诉讼。本案中,一审法院以双方当事人已办理了公证机关依法赋予强制执行效力的债权文书、债权人可以直接向有管辖权的人民法院申请执行为由驳回上诉人 S 公司的起诉符合法律规定,并无不当。但是,在二审审理时,上诉人 S 公司向本院提供了咸阳市公证处出具的《不予出具执行证书通知书》,根据当事人二审提供的新证据,上诉人 S 公司有权就该笔债权依法向人民法院提出诉讼,故本案应撤销原审裁定、由原审法院继续审理为宜"[①]。可见,对于公证机构出具的不予执行决定,人民法院都是比较务实地加以处理,甚至于二审期间出具,导致二审法院撤销一审裁定也在所不惜,人民法院的这种务实做法值得肯定。

1.《公证债权文书执行规定》第八条与之前司法解释规范冲突的协调

《公证债权文书内容争议诉讼受理批复》及《公证活动相关民事案件规定》第三条第二款"当事人、公证事项的利害关系人对具有强制执行效力的公证债权文书的民事权利义务有争议直接向人民法院提起民事诉讼的,人民法院依法不予受理。但是,公证债权文书被人民法院裁定不予执行的除外"的规则中,在是否能够起诉的问题上,用的是"除外"条款。鉴于《公证债权文书执行规定》第二十五条第二款"本规定施行前最高人民法院公布的司法解释与本规定不一致的,以本规定为准",根据《公证债权文书执行规定》第八条之规定,"除外"条款应当被修正或理解为"人民法院裁定不予执行或公证机构决定不予出具执行证书的除外"。

2.公证制度方面根据《公证债权文书执行规定》第八条应当进行的调整

根据公证强制执行程序中法院执行阶段的程序变化,即增设不予受理和驳回执行申请程序和裁定的变化看,公证机构也应当在程序上做以调整,即对出具执行证书的申请增加不予受理决定或通知。其所处理的事项主要是,公证债权文书有效,不存在不予出具执行证书的事由,仅仅是当事人提交出具执行证书申请的材料或条件暂时不足的情形。我们认为,这些情形主要包括:(1)债权清偿期尚未届满等;(2)申请主体不适格;(3)债权人尚未提交充分证明其已经履行债务的证据;(4)其他不否定公证债权文书的效力,仅仅是出具执行证书的条件不满足的情形。

---

① 陕西省咸阳市中级人民法院(2020)陕 04 民终 468 号民事裁定书。案件来源于中国裁判文书网。

如果公证机构在撤销公证书后，仍然出现人民法院不受理当事人就实体争议提起的民事诉讼的情况，那么公证方面就应当考虑将撤销公证书的事由并入不予出具执行证书的事由当中。或者，在实践中采取撤销公证书后，针对当事人提交的出具执行证书的申请，出具《不予出具执行证书决定书》，以满足当事人提起诉讼的需要。总之，法院系统在《公证债权文书执行规定》中，对公证机构出具的相关法律文书的程序、法律效力给予规范，就会导致公证法规内部跟着需要发生变化，以适应新的情况。

【问题13】《不予出具执行证书决定书》是债权人主动放弃的结果，其能否直接提起诉讼？

在"H公司与Z公司、K公司等金融借款合同纠纷二审案"中，上海一中院作出（2018）沪01民初127号之一民事裁定认为，"《公证活动相关民事案件规定》第三条第二款规定，当事人、公证事项的利害关系人对具有强制执行效力的公证债权文书的民事权利义务有争议直接向人民法院提起民事诉讼的，人民法院依法不予受理。但是，公证债权文书被人民法院裁定不予执行的除外。因此，债权人起诉应以公证债权文书被裁定不予执行为前提，即不能直接向法院起诉。现H公司并未就涉案公证债权文书向公证机关申请执行证书并向有管辖权的法院申请强制执行，而是向上海市黄浦公证处表示放弃根据《具有强制执行效力的债权文书公证书》出具《执行证书》。该单方放弃行为有违前述法律的立法目的，规避具有强制执行效力的公证债权文书制度，增加了公证事项其他利害关系人争议解决的成本。一审法院认为，H公司申请放弃的行为并不能否定《具有强制执行效力的债权文书公证书》的法律效力，H公司仍可继续根据《具有强制执行效力的债权文书公证书》向公证机关申请出具《执行证书》，并向人民法院申请执行，人民法院裁定不予执行的，H公司可就相关债权债务提起诉讼，故H公司径行提起本案诉讼并不符合起诉条件"，故裁定驳回起诉。

H公司不服一审裁定，上诉称"放弃出具《执行证书》具有合理性，并不损害被上诉人权益。法律并未规定上诉人在申请执行证书前即可向法院申请财产保全，在此期间被上诉人则可以转移隐匿财产，也可能被其他债权人先保全，被上诉人无奈只得放弃出具《执行证书》"，因"上海市黄浦公证处向上诉人出具《不予出具执行证书决定书》，而未出具《执行证书》，故上诉人无法向法院申请强制执行，本案应由一审法院继续审理"。被上诉人辩称，"公证机关没有出具《执行证书》的原因是上诉人单方放弃，公证机关决定出具不予执行决定书，并不适用上诉人单方放弃的这种情况"。

二审法院上海高院在其就本案作出的（2018）沪民终564号民事裁定中认为，"由于上诉人并未就涉案公证债权文书向公证机关申请《执行证书》并向有管辖权的法院申请强制执行，而是单方放弃申请强制执行程序，上海市黄浦公证处依据上诉人的申请，出具了《不予出具执行证书决定书》，故一审法院依照《公证活动相关民事案件规定》第三条第二款规定，驳回上诉人的起诉并无不当。鉴于本案一审裁定后，最高人民法院制定的《公证债权文书执行规定》已于2018年10月1日起施行，该规定第八条明确规定，公证机构决定不予出具执行证书的，当事人可以就公证债权文书涉及的民事权利义务争议直接向人民法院提起诉讼，且未区分公证机关出具不予出具公证文书的原因。根据新法优于旧法的原则，本案应适用《公证债权文书执行规定》进行审理，故上诉人H公司可以凭上海市黄浦公证处出具的《不予出具执行证书决定书》，就公证债权文书涉及的民事权利义务争议直接向一审法院提起诉讼，一审法院应进行实体审理"，遂裁定撤销一审裁定，案件由一审法院继续审理。①

分析：上海高院的裁定明确了两件事：第一，相较于《公证活动相关民事案件规定》，《公证债权文书执行规定》是"新法"，应当优先适用。第二，《公证债权文书执行规定》并未明确公证机构不予出具执行证书的原因，也即人民法院不应审查作出该决定的原因。但是，一审法院上海一中院的观点也值得思考，即"增加了公证事项其他利害关系人争议解决的成本"，因为公证机构就强制执行公证收取的公证费，相较于法院案件受理费而言，要低得多，更不必说诉讼的律师费、时间、精力，以及法院司法资源浪费的问题。不过，也应当看到，公证强制执行的"诉前保全"没有法律依据可以遵循，导致债权人无法完全实现该制度的"突袭"效果，也是现实问题。这就是我们反复所讲的，公证强制执行不能诉前保全，等于"自废了一半武功"的原因。另外，2017年《关于充分发挥公证书的强制执行效力服务银行金融债权风险防控的通知》第十条"公证机构和银行业金融机构协商一致的，可以在办理债权文书公证时收取部分费用，出具执行证书时收齐其余费用"将公证费的收取分成了两次的规定，不出具执行证书，即不会收取第二部分公证费，这样也可以降低总体性的纠纷解决成本。另外，人民法院在审理过程中，可以将诉讼费根据实际情况分配由原告承担，因为放弃出具执行证书所增加的成本应当由债权人承担，又因为当

---

① 上海市高级人民法院（2018）沪民终564号民事裁定书。案件来源于中国裁判文书网。

初债权文书中约定采取公证强制执行解决纠纷是双方当事人的一致约定，放弃增加的费用实际上是额外的纠纷解决成本。

实践中，债权人也会根据自己的需要选择部分放弃公证强制执行，转而提起诉讼。在 B 银行股份有限公司光华支行与海宁市 F 公司抵押合同纠纷一案中，债权人与债务人签署《委托贷款借款合同》，与抵押人签署《抵押合同》并办理抵押登记，最终两份合同都由上海市长宁区公证处办理强制执行公证。后来，债权人 B 银行向公证机构申请出具以债务人为被执行人的执行证书，并向上海市二中院申请强制执行；然后又在长宁区公证处出具《不予出具执行证书决定书》后，独以抵押人为被告起诉至河北高院。该院在其就本案作出的（2018）冀民初 85 号民事判决中作出债权人就抵押物优先受偿的判决。

六、申请出具执行证书和申请执行的期间（第九条）

第九条 申请执行公证债权文书的期间自公证债权文书确定的履行期间的最后一日起计算；分期履行的，自公证债权文书确定的每次履行期间的最后一日起计算。

债权人向公证机构申请出具执行证书的，申请执行时效自债权人提出申请之日起中断。

《公证债权文书执行规定》第九条表面上只涉及申请执行公证债权文书的执行期间，但因为《公证债权文书执行规定》第三条规定公证债权文书是执行依据，故申请出具执行证书的行为本质上也属于执行期间的行为，所以《公证债权文书执行规定》第九条实际上还涉及出具执行证书的时限要求。一般情况下，时效期间需要关注三个问题：（1）期间长短；（2）起算点；（3）是否存在终止、中断和延长的情形和具体事由。因此，根据《公证债权文书执行规定》第九条、《民事诉讼法》第二百四十六条等规定，申请出具执行证书和申请执行的期间规则如下。

（一）执行时效的时间长短

《民事诉讼法》第二百四十六条规定"申请执行的期间为二年"，公证强制执行也是执行制度的一部分，故申请公证强制执行的期间为"二年"，自公证债权文书确定的履行期间的最后一日起计算。

（二）执行时效的起算点

《公证债权文书执行规定》第九条规定，起算点为"公证债权文书确定的履行期间的最后一日"，这一点与《民事诉讼法》第二百四十六条一致。我们认为，起算点规则包括以下几点。

1. 自债权合同约定的履行期限的最后一日起算执行时效，例如借款合同约定 2020 年 1 月 1 日借款到期，则执行时效自该日期起算，即 1 月 2 日为执行时效的第 1 日；如果是银行信贷业务中经常出现的宣布提前到期的情形，执行时效一般应自宣布到期之日起开始计算。

2. 债权合同约定分期履行的，自每一次履行期间的最后一日起计算。这一点上，《公证债权文书执行规定》第九条与《民事诉讼法》第二百四十六条的内容一致；但需要特别注意，这一规则与《民法典》第一百八十九条所规定的诉讼时效的规则即"当事人约定同一债务分期履行的，诉讼时效期间自最后一期履行期限届满之日起计算"存在明显差异。这一规则在法律文书为判决的情况下没有问题，但是当法律文书是公证债权文书时，就很容易混淆和出现问题，我们以下例说明。

甲公司向乙银行借款，贷款合同约定所有借款的本金和利息分 3 月 1 日、7 月 1 日和 10 月 1 日三次等额还清。如果没有办理公证，债权人可以在自最后一期履行期限届满之日起计算的诉讼时效内向法院提起诉讼要求一次性偿还所有本息，则法院判决仅会有一个判决履行期限（即法律文书规定的履行期间），则自判决履行期限届满之日起单独计算一个执行时效即可。但是，办理强制执行公证的，即需要根据合同约定的 3 月 1 日、7 月 1 日和 10 月 1 日分别计算执行时效。假设，3 月 1 日那一期的执行时效已经经过，则债权人只能就后面两期未经过执行时效的分期债务向公证机构申请出具执行证书，并据以申请法院强制执行。相较之下，法院裁判、仲裁裁决实际上有一个将多个履行期限统一为法律文书履行期限的"收口"作用，而公证强制执行程序就稍显麻烦；究其原因，根本是公证债权文书为纠纷前法律文书，而法院裁判和仲裁裁决是纠纷后法律文书。

更为麻烦的是，当若干分期已经经过执行时效，公证机构就剩余部分分期出具执行证书，就已经过期的出具《不予出具执行证书决定书》，当事人是否能够就该部分提起诉讼，因为这一部分根据《民法典》第一百八十九条并未经过诉讼时效。我们认为可以，至少现在还未看到有相反或禁止性的法律规定。

3.公证债权文书没有约定履行期限的,如自然人之间借款合同,则根据《民事诉讼法》第二百四十六条第二款"法律文书未规定履行期间的,从法律文书生效之日起计算",又根据《公证法》第三十二条第一款第二句(公证书自出具之日起生效),执行时效应当自债权文书公证书出具之日起开始计算执行时效。但是,按照合同实体法的规定,未约定债务履行期限的,则债务履行期限为债权人要求债务人履行债务之后合理期限届满之日,这个日期可能会在公证书出具之日起二年之后。这就会形成一个非常尴尬的局面,即债务履行期限还未届满,但是执行时效已经经过,因为公证书已经出具满两年。公证机构应当注意审查这一点,避免这一尴尬局面的出现。

我们认为,分期和未约定履行期限情形下的执行时效,现有规则不合理,应当做相应调整。分期履行情况下,应当以最后一期期限届满的时间开始计算执行时效,因为执行时效过早,会导致债务关系可能无法维持至最后一期,债权人就必须向公证机构申请出具第一期的执行证书,或最起码要主张权利中断执行时效。在未约定履行期限的情况下,不能以出具公证书的时间为起点计算执行时效,而是应当从债权人首次主张权利时起算执行时效,即按照债务履行期限确定方法确定执行时效的起算点,而不能按照法律文书生效的时间计算,因为法律不能在没有约定履行期限的情况下用不利法律后果逼迫债权人行使权利。

【问题14】因超过申请执行公证债权文书的期间而被裁定不予执行,债权人应如何救济?

《公证债权文书执行规定》第九条首先引出的问题是人民法院应当如何处理,当事人如何救济?在"罗某某、吴某强合同、无因管理、不当得利纠纷不予执行审查案"中,债权人申请公证强制执行,但债务人辩称"济宁市诚信公证处(2016)济诚信证经字1100号《执行证书》,因超过二年执行期限出具,程序违法;申请执行人罗某某申请执行的期限已经超过二年,法庭查明后应当裁定不予受理。根据《借款合同》约定,借款期限自2012年6月19日起至2012年12月18日止,最后一次于2012年12月18日付清。申请执行人罗某某于2019年2月25日申请执行,应当不予受理"。该案在审查过程中,债权人提出了主张权利的相关证据,但受理执行的任城法院经审查查明没有有效的时效中止、中断事由,遂裁定不予执行,并告知债权人可以向上级人民法院申请复议。

济宁中院经复议审查,作出(2019)鲁08执复162号执行裁定认为"根据《公证债权文书执行规定》第二十条之规定,公证债权文书被裁定不予执行的,当事人可以就该公证债权文书涉及的民事权利义务争议向人民法院提起诉讼；……当事人对不予执行裁定提出执行异议或者申请复议的，人民法院不予受理。任城法院在裁定不予执行后又告知当事人复议权，实为不妥，应予以纠正"[①]。

分析：济宁中院的复议裁定回答了两个问题：第一，对于超过申请执行公证债权文书的期间的，人民法院应当裁定不予执行；第二，对于不予执行裁定，债权人只能另行提起诉讼，不能复议救济。我们认为，因为执行时效适用诉讼时效的中止、中断的规则，在法院的审查内容上，已经成为时效是否存在有效的中止、中断事由的实体审查，裁定不予执行，即应当提起诉讼，让受诉法院进行实体审查。这样，《公证债权文书执行规定》第十二条不予执行的事项中，即有因超过申请执行公证债权文书的期间而被裁定不予执行的情形。另外，如果人民法院经审查认为申请出具执行证书，并未超过申请执行的时效，则会驳回被执行人不予执行申请；对此，被执行人则可以根据《公证债权文书执行规定》第二十一条申请复议。在"肖某某、汪某某、明某某与被执行人詹某某、詹某公证债权文书纠纷案"中，被执行人詹某某复议提出债权人申请执行已经超过执行时效，武汉中院在其就该案作出的（2019）鄂01执复165号执行裁定中认为，"被执行人复议提出本案已超过执行时效，新洲区法院应裁定不予执行的问题，因该复议理由不属于本案审查范围，本院亦依法不予审查"[②]。我们认为，武汉中院的做法欠妥，对于驳回的不予执行异议申请，应当根据《公证债权文书执行规定》第二十一条的规定进行复议审查。

（三）执行时效的终止、中断和延长规则

根据《民事诉讼法》第二百四十六条之规定，申请执行时效的中止、中断，适用法律有关诉讼时效中止、中断的规定。根据《民法典》《诉讼时效规定》等的规定，中断的事由通常包括债权人主张权利、债务人认诺，中止的事由包括不可抗力等其他不能正常行使权利的情形。除此之外，《公证债权文书执行规定》第九条第二款"债权人向公证机构申请出具执行证书的，申请执行时效自债权人提出申请之日起中断"，特别规定向公证机构申请出具执行证书为中断事由。其实，这一点非常好理解，因为申请出具执行证书也是债权人主张权利的一种

[①] 山东省济宁市中级人民法院（2019）鲁08执复162号执行裁定书。案件来源于中国裁判文书网。

[②] 湖北省武汉市中级人民法院（2019）鄂01执复165号执行裁定书。案件来源于中国裁判文书网。

方式，当然会引起执行时效、诉讼时效的中断。但是，对于这一规定是在强调或提示这是一种中断事由，还是在说这是唯一的中断事由，是个比较重大的问题。我们倾向于前者，但不排除最高人民法院心属后者的可能性。不过，我们已经在司法实践中看到，法院认定一般的时效中断事由可以中断执行时效。例如，四川成都铁路中院和四川高院在"先某、恒丰银行股份有限公司C分行、四川H置业发展有限公司等执行异议复议案"中，均认为债权人在执行期间内的催收行为，将导致执行期间发生中断的法律后果。[①]

【问题15】债务人还款，是否会中断执行时效？

在襄阳中院审理的"湖北省襄阳市正天公证处、Z公司公证损害责任纠纷二审案"中，2015年8月10日，原告Z公司与案外人黄某某签订《借款合同》，Z公司于2015年8月13日支付借款，故债务履行期限为2016年8月13日。被告正天公证处作出了（2015）鄂正天证字第1564号、第1565号《具有强制执行效力的债权文书公证书》。天正公证处认为Z公司应当于履行期限届满两年后，即2018年8月13日前申请出具执行证书，而Z公司于2018年8月28日申请出具执行证书，已经超期，所以该公证处决定不予出具执行证书。

本案一审查明，案外人、借款人黄某某于2016年8月16日向原告Z公司转账40万元，于2017年8月16日转账20万元，一审法院就此认定执行时效中断，进一步裁定天正公证处不予出具执行证书错误，应当赔偿Z公司员工未出具执行证书而往返湖北路费1328.5元。

与一审认定相对，二审襄阳中院认为，司法部《关于如何适用〈公证程序规则〉第三十五条第二款规定的批复》载明："债权人根据《公证程序规则》第三十五条第二款申请公证机构签发执行证书的，应当在《民事诉讼法》第二百一十九条规定的期限内提出；逾期的，公证机构不予受理。"而该批复作出时的《民事诉讼法》第二百一十九条规定一方是自然人的，执行时效为一年，修正后的《民事诉讼法》第二百三十九条调整为两年。同时，该院认为《公证债权文书执行规定》第九条，"申请执行公证债权文书的期间自公证债权文书确定的履行期间的最后一日起计算；分期履行的，自公证债权文书确定的每次履行期间的最后一日起计算。债权人向公证机构申请出具执行证书的，申请执行时效自债权人提出申请之日起中断"，系针对申请执行公证债权的期间的明确规定。所以，债权人应当在债权履行期限最后一日起两年内申请执行，未申请的，作出不予出具执行证书的决定是

---

① 四川省高级人民法院（2018）川执复219号执行裁定书。案件来源于中国裁判文书网。

正确的。换句话说,襄阳中院不认为公证债权文书的执行时效可以中断、终止,即债务人黄某某在2017年的还款,不能引起时效中断。襄阳中院的观点并非法院系统的主流观点,但却是严苛遵守司法部《关于如何适用〈公证程序规则〉第三十五条第二款规定的批复》"逾期的,公证机构不予受理",以及《公证债权文书执行规定》第九条没有规定出具执行证书时效可以中断的规范内容的结果,从公证的归公证、执行的归法院的规范制定原则来看,严苛遵守有一定的道理。①

分析:我们认为襄阳中院的观点存在一定问题:(1)批复明确指出适用《民事诉讼法》第二百一十九条的目的,就在于明确这个地方的规定应当用《民事诉讼法》的规定,《民事诉讼法》调整了,第二百一十九条经后来的第二百三十九条调整为两年和可中止、中断,批复的规定内容也应当跟着调整。(2)批复规定逾期,则不予受理,是鉴于当时的第二百一十九条没有中止、中断的规定,现在的第二百三十九条已经发生了重大变化。(3)《公证债权文书执行规定》第九条仅仅规定了两年的起算点,是否中止、中断并未规定,何解?我们认为,就是要求人民法院作出判决应当适用现行民事执行的法律法规,避免重复规定。(4)在《公证债权文书执行规定》将公证债权文书确定为执行依据后,出具执行证书的时效即成为法院执行的事务,应当遵循法院系统在执行方面的法律规范,而不是遵循司法部的规定。这也是第九条第二款特别提及出具执行证书也可以中断执行时效的原因,这一条也恰恰说明,执行证书出具前的时间,也是整个执行时效期间的一部分。天正公证处和襄阳中院的观点实际上会使公证强制执行制度的社会接受度大大降低,因为一旦走公证强制执行的路子,执行时效就不能中止、中断,缺乏灵活性;对于天正公证处而言,无异于自废武功的行为。

(四)出具执行证书的时效中断效果

从《公证债权文书执行规定》第九条第二款的规定中,也可以得出申请出具执行证书的时效也是两年的结论;在申请出具执行证书前已经经过两年的,即不允许通过出具执行证书使其中断并重新计算两年的执行时效。举例说明,在安康中院审理的"陕西P农商行与安康市N公司公证机关赋予强制执行效力的债权文书执行复议案"中,P农商行与债务人安康市N公司签署的《固定资产借款合同》约定的借款期限自2014年7月31日至2017年7月30日。2019年11月1日,平利县公证处向P农商行出具(2019)陕安平证执字第2号执行证书。

---

① 湖北省襄阳市中级人民法院(2019)鄂06民终2826号民事判决书。案件来源于中国裁判文书网。

P农商行于2018年8月7日、2019年3月15日、2019年5月29日向被执行人安康市N公司送达催收通知书，安康市N公司进行了确认签收，执行时效也因此予以中断。安康中院在其就本案复议作出的（2020）陕09执复35号执行裁定中认为，"根据《公证债权文书执行规定》第九条第二款的规定，本案P农商行于2019年10月18日向平利县公证处申请出具执行证书亦构成执行时效中断"，最终认定平利农商行申请执行未超过执行时效，遂维持平利县法院裁定驳回不予执行申请的裁定内容。① 德州中院在其审理的"祝某、D银行股份有限公司借款合同纠纷执行复议案"中认为"2016年10月12日，债权人D农商行向德州市众信公证处申请出具执行证书，此时产生申请执行时效中断的法律效果，但开始重新计算申请执行时效的时间起算点应当是申请出具执行证书这一法律程序终结之日。德州市众信公证处于2016年11月16日出具（2016）德众信证执字第209号执行证书，原审法院于2018年11月12日立案执行本案，其期间在2年的申请执行期间内，原审法院立案执行符合法律规定"②。

【问题16】超过申请执行公证债权文书的期间，但未超出诉讼时效，债权人应如何救济？

在山东"D农村商业银行股份有限公司与M公司、Y公司金融借款合同纠纷案"中，D农村商业银行股份有限公司第一次提起诉讼，德城区法院作出的（2019）鲁1402民初387号民事裁定书，以已经办理公证强制执行，但未提交公证机构《不予出具执行证书决定书》为由驳回起诉。D农商行向山东省德州市众信公证处申请出具执行证书，该处以原告的申请超过申请执行期限为由，向D农商行出具了（2019）鲁德州众信证决字第006号《关于不予出具执行证书的决定书》。原告遂于2019年5月8日再次向一审法院提起诉讼。德城区法院进而受理案件并作出判决，支持了债权人的诉讼请求，二审法院德州中院维持了一审判决。③

分析：从上述案件看，实践中，债权人对于超过申请执行公证债权文书的期间的情形，可以向公证机构申请出具执行证书，后者可以超过申请期限为由作

---

① 陕西省安康市中级人民法院（2020）陕09执复35号执行裁定书。案件来源于中国裁判文书网。

② 山东省德州市中级人民法院（2019）鲁14执复19号执行裁定书。案件来源于中国裁判文书网。

③ 山东省德州市中级人民法院（2020）鲁14民终2173号民事判决书。案件来源于中国裁判文书网。

出不予出具执行证书的决定。债权人可以就其与债务人的纠纷向法院提起诉讼。这样，因为公证债权文书是执行依据，申请出具执行证书就因此成为申请执行的行为，受到两年的执行时效限制；又因为该期限与债权人起诉中实体上的三年诉讼时效不一致，就导致了上述不能申请执行证书，反而能提起诉讼的情形。如果执行时效和诉讼时效一致，那么在不能申请出具执行证书的同时，提起诉讼也很可能会面对债务人的诉讼时效抗辩。为了保持程序上的一致性，我们认为将执行时效和诉讼时效作一致性处理更为妥当，即统一规定为3年。

在"S公司与安某某，白某甲，白某乙等债权转让合同纠纷二审案"中，债权人S公司向二审法院咸阳中院提交咸阳市公证处出具的《不予出具执行证书通知书》，该通知书述明："你公司于二〇一九年八月三日向我申请对（2015）咸证字第6128号公证书出具执行证书，被申请执行人为X公司、J公司、Y公司及安某某、白某甲、白某乙、王某。经审查，上述被申请执行人须在二〇一六年四月二十九日前履行债务，根据《民事诉讼法》第二百三十八条、第二百三十九条和《公证程序规则》第五十五条的规定，你公司应在二〇一八年四月二十二日前（除去我处核实债务的七天时间）向我处提出申请。现你公司超过时效向我处申请出具执行证书，我处不予出具执行证书，特此通知你公司。"[①] 本案是典型的，超出申请出具执行证书期限，公证机构不予出具执行证书的情形。咸阳中院在其就本案作出的（2020）陕04民终468号民事裁定书中，不仅认定超出申请执行证书时效的案件并不妨碍债权人通过诉讼主张并实现实体债权，而且认为债权人在二审期间提交公证机构不予出具执行证书的，人民法院应当受理诉讼案件。

七、执行标的的确定（第十条、第十一条）

第十条 人民法院在执行实施中，根据公证债权文书并结合申请执行人的申请依法确定给付内容。

第十一条 因民间借贷形成的公证债权文书，文书中载明的利率超过人民法院依照法律、司法解释规定应予支持的上限的，对超过的利息部分不纳入执行范围；载明的利率未超过人民法院依照法律、司法解释规定应予支持的上限，被执行人主张实际超过的，可以依照本规定第二十二条第一款规定提起诉讼。

---

① 陕西省咸阳市中级人民法院（2020）陕04民终468号民事裁定书。案件来源于中国裁判文书网。

（一）执行标的的一般确认方法

一般情况下，债权人向人民法院申请强制执行的，除了公证书、执行证书外，还应当提交执行申请书。根据《公证债权文书执行规定》第十条之规定，人民法院决定执行给付内容的，有两个依据：第一，公证债权文书；第二，申请人的执行申请。这是人民法院确定执行内容的两个主要口径。从文义上看，应当以公证债权文书为准，结合执行申请。请注意，这里只字未提"执行证书"，因为执行依据是公证债权文书，执行证书仅仅是辅助性材料而已。对于出具公证债权文书后的债务履行期限内，债务人履行了部分判决的情形，与债务人在人民法院作出判决后履行部分判决确定的义务相似。这一点，对于正确理解人民法院应"根据公证债权文书并结合申请执行人的申请依法确定给付内容"的规范义务至关重要。

如果债权人执行申请的范围小于公证债权文书，应认为债权人是通过执行申请行使、处分甚至不行使自己实体权利的方式，故应以执行申请为准确定执行内容。例如，被执行人主体范围不同，公证债权文书包括担保合同，但债权人在执行申请书列明的被执行人却不包括担保人，应当以执行申请为准。与此相对，执行申请的执行标的大于公证债权文书的，或与公证债权文书存在不一致的部分，《公证债权文书执行规定》并未直接规定人民法院应直接以公证债权文书这一执行依据为准，而是借此赋予人民法院执行法官一定限度内的自由裁量权，即"依法确定给付内容"。实践中，很多地方的公证强制执行是直接进入执行程序，仅需向被申请执行人送达执行通知书即可。所以，人民法院根据本条确定给付内容后，如果与申请执行人的执行申请或执行证书不一致，则有作出执行裁定加以确定执行内容和标的的必要。此时，对这个执行裁定怎么救济：提出对公证债权文书的异议，即申请不予执行，还是提出对执行法院执行行为的异议；在程序上，申请执行人、被执行人是复议还是执行异议；以及是否可以提起执行异议之诉，都是需要面对的问题。也就是说，想要给执行法院以一定程度的自由裁量权，可以理解，但程序安排和落实都有疑问。

【问题17】人民法院如何在执行中根据公证债权文书确定给付内容？

在H公司成都分行与被执行人S公司、M公司、卜某某、包某某公证债权文书一案中，成都铁路法院作出的（2016）川7101执224号执行裁定中的给付内容包括律师费和迟延履行金；但成都市蜀都公证处出具的执行证书中仅载明"之后产生的复利、罚息按合同约定的方式计算至贷款清偿止及实现债权的其他费用",并未载明上述两项给付内容。被执行人就此提出异议。最终,成都铁路法院作出(2019)川7101执异22号执行裁定认为,根据《公证债权文书执行规定》第十条"人民法院在执行实施中,根据公证债权文书并结合申请执行人的申请依法确定给付内容"的规定,法院有权根据《民事诉讼法》第二百三十五条和《计算迟延履行期间债务利息解释》依法确定未履行生效法律文书而应当支付的迟延利息(即万分之一点七五的日息),但公证债权文书中仅约定实现债权的费用,并无律师费的明确约定,故不能将律师费加入给付内容,遂部分支持了被执行人的异议申请。①

分析:本案是在恢复执行,并将执行财产即土地使用权拍卖所得价款进行分配时,执行法院作出裁定;被执行人对该裁定有异议,从而提出异议申请。其间,申请执行人提出一个问题,就是此时被执行人的异议申请性质上应当是分配异议,应当提出异议之诉,而不是进入异议审查程序。对此,我们的观点是,被执行人实际上是对执行法院依据《公证债权文书执行规定》第十条确定的给付内容有异议,提出并进入异议程序给执行法院纠正错误的机会是正确的,不能直接进入分配异议之诉程序。

实践中,债权人大都会依公证机构制发的执行证书撰写执行申请书,所以,《公证债权文书执行规定》第十条所述"结合申请执行人的申请"大多数情况下都是结合公证机构出具的执行证书。从上述案例中法院在执行证书基础上执行的"依法确定未履行生效法律文书而应当支付的迟延利息"来看,赋予执行机关调整给付内容的职权,具有一定的合理性,而且进一步允许执行机关在异议程序中纠正错误的给付内容,使得公证强制执行制度在实施过程中具有了一定的弹性和适应性。

(二)《公证债权文书执行规定》第十条的规范作用——排除因《执行证书》错误而裁定不予执行的可能性

《公证债权文书执行规定》第十条在规定人民法院在执行中"根据公证债权文书并结合申请执行人的申请依法确定给付内容"的规范义务的同时,也排除了人民法院因《执行证书》错误而裁定不予执行的可能性。这一点,相较于之前的司法实践,是一项非常重大的变化,也是《公证债权文书执行规定》将公证债权文书确定为执行依据,而不包括《执行证书》的必然结果。

---

① 四川省成都铁路运输法院(2019)川7101执异22号执行裁定书。案件来源于中国裁判文书网。

【问题 18】被执行人是否可以因执行证书内容错误、执行证书核实不合法或未尽核实义务等执行证书的原因申请不予执行?

在北京二中院审理的兴业银行股份有限公司 Z 分行与 T 中心、郭某某、H 公司公证债权文书一案中,T 中心认为黄河公证处出具执行证书未尽到核实义务,其实质系对执行证书持有异议。对此,北京二中院在其作出的(2019)京 02 执异 947 号执行裁定中认为,根据《公证债权文书执行规定》第三条之规定,执行证书不属于公证债权文书的范畴,对执行证书的异议,不属于不予执行公证债权文书案件审查的范围,故对执行证书的异议,不予审查。逻辑很简单,执行依据是公证债权文书,异议审查自然是审查公证债权文书,而执行证书并不是公证债权文书,自然不在审查范围之内。[①]

分析:我们认为北京二中院的观点应当从两个方面看:第一个方面,无论执行证书错误与否,实际上人民法院均应根据《公证债权文书执行规定》第十条的规定,根据公证债权文书并结合申请执行人的申请依法确定给付内容,而不是执行证书。从结果上看,即使执行证书所列主体或金额错误,执行法院也可以根据公证债权文书加以更正。另外,主体或金额错误,被执行人可以根据《公证债权文书执行规定》第二十二条第一款的规定,向法院提起诉讼,而且可以提供担保停止执行。需要注意的是第二十二条第一款第三项,公证债权文书中的债务甚至可以是已经清偿的状态,即使债务已经清偿但执行证书仍然认定债务属于未清偿状态,也不能认定公证债权文书错误。上述结果是《公证债权文书执行规定》单独将公证债权文书作为执行依据,并许可执行法院根据公证债权文书确定执行内容的必然结果。

第二个方面,《公证债权文书执行规定》将执行证书排除在异议审查的范围之外,而且即使公证机构核实的数据错误,被执行人也可以通过另行起诉加以救济,也就是执行证书核实和出具错误了也无妨。这是不是意味着,公证机构无须在出具执行证书前尽职尽责?我们认为不是,相反,公证机构应当以更加优质的服务尽职尽责地完成执行证书的核实和出具工作,保证公证强制执行工作的有效落实。

(三)《公证债权文书执行规定》第十一条——利率超过国家法律限制的问题的特殊处理

《公证债权文书执行规定》第十一条是一个比较特殊的条款,像是《公证债

[①] 北京第二中级人民法院(2019)京 02 执异 947 号执行裁定书。案件来源于中国裁判文书网。

权文书执行规定》第十条"依法确定给付内容"的一个例举、一个注解、一种强调，又或是完全列举，似乎需要执行法院依法确认执行内容就是这么一种情况。无论哪一种，在公证债权文书、执行证书以及当事人执行申请中的利率超过《民间借贷司法解释》以及其他强制性规定时，对超过部分不纳入执行范围之内。这里，需要注意的是：第一，《民间借贷司法解释》的适用范围，尤其是主体范围，有判例显示证券公司股票质押式回购交易、典当交易涉及的款项往来就适用《民间借贷司法解释》。第二，《民间借贷司法解释》第二十六条至第三十条有关利息方面的规定：（1）利率限制规则；（2）砍头息问题；（3）利息、违约金、咨询费、罚息、损害赔偿金等综合利率不得超过利息限制。在实践中，经常有债权人要求公证机构按照协议出具超过利率限制的执行证书，本条即可以作为最为直接的法律依据，用于公证机构拒绝当事人超过利率限制出具执行证书。2020年8月20日《民间借贷司法解释》修订后，利率限制被统一修订为一年期贷款市场报价利率（全国银行间同业拆借中心每月发布的一年期贷款市场报价利率，即LPR）的四倍，即15%—16%（每年）。

应当注意的是，债权文书中载明的利率超过法定利息限制的，其结果并不是公证债权文书，或被赋予强制执行效力的公证书无效，而应仅仅是将超过部分（违反强制规定的部分）剔除出执行范围，公证债权文书整体性效力不受影响，强制执行程序继续进行。在"H证券股份有限公司与F公司达成质押式回购交易合同公证强制执行案"中，上海一中院作出（2017）沪01执异42号执行裁定书，先是认定H证券股份有限公司并非金融监管部门批准设立的从事贷款业务的金融机构，故应当参照适用《民间借贷司法解释》的相关规定；紧接着，因执行证书中的利息和违约金之和已超出24%的利率，遂裁定对北京市方圆公证处（2017）京方圆执字第0053号执行证书中F公司应承担的利息、违约金和超出年利率24%的部分不予执行。[①]

在上海X典当行有限公司与邬某某、胡某公证债权文书复议一案中，被执行人邬某某、胡某复议称公证机构错误认定其未经债权人X公司同意再次抵押房产（触发提前到期条款），X公司无权宣布债权提前到期，要求支持不予执行的异议请求。但上海一中院在其就本案作出的（2019）沪01执复38号执行裁定中认为：第一，案涉典当综合月利率2.2%、罚息利率为当金利率上浮50%，已经超过当时《民间借贷司法解释》24%的强制性规定，故超过部分不纳入执

[①] 上海市第一中级人民法院（2017）沪01执异42号执行裁定书。案件来源于中国裁判文书网。

行的范围；第二，驳回其余的复议请求。①该案中，异议申请人并未提出对利率的异议，而是对合同是否提前到期提出异议，后者实际上是合同条款理解或是否存在违约的实体问题，应当根据《公证债权文书执行规定》第二十二条通过诉讼解决。而对于利率问题，人民法院则应当根据《公证债权文书执行规定》第十一条、第十二条依职权加以审查，所以才会有当事人并未提出异议，而上海一中院裁定超过法定利率限制的利息部分不予执行的裁判结果。但是，实践中，当事人约定的利息往往异常复杂，很难加以判断。

（四）利率审查的复杂性

最高人民法院在其就"申诉人刘某与J典当有限公司典当债权公证强制执行异议再审案"作出的（2018）最高法执监375号执行裁定中即将典当行的所谓"综合服务费"计入综合利息率当中考虑其效力：（1）对于本金，以实际支付的借款数额确定借款本金，对于超出部分不予执行——这一部分判决解决"砍头息"问题；（2）对于债务人已经自动履行的部分，未超过36%的部分予以认可其有效性，超过36%的部分则折抵本金，在本金数额中扣除——这一部分判决解决已经履行的部分中，超过36%利率的部分；（3）对于未履行的部分，综合服务费、利息合计超过24%的部分，不予执行——这一部分判决解决未履行部分中，超过24%利率的部分。②可以看到，利率问题在实际的案例中往往很难加以确定和处理，《公证债权文书执行规定》第十一条的处理方案是将利率分为公证债权文书载明利率和实际利率，载明的利率只要不超过《民间借贷司法解释》规定的上限，则继续执行；而被执行人主张还有实际利率的，则自行考虑是否按照第二十二条提起不予执行诉讼，自行承担提起诉讼和提供担保停止执行的成本。实践中，因为一些债权债务合同中，利率是通过违约金、赔偿金、逾期部分的罚息、逾期部分本息的违约金或复利等形式"载明"的，执行法院有时也很难对"载明的利率超过限制"的问题作出准确的判断，所以一些人民法院甚至对是否存在载明利率超过法律、司法解释载明利率限制的问题不予审查，而是告知被执行人另行提起诉讼。

在"H公司与马鞍山Z有限公司、F公司赋予强制执行效力的公证债权文书案"中，上海一中院在其作出的（2018）沪01执异128号执行裁定书中，对

---

① 上海市第一中级人民法院（2019）沪01执复38号执行裁定书。案件来源于中国裁判文书网。
② 最高人民法院（2018）最高法执监375号执行裁定书。案件来源于中国裁判文书网。

于被执行人提出的"公证文书载明的利率超过了人民法院依照法律、司法解释规定应予支持的上限"的异议，裁定认为"根据《公证债权文书执行规定》第十二条第二款之规定，被执行人以公证债权文书的内容与事实不符或者违反法律强制性规定等实体事由申请不予执行的，人民法院应当告知其依照本规定第二十二条第一款规定提起诉讼。债务人可以在执行程序终结前，以债权人为被告，向执行法院提起诉讼，请求不予执行公证债权文书。债务人提起诉讼，不影响人民法院对公证债权文书的执行，故 Z 公司应当通过诉讼请求不予执行该公证债权文书"[1]。

【问题 19】民间借贷实际利率（而非公证债权文书载明利率）超过法定保护范围，应当如何处理？

被执行人 H 公司与魏某某签订借款合同，借款 250 万元，月息 1.5%（年息 18%），北屯公证处就此办理强制执行公证并出具（2015）新北经证字第 3865 号公证书。H 公司与 J 公司（魏某某是实际控制人）签订借款融资咨询与服务居间合同，后者向前者就上述借款每月收取 1.5% 的服务费。因 H 公司未按期还款，魏某某向北屯公证处申请出具执行证书，案件进入执行阶段。后来，申请执行人将案涉债权分别转让给赵某某等十二人，执行法院查封了被执行人位于北屯市境内的若干处不动产。

被执行人 H 公司向新疆生产建设兵团北屯垦区人民法院提出不予执行申请，核心理由之一是魏某某收取高利息。北屯法院经审查最终作出（2019）兵 1001 执异 9 号执行裁定，因"借款合同、借款融资咨询与服务居间合同虽系 H 公司与魏某某、J 公司分别签订，但魏某某系 J 公司的实际控制人，故 H 公司的合同实际相对人均系魏某某，魏某某收取案外人投资理财款后出借 H 公司，按月利率各 1.5% 计收利息、居间服务费，变相突破法定利率，不应支持。魏某某申请北屯公证处出具执行证书所提供的借款欠息明细所列借款利率包括月息及服务费，与借款合同约定利率不一致，该内容与 3865 号公证书内容不符，不具备赋予强制执行效力债权文书的条件"，故不予执行北屯公证处（2015）新北经证字第 3865 号公证书。注意，北屯法院审查的结果是公证债权文书的内容（约定利率，不含咨询和居间服务费，也即《公证债权文书执行规定》第十一条所述的"文

---

[1] 上海市第一中级人民法院（2018）沪 01 执异 128 号执行裁定书。案件来源于中国裁判文书网。

书中载明的利率")和实际利率不一致,属于内容与事实不符。①

分析:本案中,执行法院并未依据《公证债权文书执行规定》第十一条作出裁定内容,而是依据2015年《民事诉讼法司法解释》第四百八十条第一款第三项,将"公证债权文书的内容与事实不符"作为不予执行的理由。《公证债权文书执行规定》第十二条第二款明确规定"公证债权文书的内容与事实不符"的应当通过诉讼解决,这一规定针对的是被执行人以"内容与事实不符"应当诉讼,而未说明人民法院是否可以以此为由,直接裁定不予执行。我们认为,《公证债权文书执行规定》第十二条第二款已经取代了《民事诉讼法司法解释》第四百八十条第一款第三项,一方面因为新法优于旧法的适用规则,而且《公证债权文书执行规定》第二十五条第二款明确规定"本规定施行前最高人民法院公布的司法解释与本规定不一致的,以本规定为准";另一方面更为重要的是人民法院自己就有确定给付内容的义务。

1. 本案处理结论的讨论

本案存在两个利率,一个是名义利率,即公证债权文书上载明的利率;另一个是实际利率,即名义利率加上通过咨询合同收取的服务费率。很明显,案涉借款合同载明的月息为1.5%(名义利率),并未超过人民法院依照法律、司法解释规定应予支持的上限,而《公证债权文书执行规定》第十一条规定的是"文书中载明的利率超过",所以不能简单适用第十一条仅仅裁定不予执行载明利率超过法律规定上限的部分,这个方案显然走不通。走不通的原因也非常简单,公证债权文书没有错,公证债权文书载明的利率是合法的,其不包含咨询合同收取的服务费。最起码站在公证机构的角度是没有错误的,公证机构至少在表面上是不知道债权人和债务人在公证债权文书之外,还订有咨询合同变相收取利息。那么,本案应当如何处理呢?

答案很简单,不能像本案法院那样,以内容与事实不符裁定不予执行,应当告知债务人根据《公证债权文书执行规定》第十一条,即"被执行人主张实际超过的,可以依照本规定第二十二条第一款规定提起诉讼",因为法院不能在公证债权文书没有错误的情况下,裁定不予执行。所以,在这个问题上,《公证债权文书执行规定》第十一条与《民事诉讼法司法解释》第四百八十条的规定存在不一致,应当适用前者。而且,《公证债权文书执行规定》第十二条第二款规定"被执行人以公证债权文书的内容与事实不符或者违反法律强制性规定等

---

① 新疆生产建设兵团北屯垦区人民法院(2019)兵1001执异9号执行裁定书。案件来源于中国裁判文书网。

实体事由申请不予执行的，人民法院应当告知其依照本规定第二十二条第一款规定提起诉讼"，也即人民法院在不予执行审查中根本不审查内容与事实不符的情况。

实际上，根据2015年《民间借贷司法解释》，本案中的申请执行人如果已经在合同生效后一段时间内分别按照1.5%、1.5%收取了利息和咨询费，该时段再无其他费用，那么其综合利率并未超过36%，申请执行人可以合法保留已经收取的部分。在公证债权文书的执行案件中，年综合利率（1.5%×12=18%）不违反法律、法规，我们认为应当予以执行，没有任何理由不予执行。当然，不排除执行法院对魏某某同时还有非法集资嫌疑的考虑。从这一点看，我们认为本案在结果上还是值得商榷的；执行公证债权文书之后，魏某某依据咨询合同索要"咨询费"时，债务人（被执行人）可以进行届时请求法院认定实际综合利率超过24%，最后在咨询合同纠纷中得到救济。

2. 本案假设综合利率超出上限，应当如何处理？

如果申请执行人魏某某同时自己（公证执行）和通过J公司（诉讼）索要本息和咨询费，而且这样的综合利率超过36%，应当如何处理？对此，我们认为，分成两种情况：第一，已经收取了咨询费，魏某某现通过公证强制执行实现利息债权。此时，根据《公证债权文书执行规定》第十一条后半句，被执行人可以根据第二十二条第一款第二项"经公证的债权文书具有法律规定的无效、可撤销等情形"向执行法院提起诉讼，主张综合利率已经超过36%，提供停止执行的担保并请求不予执行。之后，受诉法院审查实际综合利率是否超过24%，超过的，不予执行；受诉法院审理的时候，可以将咨询公司列为第三人。第二，如果还未收取咨询费，魏某某仅仅开始通过公证强制执行实现利息债权，那么执行机关应当立案执行。如果魏某某还同时通过诉讼实现咨询费债权，执行人应当在该诉中主张咨询费是过高利息的一部分，由受诉法院加以认定并减少咨询费至法律允许的利息率；此时，可以列魏某某为第三人。这样，通过被执行人的另行起诉，一次性地解决了所有的纠纷，可以体现出以"审执分离"解决纠纷的优点。

从本案也可以思考《民事诉讼法司法解释》内容与事实不符即可认定公证债权文书确有错误的规则，乃至《民事诉讼法》所确立的"确有错误"这一概念。公证债权文书有两部分，第一部分是债权文书，第二部分是以公证证词为核心的公证部分。假设，本案中名义年利率是18%，而实际年利率超过36%，属于实际年利率一部分的债权文书的效力即会存疑，但是公证机构办理公证和就此制作的公证证词无论如何也不能被视为错误，这就和银行在不知情的情况下，为犯罪犯子转移赃款一样，规范上银行也有核查当事人款项合法性的要求。所以，在上述假设情况下，笼统地说公证债权文书错误并不见得错误，因为毕竟债权文书涉及的实际利率超出法律所保护的范围，但并不可取，理由是：第一，债务人本身即想要推迟甚至是不承担债务，直接裁定不予执行实际上是帮了债务人的忙。当然，在上述假设情况下，裁定不予执行并且需要另行起诉的不利后果由债权人承担，也有债权人自身的原因；但人民法院直接裁定不予执行在客观上帮了债务人也是不争的事实。第二，直接裁定不予执行，不是积极面对问题，处理和解决问题的态度。对于《民事诉讼法司法解释》内容与事实不符不予执行的规定，我们不禁要问，就是内容不符了，然后怎么办？除了在裁定不予执行后，让当事人诉讼，是否还有更好的方案值得探索和讨论。对此，我们认为，《公证债权文书执行规定》避而不谈错误，甚至在实质意义上将以前法律法规确立的"确有错误"的标准推翻，而以更加实事求是，就事论事的态度反向求助于诉讼，是正确的。在实践中，就公证债权文书提出异议的比例就很低，而由法院在执行异议审查后裁定不予执行的比例就更低，保证执行，由被执行人提起诉讼，证明不予执行判决的三项事由存在（内容与事实不符、无效可撤销和已全部或部分清偿），可以让其审视其提出不予执行的请求是否站得住脚，从而可以减少人民法院的诉累，还可以一次性解决问题。要求被执行人提出停止执行请求的条件是提供担保，一方面承认公证大概率是正确的，另一方面更为重要的是通过再次诉讼中的案件受理费加大被执行人起诉的成本，阻却其在执行异议和诉讼阶段恶意拖延程序。也可以说，直接裁定不予执行在逻辑上是以对公证强制执行制度不信任为基础的，而像《公证债权文书执行规定》一样反向让被执行人起诉是以对公证强制执行制度总体上的信任为基础的。

八、裁定不予执行公证债权文书的事由（第十二条、第十九条）

第十二条 有下列情形之一的，被执行人可以依照民事诉讼法第二百三十八条第二款规定申请不予执行公证债权文书：

（一）被执行人未到场且未委托代理人到场办理公证的；

（二）无民事行为能力人或者限制民事行为能力人没有监护人代为办理公证的；

（三）公证员为本人、近亲属办理公证，或者办理与本人、近亲属有利害关系的公证的；

（四）公证员办理该项公证有贪污受贿、徇私舞弊行为，已经由生效刑事法律文书等确认的；

（五）其他严重违反法定公证程序的情形。

被执行人以公证债权文书的内容与事实不符或者违反法律强制性规定等实体事由申请不予执行的，人民法院应当告知其依照本规定第二十二条第一款规定提起诉讼。

第十九条 人民法院认定执行公证债权文书违背公序良俗的，裁定不予执行。

（一）对《公证债权文书执行规定》第十二条的认识

1. 对《公证债权文书执行规定》第十二条的初步认识

人民法院裁定不予执行的根本事由来自《民事诉讼法》第二百四十五条第二款，即"公证债权文书确有错误"，如果恪守该条规定，很自然得出的结论是"只有在确有错误的情况下，人民法院才能在法律赋权的情况下裁定不予执行公证债权文书"。从这里出发，就可以将《公证债权文书执行规定》第十二条第一款"有下列情形之一的，被执行人可以申请不予执行公证债权文书"的规则理解为，人民法院即使依申请裁定不予执行，其原因也是公证债权文书确有错误，而不是该条款所述四种特殊情形。这样，从法条表述得出的对《公证债权文书执行规定》第十二条的初步认识就应当是：

（1）只有在第十二条第一款规定的四种特殊情形下，或其他严重违反法定公证程序的情形下，被执行人才可以让人民法院就"公证债权文书是否确有错误"的问题启动审查程序；第十二条第二款"被执行人以公证债权文书的内容与事实不符或者违反法律强制性规定等实体事由申请不予执行的，人民法院应当告知其依照本规定第二十二条第一款规定提起诉讼"更是从反向规定，对于被执行人提出的"公证债权文书的内容与事实不符或者违反法律强制性规定等实体事由"，人民法院则不能就"公证债权文书是否确有错误"的问题启动审查程序。

（2）存在上述四种情形≠公证债权文书确有错误，更代表存在上述四种情形≠不予执行裁定，二者不存在必然的因果关系，因为即使存在上述四种情形，人民法院还是要审查是否存在"公证债权文书确有错误"的情形。

（3）第十二条第一款的必然逻辑结果就是，即使有第十二条第一款规定的四种特殊情形，还是存在人民法院裁定驳回不予执行公证债权文书申请的可能性，因为不存在"公证债权文书确有错误"的情形。

上述初步认识的结论是，第十二条第一款所列的程序性瑕疵仅仅是启动不予执行审查的事由，而不是裁定不予执行的事由，真正的事由还是应当回到"确有错误"之上。

2. 从《公证债权文书执行规定》上下文认识第十二条

《公证债权文书执行规定》第十四条第一款"存在本规定第十二条第一款规定的多个不予执行事由"的表述中，不予执行成了事由的定语；第十八条第一款"被执行人依据本规定第十二条第一款规定申请不予执行，人民法院经审查认为理由成立"中的"理由"，即可被理解为第十二条第一款所述之情形；这些表述的内容，又让我们不得不推翻对《公证债权文书执行规定》第十二条第一款的初步认识，从而得出第十二条第一款所列之情形，就是裁定不予执行的事由或情形。上述两种认识反映出两种观点，前者以结果为导向，始终将实体上"确有错误"作为不予执行标准；后者兼具程序标准，在程序违法时也认定公证债权文书确有错误。哪一个正确呢？

如前所述，在执行程序中对公证债权文书这一生效法律文书进行审查，有着审判监督程序的作用，所以第十二条第一款所列之事项也即与《民事诉讼法》中再审事由存在共同之处，如未到场（未经传票传唤，缺席审判）、公证员未回避（审判人员回避）、无民事行为能力人没有监护人代办公证（法定代理人、应当参加诉讼的当事人未参加诉讼）、公证员贪腐（审判人员贪腐）等程序事项等，《仲裁法》第五十八条撤销仲裁裁决的情形也采取了类似的做法。

此外，加上执行异议类程序不审理实体争议的原则，可以认定《公证债权文书执行规定》第十二条第一款所述事项为裁定不予执行的事由，而非仅仅是启动不予执行审查的事由。事实上，我们也非常不情愿得出这样的结论，因为：（1）《公证债权文书执行规定》是司法解释，不能超出法律规定范围进行解释，在没有实体错误认定的情况下简单地将上述程序性瑕疵解释或认定为公证债权文书确有错误；（2）公证强制执行程序说到底是实现实体权利的一种手段，仅从程序瑕疵即认定公证债权文书确有错误过于草率。但是，规则就是规则，必须遵守，所以我们在这里也提醒广大公证从业者注意这些程序性事由，严格执业、恪尽职守。

在"内蒙古 K 公司与内蒙古 W 农商行执行异议纠纷案"中，办理公证的五原县公证处公证员张某某在出具（2018）巴五执证字第 21 号执行证书时是申请执行人 W 农商行的投资人。因此，五原法院在其就本案作出的（2020）内 0821 执异 3 号执行裁定中认为，这种情况符合《公证债权文书执行规定》第十二条第一款第三项"公证员为本人、近亲属办理公证，或者办理与本人、近亲属有利害关系的公证的"情形，张某某属办理与本人有利害关系的公证的情形，该院在审查了异议提出是否超过法定十五日期限后，裁定不予执行（2015）巴五证字第1182号《具有强制执行效力的债权文书公证书》。[①]

（二）人民法院是依职权，还是依申请审查第十二条第一款所述情形？

对于这一问题，我们认为，结合《公证债权文书执行规定》第五条、第十二条的规定，人民法院完成受理审查之后，无须在被执行人未提出存在第十二条第一款所列之程序瑕疵的情况下，对公证债权文书这一生效法律文书是否"确有错误"依职权进行审查。在《公证债权文书执行规定》颁布实施之前，人民法院执行机关的定位是不能放任"确有错误"的公证债权文书被执行，但在此之后，人民法院除第五条主动进行受理审查外，要做的仅仅是被动接受当事人基于程序瑕疵提出的不予执行申请而进行审查，没有依职权做任何审查的问题；否则，《公证债权文书执行规定》就会将第十二条第一款和第五条合并。而当事人、利害关系人的实体争议，则可待其依据第二十二条、第二十四条所述之程序和条件提出。

在某公证债权文书案中，广州中院作出（2019）粤01执异1161号执行裁定认为，根据《公证债权文书执行规定》第十二条第一款、第二款，第二十二条之规定，执行异议的审查范围，即"限于公证债权文书是否存在《公证债权文书执行规定》第十二条规定的情形，即仅需对公证债权文书是否存在违反法定公证程序的情形进行审查，无须对公证债权文书的实体内容进行审查"[②]。湖南岳阳中院就"湖南G公司、J公司公证债权文书纠纷案"作出的（2018）湘06执异287号执行裁定也有相同的观点，即"人民法院在执行程序中对于申请不予执行公证债权文书只需就程序性问题进行审查，申请人G公司以执行证书内容与事实不符、2015年12月31日签订的《股东股权转让协议》将其与J公司的债务全部消灭为由，申请不予执行公证债权文书，应向执行法院提起诉讼"，该案中的股权转让协议消灭债务的观点实际上就是一种实体争议，应当通过诉讼解决，该裁定获得湖南高院的支持。[③]

[①] 内蒙古自治区巴彦淖尔市五原县人民法院（2020）内0821执异3号执行裁定书。案件来源于中国裁判文书网。

[②] 广东省广州市中级人民法院（2019）粤01执异1161号执行裁定书。案件来源于中国裁判文书网。

[③] 湖南省岳阳市中级人民法院（2018）湘06执异287号执行裁定书。案件来源于中国裁判文书网。

(三)《公证债权文书执行规定》第十二条的规范内容

1. 从与《民事诉讼法司法解释》第四百七十八条的比较来看《公证债权文书执行规定》第十二条的规范内容

我们以第十二条和《民事诉讼法司法解释》第四百七十八条的内容进行比较的视角来分析其规范内容。《民事诉讼法司法解释》第四百七十八条是从规范层面上解释何谓"公证债权文书确有错误",一共五种情形,分别是:(1)属于不得赋予强制执行效力的债权文书(该条规定没有用"不属于可以被赋予强制执行效力的债权文书"的模式,这一规定非常巧妙,因为至今也没有规范性文件规定哪些具体的债权文书类型不得赋予强制执行效力,那么对于未列入"可赋予"列表当中的合同类型,法官即需要对其是否可以被赋予强制执行效力行使自由裁量权);(2)未到场公证,或其他严重违反程序的情形;(3)公证债权文书内容与事实不符或违反法律的强制性规定;(4)没有执行承诺;(5)违背公共利益。效果如何,按照最高人民法院发言人的说法是,"申请不予执行事由宽泛,提出申请的期限没有明确限制,导致有关不予执行的审查裁量标准难以统一,被执行人动辄提出不予执行申请,严重影响了该类案件的正常执行"。

上述"确有错误"情形中,第(1)项、第(4)项根本不应当进入公证强制执行程序,应当从根本上排除出执行程序的大门,没有必要对其进行执行审查,所以被规定在第五条"不予受理"的情形之中。第(3)项、第(5)项涉及典型意义的错误,即实体错误,被安排在《公证债权文书执行规定》第二十二条和第十九条,前者之所以放在起诉中,是因为涉及当事人自己的利益,由自己决定是否起诉;而后者涉及公共利益,执行机关有义务依职权审查,发现违背公序良俗的,则有义务依职权裁定不予执行。除此之外,第(2)项实际上也应当被安排在"不予受理"的事项当中,只是因为受理阶段没有被执行人的参与,申请执行人又不会主动认可该事实,所以被安排在不予执行申请的审查程序中进行审查。

第十二条第一款所列的五项程序性瑕疵规定得非常明确,本身不会有什么疑问,需要注意的是第五项"其他严重违反法定公证程序的情形"。该规定中,隐藏着对程序性瑕疵的一般性程度要求,即"严重违反"。

【问题20】当事人是否可以委托代理人办理公证债权文书?

在执行北京D典当行有限公司与邓某、Y集团股份有限公司公证债权文书一案的过程中,被执行人邓某提出不予执行的执行异议,理由是:对案涉借款合同的签订、北京方正公证处办理公证、出具执行证书的相关事项不知情。北京东城区法院查明，邓某于2017年3月8日签署《委托授权书》，授权王某某以下事项：（1）签署Y公司股东及董事会决议；（2）签署以邓某为出质人，将Y公司股份质押给任何第三方的协议；（3）签署以邓某个人名义，为Y公司债务承担连带保证责任的保证合同；（4）签署以邓某个人名义出具的，与Y公司融资有关的所有法律文件。该委托书经公证，由北京市国立公证处出具公证书。结合上述事实，东城区法院认为被执行人邓某签署《委托授权书》委托王某某签署有关文件，为有效授权，邓某不知情的异议理由不予采纳。

邓某不服东城区法院执行裁定，提起复议至北京二中院，该院经审查作出（2019）京02执复94号执行裁定认为，"邓某于2017年3月8日签署《授权委托书》，明确授权王某某可以签署以邓某个人名义出具的、与Y公司融资有关的任何法律文件，现王某某在授权期间内以邓某名义签署最高额抵押借款合同，并将所得贷款交予Y公司的行为，应视为有权代理，该行为所产生的法律效力应及于委托人邓某本人，故邓某异议理由不成立"[①]。

分析：按照司法部的相关要求，凡是个人签署保证合同的，必须见到保证人进行核实；所以，如本案一样委托他人办理个人保证担保具强公证的情况应当在很长一段时间不会出现。另外，我们认为，本案驳回被执行人执行异议的理由有以下几点：（1）《公证债权文书执行规定》第十二条第一款第一项"被执行人未到场且未委托代理人到场办理公证的"中，被执行人委托代理人到场办理公证是司法解释允许，不影响公证债权文书效力的事项；（2）案涉《授权委托书》办理过委托书公证，真实合法性有保障；（3）获得的借款最终由债务人Y公司使用，并未为代理人挪为私用，这也是最为重要的理由。即便，本案最终支持了债权人，但我们还是要提醒债权人：（1）个人保证、抵押，按司法部的要求不能委托办理。（2）委托他人办理公证应当明确委托办理的具体事项和代理权限，例如办理公证、做出执行承诺、签署送达地址、签署送达回执，后两个已经在向法院提起诉讼时的委托书中有要求，公证行业应当跟进；签署法律文书的，代理权限应当具体、明确，例如债权人是谁、债务数额多少、担保有哪些等。尽量避免使用"代为签署任何合同"这样的表述，因为委托事项不具体、不明确即存在法院认定委托关系不成立的风险。（3）委托他人办理公证的，应当尽可能就委托书办理委托书公证，确保其合法有效性。

[①] 北京市第二中级人民法院（2019）京02执复94号执行裁定书。案件来源于中国裁判文书网。

2.《公证债权文书执行规定》第十二条第二款的反向限制机制

《公证债权文书执行规定》第十二条第二款有一个反向限制机制：一方面，其将被执行人对公证债权文书提出的异议，分为程序异议和实体异议，分别安排在第十二条和第二十二条加以救济；另一方面，该规定规范执行机关不能审理实体异议，该审查任务不应当由不予执行的审查程序完成，从反向抑制了执行机关在不予执行审查程序中审查实体争议的冲动。第十二条第二款的最大作用在于划清了程序审查和实体审查的界限，完成"审执分离"的作用，而且该规定中还隐藏了人民法院对提出实体异议被执行人的释明义务，即释明应按照《公证债权文书执行规定》第二十二条第一款提起诉讼。

【问题 21】债务人认为债务数额不对，应当如何救济？

上海 H 公司与李某某公证债权文书非诉执行一案中，被执行人李某某提出书面执行异议称其已归还申请执行人贷款本金 50 万元，现执行标的应为 450 万元，而非 500 万元。北京通州法院经审理作出（2019）京 0112 执异 566 号执行裁定认为，"当事人、利害关系人认为执行行为违反法律规定的，可以向负责执行的人民法院提出书面异议。本案中，异议人所持异议理由实际上是对公证债权文书中违约金、罚息等计算存有异议，不属于执行异议的审查范围，其可通过其他合法途径维护权益"[1]。

分析：公证债权文书认为债务本金数额为 500 万元，但债务人认为已经归还其中的 50 万元，仅剩 450 万元，也即被执行人认为其已经履行了部分债务。根据《公证债权文书执行规定》第十二条，上述争议属于实体争议，并非执行异议审查和处理范围内的事项；类似的事项还有利率超过综合利率限制、保证人按照法律规定不应当再承担担保责任等。就这些事项，当事人应当根据《公证债权文书执行规定》第十二条第二款、第二十二条提起诉讼。本案中，当事人认为债务已经部分清偿，则应当根据《公证债权文书执行规定》第二十二条第一款第三项"公证债权文书载明的债权因清偿、提存、抵销、免除等原因全部或者部分消灭"，即债务已经全部或部分清偿，借此提出部分不予执行的诉讼请求。本案的问题在于，根据第十二条第二款之规定，人民法院应当告知被执行人依照《公证债权文书执行规定》第二十二条第一款向执行法院提起诉讼，但本案通州法院仅说"可通过其他合法途径维护权益"，并未正确履行释明义务。

---

[1] 北京市通州区人民法院（2019）京 0112 执异 566 号执行裁定书。案件来源于中国裁判文书网。

3.《公证债权文书执行规定》第十九条公序良俗保留

《民事诉讼法司法解释》第四百七十八条第二款规定，执行公证债权文书违背社会公共利益的，人民法院裁定不予执行；该条款规定，在《公证债权文书执行规定》第十九条发展为"违背公序良俗的，裁定不予执行"。这就是所谓法律上常见的"公序良俗保留"，即当事人不得约定违背公共秩序、善良风俗的协定。

九、不予执行的审查程序（第十三条至第十八条、第二十条、第二十一条）

第十三条 被执行人申请不予执行公证债权文书，应当在执行通知书送达之日起十五日内向执行法院提出书面申请，并提交相关证据材料；有本规定第十二条第一款第三项、第四项规定情形且执行程序尚未终结的，应当自知道或者应当知道有关事实之日起十五日内提出。

公证债权文书执行案件被指定执行、提级执行、委托执行后，被执行人申请不予执行的，由提出申请时负责该案件执行的人民法院审查。

第十四条 被执行人认为公证债权文书存在本规定第十二条第一款规定的多个不予执行事由的，应当在不予执行案件审查期间一并提出。

不予执行申请被裁定驳回后，同一被执行人再次提出申请的，人民法院不予受理。但有证据证明不予执行事由在不予执行申请被裁定驳回后知道的，可以在执行程序终结前提出。

第十五条 人民法院审查不予执行公证债权文书案件，案情复杂、争议较大的，应当进行听证。必要时可以向公证机构调阅公证案卷，要求公证机构作出书面说明，或者通知公证员到庭说明情况。

第十六条 人民法院审查不予执行公证债权文书案件，应当在受理之日起六十日内审查完毕并作出裁定；有特殊情况需要延长的，经本院院长批准，可以延长三十日。

第十七条 人民法院审查不予执行公证债权文书案件期间，不停止执行。

被执行人提供充分、有效的担保，请求停止相应处分措施的，人民法院可以准许；申请执行人提供充分、有效的担保，请求继续执行的，应当继续执行。

第十八条 被执行人依照本规定第十二条第一款规定申请不予执行，人民法院经审查认为理由成立的，裁定不予执行；理由不成立的，裁定驳回不予执行申请。

公证债权文书部分内容具有本规定第十二条第一款规定情形的，人民法院应当裁定对该部分不予执行；应当不予执行部分与其他部分不可分的，裁定对该公证债权文书不予执行。

第二十条 公证债权文书被裁定不予执行的，当事人可以就该公证债权文书涉及的民事权利义务争议向人民法院提起诉讼；公证债权文书被裁定部分不予执行的，当事人可以就该部分争议提起诉讼。

当事人对不予执行裁定提出执行异议或者申请复议的，人民法院不予受理。

第二十一条 当事人不服驳回不予执行申请裁定的，可以自裁定送达之日起十日内向上一级人民法院申请复议。上一级人民法院应当自收到复议申请之日起三十日内审查。经审查，理由成立的，裁定撤销原裁定，不予执行该公证债权文书；理由不成立的，裁定驳回复议申请。复议期间，不停止执行。

（一）不予执行公证债权文书审查和审查程序的特殊性质

相较于判决执行异议中，人民法院对当事人提出的执行异议的审查程序，不予执行公证债权文书审查程序具有特殊性质：前者并不审查执行依据，对法院裁判的审查由审判监督程序，甚至是第三人撤销之诉程序完成；后者则分为两个部分，即程序异议由不予执行审查程序审查，实体异议由另行提起的诉讼程序审查。

在 Z 信托有限责任公司与 H 动漫有限公司等公证债权文书执行异议复议一案中，最高人民法院作出了（2017）最高法执复 12 号、17 号执行裁定书认为，"《执行异议和复议规定》第四条规定由原执行法院审查处理的异议，其所针对的是原执行法院的执行行为。而不予执行公证债权文书的请求与执行行为异议本质上是不同的，其所针对的是执行依据的执行力，审查的是公证债权文书本身是否确有错误，并不涉及人民法院的执行行为。《执行案件立案、结案意见》第九条第六项虽然规定被执行人对公证债权文书申请不予执行的，按照执行异议案件予以立案，但并不等于认可其与一般的执行行为异议性质相同"[1]。按照最高人民法院的观点，人民法院针对被执行人提出的执行异议，应当加以区分：第一种是对公证债权文书提出的异议，适用《公证债权文书执行规定》中的相关规定；第二种是对人民法院在执行公证债权文书过程中具体的执行行为提出的异议，适用《执行异议和复议规定》中的相关规定。

---

[1] 最高人民法院（2017）最高法执复 12 号、17 号执行裁定书。案件来源于中国裁判文书网。

（二）不予执行申请的程序性要求

1. 申请不予执行的期限

人民法院不可能无休止受理被执行人提出的不予执行申请：《公证债权文书执行规定》第十三条解决提起不予执行申请的时效问题，而第十四条是处理时效经过后再次提起不予执行申请的问题。实操中，被执行人应当：（1）在执行通知书送达之日起十五日内，或在知道或应当知道之日起十五日内提起申请，未在上述时效内申请的，将可能面临人民法院不予受理的后果。该规定中，应当注意十五日的起算点，即"执行通知书送达之日"，"知道或应当知道之日"。（2）提出不予执行申请的形式要求——书面申请。（3）提出不予执行申请的材料要求——提交相关证据材料。实践中，一些法院会因为被执行人仅提出不予执行申请，但未提交相关证据材料，而径行驳回不予执行申请。

【问题 22】申请不予执行公证债权文书的十五日时效，法院会遵守吗？

在"申请执行人 X 银行股份有限公司福州分行与被执行人 L 公司、李某某等公证债权文书执行案"中，异议申请人 L 公司于 2019 年 3 月 25 日签收执行通知书，于 2019 年 6 月 11 日向执行法院申请不予执行公证债权文书，显然已经超过申请时效，法院应当如何处理？

天津二中院认为 L 公司的申请已经经过司法解释给出的十五日期限，又没有第十二条第一款第三项、第四项规定情形，即在执行程序终结前，可以自知道或者应当知道有关事实之日起十五日内提出不予执行申请的例外情况，所以裁定"驳回 L 公司不予执行福建省厦门市鹭江公证处（2019）厦鹭证执字第 00028 号执行证书的申请"。随后，天津高院在其就本案的复议申请作出的（2019）津执复 99 号执行裁定中，维持了天津二中院的裁定内容。[①]

分析：在确定审执分离，执行异议仅具有对执行行为是否恰当的审查权限，并且将公证强制执行的审查全面接入一般的执行审查程序中的改革方向后；最明显的结果就是，按照审执分离的逻辑，执行异议不再审理实体争议。这样，在诉讼执行中派生出的案外人、当事人执行异议和执行异议之诉、分配方案异议和分配方案之诉等异议和特殊诉讼，也会出现在公证强制执行程序中；除此之外，针对执行依据即公证债权文书的异议也独具特色地派生出不予执行公证债权文书的诉讼，它们的程序作用、功能分配得非常明确，泾渭分明。在结果

---

① 天津市高级人民法院（2019）津执复 99 号执行裁定书。案件来源于中国裁判文书网。

上，人民法院执行机关没有顾虑地严格遵守规范，将经过申请时效、存在实体争议的问题，统统赶至不予执行公证债权文书之诉去救济。例如，在 D 信托有限公司与被执行人严某、施某、严某某、任某某公证债权文书纠纷一案中，被执行人在 2018 年 8 月 15 日收到执行通知书后，直至同年 10 月 24 日才提出不予执行的申请，且并没有提供任何证据材料，故上海闵行区法院在其就本案作出的（2019）沪 0112 执异 86 号执行裁定中，即依据《公证债权文书执行规定》第十三条驳回了被执行人的不予执行请求。[1]

2. 指定执行、提级执行、委托执行情形下的审查法院

《公证债权文书执行规定》第十三条第二款规定"公证债权文书执行案件被指定执行、提级执行、委托执行后，被执行人申请不予执行的，由提出申请时负责该案件执行的人民法院审查"。所谓"指定执行"，是指上级人民法院在程序规范的条件下，指定特定下级法院执行具体案件的程序性制度。《执行工作规定》即规定"上级人民法院执行机构负责本院对下级人民法院执行工作的监督、指导和协调"，其中比较重要的监督和协调方法就是指定执行，经常用于不积极执行、不方便执行、集中执行以及解决执行管辖争议的问题。最高人民法院《关于高级人民法院统一管理执行工作若干问题的规定》第八条"高级人民法院对本院及下级人民法院的执行案件，认为需要指定执行的，可以裁定指定执行。高级人民法院对最高人民法院函示指定执行的案件，应当裁定指定执行"，就是在协调最高人民法院、高院和下级法院之间的执行工作。

所谓"提级执行"，是指上级法院对下级法院不便执行或有执行障碍，以及没能在规定执行期限内执结的案件，提到本院予以执行的制度。《民事诉讼法》第二百三十三条即规定，"人民法院自收到申请执行书之日起超过六个月未执行的，申请执行人可以向上一级人民法院申请执行。上一级人民法院经审查，可以责令原人民法院在一定期限内执行，也可以决定由本院执行或者指令其他人民法院执行"。在这一规定中，上级法院既可以提级由自己执行（提级执行），也可以指定由其他法院执行（指定执行），上级法院实际上是通过这种方式对下级法院的执行行为进行监督。在具体操作上，《民事诉讼法执行程序解释》第十一条"上一级人民法院依照民事诉讼法第二百二十六条[2]规定责令执行法院限

---

[1] 上海市闵行区人民法院（2019）沪 0112 执异 86 号执行裁定书。案件来源于中国裁判文书网。

[2] 对应 2021 年《民事诉讼法》第二百三十三条。

期执行的，应当向其发出督促执行令，并将有关情况书面通知申请执行人。上一级人民法院决定由本院执行或者指令本辖区其他人民法院执行的，应当作出裁定，送达当事人并通知有关人民法院"、第十二条"上一级人民法院责令执行法院限期执行，执行法院在指定期间内无正当理由仍未执行完结的，上一级人民法院应当裁定由本院执行或者指令本辖区其他人民法院执行"，就是对上述规定的具体落实。

所谓"委托执行"，是指在被执行人或者被执行的财产在外地的，可以委托当地法院代为执行。《民事诉讼法》第二百三十六条第一款"被执行人或者被执行的财产在外地的，可以委托当地人民法院代为执行。受委托人民法院收到委托函件后，必须在十五日内开始执行，不得拒绝。执行完毕后，应当将执行结果及时函复委托人民法院；在三十日内如果还未执行完毕，也应当将执行情况函告委托人民法院"，所规定的就是委托执行的问题。对于委托执行，最高人民法院《关于委托执行若干问题的规定》将委托执行的适用范围限制在"被执行人在本辖区内已无财产可供执行，且在其他省、自治区、直辖市内有可供执行财产的"这种情况之下；相较之下，在一省之内，下级法院可以申请高级人民法院在省域范围内指定执行。

总体而言，全国法院的执行机关行使的都是一个国家执行权，在这个整体框架内统一实施执行行为，很自然地上级法院有权监督、协调下级法院的执行行为，于是就有指定执行、提级执行、委托执行，甚至移送执行等。问题在于，对于当事人、案外人、利害关系人提出的执行异议，应当由哪一家法院审查处理？对于这一问题，《执行异议和复议规定》第四条做出回答：（1）分为原执行法院和负责执行的法院（即现被执行、被委托和上级法院）；（2）原则上由提出异议时负责执行的法院审查和处理；（3）如果受指定和受委托的负责执行的法院，是原执行法院的下级法院，则由原执行法院审查处理。我们认为，这样规定的逻辑是，原执行法院已经不再负责案件的执行，所以也就无权处理异议，但原执行法院是上级法院就没有这个顾虑；当然，这还有助于让受委托、受指定的法院对原执行法院的执行行为进行监督。第四条第二款还特别指出，案外人对执行标的的执行异议也遵循上述规则。

《执行异议和复议规定》第四条针对执行行为和执行标的异议，未明确规定对执行依据提出的异议，这对判决和仲裁裁决来讲没有问题，其有专门设置的审判监督和撤销之诉两个程序进行救济。但是，对于公证债权文书而言，即会有由哪家法院审查处理的疑问，这就在实践中造成困扰。《公证债权文书执行规定》第十三条第二款就是为了解决这一问题而设置的，统一规则被设定为"由提出申请时负责该案件执行的人民法院审查"。需要注意的是，如果不是对公证债权文书提出的异议，而是在公证强制执行程序中对人民法院的执行行为，或执行标的提出异议，则还是适用《执行异议和复议规定》第四条的规则。

【问题 23】指定执行、提级执行、委托执行情况下，由哪个法院审查处理不予执行公证债权文书的申请？

在 Z 信托有限责任公司与 H 动漫有限公司等公证债权文书执行异议复议一案中，Z 信托以 H 动漫公司没有按期足额支付利息为由，向成都蜀都公证处申请出具执行证书，该处于 2015 年 9 月 25 日出具（2015）川成蜀证执字第 784 号《执行证书》，于 2015 年 10 月 28 日出具（2015）川成蜀证执字第 915 号《执行证书》。2015 年 11 月 3 日、11 月 9 日，Z 信托分别就两份公证债权文书向四川高院申请强制执行，该院受理后于 2015 年 12 月 3 日作出（2015）川执字第 56 号、第 61 号执行裁定，将该两案指定四川广元中院执行。2016 年 1 月 18 日，广元中院以（2016）川 08 执 5 号、6 号执行裁定将该两案指定四川剑阁法院。2016 年 8 月 5 日，广元中院以（2016）川 08 执监 21 号执行裁定将该两案提级至该院执行。

异议人 H 动漫公司等向四川高院提出的异议中的两项为执行管辖异议和不予执行公证债权文书的申请，四川高院一方面处理执行管辖异议，裁定驳回管辖异议；另一方面裁定认为关于不予执行公证债权文书的申请应当向受指定法院广元中院提出。两个都是异议，却没有一同审查处理，当事人在不理解的情况下向最高人民法院递交了复议申请认为，"异议裁定遗漏不予执行公证债权文书的异议请求。四川高院受理本案后，将本案指定广元中院执行，广元中院再次指定四川省剑阁县人民法院执行。后广元中院又将本案提级执行。申请不予执行公证债权文书是从程序上对确有错误公证债权文书的不当受理行为提出的执行行为异议，应当由决定立案执行本案的四川高院审查处理。……《执行异议和复议规定》第四条明确规定，执行案件被指定执行、提级执行、委托执行后，当事人、利害关系人对原执行法院的执行行为提出异议的，由提出异议时负责该案件执行的人民法院审查处理；受指定或者受委托的人民法院是原执行法院的下级人民法院的，仍由原执行法院审查处理。因此，四川高院应当对不予执行公证债权文书的申请进行审查并依法作出裁定。其将本应由其审查的不予执行公证债权文书申请推诿给由其指定执行本案的广元中院审查，缺乏法律依据"。

最高人民法院经审查作出了（2017）最高法执复 12 号、17 号执行裁定书维持了四川高院就上述两个问题的处理结果，其中第二项的理由为："关于对不予执行申请的审查法院。根据《民事诉讼法司法解释》第四百八十一条的规定，当事人请求不予执行公证债权文书的，应向执行法院提出。《执行异议和复议规定》第四条规定由原执行法院审查处理的异议，其所针对的是原执行法院的执行行为。而不予执行公证债权文书的请求与执行行为异议本质上是不同的，其所针对的是执行依据的执行力，审查的是公证债权文书本身是否确有错误，并不涉及人民法院的执行行为。《执行案件立案、结案意见》第九条第六项虽然规定被执行人对公证债权文书申请不予执行的，按照执行异议案件予以立案，但并不等于认可其与一般的执行行为异议性质相同。故本案四川高院裁定认为H动漫公司等被执行人关于公证债权文书不予执行的申请应向受指定执行的法院广元中院提出，由广元中院具体审查，并无不当。"①

分析：受理案件的裁定本身是四川高院作出的，其后其才会指定广元中院执行，故由四川高院审理执行管辖异议最为合适，其自然对受理执行案件有自己的见解和逻辑，受理执行案件本身就是四川高院的执行行为，驳回执行管辖异议亦同，应当由作出该执行行为的法院处理；而且，四川高院是广元中院的上级法院，故由其审查处理也符合《执行异议和复议规定》第四条的规定。但是，对于公证债权文书的审查则不一样，其本身不是四川高院的执行行为，四川高院仅仅是受理案件和指定执行，对案件可能并不了解，但广元中院则不一样。另外，如果四川高院审查处理公证债权文书的不予执行申请，那这个案子就等于是四川高院在处理，此时指定管辖就失去了意义。与此相比，广元中院正在处理案件的执行，了解案件，由其处理有助于节约司法资源，而这恰恰就是指定执行的意义所在。所以，我们赞同四川高院的见解，同时要强调的是，《执行异议和复议规定》第四条的情形，针对的是执行行为和案外人对执行标的的执行异议两种情况，虽然不包含对公证债权文书不予执行申请的审查，但仍然适用于公证强制执行程序中出现的上述两种异议。

3. 多次提起不予执行申请的问题

对于实践中存在被执行人多次分别以多个事由向人民法院提起不予执行申请的情形，《公证债权文书执行规定》第十四条规定：（1）多个不予执行事由，原则上只能一次性提出，而且是在执行通知送达之日起十五日内；（2）驳回不予执行申请后，同一被执行人再次提出申请的，法院不受理，所以同一被执行人不能多次提出不予执行申请，而不同被执行人可以分别提出基于不同事由的多个不予执行申请；（3）有证据证明，被执行人是在不予执行申请被裁定驳回

---

① 最高人民法院（2017）最高法执复12号、17号执行裁定书。案件来源于中国裁判文书网。

后才知道不予执行事由（第十二条第一款第三项、第四项、第五项）的，其可以再次提出，时间可以截止到执行程序终结前。

《公证债权文书执行规定》第十四条的规定与《执行异议和复议规定》第十五条第一款的规定，即"当事人、利害关系人对同一执行行为有多个异议事由，但未在异议审查过程中一并提出，撤回异议或者被裁定驳回异议后，再次就该执行行为提出异议的，人民法院不予受理"大体一致。

北京三中院在F公司、山东W公司等的执行过程中，就被执行人山东W公司提出的不予执行申请，作出的（2019）京03执异728号执行裁定书认为："本院认为，当事人、利害关系人对同一执行行为有多个异议事由，但未在异议审查过程中一并提出，撤回异议或者被裁定驳回异议后，再次就该执行行为提出异议的，人民法院不予受理。本案中，异议人此前相同的异议请求已经被驳回，其再次提出，不符合立案受理条件，异议申请应予以驳回。综上，依照《执行异议和复议规定》第二条第一款、第十五条第一款之规定，裁定如下：驳回异议人山东W公司的异议申请。"[1]

（三）不予执行公证债权文书案件的审查程序

1. 不予执行公证债权文书案件审查程序中的听证程序

根据《公证债权文书执行规定》第十五条之规定，只有案情复杂、争议较大的不予执行公证债权文书案件，才应当进行听证，其他案情简单、争议不大的案件没有硬性的听证要求。在审查手段上，执行机关可以：（1）至公证机构调取公证案卷；（2）要求公证机构作出书面说明；（3）通知公证员到庭说明情况。上述手段，均是在执行法官认为"必要"的情况下采取，并无义务性职责要求。实践中，执行机关也会根据实际需要依职权至金融机构调查款项往来情况，或委托司法鉴定机构就当事人的票据、笔迹进行鉴定，以达到查清事实的目的。

在"赵某某、王某某与被执行人宋某某、牟某借款合同公证债权文书复议案"中，被执行人提出复议申请，理由之一是"岚山区法院执行异议审查程序严重违法。该院在执行异议审查过程中，未公开进行听证，未给予牟某一方当事人陈述、申辩的机会，严重违法"。对此，日照中院在其就本案作出的（2020）鲁11执复8号执行裁定中认为，"《公证债权文书执行规定》第十五条规定'人民

---

[1] 北京市第三中级人民法院（2019）京03执异728号执行裁定书。案件来源于中国裁判文书网。

法院审查不予执行公证债权文书案件，案情复杂、争议较大的，应当进行听证。必要时可以向公证机构调阅公证案卷，要求公证机构作出书面说明，或者通知公证员到庭说明情况'，对于案件是否属于'案情复杂、争议较大'，应由人民法院根据案件实际情况作出认定。根据法律规定，听证并非执行异议案件审查的必经程序，岚山区法院未举行听证，并不违反法律规定"[①]。

2. 人民法院对不予执行申请的审查时限

根据《公证债权文书执行规定》第十六条之规定，人民法院审查不予执行公证债权文书案件的审限是六十日，这和《民事诉讼法》第二百三十二条当事人、利害关系人对执行行为的异议，第二百三十四条案外人对执行标的的异议的审查期限十五日不同。这是因为法院是对作为执行依据公证债权文书的审查，相当于决定是否启动再审程序的审查程序，相较于对执行行为的审查，须更加谨慎。在结果上要驳回执行申请，一般就需要至公证机构调取公证案卷，所以审查期限长一些也可以理解。此外，《公证债权文书执行规定》第十六条还规定，经人民法院院长批准，审查期限可以延长三十日。

3. 不予执行申请审查期间的不停止执行

根据《公证债权文书执行规定》第十七条之规定，不予执行申请审查期间，不停止执行，被执行人提供充分、有效担保的除外；申请执行人提供充分有效担保的，是例外的例外。本条的逻辑是，既然将不应赋予强制执行效力的情形（第五条第一项、第二项）、无法强制执行的情形（第五条第三项、第四项）堵在不予受理和驳回执行申请的大门之外，将实体问题（第十二条第二款）放在同时进行的诉讼程序中审查，那么对于程序问题的审查，就可以在不影响执行的情况下进行。如果被执行人提供充分、有效的担保，可以停止相应处分措施，但不能停止查控措施。

本条需要注意的是，所提供的担保必须是充分的、有效的担保。而且，被执行人即使提供了担保，执行法院也仅仅是"<u>可以</u>"准许；相反，一旦申请执行人也提供充分、有效的担保，执行法院就有义务继续执行。这样，即使事后证明执行是错误的，也可以利用申请执行人提供的担保及时、有效地进行执行回转。

[①] 山东省日照市中级人民法院（2020）鲁11执复8号执行裁定书。案件来源于中国裁判文书网。

（四）不予执行申请审查的结果和救济

1. 不予执行申请审查的结果

被执行人提起不予执行申请的，人民法院经审查，认为理由成立的，裁定不予执行；理由不成立的，裁定驳回不予执行申请。公证债权文书的部分内容具有第十二条第一款情形的，裁定对该部分不予执行，如果该部分与其他部分不可分，则整体性裁定不予执行。我们认为，除了第十二条第一款第四项之外，其他几项不予执行事由均是被执行人的事由，不予执行的也仅限于该被执行人涉及的债权债务关系。例如，债权文书包括主债务、保证合同、物权担保合同，如果其中保证人对应的债权文书存在第十二条第一款第一项"未到场且未委托代理人到场"的情形，则仅仅不予执行该保证合同即可，其他主债权和物权担保合同应继续执行。

【问题24】执行证书载明的债权金额错误，是否会导致不予执行？

蔡某某与郝某某签订借款合同，并向北京市东方公证处申请办理了强制执行公证，后因债务人郝某某未按期还款，蔡某某申请出具了执行证书并进入执行阶段。因债权人蔡某某称借款2000万元中有144万元系以现金形式支付给债务人，而债务人称并未收到，故该案引起争议。密云法院裁定驳回债务人郝某某的异议，而北京三中院经复议审查发回重审。密云法院二次异议审查裁定不予执行；申请执行人鉴于《执行异议和复议规定》无法提出复议，故提出审判监督称："本案不存在不予执行的法定事由。第一，郝某某提出的'头息'（即144万元，俗称砍头息）以及向案外人还款的主张不应被支持。第二，即使本案所涉执行证书部分内容存在不予执行的情形，但是对于金钱给付执行，不予执行部分完全可以与其余部分分开，本案不应裁定全部不予执行。"北京高院最终就此作出（2018）京执监25号执行裁定，结束本案的纷争。

北京高院在执行裁定中认为，"公证债权文书部分内容具有不予执行情形的，人民法院应当裁定对该部分不予执行。应当不予执行部分与其他部分不可分的，人民法院应当裁定不予执行公证债权文书。执行证书是否多计算债权数额，不能构成人民法院不予执行的理由。若确实存在多计算债权数额的问题，人民法院查实后在执行程序中可以进行核减。本案中，执行标的种类属于金钱给付，公证债权文书部分内容具有不予执行的情形的，可以与其他部分分开，不应裁定全部不予执行。密云法院在查明本案公证债权文书部分内容具有不予执行的情形后，即裁定公证债权文书整体不予执行的做法，明显不当，应予纠正。对于本案中多计算的债权数额，密云法院查实后在执行程序中可以进行核减"[①]。

分析：北京高院的观点中，值得注意的是：（1）执行标的种类属于金钱给付，公证债权文书即使部分内容具有不予执行的情形，也可以与其他部分分开，不应裁定全部不予执行；（2）执行证书是否多计算债权数额，不能构成人民法院不予执行的理由。若确实存在多计算债权数额的问题，人民法院查实后在执行程序中可以进行核减，这也是《执行异议和复议规定》第十条规定的人民法院的规范义务。这两点与《公证债权文书执行规定》第十八条第二款的观点一致，即"公证债权文书部分内容具有本规定第十二条第一款规定情形的，人民法院应当裁定对该部分不予执行；应当不予执行部分与其他部分不可分的，裁定对该公证债权文书不予执行"。

需要注意的是，本案是债权人未按照当事人约定向债务人支付借款，双方不是自然人，意味着"砍头息"部分的本金涉及的借款合同部分没有生效，导致的结果是公证债权文书载明的数额错误（最终生效的借款合同借款本金不是公证机构办理公证时载明的那个金额，而应当是最终支付的借款数额），还是执行证书的数额错误？如果是前者，那就是公证债权文书内容与事实不符；如果是后者，那就不是《公证债权文书执行规定》规定的不予执行事项。从这一点看，《公证债权文书执行规定》没有将执行证书纳入执行依据中，是存在一定的问题的。

如果是公证债权文书载明的数额与实际支付，并建立借款关系的数额不一致，则公证债权文书内容与事实不符，在《公证债权文书执行规定》框架下如何处理：第一，执行法院不应当在不予执行审查程序中审查该异议，因其是公证债权文书内容与事实不符的实体问题，而非程序问题，依据为《公证债权文书执行规定》第十二条第二款。从北京三级法院多次审理的情况看，还是得由审判机构依审判程序审理，最终作出具有既判力的裁判结果，很明显执行异议程序很难完成这一工作。第二，债务人应当根据《公证债权文书执行规定》第二十二条第一款的规定诉至法院，具体起诉理由是该条第一款第一项，结果上应当是部分判决不予执行。

2. 对不予执行裁定和驳回不予执行申请裁定的救济

与《执行异议和复议规定》第十条的内容一致，《公证债权文书执行规定》第二十条、第二十一条共同组成了对第十八条不予执行裁定和驳回不予执行申

[①] 北京市高级人民法院（2018）京执监25号执行裁定书。案件来源于中国裁判文书网。

请裁定的救济：（1）申请执行人不服不予执行裁定的，只能通过提起诉讼进行救济，如果其对不予执行裁定提出执行异议和复议，《公证债权文书执行规定》第二十条第二款规定人民法院不予受理。（2）被执行人不服驳回不予执行申请裁定的，可以自裁定送达之日起十日内向上一级人民法院提起复议，且复议期间不停止执行。人民法院复议审查的时限为三十日。审查结果：（1）不予执行理由成立，撤销原裁定，并裁定不予执行公证债权文书；（2）理由不成立的，裁定驳回复议申请。

上级人民法院经复议审查，除了选择裁定"不予执行公证债权文书"和"驳回复议申请"之外，还存在认为下级法院审查事实不清而撤销原裁定，发回重新审查的选择。例如，广西高院在（2020）桂执复47号执行裁定中认为，"关于本案是否存在严重违反法定公证程序的问题，钦州中院存在事实不清的问题"，故"钦州中院（2020）桂07执异1号执行裁定存在基本事实认定不清，证据不足，应予撤销。依照《公证债权文书执行规定》第二十一条、《执行异议和复议规定》第二十三条第一款第三项之规定，所以裁定撤销钦州市中级人民法院（2020）桂07执异1号执行裁定、发回钦州市中级人民法院重新审查"。[1]

十、不予执行公证债权文书之诉（第二十二条、第二十三条）

第二十二条 有下列情形之一的，债务人可以在执行程序终结前，以债权人为被告，向执行法院提起诉讼，请求不予执行公证债权文书：

（一）公证债权文书载明的民事权利义务关系与事实不符；

（二）经公证的债权文书具有法律规定的无效、可撤销等情形；

（三）公证债权文书载明的债权因清偿、提存、抵销、免除等原因全部或者部分消灭。

债务人提起诉讼，不影响人民法院对公证债权文书的执行。债务人提供充分、有效的担保，请求停止相应处分措施的，人民法院可以准许；债权人提供充分、有效的担保，请求继续执行的，应当继续执行。

第二十三条 对债务人依照本规定第二十二条第一款规定提起的诉讼，人民法院经审理认为理由成立的，判决不予执行或者部分不予执行；理由不成立的，判决驳回诉讼请求。

---

[1] 广西壮族自治区高级人民法院（2020）桂执复47号执行裁定书。案件来源于中国裁判文书网。

当事人同时就公证债权文书涉及的民事权利义务争议提出诉讼请求的，人民法院可以在判决中一并作出裁判。

（一）不予执行之诉的程序设置

在2017年《民事诉讼法》第二百三十八条第二款"公证债权文书确有错误的，人民法院裁定不予执行，并将裁定书送达双方当事人和公证机关"的规定中，始终有一个问题，在哪一个程序中审查、发现和确定公证债权文书确有错误。《公证债权文书执行规定》实施前，是在执行程序，准确地讲是在执行异议程序中；《公证债权文书执行规定》实施后，程序性错误放在不予执行异议程序中加以处理，实体性错误放在不予执行异议之诉中加以处理。严格地讲，这两个方案均不违反第二百三十八条第二款，因为人民法院可以在执行异议程序中查明程序错误之后直接裁定不予执行，也可以在不予执行之诉程序中查明实体错误后判决不予执行。

不予执行异议之诉根据提起诉讼的主体不同，分为被执行人提起的诉讼，被规定在《公证债权文书执行规定》第二十二条之中；以及债权人、利害关系人（案外人）提起的诉讼，被规定在《公证债权文书执行规定》第二十四条。其中，《公证债权文书执行规定》第二十二条规范了一种新的案件类型，即被执行人提出的"不予执行公证债权文书之诉"，在资阳雁江法院审理的"四川省资阳市某实业有限公司与被告吴某、缪某案"中，法院已经开始用到"不予执行公证债权文书纠纷案"这样的案由。我们认为，该类型案件的特征如下。

1. 不予执行公证债权文书之诉的诉讼主体：（1）原告：根据《公证债权文书执行规定》第二十二条的规定，债务人可以提起不予执行公证债权文书之诉，表面上该诉的原告只能是债务人。实际上，根据《公证债权文书执行规定》第十二条第二款的规定，即"被执行人以公证债权文书的内容与事实不符或者违反法律强制性规定等实体事由申请不予执行的，人民法院应当告知其依照本规定第二十二条第一款规定提起诉讼"，原告还应当包括除债务人之外的被执行人，包括保证人、抵押人和出质人。（2）被告：关于被告，《公证债权文书执行规定》第二十二条规定得很明确，即公证债权文书的债权人。（3）第三人：从第二十二条第一款第三项"公证债权文书载明的债权因清偿、提存、抵销、免除等原因全部或者部分消灭"看，存在第三人参加诉讼的可能性，因为存在债务人按照约定以向债权人指定的第三人履行债务的方式履行债务的可能性，本诉中法院如果在这种情况下确认公证债权文书载明的债权已经消灭，从而导致裁定不予执行公证债权文书，则会对第三人产生实体影响。所以，不予执行公证债权文书之诉不仅可能有第三人参加诉讼；而且，在人民法院根据第二十三条第二款应当事人的请求就公证债权文书涉及的民事权利义务争议作出裁判的，还存在第三人提起撤销之诉撤销本诉中实体部分判决的可能性。另外，如仅就担保合同办理公证债权文书，或债权人仅就公证债权文书中的担保人申请强制执行，担保人提出债务人已经履行部分或全部的债务的，即提出存在第二十二条第一款第三项之情形，债务人就有作为第三人参加诉讼以便查明债务履行情况的必要性。

第三人是否可以作为原告，提出不予执行公证债权文书之诉？对于第三人而言，其有权作为"第三人"提出执行依据错误、作为"利害关系人"提出执行行为错误以及作为"案外人"主张其在执行标的物上有足以排除执行的权利这三种执行异议。在判决场合下，可以根据《民事诉讼法》提出第五十九条第三款规定的第三人撤销之诉、第二百三十二条规定的对执行行为的异议，以及第二百三十四条规定的排除对执行标的执行的异议。我们认为，在公证强制执行场合下，第三人对执行行为的异议和就执行标的物排除执行的异议正常提起，后者可以在法院驳回其执行异议后，提起案外人执行异议之诉；而第三人主张公证债权文书中的民事权利义务错误或无效，则是按照《公证债权文书执行规定》第二十四条另行提起诉讼。也就是说，第三人不可以作为原告，提出不予执行公证债权文书之诉，因为第三人并不是被执行人。

2. 不予执行公证债权文书之诉的案件性质和时间：根据《公证债权文书执行规定》第二十二条中的表述，即"债务人可以在执行程序终结前"可以推断本案件实际上是一种执行异议之诉，目的是停止或废止执行的方式对执行程序产生直接影响。债务人如在执行程序终结后起诉并提出诉讼请求，即不再是不予执行公证债权文书之诉。

3. 不予执行公证债权文书之诉的管辖：根据《公证债权文书执行规定》第二十二条，债务人、被执行人应当以债权人为被告，向执行法院提起诉讼；可以讲，不予执行之诉的审判管辖是专属管辖。此规定与《公证活动相关民事案件规定》第三条第二款"当事人、公证事项的利害关系人对具有强制执行效力的公证债权文书的民事权利义务有争议直接向人民法院提起民事诉讼的，人民法院依法不予受理。但是，公证债权文书被人民法院裁定不予执行的除外"并不矛盾，即被执行人不能直接向人民法院提起诉讼，而是可以以"不予执行"为诉请，向执行法院提起诉讼。

【问题 25】公证债权文书内容与事实不符或无效的，被执行人应当如何救济？

案情第一部分：2016 年 3 月 7 日，H 银行西安分行作为债权人、陈某某作为债务人、刘某某作为共同债务人在西安签订了《个人经营借款合同》约定：借款金额为人民币 2000 万元整；同日，H 银行西安分行与陈某某、刘某某签订《个人借款抵押合同》，与 Z 公司签订《个人借款保证合同》；并于同日向陕西省西安市汉唐公证处办理强制执行公证，该处于 2016 年 3 月 18 日出具（2016）陕证经字第 002724 号具有强制执行效力的债权文书公证书。2017 年 11 月 10 日，H 银行向汉唐公证处申请出具执行证书，经审查，该处于 2017 年 11 月 30 日出具了（2017）陕证执字第 423 号执行证书；随后，H 银行西安分行于 2018 年 1 月 2 日向西安中院申请强制执行，西安中院于 2018 年 1 月 3 日立案受理。在执行过程中，陈某某、刘某某、Z 公司认为本案有不予执行的情形，向西安中院提出不予执行申请，理由为：2017 年，刘某某、陈某某已经以借款合同、抵押合同、保证合同无效为由向碑林区人民法院起诉，正在审理过程中；借款合同中的借款用途为支付货款，并非双方真实的意思表示。

西安中院经异议审查，作出（2018）陕 01 执异 551 号执行裁定认为，申请人以公证事项与事实不符及借款合同、保证合同没有借款人、保证人不履行还款义务自愿接受人民法院强制执行的承诺等为由申请不予执行，其理由均不属于执行程序上法定不予执行的审查范围，应依法裁定不予受理，已经受理的，应依法裁定驳回申请。申请人如认为公证债权文书的内容与事实不符或者违反法律强制性规定等实体事由主张不予执行涉案公证债权文书及执行证书，可依法提起诉讼进行救济。综上，依照《执行异议和复议规定》第二条、《公证债权文书执行规定》第十二条的规定，裁定如下：驳回申请人陈某某、刘某某、Z 公司不予执行陕西省西安市汉唐公证处（2016）陕证经字第 002724 号及陕证执字第 423 号执行证书的申请。[1]

分析：西安中院的裁定没有问题。实际上，通过《公证债权文书执行规定》第五条的受理审查和第十二条的程序审查的公证债权文书，即使有错误，也已经不大可能与公证机构和公证程序有关。本案中，西安中院坚持异议程序不审查实体问题的审查立场，正符合最高人民法院通过《公证债权文书执行规定》所要达到的对公证债权文书审查程序分而治之的制度理念。

案情第二部分：申请人不服，向陕西高院申请复议，陕西高院查明：陈某某、刘某某为原告，于 2017 年 12 月 6 日将 H 银行西安分行诉至西安市碑林区人民法院；受案碑林法院查明，案涉上述借款最终分成两个 1000 万元，由陈某某、

---

[1] 陕西省西安市中级人民法院（2018）陕 01 执异 551 号执行裁定书。案件来源于中国裁判文书网。

刘某某分别存入 H 银行作为大额存单质押的存款，然后 H 银行以该存单质押分别借给陈某某、刘某某 958 万元。也就是说，案涉借款合同的用途名曰支付货款，实际为大额存单用于质押借款，属于《民法总则》第一百四十六条第一款所述"行为人与相对人以虚假的意思表示实施的民事法律行为无效"的情形。因此，该院最终不仅判决案涉借款合同无效（自然抵押和保证合同也即无效），而且认定"H 银行西安分行为了规避监管、增加利息而在合同中做出虚假表述导致合同无效，应承担合同无效的不利后果"①。

上面的例子说明，实践中被执行人提出的法律关系与事实不符、可撤销乃至虚假，甚至是已经履行全部或部分的实体争议，应当另行起诉，并由执行法院就是否存在上述债权的实体瑕疵在诉讼程序中加以审查。实践中，大部分的法院也都是这样做的。例如，在北京东城法院依据北京市方正公证处出具的（2015）京方正内民证字第 64783 号公证书、（2016）京方正执字第 01248 号执行证书及（2017）京方正补字第 44 号补正执行证书，执行高某某与鹿某某、段某某公证债权文书一案的过程中，被执行人鹿某某、段某某向该院提出执行异议称"借款合同是单方制定的，其在不知情的情况下被哄骗签字，被欺骗签字的公证合同是无效的。借款合同虽系其与高某某共同签署，但实际出借人为北京 Z 担保有限公司，依据相关法律规定，该公司没有放贷资格。经查阅公证卷宗，记载了借款合同的月利率为 1.5%，违约金 1.5%，但实际给付的利息与公证卷宗记载的不符。其只是名义上的借款人，实际借款人为广某某，实际履行中也是由实际借款人支付每月利息 8.4 万元"。北京东城法院经审理作出（2016）京 0101 执异 338 号执行裁定即认为，"《公证债权文书执行规定》第二十二条规定，有下列情形之一的，债务人可以在执行程序终结前，以债权人为被告，向执行法院提起诉讼，请求不予执行公证债权文书：（一）公证债权文书载明的民事权利义务关系与事实不符；（二）经公证的债权文书具有法律规定的无效、可撤销等情形。本案中，被申请执行人段某某、鹿某某认为借款合同无效及公证债权文书记载内容与事实不符的主张应当通过另行起诉的方式予以解决"②。也即，是否如被执行人所述本案的实体债权存在上述瑕疵，均需要执行法院的审判机构加以确定，而审判机构进行审查的时候，可能会涉及对涉案第三方的传唤和取证，最终判决的事实确认部分也可能涉及第三方的权利义务。

---

① 陕西省高级人民法院（2019）陕执复 104 号执行裁定书。
② 北京市东城区人民法院（2016）京 0101 执异 338 号执行裁定书。案件来源于中国裁判文书网。

【问题 26】内容与事实不符，公证债权文书就一定"确有错误"吗？

分析：本案中，公证债权文书的内容与事实不符是事实，但是这一定会导致公证债权文书确有错误而不予执行吗？我们认为不一定，将本案的情况稍微变一下举个例子，甲公司向乙银行借款，约定借款用途是支付货款，但双方都知道实际用途是发放人员工资，内容与事实不符，但这不能简单地认定公证债权文书确有错误而应当不予执行。这个例子和本案的区别就在于本案债权人银行违规获益明显，结果上确认无效彰显法律对不义之惩罚的价值取向；但是约定支付货款，实际用途是发放人员工资的借款合同如果也认定为无效，那就是对不义之举的奖励了。在后者，对于法院而言，其坚持执行，所实现的无非是从原来因货款而形成的借款债权，变成了因发放人员工资而形成的借款债权，并无错误。可见，公证债权文书内容与事实不符不见得就导致其"确有错误"，而"确有"二字就是对不符的一种程度性要求。

再例如，甲向乙借钱，乙不愿站出来作这个明面上的债权人，就让丙作为"出借人"，这件事三人都知道；但是，公证机构不知情，其就甲、丙之间的借款关系出具公证书。所以，借款合同实际上是乙把钱借给甲的，而不是公证债权文书所载由丙借给甲，所以出现了内容与事实不符，这是不是意味着公证债权文书确有错误而不予执行呢？答案见仁见智，但是不予执行裁定在时间上肯定帮助了未履行义务的债务人甲。实际上，公证债权文书在实体上"确有错误"看似被《公证债权文书执行规定》第二十二条列举为三项事由，但本质上都是公证债权文书所载的民事权利义务关系和当事人实际上的权利义务"不相符"，公证债权文书已经不再适合作为执行依据。所以，《公证债权文书执行规定》第二十二条第一款即应当解读为：第一，公证债权文书载明的权利义务与事实不相符；第二，公证债权文书载明的权利义务无效，或被撤销导致不相符；第三，公证债权文书载明的权利义务原来有效，但后来通过清偿、抵销、提存的方式消灭了。前者典型的情况是，甲向乙借款做生意，双方签订借款合同办理公证。借款期间，出借人乙向甲索要分红，这个分红不仅是浮动的，而且还时有时无。结论上，甲乙之间实际上是投资关系，而不是借款关系；此时，就是权利义务与事实不同，不能按照借款关系强制执行。这就能认定公证债权文书错误；这样，就能明显看出应当对《公证债权文书执行规定》第二十二条第一款第一项进行限缩解释，其"不符"的部分功能已经由第二项、第三项分担了。

如何处理认定公证债权文书确有错误的难题呢？最高人民法院在《公证债权文书执行规定》中给出的答案有两个：第一，实体上，规定明确的实体事由；第二，程序上，规定通过诉讼程序解决。但还是不放心，要两遍解决：第一，不予执行异议程序不解决实体问题，被执行人只得提起第二十二条所说的诉讼审查；但是注意，提出的诉讼请求是不予执行，如果和本案一样，认定借款合同无效，那么债权人以执行实现债权的目标就无法实现，其就必须另行起诉获得执行依据。第二，于是，第二十四条就出现了，虽然借款合同无效，但并不妨碍H银行西安分行要求陈某某、刘某某以不当得利之诉返还已经支付的借款2000万元，所以，H银行西安分行可以向有管辖权的法院提起诉讼，因为其赖以执行的公证债权文书被裁定不予执行，故起诉时需要向法院解释，借款合同已经无效了，这就是为什么第二十四条规定，债权人起诉的时候要向法院解释权利义务关系与事实不符，或法律关系具有无效或可撤销等情形存在了。

案情第三部分：最终，陕西高院在执行异议复议案中，作出（2019）陕执复104号执行裁定认为，"与H银行西安分行签订的《个人经营借款合同》已被生效判决确认无效，且认定为虚假意思表示，本案执行依据汉唐公证处作出的《公证书》及《执行证书》，公证债权文书的内容与判决查明的实际事实不符，应认定为公证债权文书确有错误，故本案执行依据汉唐公证处作出的《公证书》及《执行证书》应裁定不予执行"[①]。

分析：这个案例恰在《公证债权文书执行规定》颁布实施前后，但很能说明问题，可以很好地用来观察《公证债权文书执行规定》的规定是否得当。在这里，我们要问两个问题：

第一，为什么一定要将确认公证债权文书"确有错误"这个任务推到诉讼程序加以解决？在此之前，在异议程序中进行审查，也同样是法官审查，大多数情况下也是需要组成合议庭通过类似开庭对抗的听证程序审理，为什么一定要将这推至诉讼程序，难道仅仅是为了一纸判决，而执行裁定解决不了问题？第二，为什么一定要回执行法院审理，第二十二条的功能到底是什么？

对于上述第一个问题，我们认为：（1）增加申请不予执行的成本。前方由公证机构通过在办理强制执行公证时对真实性、合法性的审查予以保驾护航，去除《公证债权文书执行规定》第五条、第十二条的问题后，再提出不予执行异议，结果在大概率上是申请不成立。所以，用诉讼程序增加被申请人提出不予执行的财、物、时成本，筛选出值得认定"确有错误"而不予执行的公证债权文书。（2）这里涉及怎么确定"确有错误"的事由问题，不以判决确认法律关系无效、可撤销、权利义务与事实不符、债务已消灭等，怎么去推翻作为执行依据的公证债权文书？

[①] 陕西省高级人民法院（2019）陕执复104号执行裁定书。案件来源于中国裁判文书网。

对于第二个问题，我们认为，第二十二条的作用在于：（1）在本案的司法处理过程中，债务人另行向基层法院（碑林区人民法院）起诉要求确认借款合同无效，但同时该合同的公证债权文书由债权人申请在中级法院执行；结果上，即使基层人民法院判决确认合同无效，最终也得高级法院（陕西高院）撤销中级法院的执行裁定，整个过程看起来很"混乱"，即基层法院作出判决，由高级法院依据基层法院的判决撤销中级法院的执行裁定。但是，如果像第二十二条那样，安排必须在执行法院起诉，除了公证债权文书之外，还有驳回不予执行申请的裁定，由执行法院作出判决即类似于对公证债权文书的审判监督程序，这样整个过程中的层级问题即得到很好的协调。本案中，碑林法院受理案件的审理本身即违反了《公证债权文书内容争议诉讼受理批复》、《公证活动相关民事案件规定》第三条第二款"当事人、公证事项的利害关系人对具有强制执行效力的公证债权文书的民事权利义务有争议直接向人民法院提起民事诉讼的，人民法院依法不予受理。但是，公证债权文书被人民法院裁定不予执行的除外"的规定，存在很大的问题。在结果上，不得不请出西安中院和碑林法院的上级法院陕西高院撤销执行裁定，程序上存在不当之处。（2）另外，如果在执行法院提出的诉请之一是依据《公证债权文书执行规定》第二十二条提出的不予执行的诉讼请求，那么就不用如本案一样，需要上级法院裁定撤销执行法院的执行裁定了。因为，即使碑林法院作出公证债权文书涉及的借款合同无效的判决内容，但西安中院立案执行，驳回不予执行申请的那个执行程序和裁定怎么终结或撤销呢？这就是个问题，所以第二十二条要求提起不予执行的诉讼请求，也有这一层含义在，省程序、省裁定。（3）同时，也为了避免一个法院说执行，并驳回不予执行申请，另一个法院判决公证债权文书中的权利义务关系都是无效的矛盾判决问题。本案还好说一点，在一个省内，如果跨省则会出现很难协调的问题。

（二）从《民事诉讼法司法解释》第四百七十八条第一款第三项看《公证债权文书执行规定》第二十二条

2008年，在《公证债权文书内容争议诉讼受理批复》颁布前后，最高人民法院对公证债权文书中实体错误实际执行的是"足以推翻债权文书"的程度性审查标准。与此相对，2015年《民事诉讼法司法解释》第四百八十条第一款第三项"公证债权文书的内容与事实不符"的规定，则缺乏程度性和"不符"所涉事实的内容和类型的规范性要求，一些法院将"内容与事实不符"宽泛地理解为公证债权文书所载内容与事实不符,导致人民法院裁定不予执行的案件数量一时之间直线上升。这两个对实体权利义务错误的审查标准,都有一个共同的问题,即不够准确,无法准确定位实体错误。

那么,公证债权文书在实践中会出现什么错误呢?首先,《公证债权文书执行规定》第五条不予受理制度,将大量不该或不能通过公证强制执行程序实现债权的债权债务关系排除在受理执行案件的大门之外,如没有执行承诺、不属于可公证赋强的债权债务关系,既包含实体问题,也包含程序问题。其次,《公证债权文书执行规定》第十二条所列程序瑕疵或问题,我们认为,该等瑕疵或问题所引起的公证债权文书的错误,最终要么落脚到《公证债权文书执行规定》第五条前三项,不该或不能通过公证强制执行制度实现债权,即纯粹程序性错误;要么落脚到《公证债权文书执行规定》第二十二条第一款所述的三项之上,如公证员贪腐导致将无效的债权文书赋予强制执行效力,即因程序错误导致的实体错误。最后,《公证债权文书执行规定》第二十二条第一款总体上包含了公证债权文书可能出现的所有实体错误:(1)公证债权文书载明的民事权利义务关系与事实不符,公证债权文书不能反映当事人之间真实的债权债务关系,所以不能依据公证债权文书实施强制执行;(2)没有或没有债权文书所载的债权关系,即被公证证明的债权文书因无效、被撤销而导致当事人之间没有公证债权文书所载的债权关系,即便当事人须承担合同无效后的法律责任,该责任也须法官根据法律和事实重新进行权义构造,而不能依据公证债权文书实施强制执行;(3)公证债权文书载明的债权因清偿、提存、抵销、免除等原因全部或者部分消灭,所以不能全部或者部分依据公证债权文书实施强制执行。简言之,《公证债权文书执行规定》第二十二条第一款列举了"不予执行之诉"几乎全部的三项实体事因,即"与实际权利状况(主体、数量、性质)不符"、"没有或没有债权文书所载的债权关系"和"债务已经全部或者部分履行完毕",而且第二十二条第一款是完全列举,没有惯常所用"兜底条款"。

通过《公证债权文书执行规定》第二十二条第一款实体事因的列举,和人民法院就在不予执行之诉中对上述事因作出的认定判决,可以最终对"是否应当依据公证债权文书强制执行的问题"给出最终结论;而且,《公证债权文书执行规定》第二十三条第二款还规定,当事人可以在不予执行之诉中请求人民法院就实体请求予以裁判,这一点和《民事诉讼法司法解释》中案外人在执行异议之诉中提出实体请求的规定并无二致。

【问题 27】已经履行部分债务是否属于"公证债权文书载明的民事权利义务关系与事实不符"的情形？

在河南 X 农村商业银行股份有限公司 L 支行与被上诉人付某某、黄某某、刘某某、王某某、周某保证合同纠纷一案中，X 农商行与债务人霍某某签订借款合同，本案原告提供保证担保。一审北关区人民法院根据原告的主张和 2000 年《联合通知》，参照《办理具有强制执行效力债权文书公证及出具执行证书的指导意见》认为，"安阳市中天公证处在签发执行证书时，依据 L 支行提供的未写明霍某某偿还利息情况的借款借据合同以及公证处谈话笔录中 L 支行对他人申请强制执行的申请，认定被执行人没有按期偿还借款本息，应将所欠借款本金和利息归还给申请执行人，与霍某某已经偿还部分利息的事实不符，且公证处在办理公证时存在无人在场的情形。因此，河南省中天公证处未实质审查 L 支行提交的证明材料是否充分属实，未尽审慎审查的义务，存在程序不当的情形"，"因 L 支行未全面真实提供材料，安阳市中天公证处在公证中程序不当，导致公证债权文书的内容与事实不符，付某某、黄某某、刘某某、王某某、周某提起本案诉讼主张不予执行所涉公证债权文书及执行证书，符合法律规定，法院予以支持。针对本案公证债权文书所涉及的民事权利义务争议，因原、被告均未在本案中提出诉讼请求，法院不予处理，被告可就民事权利义务争议另行主张权利"。二审安阳中院在其作出的（2020）豫 05 民终 3053 号终审判决中认为，"上诉人申请执行的公证债权文书载明的债权，因债务人霍某某偿还部分利息已发生部分利息消灭的法律事实。同时，根据 L 支行员工乔某某的证言可以证实，公证处在办理公证时存在无人在场的情形，程序不当。故对上诉人提出的驳回被上诉人一审诉讼请求的意见，本院不予支持"。[①]

分析：从裁判文书的内容看，本案涉及的借款利率为月利率 11.46%，两级法院是否出于利率等案涉背景问题判决不予执行，不得而知。我们在这里仅就裁判文书的内容，讨论判决的内容：第一，本案债务人霍某某并非执行案件当事人，执行法院也未因查明案件真实情况的需要将霍某某传唤到庭。第二，一审法院认为程序不当导致内容与事实不符，根据《公证债权文书执行规定》第五条、第十二条、第十三条，程序问题根本就不应当是不予执行之诉应当审理的问题；从《公证债权文书执行规定》第二十二条第一款的规范内容看，不予执行之诉应当审理的只有实体问题。第三，一审法院认为债务人已经清偿部分债务，但这并不

---

① 河南省安阳市中级人民法院（2020）豫 05 民终 3053 号民事判决书。案件来源于中国裁判文书网。

是《公证债权文书执行规定》第二十二条第一款第一项"公证债权文书载明的民事权利义务关系与事实不符"的内容，因为：(1)《公证债权文书执行规定》第十条赋予执行机关确定执行内容的权利和义务，清偿部分债务，人民法院查明后径行缩小执行口径确定正确的执行内容即可继续执行；(2) 即使公证机构在制发执行证书前未查明债务履行情况，也不构成执行依据公证债权文书错误，执行法院无权借此判决不予执行；(3) 债务人已经履行部分债务，本身就是《公证债权文书执行规定》第二十二条第一款第三项的内容，应当由债务人举证，而不是由债权人或公证处举证，这本身也是强制执行公证改变诉讼格局和举证责任的功能之一。也就是说，本案正确的做法是，法院不应当审理程序问题，应当由债务人、保证人就已经清偿部分债务举证，确认属实后判决部分不予执行。

本案两审法院的判决并未查明已经清偿利息的数额并形成判决，债权人再次以借款合同和保证合同，起诉债务人和保证人，起诉金额还会是执行证书中载明的金额，因为债权人再次起诉没有可供依据的判决确定应当减少诉请金额的利息判决内容。在本案的不予执行之诉中，法院并没有要求保证人提出明确的债务人已经清偿利息的数额；这样，收取的案件受理费数额，要么是按件收取，要么是按标的收取。如果是后者，就与债权人再次起诉时就全额本息数额缴纳的案件受理费发生重叠。

本案的审理，正确的做法是要求债务人以第三人身份出庭，查明清偿利息的数额并作出对债权人、债务人、保证人均有实体既判力的判决，一方面可以一劳永逸地解决全部或部分的实体纠纷，另一方面可以继续执行没有清偿的债权本息部分；或者由债务人、保证人举证已经履行部分债务，查明属实后判决部分不予执行。不予执行之诉并未通过保证人、债务人举证查明履行情况。也就是说，本案中不予执行之诉并无意义，被执行人还是可以轻易通过"程序不当""已清偿部分债务"的事由达到否定公证债权文书的目的，二次借款保证纠纷诉讼中，相同的工作还需要再做一次，浪费司法资源。那么，本案是否可以在债务人无法传唤出庭的情况下，就清偿利息的数额作出实体认定，我们认为在不予执行之诉中不解决这一问题，在二次诉讼中还是要解决，而且程序和实体纠纷还是一致，问题一样存在。所以，还不如一次性解决。另外，我们认为《公证债权文书执行规定》第二十二条第一款第一项"公证债权文书载明的民事权利义务关系与事实不符"主要指的是法律关系性质不同；而原始债权因砍头息，已经清偿部分债务等问题与申请执行时的实际权利义务内容不符，不属于此项规定的不予执行事由，不宜作扩大解释，否则该事由又会成为"大大的口袋"，导致大量的公证债权文书在不予执行之诉中被判决不予执行。

（三）公证债权文书载明的民事权利义务关系与事实不符

需要注意的是《公证债权文书执行规定》第二十二条中，债务人提出的不予执行之诉的事由中，没有"在转让标的物或权利或交付的租赁物存在不符合约定的瑕疵，或交付的劳动成果、完成的工作有质量问题或瑕疵时，债务人有权要求债权人以采取补救措施，例如减价或减少劳动报酬等方式承担违约责任，或仅仅就此提出抗辩"这些事由。我们认为，不是实践中债务人都不会提出根据《民法典》第五百八十二条要求债权人就对待给付承担"采取补救措施"违约责任的主张，而是可能提出该类主张的债权债务关系类型已经被排除在公证债权文书制度的适用范围之外。所以，在看待第二十二条债务人可能提出的诉请事由时，一定要首先限缩在《联合通知》以及后续司法解释限制公证强制执行制度的适用范围之内。

例如，甲乙之间达成买卖合同，双方共同向公证机构就买受人乙向甲支付价款的债务办理了强制执行公证，公证机构也出具了公证债权文书。质量不符合要求，买受人乙有权依据《民法典》第五百八十二条提出降低价款数额的请求，即要求甲以采取补救措施的方式承担违约责任，或者因部分履行存在瑕疵而提出履行抗辩。但是，《公证债权文书执行规定》第二十二条中并没有诸如可以对公证强制执行实现的价款债权提出减价请求或抗辩，并借此提起不予执行公证债权文书之诉的内容。同样地，买受人乙因甲交付的标的物质量不符合要求导致合同目的不达，根据《民法典》第五百六十三条第一款第四项已经解除了合同。当其面对出卖人甲就价款债务提出的强制执行申请，第二十二条并无规范内容作为依据支持乙方因合同已解除而提出的不予执行公证债权文书之诉。所以，《公证债权文书执行规定》第二十二条中不予执行的事由实际上也起到了限制公证债权文书制度适用范围的作用。这一点，也是公证界在公证强制执行制度发展上应当考虑的理论问题。

关于《公证债权文书执行规定》第二十二条第一款第一项"公证债权文书载明的民事权利义务关系与事实不符"，我们认为该事由应当注意以下几点。

（1）"不符"具体是指办理强制执行公证时，公证债权文书载明的民事权利义务关系与事实不符。之所以得出这样的结论，有如下理由：第一，公证强制执行的依据是公证债权文书，只要办理强制执行公证时公证债权文书载明的民事权利义务关系与事实相符，执行依据就没有错误，就不能依据《民事诉讼法》第二百四十五条第二款以公证债权文书确有错误为由，判决不予执行。例如，债权人在债务存续期间转让债权，即会导致申请执行时债权主体与公证债权文书载明的债权主体不一致,但实践中并不会以此为由判决或裁定不予执行。第二,《公证债权文书执行规定》第十条本身即赋予执行法院按照债权文书和履行情况调整给付内容的权力和义务,可以解决大部分执行标的在数额上的问题。第三,也是极为重要的一点是,公证债权文书不予执行仅仅是执行异议制度中的一个部分,其与执行异议制度的其他具体规则相互配合,即可解决几乎所有的问题。关于这一点,我们以前文提及的榆林榆阳区法院审理的"C公司陕西分公司、H公司、X公司、L公司、谢香某、任某某、谢金某、党某某公证债权文书纠纷案"为例。

办理完强制执行公证,在最高额抵押担保债权确定期限届满之前,债权人建行Y支行将部分已发生的债权转让给C公司陕西分公司,后C公司陕西分公司申请执行。执行中,被执行人提出不予执行异议,榆林榆阳区法院经审理作出(2019)陕0802执4712号执行裁定裁定不予执行。该裁定的一项理由为"无法确定执行标的",即以最高债权额确定之前发生债权转让的,转让后的债权无抵押担保的法律规定,认为不适于继续执行。我们对此持肯定立场,后续C公司陕西分公司可以另行提起诉讼维权。

我们的问题是,如果榆林榆阳区法院裁定驳回执行异议,那么对于担保人以《公证债权文书执行规定》第二十二条第一款第一项"公证债权文书载明的民事权利义务关系与事实不符"为由提起的不予执行之诉应当如何处理?因为,此时的债权人并不享有公证债权文书所载明的抵押权;能不能就此认定公证债权文书载明的民事权利义务关系与事实不符。这是一个非常重要的问题,涉及判断"不符"是以何时为判断的时间节点,即办理公证时"不符",还是申请执行时"不符"?

对此,我们认为,狭义理解的"不符",即《公证债权文书执行规定》第二十二条第一款第一项说的是办理公证时"不符";所以上述假设场合下,不能以《公证债权文书执行规定》第二十二条第一款第一项为由作出不予执行的判决内容,因为公证最高额抵押合同债权文书没有出现"确有错误"的"不符"情形。正确的做法是,由抵押人以债权人并不享有抵押权为由提出对抵押物的"排除执行"的异议,该异议与不予执行异议和不予执行之诉是完全不同的内容。同样地,在办理完强制执行公证,但抵押人不办理抵押登记的情况下,抵押人同样可以提出排除执行的异议。但此时,与上述案件不同的是,抵押人应当承担违约未办理抵押登记的抵押合同的违约责任;对于这种情况,我们的方案是公证机构作出不予出具抵押合同决定书,或法院就抵押合同公证强制执行的执行异议裁定不予执行,之后债权人另行起诉要求抵押人承担违约责任。

（2）"公证债权文书载明的民事权利义务关系与事实不符",是指:第一,须为"载明"的权利义务关系,不考虑非公证债权文书载明的权利义务关系;第二,权利义务关系与事实不符,不考虑非权利义务关系的事项和事实不符;第三,鉴于《公证债权文书执行规定》第十条,不考虑利息、违约金等履行期间内的事项导致债务金额发生的变化。例如,当事人之间的法律关系是"阴阳合同",一般情况下应当将被掩盖的合同作为确定当事人之间权利义务的合同(典型的如让与担保合同);当然,还存在权利义务主体、债权数额、期限等权利义务内容上的事项与事实不一致。

关于债权主体不符,在安某某与被上诉人 D 公司民间借贷中,债务人安某某认为其与 D 公司签署贷款额合同,但贷款款项是由 M 公司向其划转,还款也是直接划至 M 公司账户,所以实际贷款人是 M 公司。但是,M 公司并非金融机构,应属无效。二审北京三中院作出(2020)京 03 民终 5592 号民事判决认为,"本案中,安某某上诉主张案涉公证债权文书载明的民事权利义务关系与事实不符,具有法律规定的无效、可撤销等情形,其应就其主张承担举证责任。安某某与 D 公司签订贷款合同,D 公司委托 M 公司向安某某付款及收取利息并不违反法律规定,现并无证据证明案涉公证债权文书载明的民事权利义务关系与事实不符"[1]。该判决就是,被执行人并未提供证据证明案涉借款,系 M 公司作为实际出借人委托名义借款人 D 公司与安某某订立借款合同而出借给安某某的,即并未证明借款关系是在其和 M 公司之间,所以其应当接受 D 公司提起的强制执行。但我们认为,北京三中院在判决中述及"D 公司委托 M 公司向安某某付款及收取利息并不违反法律规定"的内容不当,因为这就等于其在M 公司,这一本案第三人未参加的诉讼程序中,将 M 公司认定为仅仅是受托支付和付款的角色,从而排除其可能作为案涉借款关系的出借人的可能性,即其不当地认定了 M 公司和 D 公司的法律关系。当然,本案也可以传唤 M 公司作为第三人出庭,从而可以在判决内容上坐实 D 公司和 M 公司的委托关系。如果未传唤,北京三中院的做法即应当到"被执行人无证据证明 M 公司系本案出借人"为止。

关于"砍头息"问题,我们认为应当以《公证债权文书执行规定》第二十二条第一款第二项当中的公证债权文书所载民事权利义务关系部分无效为事由加以处理,不能以第一项为由。

---

[1] 北京市第三中级人民法院(2020)京 03 民终 5592 号民事判决书。案件来源于中国裁判文书网。

北京三中院在（2019）京03民初536号民事判决中认为，"《公证债权文书规定》第二十二条第一款第一项规定的公证债权文书载明的民事权利义务关系与事实不符的情形，应包括两种情形：一是公证债权文书所载明的法律关系与当事人之间真实存在的法律关系不符，如名为买卖实为借贷等情形；二是公证债权文书所载明的民事权利义务关系与客观事实不符，如文书所载明的事实不存在，或者文书所载债权与权利人实际享有的权利范围、内容等不一致"。《公证债权文书执行规定》第二十二条第一款是被执行人提起诉讼的事由，是否确实，须由受案法院诉讼审查，最终应当以审查认定的事实与公证债权文书载明的权利义务进行比较后的结果为准。

【问题28】权利义务关系与事实不符的审查尺度和范围如何？

北京市N融资担保有限公司与被上诉人胡某某，原审第三人北京L食品有限公司、李某某执行异议之诉一案中，"被执行人"胡某某称其不知晓N担保公司《无限连带责任承诺函》的相关事项，胡某某的丈夫李某称该《无限连带责任承诺函》上胡某某的签字是其让公司其他女员工签署，办理公证也是其私自将家中户口本、身份证拿出后背着胡某某办理的。一审经司法鉴定，认定《无限连带责任承诺函》上的签字并非胡某某的签字，遂裁定驳回执行申请中针对胡某某的部分。N担保公司上诉称"一审法院对案件关键事实尚未调查清楚，《无限连带责任承诺函》的实际签署人是谁，其和胡某某之间是否有代理关系，甚至是否夫妻之间共谋等关键事实都未能调查；仅依据鉴定结论来定案，是对整个案件情况机械的认定，以致适用法律不当；N担保公司作为善意第三人，基于信赖利益，应受到法律保护"。最终，二审北京三中院作出（2020）京03民终871号民事判决，未采纳N担保公司的上诉理由，维持原判。[1]

分析：公证债权文书载明胡某某为保证人，但《无限连带责任承诺函》经过鉴定并非胡某某签字，故胡某某不是保证人。这样，就出现了"公证债权文书载明的民事权利义务关系与事实不符"的情形，应当判决不予执行。

但是，胡某某虽不因该承诺函承担法律责任，但民事实体法上，的确存在诸如因夫妻家事代理、胡某某委托公司女员工、所借债务最终用于夫妻生活等原因而使胡某某间接成为债务人的可能性；也即存在N担保公司上诉所称实体上应当对胡某某可能成为债务人的所有可能进行审理的情况。那么，法院为什

---

[1] 北京市第三中级人民法院（2020）京03民终871号民事判决书。案件来源于中国裁判文书网。

么不审理这些事项呢？原因在于，N担保公司申请执行的事实依据是因胡某某签署了承诺函，据此直接成为连带债务人，这是执行依据公证债权文书的内容。至于胡某某会不会因其他事因成为连带债务人，作为执行依据的公证债权文书未涉及，针对执行依据开展的审理活动自然也不会涉及。本案胡某某提起诉讼，理由是第二十二条所述的权利义务关系与事实不符，实质理由是胡某某没有因承诺函成为连带债务人，人民法院也是紧守这个请求开展审理活动，这也就是不予执行之诉审查的尺度和范围。至于有没有其他事由导致胡某某成为债务人，胡某某不关心，因为债权人N担保公司也未借助公证债权文书行使基于其他理由产生的权利，审理法院就更加不会关心，也不应当审理。所以，N担保公司的胡某某不因承诺函也存在其他事由成为连带债务人的主张，根本就不在诉讼审查范围内。但是，N担保公司直接提起诉讼，称胡某某不是基于承诺函及公证机构据以出具的公证债权文书，而是基于家事代理、有效授权等成为债务人，则N担保公司作为债权人实际上是依据《公证债权文书执行规定》第二十四条第一款第一项的规定提起诉讼，人民法院也应当受理，而不能因公证强制执行程序而简单驳回起诉。

【问题29】"抵押典当合同，实为抵押借贷合同"，是否应当以"权利义务关系与事实不符"为由不予执行？

邬某某、胡某与上海X典当行有限公司签订《房地产抵押典当合同》，借款人民币2000万元并用邬某某名下房产作抵押物，办理了抵押登记。合同约定，"甲方只可将抵押典当合同房地产用于自住，未经乙方书面同意，甲方不得将本合同项下抵押典当房地产的全部或部分以出售、出租、转让、承包、再抵押等其他任何方式处分。甲方违反前述甲方声明及保证项下任一条款等，乙方有权单方提前终止本合同并要求甲方提前还款。甲方拒绝还款的，乙方有权提前实现抵押权等"。经当事人申请，上海市黄浦公证处就上述合同出具公证债权文书。后来，因债务人违反上述合同约定将抵押房产再次抵押，X公司即宣布合同到期，向公证机构申请执行证书，并最终向人民法院申请强制执行。债务人邬某某、胡某提出执行异议，但被上海闵行法院驳回，遂继续复议至上海一中院。上海一中院经审理作出（2019）沪01执复38号执行裁定认为，案涉《房地产抵押典当合同》"抵押典当合同，实为抵押借贷合同"，X公司并非金融监管部门批准设立的金融机构，应当适用《民间借贷司法解释》。最终，该院仅裁定公证债权文书中利息、罚息及综合费之和超出年利率24%的部分不予执行。①

分析：本案中，我们从裁定内容看到《房地产抵押典当合同》在内容上与一般的抵押借款合同并无二致，所以尽管有"抵押典当合同，实为抵押借贷合同"的问题，但无论将双方之间的合同关系认定为抵押典当合同，还是抵押借贷合同，债务人依旧承担相同内容的法律责任。所以，本案在严格意义上并不存在"公证债权文书载明的民事权利义务关系与事实不符"的情形，故上海一中院的复议裁定没有问题。

本案比较有意思的是，被执行人后续向上海闵行法院提出执行异议之诉，理由是"在原、被告签订的《房地产抵押典当合同》履行过程中，将抵押房产进行再次抵押事先征得被告同意，但执行证书歪曲事实，错误认定原告在未经被告同意的情况下擅自将抵押房产再次进行抵押，据此认定原告违反合同约定，导致黄浦公证处出具了执行证书，因此在原告按约支付息费的情况下，被告无权宣告合同到期"。

一审闵行法院作出（2019）沪0112民初44490号民事判决书认为"关于原告进行二次抵押，被告可以提前解除合同申请执行证书理由能否成立的问题。原告进行二次抵押的实质是房产余额抵押，根据《物权法》第一百九十九条规定的抵押权清偿顺序，被告作为第一顺位的抵押权人，原告余额抵押不影响被告抵押权利的实现。因此合同中该条款内容的约定有悖于上述法律规定。《联合通知》第四条规定，债务人不履行或不完全履行公证机关赋予强制执行效力的债权文书的，债权人可以向原公证机关申请执行证书。被告X公司申请执行证书的法定条件之一是原告不履行或不完全履行还款义务，而被告以抵押房产再次抵押他人为由申请执行证书，不符合上述通知规定。因此，原告在正常履行还款义务的情况下，虽进行二次抵押，被告亦不能提前解除合同申请执行证书"，并依据《公证债权文书执行规定》第二十二条第一款第一项判决不予执行整个公证债权文书。

X公司不服该判决，上诉至上海一中院。该院经审理作出（2020）沪01民终7947号终审判决认为，"案涉公证债权文书、执行证书的记载内容及出具程序均在前案异议、复议程序中进行了审查与确认。根据已生效的（2019）沪01执复38号执行裁定，当事人仅能对该裁定不予执行部分（即15773号公证债权文书中利息、罚息及综合费之和超出年利率24%的部分）依法提起诉

---

① 上海市第一中级人民法院（2019）沪01执复38号执行裁定书。案件来源于中国裁判文书网。

讼。现被上诉人邬某某、胡某再以基本相同理由超出上述范围提起诉讼，主张案涉公证债权文书、执行证书内容不实、程序违法，请求对全部记载内容不予执行，违反'一事不再理'原则，人民法院不应受理。一审法院予以受理并实体判决有误，本院将予纠正。邬某某、胡某如对前述生效执行裁定有异议，应依法通过审判监督程序主张权益；如因与上诉人X公司之间基础法律关系中权利义务有争议，应依法另行主张"，并最终判决撤销一审判决，驳回被上诉人的起诉。

再分析：在上海一中院复议未采纳邬某某、胡某提出的"错误认定邬某某、胡某未经X公司同意而再次抵押房产，X公司无权宣布债权提前到期"的主张，仅裁定不予超出24%的利息部分的情况下，闵行法院仍然受理案件并作出不予执行整个公证债权文书的判决，是有问题的。将抵押房产二次抵押作为借款期限提前到期的约定事由，是债权人对于其债权实现风险的一种防范措施，例如：（1）二次抵押在一定程度上会比较客观地反映抵押人的资信状况，发现二次抵押情形立刻宣布提前到期，可以提高债权人债权实现的概率；（2）二次抵押担保的债务先到期，先进入执行程序，由其他法院执行，则会导致债权人作为第一顺位抵押权人诸多程序上的麻烦，更可能导致抵押权久拖而得不到实现。更何况，合同解除条件是双方当事人借款交易的交易条件之一，属于双方自由协商和意思自治的范畴，并不违反法律、行政法规的效力性强制规范，闵行法院有关债权人无权因二次抵押而提前解除合同的观点是错误的。这里涉及人民法院的司法裁判权力的边界，故闵行法院也未敢直接认定债权人有权因二次抵押而要求债务人提前还款的约定无效。对于闵行法院而言，相比较而言，《九民纪要》所规定的人民法院针对解除权约定中解除事项过于轻微，可酌情否定解除权约定效力的规定是更好的理由。

（四）公证债权文书中的法律关系存在无效、可撤销的情形

具体而言，债务人以债权文书具有《民法典》总则编第六章第三节民事法律行为无效、可撤销的情形——主要包括虚假意思表示、欺诈、胁迫、乘人之危显失公平等情形——为由请求不予执行公证债权文书。例如，甲银行申请公证执行借款人乙公司和保证人丙公司。进入执行程序后，丙公司向执行法院提起诉讼称，甲银行、乙公司为设立在外国的银行和企业，丙承担担保责任是典型的"内保外贷"，须事先经国家外汇管理机关审批；未经审批的无效，应按缔

约过失责任确定保证人丙和债权人甲银行之间的责任关系。这里，能很清楚地看到，甲、丙之间合同无效后的关系（缔约过失责任关系）实际上已经不同于公证债权文书中债权人和保证人之间的关系（保证担保关系）了，其两者之间的责任关系，需要人民法院通过诉讼和行使自由裁量权重新构造，所以应当在判决不予执行后另行提起诉讼程序中完成。①

【问题 30】非金融机构的自然人经营性放贷，是否会导致法院判决不予执行？

在张某某因与被上诉人李某某、安阳市 Y 有限责任公司、燕某某、汤阴县 H 有限公司执行异议之诉上诉一案中，一审汤阴法院认为"对于案涉借款合同是否违反法律禁止性规定是本案的焦点。根据《银行业监督管理法》第十九条规定：未经国务院银行业监督管理机构批准，任何单位或者个人不得设立银行业金融机构或者从事银行业金融机构的业务活动。本案中被告张某某向 X 公司提供借款 500 万元，数额较大，从双方签订的借款合同内容显示原告出借借款目的具有营业性，借款合同内容为格式条款。结合 2013 年 7 月至 2014 年 10 月期间，被告张某某的出借借款金额共计 2800 万元，被告张某某作为自然人，其向 X 公司出借较大金额的借款未经金融监管部门批准，不具备发放贷款的资质，其行为违反法律禁止性规定，案涉借款合同应为无效合同。据此，原告要求不得执行基于该借款合同对应的（2015）郑黄证执字第 001385 号执行证书，符合法律规定，本院予以支持。对于双方之间涉案借款合同中的其他权利义务，四原告并未就公证债权文书涉及的民事权利义务提出诉讼请求，故在本案中本院不予审理，双方可另行主张"。二审法院安阳中院在其作出的（2020）豫 05 民终 3070 号终审判决中支持了汤阴法院的判决，即"上诉人张某某除向 X 公司提供大额借款外，还向河南 A 贸易有限公司等多家公司提供大额借款，从 2013 年 7 月至 2014 年 10 月期间，出借借款金额共计 2800 万元，并收取高额利息。从双方签订的借款合同内容、数额上显示借款目的具有营业性，借款合同内容为格式条款，且均未经金融监管部门批准，上诉人作为自然人，不具备发放贷款的

---

① 我们认为这里需要特别说明一下：《担保制度司法解释》第十七条对担保合同无效情况下，担保人应当承担的责任限额做了二分之一、三分之一的限制，而且人民法院也通常会按照这一比例裁判案件，即担保合同无效，其缔约过失的赔偿责任也比较简单明确。所以，存在在不予执行之诉判决中，执行法院直接根据《公证债权文书执行规定》第二十三条在当事人提出诉请的情况下，直接就缔约过失的赔偿责任作出判决的可能性。

资质，其行为违反法律禁止性规定，案涉借款合同应为无效合同"①。也即债权合同无效，债权人无权主张公证债权文书载明的债权，自然无权依据公证债权文书申请执行；债权人只能另行就借款合同、担保合同无效情况下应当承担返还借款的不当得利和利息损失问题提起诉讼。

北京三中院在其就"李某某与被上诉人（被执行人）褚某、吴某某执行异议之诉纠纷案"作出的（2020）京03民终8334号终审判决中也有相同的观点，即"李某某陈述出借资金来源于其家族企业的经营，并认可从事放贷是为了获取经济利益。故根据本案查明的事实，李某某的出借对象具有不特定性，出借资金数额大、利率高，出借行为具有反复性、经常性，借款目的具有营业性，符合职业放贷的法律特征。李某某未经批准，擅自从事经常性的贷款业务，属于从事非法金融业务活动，故其签订的借款合同违反效力性强制性规定，且超出经营范围从事国家特许经营业务，因违反《银行业监督管理法》第十九条而为无效合同。因此，本案中经公证的债权文书具有法律规定的无效情形，对于吴某某和褚某请求不予执行的诉讼请求，予以支持"。

分析：执行法院因合同无效而判决不予执行，是否意味着当事人之间即不存在民事法律关系了？我们认为，并不是。北京三中院在上述判决最后还就后续问题进行了说明，"本案因存在无效情形判决对于公证债权文书不予执行，意味着公证债权文书丧失了强制执行力，但不表示已经对于合同无效的后果做出了一并处理，或者对于吴某某、褚某在合同无效后是否需承担相应的法律责任做出了判断。双方当事人就此如存在争议，可另行解决"。也即，债权人还可以在上述判决后起诉至人民法院，诉请债务人返还所借款项，并根据双方对合同无效的过错分担利息损失。当然，债权人也可以以存在"经公证的债权文书具有法律规定的无效、可撤销等情形"为由，主动依据《公证债权文书执行规定》第二十四条第一款第二项向人民法院提起诉讼，提出上述诉讼请求。从上述判决中也可以看出，不予执行之诉还是处理了当事人之间的实体权利义务，本案中最起码确认合同无效。

对于本条中的"可撤销"，执行法院须在不予执行判决中落实：第一，被执行人是否有权撤销债权文书，审查是否已经经过撤销权的除斥期间；第二，被执行人是否行使撤销权，如果被执行人并未在审理期间行使撤销权，那么公证债权文书依然有效，仍然可以作为执行依据，执行法院则不能作出不予执行判决。另外，

---

① 河南省安阳市中级人民法院（2020）豫05民终3070号民事判决书。案件来源于中国裁判文书网。

需要格外注意的是，《公证债权文书执行规定》第二十二条第一款第二项中的"可撤销"和第二十四条第一款第二项"经公证的债权文书具有法律规定的无效、可撤销等情形"中的"可撤销"并不完全是同一个概念，因为利害关系人不是公证债权文书所涉权利义务关系的当事人，更加不是形成公证债权文书所述之债权债务关系时的表意人，故其肯定无权如债务人（被执行人）那样行使对瑕疵意思表示（因欺诈、胁迫等）的撤销权；这样，利害关系人自然无权以公证债权文书双方当事人意思表示有瑕疵为由提起诉讼。但是，利害关系人作为公证债权文书权利义务关系之外的人，可以基于自己的实体权益受到损害而要求法院撤销。所以，第二十四条第一款第二项中的"可撤销"，实际上包括债权人以公证债权文书双方当事人存在意思表示瑕疵的"可撤销"，以及利害关系人提出的债的保全、担保物的保全涉及的撤销权中的"可撤销"（例如《民法典》第五百三十八条、《民法典》第四百一十条、《企业破产法》第三十一条等）两种情况。

【问题31】被执行人认为债权合同具有可撤销的瑕疵，应当如何救济？

中国邮政储蓄银行股份有限公司S支行与被执行人北京D食品有限责任公司、郑某某、白某某公证债权文书执行一案，被执行人认为"其在公证处进行债权文书公证完全出于套路贷团伙的欺诈与胁迫，该公证债权文书属于可撤销的公证债权文书；且在公证过程中，公证处未进行风险提示和法律后果的告知，违反公证程序；其没有主动申请办理强执公证，至今也未收到公证书，要求不予执行（2014）京方正内经证字第14921号、14922号具有强制执行效力的债权文书公证书"。

北京顺义法院经审理作出（2019）京0113执异285号执行裁定书认为，"D公司、郑某某认为公证债权文书属于可撤销的公证债权文书，应通过诉讼予以解决。D公司、郑某某认为公证处未进行风险提示和法律后果告知，但卷宗材料显示，郑某某作为D公司的法定代表人在《关于强制执行公证的告知》上签字确认，而《关于强制执行公证的告知》上明确记载了关于强制执行公证的风险及法律后果，故对其上述辩解本院不予采纳。郑某某作为D公司的法定代表人在公证处询问过程中明确表示'由邮储银行的工作人员领取公证书'，公证处将公证债权文书向邮储银行S支行送达并无不当，故对D公司、郑某某以未收到公证书公证程序违法的主张，本院亦不予采纳"[①]。

分析：被执行人有三项异议：（1）债权文书具有可撤销瑕疵；（2）公证处未

---

① 北京市顺义区人民法院（2019）京0113执异285号执行裁定书。案件来源于中国裁判文书网。

告知强制执行公证的法律后果；(3)未收到公证书。其中，第(1)项属于意思表示瑕疵的可撤销，根据《民法典》第一百四十七条至第一百五十二条须向人民法院通过诉讼的方式行使撤销权，人民法院也会借助诉讼程序审查是否符合撤销的法定要件。假设，没有采取《公证债权文书执行规定》第十二条第二款、第二十二条第一款的做法，将此种情况放置在诉讼程序中审查，结果上在执行异议程序中认定属于可撤销或不属于可撤销，都违反《民法典》中"请求人民法院予以撤销"的规定。我们认为，这也是将撤销与否的问题放在第二十二条第一款不予执行之诉中加以解决的法定原因。一般情况下，第(2)项异议都不会成立，因为全国各地的公证机构都会印制统一制式的风险告知书，在受理强制执行公证时即让当事人签署；当然，被执行人在未被告知强制执行公证法律后果的情况下追认"执行承诺"的意思表示办理公证，该"执行承诺"的意思表示是否属于存在瑕疵的意思表示尚值得商榷；毕竟执行承诺使公证强制执行获得正当性也是《公证法》、《民事诉讼法》及其司法解释这些公开的法律规范的明确规定。关于第(3)项异议，实践中的主要问题是是否可以委托债权人领取公证书，该领取是否会因为债权人、债务人之间的利益冲突而被认定为公证书的无效送达，全国各地对此的要求不一；从本案判决的结果看，北京地区应当可以。

(五) 公证债权文书中的债权已经全部或部分消灭

第二十二条第一款第三项主要实体法律依据是《合同法》第九十一条（《民法典》第五百五十七条）所列合同权利义务终止的事项，如清偿、抵销、提存、免除。需要格外注意的是，所列事项中没有《合同法》第九十一条第二项"合同解除"（《民法典》第五百五十七条第二款）。我们认为具体原因，是通过执行机构依据《公证债权文书执行规定》第五条是否属于可以被赋予强制执行效力的债权文书的类型审查的债权债务关系往往都是债务人对债权人单向给付金钱的合同类型，合同解除后债务人仍须按照合同约定承担偿还欠付本息并赔偿的法律责任，与合同未被解除时债务人应当承担的违约责任并无内容上的区别。而且，实践中也有一些银行在贷款提前到期问题上，使用的措辞都是"解除"，这其实在实际上并不影响执行，所以第二十二条第一款第三项中就没有将合同解除列入其中。

第三项的典型适用场合是，在出具执行证书前的核实工作中，公证机构未能核实清楚已经履行的部分，或公证机构按照约定或记录的送达地址送达核实函，但被执行人未有效收到，导致其没有向公证机构陈述已经履行了的部分或全部债务。这最终致使执行证书载明的债务金额中，有部分或全部债务已经因有效履行而消灭。但应当看到，公证债权文书其实并无错误，仅仅是不能作为已经履行部分债务的执行依据；所以，被执行人只能根据第二十二条第一款第三项的规定向执行法院提起诉讼，申请不予执行该已经履行的债权部分。

【问题 32】《公证债权文书执行规定》在第二十二条第一款中规定不予执行法定事由的规范作用是什么？

中国建设银行股份有限公司F支行，与被执行人张某某、白某某（二人系夫妻）公证债权纠纷一案中，被执行人白某某提出不予执行公证债权文书异议申请称，案涉建行债权系其与张某某婚姻期间购买商品房签署个人住房按揭贷款合同而产生的贷款债务，在其与张某某离婚时约定案涉房产归张某某，债务也应当由张某某独自承担，且该债务有案涉商品房抵押担保，故其不应当被列为被执行人。

府谷法院经审理作出（2019）陕0822执异65号执行裁定认为，异议人"申请不予执行公证债权文书，其理由为其与张某某已解除婚姻关系，离婚协议约定房屋归张某某所有，张某某承担此房贷，故此贷款已与其无关，此事由属于基于实体事由申请不予执行，故被执行人白某某应通过诉讼予以解决"[①]。

分析：本案中，府谷法院的裁定在内容上没有问题。我们想要在这里讨论的是第二十二条第一款不予执行事由的规范作用。白某某认为离婚时，案涉贷款债权购买的房产全部归其前夫张某某所有，所以债务也不能够让其自己承担。这是一种朴素的认识，从法律层面上讲，离婚以及离婚财产分割不能导致夫妻作为共同债务的连带债务人中的任何一个人不再承担债务。所以，白某某应当承担连带债务，非常容易判断。所以，第二十二条第一款的事由列举有助于执行机关在执行异议程序中判断被执行人提出了什么性质和内容的异议，是否应当不经审查立即驳回，目的是避免执行因为本案这样的事由而有所迟滞。在不予执行之诉中，法官对是否判决不予执行也会因此有较为明确的判断标准。对于被执行人白某某而言，在诉请不予执行之前，通过审查自己的情形是否属于第二十二条第一款中的某一项，可以更精确地对诉讼审理有一个明确的预期，避免无用诉讼。而且，有助于被执行人理性地提出不予执行的诉讼请求。例如，债务已部分履行的情况下，仅提出不予执行部分公证债权文书即可。

---

① 陕西省榆林市府谷县人民法院（2019）陕0822执异65号执行裁定书。案件来源于中国裁判文书网。

（六）不予执行公证债权文书之诉的诉请、担保

和债务人、被执行人提起不予执行的异议申请一样，不予执行之诉的提起也仅仅启动了对执行依据公证债权文书的审查程序，所以也不影响人民法院的执行。但是，债务人、被执行人提供充分、有效担保的，人民法院"可以"准许停止处分；相对地，如果债权人同样也提供充分、有效的担保，人民法院"应当"继续执行。我们认为，这一做法的主要功能在于加大被执行人提起不予执行之诉的成本，阻却不当或无理诉讼。

【问题33】提起不予执行公证债权文书之诉是否应停止执行？

2016年3月，范某、武某某与冯某某签订借款合同，借款580万元，以某处房产作为抵押担保，北京方正公证处出具（2016）京方正内民证字第26604号公证书。2016年6月17日，冯某某向方正公证处提出强制执行申请，海淀法院以（2016）京0108执8320号案件立案执行。后该案因无财产可供执行，该院裁定终结本次执行程序。在上述期间内，被执行人申请不予执行，海淀法院2018年9月14日作出（2018）京0108执异382号执行裁定，对债务总额580万元的执行申请中的15万元不予执行。被执行人不服，复议至北京一中院，一中院经审查后认为被执行人以公证债权文书的内容与事实不符或者违反法律强制性规定等实体事由申请不予执行的，人民法院应告知其依照《公证债权文书执行规定》第二十二条第一款提起诉讼，故于2018年11月15日作出（2018）京01执复107号执行裁定撤销海淀法院作出的上述"对债务总额580万元的执行申请中的15万元不予执行"的执行裁定，驳回被执行人提出的不予执行申请。随后，被执行人于2019年4月14日向执行法院海淀法院提起诉讼，海淀法院依法受理立案。

2019年1月24日，海淀法院依据冯某某恢复执行的申请，以（2019）京0108执恢173号立案恢复执行。被执行人对海淀法院恢复执行一事不服，提起执行异议请求中止执行（2019）京0108执恢173号执行案件，撤回对范某、武某某房产的拍卖，其主张"公证书出具存在瑕疵，债权真实数额为565万元，而非580万元"。海淀法院经审理认为"根据《公证债权文书执行规定》第二十二条第二款的规定，债务人提起诉讼，不影响人民法院对公证债权文书的执行。债务人提供充分、有效的担保，请求停止相应处分措施的，人民法院可以准许；债权人提供充分、有效的担保，请求继续执行的，应当继续执行。本案中，异议人范某、武某某主张本院在本案执行依据的效力处于不确定状态之下恢复对本案的执行显属错误，请求中止执行（2019）京0108执恢173号案件，停止对

异议人名下房产的拍卖。根据上述规定，该主张于法无据，本院不予支持"[1]。也就是说，根据规定，被执行人不提供充分、有效的担保，就不能停止执行当中的处分行为。

分析：本案中，被执行人提出的异议有两个：（1）不予执行异议；（2）在恢复执行后，对拍卖房产异议。比较有意思的地方是，被执行人提出的第一次不予执行异议程序中，海淀法院作出裁定的时间在《公证债权文书执行规定》之前，北京一中院复议的时候在该规定之后，所以海淀法院作出裁定没有问题，一中院复议裁定撤销海淀法院执行裁定的裁定也没有问题。而且，北京一中院在《公证债权文书执行规定》实施后甚至不惜撤销海淀法院的裁定，也要坚持异议程序中不审理实体争议的规则，值得肯定。从被执行人两次异议和第一次海淀法院的裁定内容看是一致的，即仅对580万元本金中的15万元有意见，按照第一次裁定"点到为止"处理本案没有问题。由此，可以想象北京一中院坚持必须诉讼审理被执行人提出的实体异议的异议是什么？对于第二个异议，《公证债权文书执行规定》第二十二条的规定非常明确，必须拿出执行担保，否则人民法院将不停止对债权文书的强制执行行为，本案中根据申请执行人的申请恢复执行，符合《公证债权文书执行规定》的规范要求。

（七）不予执行公证债权文书之诉的结果和救济

1. 不予执行公证债权文书之诉的结果

《公证债权文书执行规定》第二十三条规定了不予执行公证债权文书之诉的结果，即人民法院经审理认为理由成立的，判决不予执行或者部分不予执行；如认为理由不成立，则判决驳回诉讼请求。

在《公证债权文书执行规定》第二十三条中需要注意的是第二款，即"当事人同时就公证债权文书涉及的民事权利义务争议提出诉讼请求的，人民法院可以在判决中一并作出裁判"。这一规定，让人联想起了案外人执行异议之诉，案外人在该诉中，即可以根据《民事诉讼法司法解释》第三百一十条第二款请求人民法院同时确认其对执行标的的、可以排除执行行为的实体权利。在案外人执行异议之诉的实操中，案外人同时提出确认实体权利与否的一项重要区别是，案外人须按照其请求法院确认的实体权利的价值缴纳案件受理费；相反，如果其不请求法院确认其实体权利，仅需按件缴纳很少的受理费即可。我们认为，

---

[1] 北京市第一中级人民法院（2020）京01民终5875号民事判决书。案件来源于中国裁判文书网。

这一逻辑放在公证债权文书的不予执行之诉中值得商榷，因为将实体异议放在不予执行之诉中加以审查，符合实体问题诉讼审查的要求，但将实体异议颇费周章地推至不予执行之诉，本身即有阻却被执行人提出无理实体异议的功能。如果在不要求确认实体权利的情况下确定案件的受理费按件少量收取，会在一定程度上使该功能大打折扣。所以，我们建议，如果被执行人不加区分（部分权利义务与事实不符还是全部不符、部分无效还是全部无效、部分撤销还是全部撤销、部分已履行还是全部已履行）地提出实体异议，应当全面审查，按照整个执行标的收取案件受理费。这样，由败诉方根据败诉情况最终承担案件受理费，也可以借此让错误提出全部或部分执行申请的执行申请人承担不利的法律后果，在一定程度上阻却其提出错误的诉讼请求。如果被执行人加以区分地提出实体异议，则应当按照其具体实体异议请求收取案件受理费，因为加以区分本身即符合《公证债权文书执行规定》第二十三条第二款就公证债权文书涉及的民事权利义务争议提出诉讼请求的规范内容。当然，如果被执行人加以区分地提出实体异议，本身也有确定执行法院不予执行之诉的审查范围和口径的作用。

《公证债权文书执行规定》第二十三条第二款规定，可以就公证债权文书涉及的民事权利义务提出诉请的主体是"当事人"，与第一款提起诉讼的主体"债务人"不一样。对此，我们认为：（1）当事人不包括案外人和利害关系人，其主张权利系根据第二十四条；（2）当事人应当既包括债务人和其他被执行人，如保证人和物保人，还包括债权人；（3）可以考虑同时受理债权人提出的"反诉请求"。当然，债权人提出的反诉请求，不是"请求人民法院继续执行"，可能的情形是：（1）在被执行人提出全部不予执行，或不加区分地提出不予执行诉请的情况下，请求法院确认公证债权文书中的债权或担保权全部或部分有效；（2）在确认公证债权文书载明权利义务关系与事实不符、债权文书具有无效或可撤销情形，债务人提出无效、可撤销的实体请求的情况下，提出相应的诉请。例如，如果债权文书存在无效情形，债权人即可在债务人提出不予执行和确认债权文书无效的诉请的情况下，提出要求债务人承担缔约过失责任。当然，其也可以根据第二十四条直接向有管辖权的法院就此提起诉讼。此外，《公证债权文书执行规定》颁布实施前，公证机构在给予当事人权利告知书中的一般表述是"经公证赋予强制性效力之后，只能向人民法院申请强制执行，而不能直接就民事权利义务争议向人民法院提起诉讼"，在《公证债权文书执行规定》实施后即应修改为"经公证赋予强制性效力之后，有权向人民法院申请强制执行，或在满足《公证债权文书执行规定》第二十二条、第二十四条规定情况下，向人民法院提起诉讼"。可以说，公证强制执行程序与诉讼强制执行程序并行的历史自《公证债权文书执行规定》后将进入新篇章。

北京三中院在其就"李某某因与被上诉人（被执行人）褚某、吴某某执行异议之诉纠纷案"作出的（2020）京03民终8334号民事判决中认为，"本案因存在无效情形判决对于公证债权文书不予执行，意味着公证债权文书丧失了强制执行力，但不表示已经对于合同无效的后果做出了一并处理，或者对于吴某某、褚某在合同无效后是否需承担相应的法律责任做出了判断。双方当事人就此如存在争议,可另行解决"[1]。在该案审理的第一次庭审结束前，即可以考虑受理执行申请人提出的合同无效，被执行人应当承担合同无效的具体法律责任的反诉请求。这一做法，实际上是将《公证债权文书执行规定》第二十四条中的诉讼提到不予执行之诉中合并加以审理，符合最高人民法院一次性解决实体争议、节约司法资源的思路。

2. 债权人、债务人、被执行人的救济

在整个公证强制执行程序中，对被执行人的救济是规则制定和实施的核心因素，只有在有效率的救济规则下，公证强制执行制度才能顺利得以展开，为社会各界所接受和认可。在这一问题上，《公证债权文书执行规定》用第五条、第十二条、第二十二条分别从规则适用、程序瑕疵和实体异议三个方面承担的应有功能，我们以下列案例部分地对此予以说明。

【问题34】公证债权文书载明的债务已经部分清偿的情况下，债务人如何进行救济？

2009年5月12日，胡某某与吴某某签订《借款抵押合同》，向后者借款100万元，借期两个月，利息为同期贷款利率的四倍，逾期还款按每日0.20%计算支付违约金，胡某某用自己所有的一套住房提供抵押担保，双方向上海杨浦公证处申请办了强制执行公证。债权人吴某某于2010年11月8日申请办理了执行证书，并于2010年12月22日向上海长宁法院申请强制执行，要求债务人胡某某归还本金100万元、利息3.24万元、违约金97万元。执行中，被执行人胡某某支付现金65万元，提出第三人张某已经代其向吴某某归还40.5万元。执行法院认为第三人代偿的40.5万元和违约金应当由诉讼程序审理，故告知申请执行人、债权人吴某某向法院提起诉讼。

---

[1] 北京市第三中级人民法院（2020）京03民终8334号民事判决书。案件来源于中国裁判文书网。

2011年11月1日,债权人吴某某就违约金97万元提起诉讼,长宁法院根据当事人协商一致的意见,判决胡某某向吴某某支付违约金25万元。2013年2月18日,债权人吴某某向法院提起诉讼要求胡某某归还40.5万元及利息。审理中,执行法院追加张某为第三人参加诉讼,以便对胡某某、吴某某、张某之间的资金往来进行审查。庭审中,债务人胡某某和第三人张某一致确认张某分五次向吴某某归还了40.5万元;但吴某某称第三人张某还款中有110万元涉及其与张某的其他经济纠纷,非案涉张某代胡某某返还的款项。2011年7月,吴某某就其与张某的借贷诉至上海徐汇法院,要求张某归还370万元,法院确认张某用于返还借款的日期并无上述张某代胡某某向吴某某返还40.5万元的任何一个日期,故法院认为很难确定张某支付的40.5万元是自己在与吴某某的借贷关系中返还的款项。最终,受诉法院上海长宁法院作出(2014)长民三(民)初字第1853号民事判决书认为根据案件实际情况综合认定,胡某某基于《借款抵押合同》向吴某某所借的款项已经清偿完毕,债权终结,抵押权也随之消灭,判令案件被告、债权人吴某某协助原告胡某某办理抵押登记的注销手续。①

分析:本案是非常典型的第三人代偿导致债权部分清偿而消灭的情形,如果是在正常的庭审当中,主审法官会直接依职权追加代偿第三人张某参加诉讼,并根据审理的结果作出判决而正常进入执行程序。但是,这一实践中经常出现的情形,对公证强制执行程序而言,存在很大的困难:第一,公证机构很难"传唤"并向第三人核实其代债务人履行债务的情况。而且,第三人并非债务关系当事人,其就债务履行情况做出的说明,除非债权人认可,否则公证处无法确认该债务履行是否有效,因为公证机构根本无法排除第三人和债权人另有债务关系的可能性,如同本案,简单的审核程序很难完成对第三人履行的是债务人的债务,还是自己的债务的判断任务。第二,债务人就债务履行情况的陈述结合执行承诺可认定并通过执行证书确认为执行标的,而第三人的陈述很难独立作为公证机构确认执行标的的依据。如果在没有债权人认可的情况下,公证机构依据第三人陈述将第三人之履行认定为债务人对债权人以代为履行的方式完成的有效履行,该认定就无法在债权人和第三人的债务后续争议中认定第三人之履行并非其履行自己债务的履行行为。第三,公证行为是一种依申请的证明活动,公证机构无法如本案主审法官那样根据案件实际情况综合认定债务履行情况,更何况其间还夹杂代偿第三人和债权人之间的债权债务,公证机构的执

---

① 上海市长宁区(2014)长民三(民)初字第1853号民事判决书。案件来源于中国裁判文书网。

行证书在事实上会涉及第三人的实体权益。

　　本案中，当事人债务关系在建立时简单、明确，但在履行时因为第三人因素的介入而变成公证机构也难以驾驭和控制的复杂局面。债权人吴某某除申请公证强制执行外，提起了三次诉讼，分别起诉第三人和另行提起了违约金、部分借款和利息的诉讼请求，非常复杂，即使法院在审理中也会感到头痛，最终也是"结合整个案件执行、审理的过程综合"认定债务人已经清偿了40.5万元的债务。面对这种情况，有两个问题：第一个问题，公证机构应当如何核查债务履行情况，确定执行标的并据以出具执行证书；第二个问题，执行机关应当如何应对存在疑问的执行证书。处理这两个问题，应当在对复杂债务情况有总体性的掌握的基础上，提出前后对应的解决方案。从第二个问题入手，我们认为有三个方案可供选择：方案一，遇到案件复杂疑难，执行证书所列执行标的全部或部分存在疑虑的问题，裁定中止全部或部分执行标的的执行，将复杂疑难事项推向诉讼程序。本案中，执行法院对上海杨浦公证处出具的执行证书采取的就是这种方案。这一方案中难题是无法给出"复杂疑难"的认定标准，实践中容易出现公证债权文书动辄被裁定不予执行的情况，公证强制执行制度的功能将会被大大削弱。方案二，予以执行，并全部在执行异议程序中解决，结果上是认定公证文书存在错误裁定不予执行，由债权人另行提起诉讼。一般情况下，执行异议程序存在接连执行异议之诉的可能性，但是本案中并非第三人对执行标的拥有民事权利，故只能是异议，而不会涉及异议之诉。此时，就会发现，即使执行法院对第三人的履行是否为债务人之履行的事实很难加以确认，其面临的困难也是无法传唤第三人到庭的问题，顾虑是其认定会影响第三人自身和债权人之间的法律关系。方案三，予以执行，在特殊情况下允许债务人提起诉讼，确认其债务履行情况。这一方案，突出了公证强制执行在执行阶段具有的程序性意义，排除了实体争议问题；相较于诉讼程序中，法院查明当事人实体权利义务并作出判决，在执行程序中不处理实体问题可谓异曲同工。让债务人提起诉讼，而不是债权人，好处在于：第一，逻辑出发点是认可公证机构出具的执行证书，执行法院和公证机构从"对立"到"合作"；第二，让债务人充分行使救济权利，其间涉及第三人的，由其自己负责第三人的有关证据的提供，证明部分债务已经得到清偿，并由其自己承担不利的法律后果，符合证据规则；第三，促使债务人审慎提出不予执行之诉。

十一、债权人、利害关系人提出的实体诉讼（第二十四条）

第二十四条 有下列情形之一的，债权人、利害关系人可以就公证债权文书涉及的民事权利义务争议直接向有管辖权的人民法院提起诉讼：

（一）公证债权文书载明的民事权利义务关系与事实不符；

（二）经公证的债权文书具有法律规定的无效、可撤销等情形。

债权人提起诉讼，诉讼案件受理后又申请执行公证债权文书的，人民法院不予受理。进入执行程序后债权人又提起诉讼的，诉讼案件受理后，人民法院可以裁定终结公证债权文书的执行；债权人请求继续执行其未提出争议部分的，人民法院可以准许。

利害关系人提起诉讼，不影响人民法院对公证债权文书的执行。利害关系人提供充分、有效的担保，请求停止相应处分措施的，人民法院可以准许；债权人提供充分、有效的担保，请求继续执行的，应当继续执行。

（一）债权人提起诉讼

在讨论债权人提起诉讼的问题之前，先来讨论债权人在满足什么样条件的情况下可以直接提起诉讼，尤其是人民法院在司法实践中怎么看待这个问题。

【问题 35】不存在《公证债权文书执行规定》第二十四条第一款规定的两种情形，债权人是否可以直接向人民法院提起诉讼？

2008 年 12 月 22 日，《公证债权文书内容争议诉讼受理批复》规定，"债权人或者债务人对该债权文书的内容有争议直接向人民法院提起民事诉讼的，人民法院不予受理"。该解释，已经被《公证债权文书执行规定》所代替。但是，《公证活动相关民事案件规定》第三条第二款 "当事人、公证事项的利害关系人对具有强制执行效力的公证债权文书的民事权利义务有争议直接向人民法院提起民事诉讼的，人民法院依法不予受理。但是，公证债权文书被人民法院裁定不予执行的除外"，还是延续了《公证债权文书内容争议诉讼受理批复》的思路。那么，人民法院在司法实践中是如何处理《公证债权文书执行规定》第二十四条和《公证活动相关民事案件规定》第三条第二款之间的关系，或者说债权人是否能够不经公证强制执行，而直接向法院提起民事诉讼？

在董某诉王某等民间借贷纠纷案的审理过程中，债权人董某称人民法院应当直接适用《公证债权文书执行规定》第二十四条受理其提起的民事诉讼，而安徽亳州中院在于 2019 年 7 月 22 日就该案作出的（2019）皖 16 民终 1764 号民事裁定书中认为:"董某举证的公证书中载明的借款合同与其主张本案债权的借款合同一致,故本案不符合《公证债权文书执行规定》第二十四条第一款所列的两种情形。案涉公证书系具有强制执行效力的公证债权文书,董某在未提交不予执行裁定的情况下提起民事诉讼,一审法院依据《公证活动相关民事案件规定》第三条第二款驳回其起诉,并无不当。"①也就是说,亳州中院认为,债权人起诉,只要不符合《公证债权文书执行规定》第二十四条第一款所列的两种情形,在诉请和证据上并未体现出与公证债权文书内容上的不同,即应当驳回起诉。

分析:客观地讲,亳州中院的判决严格遵守了《公证债权文书执行规定》和《公证活动相关民事案件规定》的规定,否定了债权人在不存在《公证债权文书执行规定》第二十四条第一款所列两种情形的情况下,在公证强制执行和诉讼强制执行两个程序之间进行自由选择的权利。这样做,从宏观的角度看,无论是规范程序秩序,维护公证债权文书公信力,还是引导当事人节约司法资源直接申请公证强制执行,均无从诟病;但是,归结到个案中,在及时实现债权人实体权利的这个目标上存在值得商榷之处。尤其是在债权人因公证强制执行无法进行诉前财产保全,直接提起诉讼的情况下,应当考虑准许债权人直接提起诉讼。本案中,债权人董某确已申请保全,而且亳州谯城法院作出了(2018)皖1602民初2532号民事裁定书,更应当予以考虑。对于债权人诉前财产保全的需求,我们认为,要么准许公证强制执行诉前保全,要么准许债权人根据自己的实际需要无理由直接提起诉讼,从而解决被执行人在强制执行前转移可供执行的资产的问题,这样才能更好地保障债权人的利益。

在具体的案件中,债权人提起诉讼的,如:(1)当事人诉请实现的民事权利,与公证债权文书,主要是公证证词载明的内容一致(数额除外,因为《公证债权文书执行规定》第十条),则可以考虑驳回当事人提起的诉讼;(2)当事人诉请实现的民事权利与公证债权文书公证证词载明的内容不一致,需简单审核当事人诉请理由和事实是否符合《公证债权文书执行规定》第二十四条第一款所列的事由,大致一致的,即应当受理进入诉讼程序。

《公证债权文书执行规定》第二十四条第一款规定了债权人提起诉讼的两种事由,这里我们分别加以讨论。

---

① 安徽省亳州市中级人民法院(2019)皖16民终1764号民事裁定书。案件来源于中国裁判文书网。

1. 公证债权文书载明的民事权利义务关系与事实不符

在实践中的特定情况下，会出现公证债权文书与债权人最终想要申请强制执行的实体权利，或公证债权文书所载用于支持该实体权利的事实与实际情况不符的情形，这就导致债权人有另行起诉获取执行依据的必要。这里我们列举如下几个民事权利义务关系与事实不符的情形。

（1）公证债权文书中的债务人与实际债务人不符，为获得针对实际债务人有效的执行依据，债权人向人民法院提起诉讼。例如，甲因为个人征信的问题，无法获取银行贷款，遂与银行达成私下协议，由甲的雇员乙向银行申请贷款，并办理强制执行公证。甲到期未履行还本付息义务，银行为了获取对甲的执行依据，即只能向法院以办理了公证的债权债务关系为基础，以甲为被告提起民事诉讼。

（2）公证债权文书中的债权债务关系与实际的债权债务关系在类型上不符。例如，甲乙订立还款协议，就乙欠付甲买卖交易的价款清偿问题达成一致，并共同向公证机构就该还款协议申请办理了强制执行公证。但是，实际上买卖交易是虚构的交易，双方真实的是借款合同关系，乙在名义上应当清偿的价款支付债务实际上是还本付息债务。此时，甲即可以以借款合同纠纷为案由提起诉讼。

（3）公证债权文书中债权债务关系的数额与实际发生的债务数额不一致。例如，当事人在公证债权文书之外，还约定了利息，未载明于公证债权文书的利息部分自然不能依据公证债权文书得以执行，只能另行起诉。这里需要注意的是，不能因为当事人未就上述利息部分向公证机构申请出具执行证书，简单推定为其放弃了就该利息部分提出司法救济的权利。此时，在公证强制执行之外，债权人可单独就利息债务提起诉讼。

以上情形中，即出现了《公证债权文书执行规定》第二十四条第一款第一项规定的"公证债权文书载明的民事权利义务关系与事实不符"的情况，债权人可以向人民法院提起诉讼。应当注意的是，《公证债权文书执行规定》第二十四条第二款规定债权人请求继续执行其未提出争议部分的，人民法院可以准许。基于这一规定，债权人可对另有约定，未载于公证债权文书中的利息部分提起诉讼；当然，如果债务人不仅对该利息部分存有争议，还对载于公证债权文书的债务部分存有争议，认为应当不予执行的，则可以在案件仍由执行法院管辖的情况下反诉提出不予执行请求，这实际上是依据《公证债权文书执行规定》第二十二条提出的诉讼请求，其也可以提供相应的担保，请求停止处分措施。

《公证债权文书执行规定》第二十四条第一款规定"直接向有管辖权的人民

法院提起诉讼",这就意味着:第一,向有管辖权的法院提起诉讼,不再由执行法院专属管辖,甚至于依据债权文书中的仲裁条款向仲裁机构提出仲裁申请;第二,无须经过公证机构出具《不予出具执行证书决定书》或人民法院裁定或判决不予执行;第三,在公证机构出具不予执行决定或人民法院裁定或判决不予执行后,债权人起诉的,是向有管辖权的法院提起诉讼。最后一点,是《公证债权文书执行规定》第二十条未明确规定的内容。

【问题 36】执行法院未裁定予以执行的实体权利,如何救济?

S银行股份有限公司成都分行与四川省M酒业有限责任公司、四川省J投资集团有限责任公司、成都X股份有限公司、四川省Z有限公司、张某某等公证强制执行和后续的金融借款合同纠纷案中,债权人S银行成都分行向成都高新公证处申请出具的《执行证书》载明的执行内容包括贷款本金、利息、罚息及公证费、律师费等;而成都铁路运输法院最终裁定执行的是利息、罚息和迟延履行期间的债务利息。后来,债权人收到成都铁路法院划付的执行款,即借款本息1680万元,实现了执行裁定载明的各项民事权利。一个月后,S银行成都分行依据《法律服务委托合同》的约定,向四川K律师事务所支付了672000元的律师费。S银行成都分行仍想就在执行终结后产生的律师费部分申请执行。就此,成都铁路中院在其向S银行成都分行出具的情况说明中称,"关于律师费问题,因出具执行证书时尚未实际发生,执行证书中既无具体的律师数额,也无明确的计算方法,故本院本次未予执行"。成都高新公证处两个月后出具《不予出具执行证书决定书》称,"我处已于2017年4月10日出具了(2017)成高证执字第22号执行证书。在该执行证书中已经将律师费列入了执行标的,故本处不再对贵院申请的执行标的(律师费)单独出具执行证书"。无奈之下,S银行成都分行只得另行向法院提起诉讼,请求债务人、担保人支付律师费。

分析:本案中,当事人之间的借款合同中,在本息、罚息之外,载明有应赔偿律师费的违约责任,公证机构就该律师费的违约责任办理强制执行公证没有问题,律师费借此作为执行标的。法院执行机关在律师费尚未发生,且不知晓具体律师费数额,生效法律文书没有可予执行的内容的情况下,不予执行律师费没有问题。有问题的是同一个公证债权文书能不能作为两次执行的依据,立两个不同案号的执行案件?我们认为,显然不可以。所以,成都高新公证处二次不予出具执行证书迫使债权人提起诉讼也是别无他选;即使公证机构先出具一个不包含律师费的执行证书,明确律师费数额后再就律师费专门出具执行证书,两个证书所对应的执行依据还是同一个公证债权文书。可予比较的是人民法院作出的抚养费判决，当事人还可以就判决后发生的抚养费多次申请执行；但是，抚养费判决是就后续抚养费的可执行性给出判决的，而本案中的公证债权文书却没有。在诉讼程序中，当事人与律师约定风险代理，强制执行回款后支付风险代理费，通常情况下审判法院也不会将风险代理费的数额列入判决当中，因为根本不知道后续产生的风险代理费的计费基数。

关于S银行成都分行就律师费提起诉讼，债务人称违反一事不再理基本原则的主张，一审法院成都武侯区法院认为律师费支付时间是在执行终结后，而债务人执行支付的费用不包含律师费，故不违反一事不再理的诉讼原则；二审法院成都中院认为该项费用属于新发生的事实，所以支持了该诉请。我们认为，除了两审法院的上述观点外，债权人就律师费提起诉讼，符合《公证债权文书执行规定》的规范内容。因为，执行法院作出的不包含律师费执行裁定，无论是该裁定明确表示对律师费不予执行，还是裁定的执行内容不包含律师费，都是执行法院依据《公证债权文书执行规定》第十条结合包含律师费的公证债权文书和执行证书，以及申请执行人提出的执行申请确定的执行内容，都等于对律师费不予执行，申请执行人都可依据《公证债权文书执行规定》第二十条第一款提起诉讼。

那么，有没有可能在公证机构不将律师费纳入执行证书，执行法院顺势不就律师费作出任何裁定内容的情况下，申请执行人在执行完毕后直接向人民法院提起诉讼呢？我们认为可以，依据正是《公证债权文书执行规定》第二十四条第一款第一项，即公证债权文书中数额不明的律师费，与实际上数额确定的律师费不一致。进一步的问题是，如果律师的风险代理计算比率非常明确，债权人的债权经强制执行实现后可以很容易地计算出代理费数额，我们认为，该等代理费的赔偿请求是可以通过继续公证强制执行得以实现的。

2. 经公证的债权文书具有法律规定的无效、可撤销等情形

债权文书虽然经过公证，可能会基于意思表示不真实，导致债权人有权行使撤销权撤销债权文书。或者，债权文书因违反法律的强制性效力规范而无效，导致：（1）债权人申请出具执行证书时，公证机构决定不予执行；（2）公证机构出具了执行证书，但在法院的执行程序中，债务人提出执行异议或执行法院径行以违反公序良俗或违反法律强制性规定为由裁定不予执行。面对上述局面，债权人优化的替代方案是，直接向人民法院提起诉讼。

例如，主合同的借款在外国发放，但由国内的保证人或特定财产担保，而且未经外汇管理机构审批，这至少涉及担保合同因"内保外贷"未经审批而无

效的情况。合同无效应当承担缔约过失责任,所以合同各方不能依据公证债权文书申请公证机构出具执行证书并进入执行程序。在此情况下,债权人即可直接向人民法院提起民事诉讼,要求主债务人、保证人承担缔约过失责任,可以申请诉前财产保全。另外,在2017年《关于充分发挥公证书的强制执行效力服务银行金融债权风险防控的通知》出台可以在出具执行证书时补足公证费的规定后,在仅仅缴纳部分公证费的情况下,债权人不申请出具执行证书,直接提起诉讼就有了经济利益上的冲动。

对于债权人提起诉讼的问题,核心问题有两个:第一,提起诉讼的前提是存在两种法定情形;第二,债权人提起诉讼本质上是在公证机构无法出具满足其所有诉请的执行证书时的一种直接的替代方案。

北京三中院在其就"李某某与被上诉人(被执行人)褚某、吴某某执行异议之诉纠纷案"作出的(2020)京03民终8334号终审判决中认为,"本案因存在无效情形判决对于公证债权文书不予执行,意味着公证债权文书丧失了强制执行力,但不表示已经对于合同无效的后果做出了一并处理,或者对于吴某某、褚某在合同无效后是否需承担相应的法律责任做出了判断。双方当事人就此如存在争议,可另行解决"[①]。对于执行申请人而言,其即可以在申请出具执行证书之前,以合同无效为由,直接提起诉讼,要求被执行人承担合同无效后的法律责任。

(二)利害关系人提起诉讼

对于非公证债权文书当事人的利害关系人而言,涉及三种情形:第一,有关虚假债权债务关系等公证债权文书的执行侵害了其合法权益。例如,公证债权文书的债务人,为了转移财产,避免被另案债权人强制执行,虚构债务并申请强制执行公证;另案债权人则为利害关系人,公证强制执行的实施即侵害了其合法权益。这种情况经常发生在夫妻离婚财产纠纷和公司股东间纠纷之中,被公证证明赋强的债权文书因虚假意思表示而应属无效。第二,强制执行的标的物涉及利害关系人的实体权益,在判决执行中,利害关系人作为案外人提出的是排除执行行为的执行异议申请或执行异议之诉。例如,公证强制执行中,执行机关查封了案涉不动产,而案外人认为该不动产属于自己,不属于被执行人,查封错误。第三,执行机关的强制执行行为不合法、不恰当,案外人提出执行

[①] 北京市第三中级人民法院(2020)京03民终8334号民事判决书。案件来源于中国裁判文书网。

行为异议。例如，执行机关向案外人送达协助执行通知书，查封被执行人对案外人的债权，但案外人认为协助执行通知书载明的债权金额大于实际金额，故提出执行行为异议。

本质上讲，第二种情形是第三种情形的一类特殊情况，都是对执行行为的异议，在公证强制执行程序中提出该等异议与判决执行中的异议并无二致，执行法院处理该类型异议的法律依据、方法也都一致。第一种情形与后两种情形有本质上的区别，第一种情形实际上是对执行依据即公证债权文书提出的异议，执行的是类似第三人撤销之诉的制度功能。《公证债权文书执行规定》第二十四条第一款、第三款就是为了解决这一问题而设置的。

1. 公证债权文书载明的民事权利义务关系与事实不符

《公证债权文书执行规定》第二十四条第一款第一项，即"公证债权文书载明的民事权利义务关系与事实不符"较为令人困惑。公证债权文书中的权利义务内容均为相对性质的债权关系，客体均只可能为债务人"作为"或"不作为"的行为义务，法律关系仅约束债权人和债务人，故因合同相对性所限，利害关系人对公证机构公证的债权文书一般无权置喙。即使债权文书存在虚假债务等无效事由，或担保合同所涉担保物存有利害关系人的权益（单独所有、共有、优先权、担保撤销权），也仅仅可能为无效或可撤销事宜（直接适用《公证债权文书执行规定》第二十四条第一款第二项即可）。如下文所述案例，共同共有人中的一人单独签订抵押合同、设定抵押权，无权处分抵押物的抵押合同在《民法典》不保留《合同法》第五十一条作出立法选择之后很难说就是无效的，故以抵押合同这一债权文书为公证对象的公证债权文书即很难认定是错误的，但认定抵押权系由共有人中的一人单独设立的公证债权文书却不适合再作为对抵押物的执行依据。

再例如，抵押合同公证本身没有问题，但公证办理后，抵押物所有权即发生事实上的移转，导致抵押人办理抵押登记时已经不再是所有权或使用权人，而人民法院又不认可抵押权人已经通过善意取得而取得抵押权，结果就是抵押合同有效，但抵押权人未获得抵押权。这样，表面上债权文书即抵押合同的强制执行公证没有问题，但抵押合同的公证债权文书已经不能作为执行依据。与此相对，抵押物的所有人或使用权人（即第三人），是否可以通过排除执行的执行异议解决问题呢？答案是否定的，抵押合同的公证债权文书有效，抵押登记有效，即使确认第三人系抵押物的所有权人或使用权人，也无法排除"抵押权人"优先受偿的执行申请，解决问题还得从公证债权文书入手。

因此，我们认为最高人民法院使用"公证债权文书载明的民事权利义务关系与事实不符"表述是针对公证债权文书在理论上无瑕疵，实际上已经不适合作为执行依据这种具体情况的一种权宜之计，但好在这种情况罕见。另外，抵押合同的公证债权文书进入执行，执行证书势必会对执行申请人享有抵押权，并优先受偿进行认定，所以错误的是执行证书，而非公证债权文书。这种问题，在《公证债权文书执行规定》颁布前，"眉毛胡子一把抓"统一在执行异议程序中，通过统一否定公证债权文书来解决问题并无大碍；但是在《公证债权文书执行规定》实施，将程序问题和实体问题分离之后，这个问题就凸显出来。所以，对于上述情况，《公证债权文书执行规定》第二十四条第一款第一项也是《公证债权文书执行规定》只认为公证债权文书是执行依据，而不认为执行证书也是执行依据的一个无奈之举。

【问题37】夫妻一方认为另一方单独在共有房屋上设定的抵押权无效，能否请求不予执行？

刘某以借贷债务人王某、债权人L银行为被告提出执行异议之诉，称在其服刑期间，其妻王某以个人名义向L银行申请贷款，并用夫妻共有房屋提供抵押担保，侵犯夫妻共有权人利益，故诉请：（1）请求停止对房屋进行拍卖的强制执行；（2）即使要继续执行，也应当对房屋进行共有分割。北京昌平法院庭审中，L银行称王某提供了离婚证、户口本等证明其婚姻状况的材料，已经尽到合理审查义务，无论刘某是否为房屋共有权人，均无权对抗L银行抵押权人的地位，刘某应当另案起诉。北京昌平法院另查明，本案本系L银行依据北京市中信公证处出具的（2018）京中信内经证字03450号公证书、（2019）京中信执字01265号执行证书，以王某为被执行人的执行程序。

经过审理，昌平法院作出（2020）京0114民初763号案外人执行异议之诉一审判决认为，"刘某诉请的理由有二：一是王某为案涉房产设立抵押权的行为属于无权处分，L银行没有尽到合理审查义务，不能取得涉案房产的抵押权；二是刘某为共有人，有权对抗L银行的抵押权，进而有权排除法院对案涉房产的执行措施"。对于第一点，昌平法院认为，刘某主张L银行不能取得抵押权，系对案件执行依据中信公证处执行证书所确认的L银行享有抵押权的否定，即须认定公证债权文书错误，该事项不属于案外人执行异议的审查范围，应当根据《公证债权文书执行规定》第二十四条另行向有管辖权的法院提起诉讼予以救济，所以对第一点不予审查，而对于刘某其他主张将以"L银行享有抵押权为前提进行论述"。对于第二点，昌平法院认为，L银行享有抵押权，本身即享有优先权，所以刘某以其为共有人为由对抗 L 银行的抵押权没有依据，法院不予支持。[①]

分析：本案中，北京中信公证处的公证债权文书涉及借款合同和抵押合同，前者无错误这一点无任何疑问，有疑问的是后者。王某作为抵押人，仅仅是共同共有人之一，其在案涉房产上为 L 银行设定抵押权的行为属于无权处分，这一点毫无争议。在这一事实基础上，我们认为，本案处理的方案可能有两个：

方案一：公证债权文书载明权利义务与事实相符，判决驳回不予执行公证债权文书的诉讼请求

抵押合同是债权合同，仅仅是负担行为，仅仅是施以抵押人办理抵押登记的义务，合同标的是办理抵押登记的行为。鉴于债权合同的对人属性，仅仅是负担行为，而非对物的处分行为，即使是无权处分人签订买卖合同或抵押合同也应认定合同的有效性，尤其是在《民法典》不保留《合同法》第五十一条作出立法选择之后。这样，无权处分人王某签订的抵押合同就是有效的，赋予强制执行效力就没有错，就抵押合同办理的强制执行公证就没有错。另外，得出这样的结论还在于不能排除的可能性是王某在办理强制执行公证之后，通过离婚财产分割和婚内共有分割而单独享有了房屋所有权，即事后获得处分权。不能站在结果的角度去评价当初订立的抵押合同和就抵押合同办理的强制执行公证的有效性，我们就不能说公证债权文书出具后，未进行财产分割王某未获得单独所有权时该公证债权文书就有错误，而进行分割王某获得单独所有权的，该公证债权文书就是有效的；那有效或无效就取决于是否财产分割，或王某事后取得单独所有权，而不是取决于王某是否属于无权处分，这样讲逻辑上无法自洽。最终，只要抵押合同是王某的真实意思表示，无权处分并非合同无效事由，该合同属于有效之合同，公证机构就该有效的合同办理的公证债权文书也有效。

那么，刘某的共有权如何救济？对此，方案一的后续内容是，刘某作为第三人就标的物的共有权提出排除执行行为异议申请，执行法院在执行异议程序中如果认为 L 银行善意取得房产抵押权，或查明事实认定王某事后取得了案涉房产的单独所有权，即会驳回刘某提出的排除执行行为异议申请。

方案二：公证债权文书载明权利义务与事实不相符，判决不予执行公证债权文书

北京中信公证处办理抵押合同的强制执行公证的前提是该房产系刘某妻子王某单独所有，否则应当将刘某作为共同抵押人办理抵押合同的强制执行公证。

[①] 北京市昌平区人民法院（2020）京 0114 民初 763 号民事判决书。案件来源于中国裁判文书网。

也就是说，抵押合同部分的公证债权文书的抵押人，也即房屋所有权人系王某，与刘某和王某共同共有的事实不符，则执行法院根据《公证债权文书执行规定》第二十二条第一款第一项判决不予执行公证债权文书。这一方案的问题在于，抵押合同如上文所述仅仅是负担行为，抵押人王某是或不是单独的所有权人，抵押合同都是有效的，很难说公证债权文书有错误。

上述两个方案孰优孰劣，我们认为应当从公证债权文书的执行依据性质入手：L银行要获得抵押权，只有两种可能的路径：第一，依据有效的抵押合同和抵押登记（继受取得）；第二，无权处分时，符合善意取得的构成要件（原始取得）而善意取得抵押权。具体而言，王某仅仅是案涉房产的共同共有人之一，其未经另一共有人刘某事先同意或事后追认设定抵押权，应属无权处分，此时L银行只能在符合善意取得法定要件的情况下依据法律规定获得抵押权，并不能根据抵押合同而依照约定取得抵押权。这样，L银行即便最终享有抵押权，但也不是根据抵押合同约定取得抵押权，而是根据《民法典》第三百一十一条善意取得抵押权，自然不能以抵押合同公证债权文书为依据申请执行；只能另行起诉，获得确认其系依善意取得制度获得抵押权的判决作为依据申请执行。所以，我们同意方案二，虽然很难说公证债权文书有错误，但该公证债权文书已不适合作为执行依据却是不争的事实。相同地，王某虽然仅仅是共有人之一，但在刘某服刑期间，存在将房产抵押换取生活费的可能性，此时王某向银行的借款是夫妻共同债务，签署抵押合同和设定抵押权被推定为家事代理从而认定为夫妻共同签订和设定，所以抵押合同有效，抵押权为继受取得，此时不需要审查L银行是否善意。此时，王某单独办理的公证债权文书也不适合作为执行依据，因为该依据认定的是王某单独抵押，而不是因为是共同债务和共同抵押，也即公证债权文书主体不对。

涉及本案的结果，我们认为：（1）债务人王某可以以《公证债权文书执行规定》第二十二条第一款第一项为由提出不予执行公证债权文书的诉讼请求，执行法院查明后判决不予执行。（2）L银行可以以《公证债权文书执行规定》第二十四条第一款第一项为由，另诉诉请确认其因善意取得获得抵押权，并诉请实现抵押权，其无争议地对王某的借款债权继续依公证债权文书执行；当然，其也可以以签署抵押合同和设定抵押权应当被推定为家事代理从而认定为夫妻共同签订和设定为由，诉请确认抵押合同有效，抵押权有效设立，并诉请实现抵押权。（3）第三人刘某作为利害关系人以《公证债权文书执行规定》第二十四条第一款第一项为由提起诉讼，请求确认L银行不享有抵押权，诉请因公证债权文书确有错误而判决不予执行，排除L银行对案涉房产的执行。由此，可以看出，利害关系人最终还是将异议落在了对某一特定财产的排除异议之上。和本案昌平法院的观点不同，我们认为应将本案中刘某的异议理解为对案涉房产的排除异议，并在查明"（1）案涉房产系王某、刘某共同共有；（2）婚姻存续期间王某、刘某没有进行财产分割，将房屋分割给王某单独所有；（3）不能将签署抵押合同和设定抵押权推定为家事代理从而认定为夫妻共同签订和设定"之后，排除 L 银行基于公证债权文书申请的强制执行，这里大可不必对公证债权文书是否确有错误进行评价。至于 L 银行"虽不能依据公证债权文书，但其已经善意取得抵押权"的主张，因公证债权文书并不包含善意取得的内容，故其应当另行起诉获得执行依据，或者在排除执行的执行异议之诉中进行审理。

2. 经公证的债权文书具有法律规定的无效、可撤销等情形

对于《公证债权文书执行规定》第二十四条第一款第二项，"经公证的债权文书具有法律规定的无效、可撤销等情形"，也是利害关系人依据已有法律和已有程序请求人民法院宣告债权文书无效或撤销债权文书的权利，并非基于本《公证债权文书执行规定》而产生的程序性权利。所以，本条规定可能的目的是：一方面《公证债权文书执行规定》没有赋予利害关系人以公证债权文书错误为由在执行异议程序中提出不予执行的异议申请，阻却利害关系人在公证强制执行程序中以执行异议的方式主张权利，减少执行异议和执行异议之诉程序的压力，促使利害关系人另行通过确认合同无效或依据《民法典》第五百三十八条、《企业破产法》第三十一条等规定以正常的诉讼程序主张权利，这一点从本条第一款"直接向有管辖权的人民法院提起诉讼"中"有管辖权"的表述就可以证实；另一方面摆清利害关系人另行起诉与公证强制执行程序之间的关系，即本条第三款中"利害关系人提起诉讼，不影响人民法院对公证债权文书的执行"。实操中，可能的情况是，利害关系人根据《公证债权文书执行规定》第二十四条第三款向有管辖权的法院提起诉讼的，可以持受案证明，向公证强制执行法院提出"停止相应处分措施"申请，并提供"充分、有效的担保"，而法院经审查可以停止相应处分措施。

3. 利害关系人可能提出的诉讼请求

《公证债权文书执行规定》第二十四条没有规定，利害关系人可以在诉讼中提出什么诉讼请求。各地人民法院就此出台的规定也无明确的具体内容，如江苏省高级人民法院在其发布的《人民法院执行异议及执行异议之诉案件审理指南（二）》中规定，"一、案外人对执行标的主张实体权益引发的执行异议之诉案件的裁判规则……2. 审查案外人提出的执行异议是针对执行行为还是针对

实体权益，并根据下列情形予以处理：……（3）案外人的执行异议系针对执行依据指定交付的特定物提出，或者认为执行依据本身错误的，应裁定驳回起诉，并根据下列情形告知其救济途径：……③执行依据系具有强制执行效力的公证债权文书的，告知案外人按照《最高人民法院关于公证债权文书执行若干问题的规定》第二十四条的规定，另行向有管辖权的法院提起诉讼予以救济"。

从规范的目的讲，《公证债权文书执行规定》第二十四条对于利害关系人实际上执行的是2017年《民事诉讼法》第五十六条[①]第三款第三人撤销之诉的功能。根据《民事诉讼法》第五十六条第三款之规定，即"前两款规定的第三人，因不能归责于本人的事由未参加诉讼，但有证据证明发生法律效力的判决、裁定、调解书的部分或者全部内容错误，损害其民事权益的，可以自知道或者应当知道其民事权益受到损害之日起六个月内，向作出该判决、裁定、调解书的人民法院提起诉讼。人民法院经审理，诉讼请求成立的，应当改变或者撤销原判决、裁定、调解书；诉讼请求不成立的，驳回诉讼请求"，利害关系人不能依据该条款就错误的公证债权文书提出不予执行的执行异议，其也未参加作为执行依据的公证债权文书的办理，所以必须另行给予其诉讼救济的路径，《公证债权文书执行规定》第二十四条执行的是这一功能。因为利害关系人提出异议或诉讼时，公证债权文书已经进入执行程序，所以应当区别对待：（1）区分利害关系人在执行中提出的异议是对公证债权文书还是对执行行为针对的具体标的物或权利，后者是排除异议，可以在执行异议程序中加以处理，如上文提及的昌平区法院审理的案件。因为《公证债权文书执行规定》未设置利害关系人对公证债权文书的不予执行之诉，故可以将利害关系人提出的公证债权文书错误，或复杂的排除异议（即公证债权文书不再适合作为执行依据，如上文提及的昌平区法院审理的案件）依据《公证债权文书执行规定》第二十四条统一推至诉讼程序加以处理。（2）对于利害关系人依据《公证债权文书执行规定》第二十四条提起的诉讼，可以在提出确认实体权利（排除异议）诉请的同时，诉请确认被公证证明的债权文书无效或可撤销，最后提出不予执行公证债权文书的诉请。

【问题38】案外人、利害关系人如何对公证债权文书提起"案外人撤销之诉"？

在北京怀柔法院执行陈某某与余某某、李某某公证债权文书、（2017）京中信执字00519号执行证书一案中，异议申请人张某某于2018年4月25日提出异议，申请不予执行称，"异议申请人张某某称，余某某与李某某通过虚假婚姻，将余

---

① 对应《民事诉讼法》（2021年修正）第五十九条。

某某名下北京市怀柔区某号楼转移到李某某名下。经香河县法院判决，已确认二人的《夫妻间所有权转让协议》无效，并判决李某某将上述房屋－1至2层全部转移登记至余某某名下。张某某与余某某民间借贷纠纷一案，已由北京市西城区人民法院立案执行。现余某某、李某某与陈某某串通，通过公证债权文书虚构债权债务，并由贵院立案执行，意图参与分配涉案房屋的拍卖款。为保护我的合法权益，现向贵院提出异议，申请不予执行（2017）京0116执1229号"。

经查，张某某与余某某民间借贷一案，经北京西城法院调解确认余某某应于2016年11月23日还款，但余某某未还。2016年10月12日，余某某与李某某登记，11月9日签订《夫妻间所有权转让协议》，11月10日转让手续办理完毕且李某某拿到房产证。2017年1月24日，张某某诉至河北香河法院请求确认上述夫妻间协议无效；2017年3月27日，香河法院判令协议无效，且最终得到廊坊中院终审支持。怀柔法院于2017年4月25日，依据北京中信公证处（2017）京中信执字00519号执行证书，立案执行陈某某与余某某、李某某公证债权文书一案，最终轮候查封李某某、余某某的房产，怀柔法院于2017年10月10日裁定"终本执行"。

最终，怀柔法院对张某某的不予执行申请作出（2019）京0116执异141号执行裁定认为，"公证债权文书案件执行过程中，利害关系人认为公证债权文书载明的民事权利义务关系与事实不符或经公证的债权文书具有法律规定的无效、可撤销等情形，可以就公证债权文书涉及的民事权利义务争议直接向有管辖权的人民法院提起诉讼。利害关系人提起诉讼，不影响人民法院对公证债权文书的执行。结合本案，案外人张某某主张，本院执行的上述案件中，作为执行依据的公证债权文书是当事人之间串通、弄虚作假行为作出的，与事实不符且侵害其合法权益。因张某某为上述执行案件的利害关系人，应当依照规定就其主张向有管辖权的法院提起诉讼解决。因此，张某某的异议不能成立，本院不予支持"[1]。最终，怀柔法院根据《民事诉讼法》第二百二十七条和《公证债权文书执行规定》第二十四条，驳回张某某的异议申请。

应当注意的是，本案陈某某依据（2017）京中信执字00519号执行证书对余某某、李某某申请公证债权文书执行的同时，柳某依据（2017）京中信执字00520号执行证书、史某某依据（2017）京中信执字00521号执行证书也申请相同的执行，查封的均是李某某名下在怀柔的房产，怀柔法院均作了终本执行处理。

分析：本案两个执行依据，一个是案涉审查的陈某某与余某某、李某某的公

---

[1] 北京市怀柔区人民法院（2019）京0116执异141号执行裁定书。案件来源于中国裁判文书网。

证执行案件，陈某某是申请执行人；一个是张某某对李某某的民间借贷法院民事调解书，张某某是申请执行人。相对于陈某某提出的公证债权文书一案来讲，张某某就是客观的案外人和自己认为的主观的"利害关系人"。对于案外人、利害关系人而言，可能会有三种"异议"：第一，对执行行为的异议，例如人民法院对被执行人的债务人发送提取收入协助执行通知书，而该债务人认为该协助执行行为错误，因为被执行人是抵押人；第二，排除执行行为的异议，例如人民法院查封开发商名下的房产，但购房者认为自己已经在查封前与开发商签订商品房买卖合同，并已经付完全款，且不能办理房产证错并不在购房人，所以他对被执行人的房产享有足以排除执行行为的权利；第三，就是本案中的对执行依据的异议，这种异议在判决场合下，可以通过《民事诉讼法》第五十九条第二款第三人撤销之诉来完成，而不能通过"执行异议"程序加以审查，因为执行依据已经生效，必须由另一个执行依据加以更正。

但是，在公证债权文书场合下，在程序上没有如《民事诉讼法》第五十九条第三款中可供撤销的判决，只有公证债权文书，而且可以撤销该依据的，只能是公证机构自身。从实体法角度看，第五十九条撤销之诉本质上是通过案外人通过请求法院确认合同无效，或行使债权人在债的保全等类似实体规定中的撤销权而使合同无效的方式，在实体上配合撤销之诉程序上的效果。所以，《公证债权文书执行规定》聚焦实体关系，通过第二十四条的规定让利害关系人在执行程序外，按照正常的程序起诉，从而获得确认公证债权文书中债权合同无效或被撤销的法律判决。应当注意的是，这里公证债权文书不是判决，不需要通过诉讼消灭其既判力，也不需要担心矛盾判决问题，故另行起诉就可以。

本案极为典型，可以说明很多程序上的问题：（1）从本案中可以看出，第二十四条中案外人、利害关系人的"可撤销"和第二十二条中被执行人的"可撤销"是不同的，前者主要是指债权人在债的保全中的撤销权以及相关法律中的类似权利，而后者的可撤销主要事由是意思表示瑕疵。（2）债权人的撤销权是"废罢诉权"或"撤销诉权"，须通过诉讼形式加以行使，《公证债权文书执行规定》第二十四条的规定表明法院系统无意在执行程序中让债权人行使这样的权利，也无意通过让债权人在执行异议程序中行使该权利而剥夺民事法律关系被债权人撤销时，债务人和第三人通过诉讼维护权利的途径。可以说，第二十四条表明最高人民法院将公证债权文书的执行程序全面接入一般的民事诉讼程序的努力，尽力不影响当事人、案外人基于相关法律规定的实体和程序权利。（3）本案中，张某某的执行查封是首轮查封，涉及的问题是同一法院的查封是否也分首轮和轮候的查封，还是同一法院的查封不做上述区分，只要是债务就可以参与分配。这一区分与本案息息相关,如果是前者,张某某根本不用提出异议,因为查封房屋的执行案款优先分配给他,陈某某、柳某、史某某对案涉房屋的查封对其没有任何影响;如果是后者,张某某确实需要也符合行使撤销权的条件,对此,我们没有看到现实法律规定给出非常明确的结论。
(4)在另案中,法院如果撤销公证债权文书中的债权合同,应当如何处理?关于这个问题,我们认为,处理方案有二:第一,公证机构据"确认撤销"或"确认无效"的判决撤销公证债权文书,消灭执行依据,那么执行机关撤销执行案件。第二,执行机关能不能因为判决,主动撤销案件,但问题是执行依据至少还未由作出的公证机构认定无效;对此,我们认为执行法院可以主动裁定撤销执行案件。

十二、规范冲突的解决(第二十五条)

第二十五条 本规定自 2018 年 10 月 1 日起施行。
本规定施行前最高人民法院公布的司法解释与本规定不一致的,以本规定为准。

根据《公证债权文书执行规定》第二十五条第二款之规定,即"本规定施行前最高人民法院公布的司法解释与本规定不一致的,以本规定为准";也就是说,最高人民法院对同一问题的多个法律适用上,采取新法优于旧法的适用原则。例如,根据《公证活动相关民事案件规定》第三条第二款"当事人、公证事项的利害关系人对具有强制执行效力的公证债权文书的民事权利义务有争议直接向人民法院提起民事诉讼的,人民法院依法不予受理。但是,公证债权文书被人民法院裁定不予执行的除外"之规定,债权人直接提起诉讼的,人民法院不得受理;但是,按照《公证债权文书执行规定》第二十四条第一款、第二款的规定,债权人在符合第一款规定的两种情形的情况下有权直接向人民法院提起诉讼。所以,《公证债权文书执行规定》在第二十四条第一款的两种情形上,实际上改变了《公证活动相关民事案件规定》第三条第二款的规定。我们认为,尽管《公证活动相关民事案件规定》于 2020 年随《民法典》的颁布而"修正",但仅是调整与《民法典》用词上的冲突,毕竟不是最高人民法院"新公布"的司法解释。也就是说,《公证债权文书执行规定》第二十五条第二款的规定,还是改变了《公证活动相关民事案件规定》第三条第二款的规定,即在第二十四条第一款的两种情形上,债权人可以提起诉讼,该诉并不违反《公证活动相关民事案件规定》。

第四章

公证强制执行程序中的实体性法律问题

第一节　公证赋予强制执行效力的债权文书范围

一、2000年《联合通知》

2000年《联合通知》从债权文书中具体义务类型和合同类型两个方面框定了公证机构可通过公证赋予强制执行效力的债权文书的范围，从而成为该制度适用范围的双重标准。

（一）公证赋予强制执行效力的债权文书中的义务类型

《联合通知》第一条规定，"公证机关赋予强制执行效力的债权文书应当具备以下条件：（一）债权文书具有给付货币、物品、有价证券的内容；（二）债权债务关系明确，债权人和债务人对债权文书有关给付内容无疑义；（三）债权文书中载明债务人不履行义务或不完全履行义务时，债务人愿意接受依法强制执行的承诺"。该条款既有实体性要求，也有程序性要求：前者除了债权债务关系明确之外，还须是给付货币、物品、有价证券，值得注意的是这里没有"种类物"的要求；后者是指债务人的执行承诺，即对纠纷解决程序进行选择。所以，《联合通知》中可以赋予强制执行效力的义务有如下特点：（1）给付钱款和物；（2）法律关系明确且无疑义；（3）执行承诺。

上述规定中，给付物品的义务并未有种类物的要求，这是我国与其他施行公证强制执行制度国家在规范上鲜明的不同之处。在1998年已经颁布《合同法》，且该法第一百一十条规定排除非金钱给付之债继续履行请求权的情况下，没有要求种类物，要么属于立法技术上的问题，要么就意在租赁合同，因为租赁合同被赋予强制执行效力，除了强制执行实现租金债权外，还有租赁物返还这一特定物返还之债。从各国立法例来看，均对要求给付特定物的权利通过强制执行加以实现持有非常谨慎的态度，一般都会使用可替代物或种类物这样的表述。例如，日本《民事诉讼法》第二十二条第五项规定,"对于支付一定金额或者给付其他替代物或一定数额的有价证券的请求,由公证人作成的,记载债务人立即服从强制执行的公证文书可以进行强制执行"。对于租赁合同关系,其他实施公证强制执行制度的国家,要么将强制执行限缩在租金债权之上,要么有条件的还可以适用于特定租赁物之上;但统一的特点是将之作为种类物的特定情况加以规范。

(二) 公证赋予强制执行效力的债权文书的类型

《联合通知》第二条规定,可以公证赋予强制执行效力的债权文书的类型包括:(1)借款合同、借用合同、无财产担保的租赁合同;(2)赊欠货物的债权文书;(3)各种借据、欠单;(4)还款(物)协议;(5)以给付赡养费、扶养费、抚育费、学费、赔(补)偿金为内容的协议;(6)符合赋予强制执行效力条件的其他债权文书。与外国通行立法体例不同,《联合通知》在规定义务类型范围外,还规定了可赋强的债权文书类型,这样的规定既有限制公证强制执行制度适用范围的作用,也有引导当事人借助成本更低、效率更高的公证强制执行程序实现债权的作用。这种立法体例,初期可以有效地促进公证强制执行制度的发展,但是随着经济生活多样性的加剧,合同类型就会成为阻碍制度创新、发展的桎梏。例如"无财产担保的租赁合同"是否包含普遍有担保措施的融资租赁关系,实践中的判例在结果上即有很大的不同。2017年《关于充分发挥公证书的强制执行效力服务银行金融债权风险防控的通知》明确规定融资租赁合同可以办理强制执行公证,就是立法机关在金融领域内细化、扩大制度适用范围的尝试。

(三)《民法典》第五百八十条排除的可予办理强制执行公证的债务类型

在违约责任制度中,《民法典》第五百八十条非常特殊,其决定了债权人面对债务人违约,是否还有权利要求债务人以"继续履行"合同约定义务的方式承担《民法典》第五百七十七条项下的违约责任。其中,所谓可以要求以"继续履行"方式承担违约责任的义务,就是原合同中约定的义务,具体到公证债权文书,也就是可以经公证赋予强制执行效力的合同义务或债务。所以,理论上讲,个案中如果存在第五百八十条第一款规定的三项情形,即"(一)法律上或者事实上不能履行;(二)债务的标的不适于强制履行或者履行费用过高;(三)债权人在合理期限内未请求履行",债权人即不能够依公证债权文书申请强制执行,或者说公证债权文书不能作为执行依据。其中,"法律上或者事实上不能履行"的情形主要涉及特定物;"债务的标的不适于强制履行"主要指债务人给付劳务的情形；而"在合理期限内未请求履行"，具体到公证实践就是应当在执行时效内申请执行的要求。

二、担保协议可予办理强制执行公证的司法解释

2014年，最高人民法院在其给山东高院的《关于含担保的公证债权文书强制执行的批复》中明确表示，现行法律、司法解释并未对公证债权文书所附担保协议的强制执行作出限制性规定，公证机构可以对附有担保协议债权文书的真实性与合法性予以证明，并赋予强制执行效力。2015年，最高人民法院在其发布的《执行异议和复议规定》第二十二条第一款规定"公证债权文书对主债务和担保债务同时赋予强制执行效力的，人民法院应予执行；仅对主债务赋予强制执行效力未涉及担保债务的，对担保债务的执行申请不予受理；仅对担保债务赋予强制执行效力未涉及主债务的，对主债务的执行申请不予受理"中，重申了2014年批复的精神，确认担保合同可以随同主债权一并或单独赋予强制执行效力。《公证债权文书执行规定》第六条甚至进一步将含担保的公证债权文书区分为三种情况：第一，"同时包含主债务和担保债务的"，人民法院应予执行；第二，仅包含主债务的，不予受理担保债务部分的执行申请；第三，仅包含担保债务的，不予受理主债务部分的执行申请。至此，结合《担保制度司法解释》确立的，根据主债务确定管辖的管辖规则，有关含担保债务的主债务应如何执行的规则已经齐备，担保协议无可争议地可以经公证被赋予强制执行效力。

三、2017年《关于充分发挥公证书的强制执行效力服务银行金融债权风险防控的通知》

为进一步加强金融风险防控，充分发挥公证作为预防性法律制度的作用，提高银行业金融机构金融债权实现效率，降低金融债权实现成本，有效提高银行业金融机构防控风险的水平，2017年，最高人民法院、司法部、中国银监会联合发布《关于充分发挥公证书的强制执行效力服务银行金融债权风险防控的通知》，将金融领域内可以经公证赋予强制执行效力的债权文书作以具体规定，即公证机构可以受理以下合同类型的强制执行公证：（1）各类融资合同，包括各类授信合同、借款合同、委托贷款合同、信托贷款合同等各类贷款合同，票据承兑协议等各类票据融资合同，融资租赁合同，保理合同，开立信用证合同，信用卡融资合同（包括信用卡合约及各类分期付款合同）等；（2）债务重组合同、还款合同、

还款承诺等；(3)各类担保合同、保函；(4)符合本通知第二条规定条件的其他债权文书。借此，融资租赁合同、保理合同办理强制执行公证首次有了规范依据。

四、影响公证赋予强制执行效力的债权文书范围的要素

债权文书是当事人之间民事实体权利义务的具体表现和载体，对法律、司法解释有关公证赋予强制执行效力的债权文书范围的规定的理解和适用，应当从当事人之间的实体权利义务入手。尽管近些年来，民事程序法通过理论研究和司法实践，确立了某种意义上独特的立法宗旨、目标和价值取向；但是，这些新的理论发展都无法否认民事程序法的一项终极目标是实现民事实体权利。所以，是否能够采取民事程序法中某一项法律制度，具体要看民事实体权利义务的性质和内容。如前文所述，我们从公证强制执行的标的只能是原合同义务以及无须就违约责任进行新权利义务构造的原理，推断出公证赋予强制执行效力的债权文书范围所载义务的特征如下。

(一)只能为金钱之债或种类物之债

我们在本书的第一章即论述，公证强制执行实现的债务只能是原合同债务，这既符合公证机构在债务关系建立伊始即介入并办理公证的特征，也符合将公证债权文书作为执行依据，该依据仅载明合同原始债务内容的制度要求。因为《民法典》第五百八十条的存在，公证强制执行制度适用的仅仅是金钱之债或种类物之债。诚然，特定物之债，例如买卖合同，在交付该特定标的物尚为可能的情况下，在我国履行优先的立法模式下，也存在通过公证强制执行强制实现交付标的物的可能性。但是，履行优先的纠纷处理原则本身即存在很多值得商榷的地方，经公证强制实现特定物交付债权的做法就显得并不适宜。例如，在抵押合同的强制执行公证中，抵押人拒不办理抵押登记，对于抵押权人是否有权利经公证强制执行实现要求抵押人履行办理抵押登记的债权的问题，实践中，人民法院给出的答案是否定的，原因也很简单，即不动产权利登记机构要求抵押登记必须由抵押人和抵押权人同时到场办理。

(二)债权人和债务人之间不能是典型的双务合同关系

合同因其主要义务内容不同，而被分为财货转移型合同、财货使用型合同和劳务合同(分为提供劳务的合同和交付劳动成果的合同)。其中，财货转移型合同，如买卖合同中，买卖双方所负价款支付义务和交货义务互为对价，同劳

务合同中的劳务和报酬互为对价一样，系典型的双务合同关系。在买卖合同中，双方享有同时履行等抗辩权，要求就标的物瑕疵修理、重作、减价等采取补救措施的权利，以及在标的物瑕疵导致合同目的无法实现时解除合同的权利。该等权利使得出卖人在主张价款债权时会遭遇买受人提出的标的物瑕疵等主张并要求减少价款，甚至是解除合同的主张。此时，对于办理强制执行公证的价款债权而言，买受人的双务合同抗辩权、减价等采取补救措施或解除合同后的赔偿请求，均须法院对当事人之间的权利义务进行重新构造，故该类型的债权债务关系在实体上即不符合强制执行公证的要求。此类合同，办理强制执行公证，必须确定交付之标的物、劳务，无物理或权利瑕疵，这就是2000年《联合通知》中还款协议可以办理强制执行公证的原因。

财货使用型合同，如借款合同、租赁合同，在申请强制执行前，债务人均系在已经获得所借款项、已经使用租赁物的情况下存在未还本付息、未支付租金的违约行为。此时，借款合同，一般不会出现钱款物理或权利瑕疵的问题，所以贷款人可以通过公证强制执行实现要求借款人继续履行还本付息的权利；租赁合同关系中，如果承租人已经确认租赁物无瑕疵，则出租人也可以通过公证强制执行，实现要求承租人支付继续履行租金支付义务的权利。

【问题39】强制执行的债务是否只能是债权人的唯一选择？

在F租赁有限公司与Z金刚石股份有限公司、H超硬材料股份有限公司、郭某某、郑某某合同公证债权文书纠纷一案中，2016年4月13日，F公司作为出租人，Z公司作出承租人签订《融资租赁合同（回租）》，对双方权利义务进行了详细约定。合同附件约定租赁物购买价为1亿元人民币，租赁利率为每年8%，概算租金总额122313436.25元，租金每三个月支付一期，共20期，租金概算起租日为2016年6月5日，租赁期限五年。2016年5月12日，北京市中信公证处出具（2016）京中信内经证字30696号公证书，赋予融资租赁合同以强制执行效力。

北京市中信公证处于2019年1月10日出具（2019）京中信执字00022号执行证书，确定：一、被执行人为Z公司、郭某某、郑某某、H公司；二、执行标的：1.租金总额61156718.10元，2.自2018年12月5日起至2018年12月14日止逾期支付租金的利息18347.02元，3.自2018年12月15日至租金付清之日的逾期利息，以未付的租金总额61175065.12元为基数，按照年利率12%计算，4.租赁物留购价款100元，5.公证费18万元；三、责任范围：1.Z公司作为承租人，应就上述债务向F公司承担清偿责任；2.郭某某、郑某某、H公司作为保证担保人，应就上述债务向F公司承担连带保证担保责任。

郑州中院经审查作出（2019）豫01执异257号执行裁定认为，根据2000年《联合通知》，能够被赋予强制执行效力的，应当是债权债务关系简单、事实清楚的合同，而案涉《融资租赁合同（回租）》，"双方同时存在买卖合同关系与租赁合同关系，F公司享有收取租金及相关款项的权利，Z公司享有提前留购租赁物的权利，双方互负权利义务，虽然Z公司作为承租人给付租金的义务是明确的，但Z公司违约之后，F公司作为出租人的救济途径是多样的，可选择主张租金加速到期，也可选择要求立即返还租赁物或取回租赁物，故本案的《融资租赁合同（回租）》约定的债权债务关系复杂，不属于可赋予强制执行效力的债权文书范围，所以被执行人的异议请求成立，应予支持"，遂裁定不予执行。[①]

分析：本案中，郑州中院裁定不予执行的原因是"Z公司违约之后，F公司作为出租人的救济途径是多样的，可选择主张租金加速到期，也可选择要求立即返还租赁物或取回租赁物，故本案的《融资租赁合同（回租）》约定的债权债务关系复杂，不属于可赋予强制执行效力的债权文书范围"。这样表述，实际上就是出租人根据《民法典》第七百五十二条"承租人经催告后在合理期限内仍不支付租金的，出租人可以请求支付全部租金；也可以解除合同，收回租赁物"享有从违约要求继续履行或解约要求收回租赁物两个选择中，进行"二选一"的权利。我们认为，无论出租人在承租人不支付租金违约后，在救济方式上有多少种选择，只要其实现的是原合同中的债权，法院即应当予以强制执行。本案中，出租人向公证机构申请执行的，仅是强制承租人"继续履行租金支付"的债务，并未主张解除合同收回租赁物，其借此即已经做出了选择，选择之债已经变成了简单之债，何来郑州中院所称的"复杂"情形？我们甚至认为，可以更进一步，在出租人同时提出解除合同收回租赁物的请求的情况下，公证机构或执行机关可以通过询问，确定出租人的选择结果：如果其选择要求支付剩余租金，则继续执行；如果其选择要求解除合同、回收租赁物并请求债务人赔偿损失，则应当作出不予执行决定书或判决不予执行。结合《公证债权文书执行规定》的规定，执行法院也不应替承租人着急，承租人如果认为强制执行不符合约定，则可以根据《公证债权文书执行规定》第二十一条、第二十二条提起不予执行之诉进行救济。

影响公证赋予强制执行效力的债权文书范围的实体要素，来自执行标的即

[①] 河南省郑州市中级人民法院（2019）豫01执异257号执行裁定书。案件来源于中国裁判文书网。

给付内容本身，以及债务类型所包含的裁判需求两个方面。前者，要求给付内容不会出现《民法典》第五百八十条第一款所规定的，债权人无法请求债务人以继续履行的方式承担违约责任的各种情形；后者，要求不是典型的双务合同关系，债务人无法行使合同抗辩权、无法要求采取补救措施，所以在结果上就没有诉至法院请求法院在对当事人权利义务进行重新构造后作出裁判的需求。这两个实体要素，在《公证债权文书执行规定》设置后端诉讼救济后，出现了缓和趋势，因为债务人可以在进入执行程序后提出的不予执行诉讼中就其享有的权利进行救济。例如，甲乙达成买卖合同，就买受人支付价款的义务赋予强制执行效力，出卖人甲向公证机构申请出具执行证书并申请法院执行。执行中，买受人乙提出不予执行之诉，称甲交付的标的物不符合约定，要求降低价款。此时，我们发现在《公证债权文书执行规定》第二十二条第一款中，没有减少价款这一不予执行的法定事由。所以，我们认为，买卖合同之所以现阶段还不能办理强制执行公证，主要是因为后端在执行程序中对买受人的救济路径还没有打开；不能排除在随后的立法实践中，最高人民法院将采取债务人有权请求债权人采取补救措施的情形放在第二十二条第一款不予执行的法定事由中的可能性，借此将强制执行公证的适应范围予以扩大。

第二节　特殊法律关系的强制执行公证

公证强制执行制度以较为简单、高效的程序处理民事纠纷，满足了订立合同时处于优势地位的债权人在程序上的需求；这一解决纠纷的方案和程序一旦确立在民事程序法当中，其适用范围即会一直处于扩张趋势。对此，德国鲍尔（Baur）教授针锋相对地提出应严格限制可赋予执行力债权文书的范围的观点，其用以支持观点的理由值得深思："其一，强制执行系对债务人权利领域的积极介入，基于法治国的观点，这种介入必须以严格的合法性为前提。然而公证书的做成，只不过是法官或公证人居于单纯'公证证明者'的角色对当事人法律关系的一种参与，并不对当事人实体上的正当性加以检验。其二，强制执行公证的执行力基础的形成主要建立在'一个有意思能力之人不会作对自己不利的事'的命题之上，而这一假定事实上无法适用于现今极端复杂的法律状态。其三，公证书的做成系一种定型化的量产行为，对于具体案例的特殊性无法加以考虑。而且，公证书是在当事人法律关系发展开端之时做成，对于当事人在法律关系发生后的变动，无法加以顾及，虽然法律规定债务人有提起异议之诉的权利，但使得债务人原本作为被告的消极角色，在公证程序中须负担作为原告的积极角色。"① 简言之，鲍尔教授的意思是公证机构无法顾及公证办理完毕后，当事人之间权利义务发生的变化。客观地讲，教授的观点指明了公证强制执行制度的根本问题，即其作为前端救济机制的局限性；但也存在理据不足，自说自话的问题。对此，我国的应对策略并没有单纯从种类物和债务可以要求以"继续履行"方式承担违约责任的理论出发，而是从可适用这一制度的债务关系类型入手进行限制。另外，《公证债权文书执行规定》的程序性安排，将公证办理后出现实体权利义务变化的问题诉诸诉讼程序加以解决，这种在执行程序后对诉讼程序的回归，反映出我国立法上实事求是的务实精神，但也使得公证强制执行程序在执行中呈现出复杂性。我们认为，未来公证强制执行制度的发展尚存在不确定性，在本节，我们决定放弃对该制度未来发展的推论，转向对几个实践中争议较大的合同和债务类型进行讨论，用以说明公证强制执行制度扩大适用范围所面临的困境。

一、无担保的租赁合同

依照 2000 年《联合通知》第一条和《公证程序规则》第三十九条的规定，公证机关赋予强制执行效力的债权文书应当具有"给付货币、物品、有价证券"的内容。这一规定与《日本民事执行法》第二十二条第五款，即以"支付一定数额之金钱或以给付其他代替物或有价证券之一定数量为目的之请求"为限办理公证，以及与《德国民事诉讼法》（1950 年）第七百九十四条第一款第五项规定"以支付一定的金额，或给付一定数量的其他代替物或有价证券为标的的公证书"不同，后两者均要求债务给付行为的对象是种类物或可替代物，我国的规定中对"给付物"并没有"物的类型"这一要求。所以，从标的物性质的角度看，我国可赋予强制执行效力的债权规范范围，实际上大于日本和德国。但是，2000 年《联合通知》第二条可予赋予强制执行效力的债权文书范围第一项中包括"无财产担保的租赁合同"，因为租赁合同关系中，债权债务关系内容不仅包含给付租金这一金钱债务，还包含交付和返还租赁物，尤其须返还的租赁物，经租赁使用而发生特定后，其肯定不是种类物或可替代物。所以，问题就是，

---

① 郑云鹏：《公证法新论》，元照出版有限公司 2005 年版，第 258、259 页。转引自马勇：《房屋租赁合同强制执行公证的困境与出路》，载《华东政法大学学报》2012 年第 1 期。

我国立法上既然没有将公证强制执行制度在规范上限于种类物，但为什么可以办理强制执行公证的租赁合同前加上"无财产担保"这个定语？搞清楚这个问题，有助于我们澄清租赁合同，甚至是融资租赁合同办理强制执行公证中的许多问题。

（一）德国、日本等国租赁合同的强制执行公证

1. 德国

《德国民事诉讼法》（1950年）第七百九十四条第一款第五项规定，"德国法院或德国公证人在其职权范围内，依规定的方式做成的，以支付一定的金额，或给付一定数量的其他代替物或有价证券为标的的公证书，但以债务人在证书内承认愿径受强制执行者为限。根据抵押权、土地债务、定期土地债务的请求权，视为以金钱给付为标的的请求权"。在1999年后的法律修订调整中，租赁关系的强制执行公证趋于严格，现行的公证制度要求文书所载的请求权必须明确清楚，并且当事人对之具有处分权。对于涉及住房租赁关系之存续的请求权，包括搬迁请求权、交还请求权和要求租赁关系继续的请求权均被排除可办理公证的范围之外，原则上只有租金等以金钱为内容的给付请求权才可以被赋予执行力。这一点，符合德国法上公证强制执行仅适用于种类物的基本原理，返还租赁物或搬迁请求权针对的都是特定物，而租金这一以种类物货币为给付内容的债务可以赋予强制执行效力也说明了这一点。

2. 奥地利

奥地利早期的法律随同德国法，强制执行公证范围限定于金钱之债和种类物之债。但随着社会和强制执行法理论的发展，奥地利于1962年《公证法》修正时将强制执行公证的范围进行了有限扩张，第三条规定："公证书具有下列情形之一者，视同法院所成立之和解而有执行效力：（1）作为或不作为给付之义务在证书上有明确记载，但对于非不动产所有人或共有人请求迁出全部或一部住宅房屋者除外……"可以看到，在租赁合同领域，奥地利只允许不动产所有权人作为债权人时，可以就其要求承租人搬离的权利义务关系赋予强制执行效力。也就是说，奥地利对租赁关系中，如返还不动产租赁物等非金钱给付义务办理强制执行公证的适用范围，是从主体的角度加以限制，即必须是所有权人，承租人要求次承租人返还租赁物的权利则不能被赋予强制执行效力。很明显，这里有了法律政策上维护所有权，迎合社会一般认知等考量，即在立法上存在所有权人倾向。

3. 日本

日本《民事执行法》第二十二条第五款规定，由公证人做成公证书，载明

债务人愿接受强制执行的文书,以"支付一定数额之金钱或以给付其他代替物或有价证券之一定数量为目的之请求"为限。然而从1968年开始之《民事执行法》制定过程中,关于公证书执行之范围,即有扩张论及否定扩张论之争议。持扩张论者,主要系公证人联合会方面所提出,认为关于公证书执行力适用的事项(即《民事诉讼法》第五百五十九条第3号对公证书执行力所规定的范围)相当狭隘,与现实社会交易情况不符,应适度扩张如下:(1)及于特定动产的交付;(2)在定有最高限额之将来发生的债权中,为一定金额的支付,于其后办理执行文书之际,能提出确定金额的证明者(也即在办理最高额债务关系中,办理的强制执行公证实际上是未明确债务数额的债务关系)。主要理由在于:第(1)项为伴随着动产买卖及租赁之企业化,为确保交易安全之必要性,而且这些交易中多订有契约解除或期满不履行标的物返还时,允许自力救济的特殊约定,公证书执行力的扩张具有正确引导这种无视法秩序倾向的功能,另外也有助于充分发挥动产让与担保及其他动产担保权的机能。第(2)项则为伴随着银行信用借贷等授信契约以及就卖土地、建物、车辆之贷款契约的增加,要求依公证书而取得执行力的需求也日益旺盛。但最后以否定公证书执行力扩张的意见为有力;因此,日本公证书执行力的范围仍维持在金钱给付之事项,尚未扩展到给付物的债务关系之上,返还租赁物的债务当然就无法被赋予强制执行效力。

4. 小结

从上述各国制度看,可以得出的结论是:(1)规范上,是否可以就租赁合同中返还租赁物的债务经公证赋予强制执行效力,并无明确一致的立法模式,也即无所谓"科学"结论,各国根据自己的社会实际情况、风险认知和程序规范的总体特征,具体安排租赁合同办理强制执行公证的制度内容。(2)强制执行的民事义务,既包括支付租金义务,也包括返还租赁物义务,甚至于后者居多。(3)各国在强制执行公证理论上没有"无担保"和"有担保"的租赁合同之分,这是我国特有的法律制度,寻找区分的原因,须从我国自身的特点和法律演化历史中寻找答案。

(二)《联合通知》为什么限制为"无财产担保的租赁合同"?

租赁物的交付和返还是否属于《联合通知》第一条中所述的"物品"涉及的义务呢?对此,目前没有确切的法律解释,一般认为可办理强制执行公证的具体给付义务在实务中仅限于以金钱为内容的给付,即租金、违约金、迟延履行利息等费用的给付,而不包括对承租人交还租赁物义务的强制履行。但是从《联合通知》的规范内容看,对于特定租赁物返还债务的强制执行,并未禁止。

对此，上海市公证协会 2008 年发布的《办理强制执行公证的若干指导意见》指出，租赁合同或融资租赁合同标的物为不动产的，执行局认为只宜强制执行支付租金，不宜强制迁移。但是，返还租赁房屋的问题不仅出现在一般无担保的租赁合同当中，而且出现在有担保的租赁合同当中；所以，是否存在"不宜强制迁移"的情形，不是区分"有担保"和"无担保"租赁合同的原因。我们认为，设定担保的大都是租金支付义务的担保，借助公证强制执行实现担保权而实现租金债权，可以有效避免租金纠纷直接走到强制执行返还租赁物的地步，所以有担保的租赁合同才应当可以经公证强制执行。那么，《联合通知》的规定为什么却恰恰相反？

我们认为《联合通知》进行区分的真正原因在于：

第一，在规范意义上，《联合通知》并不禁止经公证强制执行实现租赁物返还等非金钱债务，但是按照当时的司法实践，担保关系是否可以经公证赋予强制执行效力尚有疑问（尤其是抵押合同、质权合同按照当时的法律规定尚属于实践性合同，办理公证时大都未办理登记，故合同尚未生效），司法实践中也有对担保关系赋强公证被裁定不予执行的情况。所以，出于谨慎起见，搁置争议将租赁合同的强制执行限制在无担保的租赁关系更符合当时司法实践的现实状况，可以有效规避物权担保未能办理登记或交付而无效，或因执行机关不认可对担保关系赋强公证而裁定不予执行的风险。

第二，有担保的租赁合同，租金收取本身就多了一层保障，所以在法律政策上就可以倾向于不能因迟延支付租金轻易地解除合同，并经公证强制执行收回房产；所以，在不能完全确定担保关系可以办理强制执行公证的情况下，权宜之计是将全部有担保的租赁合同排除在强制执行公证的适用范围之外。这样，租赁有担保、租金有保障，避免出租人鉴于公证强制执行的便利性，径行解除合同通过强制执行实现租赁物返还的债权；此外，还可以回避普遍存在的，对担保是否能够办理强制执行公证的质疑。

（三）租赁关系的强制执行公证的应然规范内容

时过境迁，最高人民法院通过多个司法解释确认了担保关系可以办理强制执行公证的规范内容，而且合同效力和办理公证均不以办理抵押登记或质物交付为条件，这即提出了重新审视 2000 年《联合通知》中"无财产担保的租赁合同"这一限制的必要性。我们认为，实践中：

第一，不能将融资租赁合同和租赁合同两种类型的合同混为一谈，尤其是前者的"售后回租式"融资租赁和一般的融资型融资租赁合同，其是以融资借款为主要交易内容的合同关系，完全可以无障碍地办理强制执行公证，而不论其是否附有担保。

第二，不能再区分有担保和无担保的租赁合同，只能是在法律政策上考量是否如德国、日本那样统一对租赁关系中返还租赁物的债务（后者仅限制房屋租赁办理强制执行公证）不能经公证赋予强制执行效力，或统一只允许对租金缴纳义务经公证赋予强制执行效力（不过这样一来，返还租赁物的请求依然缺乏执行依据，还是须通过诉讼解决，如此先就租金办理赋强公证的意义就不大了）。

（四）租赁合同关系办理强制执行公证面临的问题

赋予租赁关系中的租金支付义务强制执行效力，可能面临租赁物不符合约定时，承租人根据《民法典》第五百八十二条的规定要求减少租金的问题；或者承租人在租赁物不符合约定且合同目的无法实现的情况下，根据《民法典》第五百六十三条的规定行使法定解除权的问题。另外，在租赁物存在权利瑕疵，第三人主张权利致使承租人无法对租赁物使用、收益情况下，也存在承租人可能根据《民法典》第七百二十三条，提出减少租金或不支付租金请求的问题。这些问题，都关系到承租人是否应当按照租赁合同约定足额支付租金。对此，我们认为，在出具执行证书时，应当核查出租人向承租人交付租赁物时，承租人是否已经确认了租赁物符合合同约定的各项要求，并且不存在物理或权利瑕疵。面对在债务核实过程中承租人提出的各项减少租金或不支付租金或解除合同的主张，公证机构应当仔细审查并审慎作出是否采纳的决定。公证机构不采纳这些主张，出具执行证书的，承租人可以根据《公证债权文书执行规定》第二十二条以"载明的民事权利义务关系与事实不符"为由，向执行法院起诉并提出"不予执行公证债权文书"的诉讼请求。

二、融资租赁

（一）融资租赁合同经公证赋予强制执行效力的基本理论和法律规定

根据《关于充分发挥公证书的强制执行效力服务银行金融债权风险防控的通知》第一条第一项，公证机构可以对银行业金融机构运营中所签署的"融资租赁合同"赋予强制执行效力。

融资租赁合同有两种基本类型：第一，承租人向出租人借款向出卖人购买租赁物，然后以支付约定租金的形式向出租人分期返还所借款项和利息，即"购买型"融资租赁。这种类型，实际上是帮助承租人解决缺乏资金购买租赁物的问题，承租人的目的是获得租赁物的所有权。这种类型融资租赁的租金数额，根据《民法典》第七百四十六条"融资租赁合同的租金，除当事人另有约定外，应当根据购买租赁物的大部分或者全部成本以及出租人的合理利润确定"，也即租金总额通常大于购买租赁物的价款数额，而这里出租人的合理利润通常情况下是指承租人使用出租人提供的资金的"利息"。

第二，承租人指令出租人向出卖人购买租赁物，然后在租赁期内按照约定向出租人支付租金；租期届满，出租人则回收租赁物另作他用，即"租赁型"或"使用型"融资租赁。这种类型，仅仅是帮助承租人解决其仅仅意欲在租赁期限内使用租赁物，而出卖人无意出租租赁物的交易动机错位的问题，买受人即出租人起到了接引出卖人和承租人的作用。此模式下，承租人并无意获得租赁物的所有权，租金数额即《民法典》第七百四十六条中的"当事人另有约定"。

还有一种特殊类型的融资租赁是"售后回租式"融资租赁合同，总体上属于"购买型"融资租赁，我们在后文详细介绍。

1. "租赁型"融资租赁

在上述两种基本类型中，第一种类型通常可以经公证赋予强制执行效力，在回答"为什么"之前，我们先来看看为什么第二种类型通常情况下不可以。在第二种类型融资租赁合同关系中，租赁物在租期结束后，归属于出租人所有，而且其在租赁期限内收取的租金总额与租赁物不构成对价，出租人就有租期结束后自己使用租赁物、再次将租赁物出租给他人或出售给他人的需求，借此获取收益最终让购买租赁物成为一项"划算"的交易。这就驱使出租人关注租赁物的品类，就租赁物是否有价值、有市场，自用或出租、出售，交付的具体租赁物是否有瑕疵，该瑕疵是否会影响到租期结束后自用或另行出租、出售的问题作出预判，其自然而然地就会介入租赁物的选择和验收。这样一来，选择和验收即不是单纯由承租人完成，出租人即须向承租人担保租赁物无瑕疵，并在纠纷产生后证明其有权足额收取租金，否则在其依据公证债权文书就租金债务申请强制执行时，即会遇到承租人提出租赁物并非其自己选择，或租赁物质量存在瑕疵不符合约定的抗辩。这样，即需要回到我们前文所述，需要人民法院法官就出租人提出支付租金的请求，和承租人提出的瑕疵抗辩甚至租金减少请求是否应当予以支持作出裁判，即需要法官通过实体诉讼审查对当事人之间的权利义务进行重新构造。这样，面对租赁物瑕疵的抗辩这种类型下的租金义务即很难不经诉讼，单纯借助公证赋强程序予以执行。这是通常情形。当然，出租人可以在交付租赁物给承租人之后，要求承租人出具租赁物无瑕疵的法律文件，以确定和解决租金纠纷中可能存在来自租赁物瑕疵的问题。但是，这一做法仍然无法解决以下问题。

（1）为保障租期结束后自用或出售、出租租赁物，出租人在购买租赁物时，即会介入对出卖人以及租赁物的选择以及租赁物的验收之中，在出租人和承租人之间就租金支付产生的违约纠纷中，很难判断出卖人、租赁物选择、租赁物买受验收是否影响租金支付义务。毕竟，与一般的租赁合同不同，融资租赁合同中出租人购买租赁物一是基于承租人的指令，二是根据承租人的选择。

（2）在这种类型融资租赁关系中，出租人和承租人之间的关系本质上还是租赁使用关系，如果双方就租金支付设定保证或物权担保，则不符合2000年《联合通知》中关于租赁关系须为"无财产担保"的要求。

（3）承租人违约不支付租金，出租人以是否保留租赁合同为准有两个选择：第一，租赁合同继续有效，出租人强制执行某一特定期间欠付的租金；该期间经过后，出租人是否有权在此就新的一段特定期间新产生的欠付租金申请强制执行，即成为公证机构、执行机关普遍面对的问题。从实践中公证机构的通行做法看，作为执行依据的公证债权文书不能重复作为强制执行的执行依据，否则该执行依据首先即不存在确定力（多次执行，多个执行标的导致的执行内容或标的上的不确定），也很难再作为执行依据。第二，解除租赁合同，追索欠付的租金和索回租赁物。此时，根据《民法典》第七百五十二条的规定，解除合同须满足"经催告后在合理期限内仍不支付租金"的法定条件；就此办理赋强公证的，需要在融资租赁合同中有解除条件和解除后返还租赁物的法律后果的约定内容，并由当事人协商一致就此赋予强制执行效力的意思表示，否则解除合同后返还租赁物的义务并未出现在公证债权文书中，则该公证债权文书不能作为强制执行的依据。而且，在出具执行证书时，公证机构须审查出租人是否经合法有效的催告，以及合理期限是否已经经过，这已经超出了通常仅就钱款数额进行核实的核实事项内容。

需要注意的是，在《公证债权文书执行规定》第二十二条第一款债务人提出的不予执行公证债权文书的事由中，债务人没有诸如出租标的物存在瑕疵、应当减少租金的内容，甚至是不予执行的法定事由。但现实情况是，如出租人交付的租赁物不符合双方约定，出租人自然即无权依据租赁合同全额收取租金，承租人也相应有要求降低价款的权利。我们认为，不是实践中债务人（承租人）都不会对出租人根据《民法典》第五百八十二条提出要求债权人（出租人）就交付不符合约定租赁物的违约情形承担诸如减少租金等"采取补救措施"违约责任的主张，而是可能提出该类主张的债权债务关系类型已经被排除在公证债权文书制度的使用范围之外。

结论是，就"租赁型"融资租赁办理赋强公证，我们认为，应当是在收回租赁物或解除合同拿回租赁物后，双方当事人就欠付租金的还款付息等债务达成还款协议后，才能就该协议（还款协议）申请办理强制执行公证，进而根据还款义务的履行情况申请强制执行。不过，这时的公证强制执行在类型上已经变为"还款协议"的公证强制执行。

2."购买型"融资租赁

在"购买型"融资租赁关系中，出租人意在收回购买成本并获取"利息"利润，无意获得租赁物所有权，加之为规避承租人就租赁物对租金支付请求提出的抗辩权，所以在"购买型"融资租赁关系中，出租人一般会：（1）彻底完全由承租人选择租赁物或出卖人；（2）不参与交付和验收，直接由出卖人将租赁物交付给出租人。在满足上述两项的情况下，根据《民法典》第七百四十二条之规定，即"承租人对出卖人行使索赔权利，不影响其履行支付租金的义务。但是，承租人依赖出租人的技能确定租赁物或者出租人干预选择租赁物的，承租人可以请求减免相应租金"，在租赁物系由承租人选择、接受、验收的情况下，承租人无权以购买租赁物阶段出卖人、租赁物的选择以及租赁物的瑕疵为由，就出租人提出的租金支付请求提出抗辩，或要求减少租金。这样，无论租赁物出现什么问题，出租人都有权要求承租人根据约定按期足额支付租金。在本质上，这种情况下，出租人和承租人之间即已经不再是租赁关系，而是完全意义上的借款融资关系，两者之间的支付租金债务即可以办理强制执行公证并据以申请强制执行。就此，我们以以下民事案件中人民法院的判决为例。

在河南郑州中院就石某、Z 国际租赁有限公司融资租赁合同纠纷案作出的（2019）豫 01 民终 3287 号二审民事判决中，法院认定 Z 租赁公司（出租人）与石某签订的《融资租赁合同》有效，并且确定根据石某向 Z 租赁公司出具的《租赁物验收证明书》证明，租赁物的出卖人是根据石某的独立判断选定的，相关资料中记载的租赁物的名称、规格、型号、技术性能、数量、技术水平及服务内容、质量、技术保证以及价格条款、交货期、运输等所有事项，都是石某与出卖人商议决定的内容，石某确认其作出上述选择和决定并未依赖 Z 租赁公司的技能，也未受到 Z 租赁公司的任何影响或干涉，石某对自己的决定和选择负有全部责任；而且，租赁物从出卖人处搬运到石某指定的租赁物交付场所，石某应在验收日内自行负责对租赁物验收检查。根据该《租赁物验收证明书》，Z 租赁公司对租赁物瑕疵不承担责任，也即租赁物出现任何问题，都不影响出租人 Z 租赁公司要求承租人支付租金的权利。《民法典》第七百四十二条对于上述情形，也有相应的规定，即"承租人对出卖人行使索赔权利，不影响其履行支付租金的义务。但是，承租人依赖出租人的技能确定租赁物或者出租人干预选择租赁物的，承租人可以请求减免相应租金"。[①] 也即，在上述案件中，承租人确认出卖人、租赁物的选择和决定未依赖出租人的技能，也未受到出租人的任何影响或干涉，租赁物的验收也由承租人完成，其就出租人提出的支付租金请求也就没有了提出任何抗辩的可能性；可以说，双方完全是一种借贷融资关系，当然可以按照借款合同办理公证，也即就租金支付债务办理强制执行公证。

通过以上的分析，可以回答这样一个问题，即为什么《关于充分发挥公证书的强制执行效力服务银行金融债权风险防控的通知》选择仅就金融机构运营中所签署的"融资租赁合同"赋予强制执行效力？我们认为，不是因为只有金融机构主管机关中国银保监会出面协调，从而导致金融机构的融资租赁业务可以办理强制执行公证，而是因为：

（1）无论是中国银监会、司法部还是最高人民法院都意识到金融机构开办的融资租赁业务运营主体，作为出租人根本无意于持有或保留自己对租赁物的所有权，其目的在于提供资金融通服务，仅在于帮助承租人解决购买租赁物资金不足的问题。所以，金融机构运营的融资租赁机构的融资租赁合同，在出租人和承租人之间，本质上是二者之间就租赁物价款达成的借款合同关系，符合公证强制执行给付金钱的债务类型范围，这是司法部、最高人民法院同意就金融机构的此类业务办理强制执行公证最为重要的原因。

（2）金融机构开办的融资租赁业务运营主体均有合规、合法进行业务操作的能力，其在具体业务中会获取类似上述案例中《租赁物验收证明书》，从而在规范上排除承租人以租赁物瑕疵为由提出租金抗辩或减少租金请求的可能性，形成债务人（承租人）作出执行承诺即可适用强制执行公证制度的权利义务格局。

（3）金融机构开办的融资租赁业务运营主体，在面对承租人不支付租金的情况下，其采取的措施也仅仅是追索租金，而一般不会解除合同索回租赁物。《担保制度司法解释》第六十五条第一款中，也重点强调了融资租赁合同中租赁物对租金的担保作用，也即如果承租人不支付租金，出租人可以请求拍卖、变卖租赁物，以所得价款受偿收回租金；并规定"当事人请求参照民事诉讼法'实现

---

① 河南省郑州市中级人民法院（2019）豫01民终3287号民事判决书。案件来源于中国裁判文书网。

担保物权案件'的有关规定,以拍卖、变卖租赁物所得价款支付租金的,人民法院应予准许"。也就是说,民法典及其司法解释,对于租赁物和租金之间关系,系按照担保物和被担保的债权来加以规范,完全符合借款担保的关系和交易模式,符合办理强制执行公证的实体权利义务特征。

综上,之所以首先针对金融机构开办的融资租赁业务主体,就融资租赁业务通过公证强制执行程序实现债权给出规范性文件,主要是因为根据《民法典》第七百五十二条之规定,即"承租人应当按照约定支付租金。承租人经催告后在合理期限内仍不支付租金的,出租人可以请求支付全部租金;也可以解除合同,收回租赁物",而金融机构开办的融资租赁业务主体一般只会请求支付剩余租金,而不会要求解除合同。这样,公证强制执行的执行标的始终是融资租赁合同中的租金债权,之前办理的赋予该债务强制执行效力的公证债权文书即可以被作为执行依据,租赁物被强制执行,实际上是作为实现该租金债权的执行财产。

(二)融资租赁合同经公证强制执行的执行标的是什么?

在回答融资租赁合同经公证强制执行的执行标的是什么之前,先来看一下下面实践案件。

【问题40】融资租赁合同强制执行公证中的执行标的是什么?

厦门H公司与S公司签署三份《融资租赁合同》,H公司基于S公司的指定,向某公司购买欧曼自卸车10辆,并将该等车辆交付给S公司,保证人林某某、郭某某出具保证函,提供连带保证责任。2014年12月24日,H公司、S公司、林某某、郭某某签订《还款协议》,并将还款协议提交厦门鹭江公证处办理了(2014)厦鹭证内字第32466号公证书。后来,H公司向鹭江公证处申请出具(2015)厦鹭证执字第00064号执行证书,执行标的为:(1)拖欠的租金。(2)逾期付款违约金。(3)合同解除违约金。(4)S公司将租赁物(10辆自卸车)返还,并过户登记给H公司,过户费由S公司承担。如车辆无法返还和过户登记给H公司,则应将车辆变现价值返还给出租人H公司。如上述10辆自卸车车辆价值或者变现价值不足1052097元(剩余租金),S公司应赔偿H公司差额部分的损失。(5)律师费、执行证书公证费,以及实现债权的所有费用和其他应付款项。泉州洛江法院受理被执行人的执行异议,并经审查后作出(2015)洛执异字第4号执行裁定,驳回了被执行人提出的案涉法律关系并非融资租赁关系,而系民间借贷的异议申请。①

分析：债务关系双方申请赋强的是《还款协议》，符合《联合通知》对债务文书类型的要求。对于融资租赁合同承租人不支付租金的违约行为，根据《民法典》第七百五十二条之规定，即"承租人应当按照约定支付租金。承租人经催告后在合理期限内仍不支付租金的，出租人可以要求支付全部租金；也可以解除合同，收回租赁物"，出租人有两个方向上的选择维护自己的合法权益。

从执行申请人要求支付拖欠的租金并要求支付逾期付款违约金的执行申请看，本质上在解除合同后，债权人根据《民法典》第五百七十七条之规定要求债务人就合同解除之前有效的租赁期限内拖欠租金的行为承担"继续履行"+"赔偿损失"的违约责任。从要求支付合同解除违约金的执行标的也能看出，债权人H公司已经行使了合同解除权，收回租赁物。从"变现价值不足1052097元（剩余租金），S公司应赔偿H公司差额部分的损失"的表述看，本案的融资租赁关系本质上是被执行人（承租人）借申请执行人（出租人）款项购买租赁物，然后分期以租金的形式向申请执行人还本付息。这也是，被执行人提出异议认为案涉法律关系在性质上属于借款合同关系的原因。

我们认为，本案正确的执行标的是要求被执行人支付所有剩余租金，并就迟延支付拖欠的租金承担损失赔偿责任（对此有违约条款的，按照违约条款处理；没有违约条款的，按照银行间利率计算LPR即可）。鹭江公证处执行证书中载明的执行标的的问题在于：

第一，要求支付合同解除前欠缴的"租金"，以及就此产生的违约金；但是，解除合同之后，执行申请人即不能再要求支付"租金"了，只能要求按照租金标准支付"占有使用费"，因为合同已经解除了。而第三项执行标的合同解除违约金，是否包含占有使用费呢？至少从词语表述上无法得出肯定答案；也即，从执行证书表述看，案涉融资租赁合同解除后，新产生的占有使用费被执行证书列明的执行标的范围忽略了。当然，如果快速进入执行程序，租赁物被执行机关查封、扣押的，占有使用费会很少，甚至可以忽略不计。

第二，执行证书和异议裁定中均未对案涉租赁合同是何时被解除的有具体描述，这是本案的处置并不完全妥当的原因。当然，从合同解除后，出租人未及时归还租赁物导致需要支付的占有使用费的计算方式，也即以租赁合同中约定的租金标准加以计算的实践通行做法看，穷究合同何时被解除的，并无实际

---

① 福建省泉州市洛江区人民法院（2015）洛执异字第4号执行裁定书。案件来源于中国裁判文书网。

意义，但从规范和事实角度看，还是应当明确合同解除的时间。

第三，从执行标的第（4）项返还车辆并办理过户登记来看：（1）车辆被登记在被执行人名下，不存在经登记，债权人根据所有权保留的担保性质享有优先受偿的可能性，也没有因被执行人"破产"而取回标的物的可能性；（2）未交代车辆上设定有第三方债权人的担保物权，故不存在债权人根据担保的有关规定优先受偿的问题和讨论价值；（3）从该项执行标的中"变现"不足支付剩余租金的表述看，申请执行人实际上意在收回款项，而非取得车辆所有权。在其无车辆优先权的情况下，查封、拍卖并且流拍情况下以租赁物抵债，其也可以达到自己的目标。所以，从总体上看，"解除合同"对申请执行人而言，也无实际意义。

本书在一开始即有一个基本观点，即公证强制执行的债务（义务）都是债权合同中原本的债务，即通常所说的合同一级义务（或一次义务），而不能是基于违约责任要求采取补救措施、赔偿损失或解除合同后返还、财产折价补偿等义务，尤其是后者。所以，抛开出租人是否解除合同这一点看，出租人最好的做法是要求承租人提前支付全部租金，这样即可无障碍地通过公证强制执行程序实现租金债权。这样，在接下来的执行程序中，人民法院扣押、查封案涉车辆，并拍卖获得价款清偿租金债务，流拍的情况下则可以抵债返还债权人，债权人（出租人）就剩余未抵债的债权要求债务人（承租人）继续清偿租金债务。如果案涉车辆上有第三人的抵押权、质权，则出租人无权就租赁物优先受偿，其只能要求债务人（承租人）以案涉车辆的剩余价值或其自身的其他财产清偿债务。如果按照鹭江公证处的执行证书予以执行，即：（1）拖欠的租金；（2）逾期付款违约金；（3）合同解除违约金；（4）S公司将租赁物（10辆自卸车）返还，并过户登记给H公司，过户费由S公司承担。我们认为这样的问题在于：如果是"购买型"融资租赁，承租人支付全部租金即会获得租赁物的所有权，按照上述执行证书，出租人可能既拿回了租赁物，又获得了相当于购买物的租金，这就出现了"一个萝卜两头切"的情况；只有不过户，将租赁物变现后清偿剩余租金，或不足清偿时继续追偿的思路才符合"购买型"融资租赁的交易内容。另外，在执行程序中，执行机关如何依据公证处的思路，判断租赁物的价值大于或小于剩余租金的，也是执行机关在执行上述公证债权文书时须面对的一个非常棘手的问题。

综上，我们并不完全认同公证机构出具的执行证书以及厦门法院作出的执行裁定。而且，如果《还款协议》中根本就没有返还车辆的义务，或没有经公证赋予该项义务强制执行效力，那么在执行证书中列明返还车辆的执行标的，很明显是错误的。

从可以办理强制执行公证的"购买型"融资租赁合同"借款购买租赁物"的本质属性入手,我们认为,经公证强制执行的执行标的是:剩余未付之租金。如果租赁物登记在出租人名下,或进行了融资租赁公示,出租人甚至可以就租赁物的价值优先受偿。在办理这类融资租赁合同的强制执行公证时,应特别注意可以提前要求支付全部租金的条件,应当力求简洁、明了,例如"连续两期租金未按时支付,或总计三期租金未按期支付"等,以便于公证机构加以核实。

【问题41】融资租赁合同是不是租赁合同?

2013年7月15日,作为出租人的F融资租赁公司与联合承租人L船舶修造公司、H造船公司签订了一份售后回租《融资租赁合同》,约定"租赁物为吊车及起重设备,租赁本金5680万元,租赁期限三年,利率8.9944%,起租日为2013年7月29日,租金支付周期为每三个月,租金支付方式为等额本息还款,期末支付";约定由K批发公司以其拥有所有权的位于海口市的40套房屋为《融资租赁合同》项下的债权提供抵押担保。当日,F公司与K公司签订了《房地产抵押合同》,并将上述融资租赁合同和抵押合同向椰城公证处申请出具了(2013)椰城证经字第362号公证书;7月23日,双方就上述抵押办理了他项权利登记,F公司领取了他项权利证书。

2014年3月12日,F公司向椰城公证处申请出具执行证书,该处出具了(2014)椰城证经字第130号执行证书;F公司遂向海口中院申请执行。海口中院经审理作出(2014)海中法执字第207号执行裁定认为,"融资租赁合同为融信贷与租赁为一体的新型租赁合同",案涉融资租赁合同有抵押担保,且债权人将担保人一并列为被执行人,故"涉案融资租赁合同实际为有财产担保的租赁合同,不属于公证机关赋予强制执行效力的债权文书的范围",且抵押合同"不具有给付货币、物品、有价证券的内容,不具备赋予强制执行效力的条件",该认定的法律依据是2000年《联合通知》中的"无财产担保的租赁合同"。①

分析:本案实际上要解决两个问题:

第一,2000年《联合通知》中"无财产担保的租赁合同"这一规定的立法目的是什么,是真正要排除对租金设定担保权的租赁合同吗?这一点,我们在前面有关租赁合同公证强制执行的内容中已经详细论述,在这里不再赘述。

---

① 海南省海口市中级人民法院(2014)海中法执字第207号执行裁定书。案件来源于中国裁判文书网。

第二，在本案中微观层面上，融资租赁合同有两个部分，融资部分和租赁部分：担保是融资部分的担保，还是租赁部分的担保？从双方签订的售后回租《融资租赁合同》的内容看，很明显，抵押担保的设定是用于担保融资债务，即还本付息债务的履行，而不是用于担保租赁物返还债务。本质上，本案中的抵押与租赁关系无关。所以，海口中院经审理作出（2014）海中法执字第207号《执行裁定书》有待商榷，而且本案涉及的是售后回租式融资租赁，"承租人"根本无法以租赁物瑕疵就还本付息义务提出抗辩，也即本案可以经公证强制执行。

（三）公证机构在融资租赁合同强制执行公证业务中的风险防范

公证机构在受理公证申请的文件中要明确"融资租赁"的性质，同时要紧扣融资租赁合同的法定概念进行并记录询问，也即《民法典》第七百三十五条的规定内容"融资租赁合同是出租人根据承租人对出卖人、租赁物的选择，向出卖人购买租赁物，提供给承租人使用，承租人支付租金的合同"。在制作询问笔录中，公证人员要力求突出融资租赁合同的法律特征：第一，出卖人由承租人选择；第二，租赁物由承租人选择；第三，买受人即出租人向出卖人购买标的物；第四，承租人向买受人支付租金。在办理强制执行公证中，公证人员要注意融资租赁合同和租赁合同、分期付款买卖、借款合同、联营合同之间的区别，确定融资租赁合同不会有效力瑕疵；还需要从合同的具体约定中，确定承租人是否能够以租赁物瑕疵为由就租金支付义务提出抗辩。

进入执行程序后，面对出租人就租金债权提出的执行申请，承租人经常提出的异议是"案件所涉及的是借款合同，而不是融资租赁合同"。有关这一点，《融资租赁司法解释》第一条第二款规定"对名为融资租赁合同，但实际不构成融资租赁法律关系的，人民法院应按照其实际构成的法律关系处理"。而对于如何认定是否构成融资租赁法律关系的问题，该条第一款规定"应当根据民法典第七百三十五条的规定，结合标的物的性质、价值、租金的构成以及当事人的合同权利和义务"，判断是否构成融资租赁关系。

如果公证的债权文书存在名为融资租赁合同，但实际上不属于的情况，则会导致债务人以"公证债权文书载明的民事权利义务关系与事实不符"为由在执行程序终结前，以债权人为被告，向执行法院提起诉讼，请求不予执行公证债权文书。《民法典》第七百三十五条规定"融资租赁合同是出租人根据承租人对出卖人、租赁物的选择，向出卖人购买租赁物，提供给承租人使用，承租人支付租金的合同"，我们认为该条中核心是"使用"，而具体的判断标准则是《融资租赁司法解释》第一条第一款中的"标的物的性质、价值、租金的构成以及当事人的合同权利和义务"。

从租赁物的性质看，物应当是不可消耗物，如机械设备、车辆、楼宇、轮船等；相反，如果是可消耗物，如食盐、煤炭等，依合同期满归还租赁物的一般规则看，即构成了所谓的"消费借贷（用）"关系，则不构成"租赁使用"的关系。对于租赁物的价值，我们认为主要是指物的使用价值类型：如果是消费型使用，我们倾向于否定其融资租赁的法律性质，例如融资租赁家电产品、家用汽车。实践中，对于车辆限购的北京等一线城市，一些市民未能"抽上号"，则通过所谓"融资租赁"与一些所谓融资租赁公司购买私家车使用，则应当否定其融资租赁性质。相反，如果是经营型、或生产型使用，则应当肯定其融资租赁性质。例如同样是购买家电产品用于经营，例如融资租赁购买洗衣机经营"洗衣店"，则应当构成融资租赁。从这个意义上看，融资租赁实际上有很强的"共享经济"的特征，即将有资金的人和有使用需求的人结合起来，构成有机的交易结构。从租金的构成看，融资租赁有两种模式，即购买型和使用型，前者租金的总额实际上是由租赁物购买价格加上一定适当的融资利息构成；后者租金实际上就是租赁物的使用代价，与该租赁物一般的市场租金相当。当然，可适用并办理强制执行公证的，如前文所述，一般仅有购买型融资租赁。

对于《民法典》第七百三十五条所述的"承租人使用"这一要求，在融资租赁框架内是否允许第三人使用，是一个需要处理的问题。例如，在售后回租式融资租赁关系中，甲将自己购买的设备出售给乙，乙又回租给甲，甲支付租金；但是，甲并不直接使用设备，而是出租给丙使用。这里存在的问题是，甲乙之间是否构成融资租赁关系。我们认为：第一，出租人获得的租金，实际上是丙支付的，这里存在一层传导关系。第二，从物尽其用的法律原则出发，丙无法支付全部价款购买并使用租赁物，或乙并无出售租赁物的意思，所以应当鼓励丙以此方式使用租赁物。第三，前两项，我们认为均是支持甲乙之间构成融资租赁合同的理由。但是，乙在这里的融资目的即成为是否构成融资租赁关系的标准：如果乙融资是为了支付租赁物的价款，则应当从性质上肯定融资租赁关系；相反，如果乙的融资目的并非支付租赁物的价款，则应当认定为一般的借贷关系。

【问题 42】售后回租式融资租赁合同是否可以公证强制执行？

在 F 租赁有限公司与 Z 金刚石股份有限公司、H 超硬材料股份有限公司、郭某某、郑某某合同公证债权文书纠纷一案中，2016年4月13日，F公司作为出租人，Z公司作为承租人签订《融资租赁合同（回租）》，从租赁物的购买，租赁物的交付，租赁物的质量瑕疵和索赔，租金，租赁保证金，租赁物的所有权，租赁物的占有、使用、收益、维修和保养，租赁物的毁损及灭失，租赁物的保险，违约及救济，重大变故的处理，陈述与保证，合同权利义务的转让，承租人对租赁物所有权的取得，租赁物的提前留购等方面对双方权利义务进行了详细约定。合同附件约定租赁物购买价为1亿元人民币，租赁利率为每年8%，概算租金总额122313436.25元，租金每三个月支付一期，共20期，租金概算起租日为2016年6月5日，租赁期限五年。2016年5月12日，北京市中信公证处出具（2016）京中信内经证字30696号公证书，赋予强制执行效力。

北京市中信公证处于2019年1月10日出具（2019）京中信执字00022号执行证书，确定：一、被执行人为Z公司、郭某某、郑某某、H公司；二、执行标的：1.租金总额61156718.10元，2.自2018年12月5日起至2018年12月14日止逾期支付租金的利息18347.02元，3.自2018年12月15日至租金付清之日的逾期利息，以未付的租金总额61175065.12元为基数，按照年利率12%计算，4.租赁物留购价款100元，5.公证费18万元；三、责任范围：1.Z公司作为承租人，应就上述债务向F公司承担清偿责任；2.郭某某、郑某某、H公司作为保证担保人，应就上述债务向F公司承担连带保证担保责任。

郑州中院经审查作出（2019）豫01执异257号执行裁定认为，根据2000年《联合通知》，能够赋予强制执行效力的，应当是债权债务关系简单、事实清楚的合同，而案涉《融资租赁合同（回租）》，"双方同时存在买卖合同关系与租赁合同关系，F公司享有收取租金及相关款项的权利，Z公司享有提前留购租赁物的权利，双方互负权利义务，虽然Z公司作为承租人给付租金的义务是明确的，但Z公司违约之后，F公司作为出租人的救济途径是多样的，可选择主张租金加速到期，也可选择要求立即返还租赁物或取回租赁物，故本案的《融资租赁合同（回租）》约定的债权债务关系复杂，不属于可赋予强制执行效力的债权文书范围，所以被执行人的异议请求成立，应予支持"，遂裁定不予执行。

分析：在《公证债权文书执行规定》实施之前，郑州中院的观点可能还有一定的道理；但是，在《公证债权文书执行规定》框架之内，对于售后回租式融资租赁合同而言，经公证强制执行已经有了制度保障：（1）公证债权文书中的公证证词中，会就债权人、给付内容进行描述，给付内容即会非常清楚，债务人知晓不履行债务的法律后果；（2）即使被执行人认为存在实体上的不予执行的理由，也应当根据《公证债权文书执行规定》第二十二条提起诉讼予以救济，那么公证债权文书至少实现了让债务人主动起诉，并变动诉讼格局的目标。本案中，债权人申请执行的都是公证债权文书中的原始合同义务，无须人民法院的法官进行权利义务的重新构造，所以可以依据公证债权文书予以执行；郑州中院称债权人有多种救济途径，所以债权债务关系复杂，但F公司通过申请执行证书已经明确选择了加速到期，也已经消除了郑州中院所言债权债务关系的复杂性，其应当予以强制执行。

（四）出租人是否有权就租赁物所得价款优先受偿？

既然《担保制度司法解释》是将租赁物规定为实现租金债权的担保物，那么无法回避的问题就是：出租人是否有权就租赁物所得价款优先受偿？对此，根据《担保制度司法解释》第六十七条之规定，即"在所有权保留买卖、融资租赁等合同中，出卖人、出租人的所有权未经登记不得对抗的'善意第三人'的范围及其效力，参照本解释第五十四条的规定处理"，租赁物（例如飞机、汽车、轮船等）所有权如果登记在出租人名下，则出租人可以就租赁物所得价款优先受偿；如果租赁物所有权没有登记在出租人名下，则应当比照有关未经登记的动产抵押权的规定加以处理。从这一规定可以看出，虽然《民法典》第七百四十五条"出租人对租赁物享有的所有权，未经登记，不得对抗善意第三人"，规定出租人对租赁物享有所有权；但是，在实现租金债权的道路上，《担保制度司法解释》实际上是将租赁物归属于承租人作为"默认值"加以规范。

鉴于融资租赁一般仅涉及动产租赁物，实践中大量存在未经登记的情况，有必要对未经登记情况下出租人是否享有优先受偿权的问题加以进一步讨论。对此，《担保制度司法解释》第五十四条规定了以下几种情形。

第一，承租人向第三人转让租赁物，第三人占有租赁物后，出租人无权追及第三人处要求将租赁物拍卖、变卖，更加不可能就所得价款优先受偿。这实际上涉及第三人是否已经善意取得无担保负担的租赁物的问题，也即如果出租人能够举证证明第三人知道或应当知道出租人和承租人之间就租赁物存在融资租赁关系，则第三人不能善意取得无担保负担的租赁物，即使第三人获得租赁物的所有权，出租人也可以追及承租人处要求将租赁物拍卖、变卖，并就价款优先受偿。

第二，承租人将租赁物出租给第三人，第三人占有租赁物的，出租人可以追及第三人处要求将租赁物拍卖、变卖甚至折价处置，但承租人和第三人之间的租赁关系不受影响,也即适用"买卖不破租赁"的规则。同样,如果出租人能够举证证明第三人知道或应当知道出租人和承租人之间就租赁物存在融资租赁关系,则不适用"买卖不破租赁"的规则。

第三,承租人的其他债权人向人民法院申请保全或者执行租赁物,人民法院已经作出财产保全裁定或者采取执行措施,出租人不得要求就租赁物拍卖、变卖所得价款优先受偿,其仅仅只能作为普通债权人提出申请轮候查封租赁物,更不能优先受偿。同样,如果承租人破产,出租人也同样不能要求就租赁物拍卖、变卖所得价款优先受偿。

对于公证机构而言,只能就租金债权赋予强制执行效力,而无法对出租人的另一个选择"解除合同"+"收回租赁物"+"请求出租人承担合同解除后的赔偿责任"赋予强制执行效力,因为根本无法确定赔偿责任的大小,而且这些法律责任并非原合同约定的合同义务,无法在合同签订时确定责任内容并就其内容赋予强制执行效力。对于租金债权赋予强制执行效力的融资租赁合同的公证债权文书,如果出租人打算解除合同,并且已经有效送达解除通知,则公证机构应当就出租人提出的出具执行证书申请出具《不予出具执行证书决定书》,方便当事人就确认合同解除的效力且请求承租人返还租赁物并赔偿损失向人民法院提出诉请。

与此相对,如果当事人就租金债权提出出具执行证书的申请,公证机构应当审查:(1)出租人支付租赁物购买价款的凭证;(2)租赁物交付的凭证或记录;(3)承租人已经支付部分租金的,则应当审核租金支付的记录或银行凭证,以确定出租人履行了合同义务。另外,应当向债务人即承租人核实租金债务的履行情况,对于承租人提出的抗辩,则应当从《民法典》第七百三十五条入手,即"融资租赁合同是出租人根据承租人对出卖人、租赁物的选择,向出卖人购买租赁物,提供给承租人使用,承租人支付租金的合同",审查:(1)是否存在《民法典》第七百四十三条所述出租人致使"承租人对出卖人行使索赔权利失败"的情形;(2)是否存在《民法典》第七百四十七条第二句所述"承租人依赖出租人的技能确定租赁物或者出租人干预选择租赁物的除外";(3)是否存在《民法典》第七百四十八条所述出租人未保障承租人占有和使用租赁物的情形。如果存在,公证机构则可以出具《不予出具执行证书决定书》,方便出租人通过诉讼途径解决其与承租人之间的民事纠纷。在公证机构出具执行证书,程序最终进入执行程序后,面对承租人就上述三项审查事项提出的执行异议,执行机关应当以该等异议涉及实体争议为由,驳回承租人的执行异议申请。此后,承租人可以以《公证债权文书执行规定》第二十二条第一款的规定,尤其是"公证债权文书载明的民事权利义务关系与事实不符"为由，诉请不予执行公证债权文书。例如，存在《民法典》第七百四十七条第二句所述"承租人依赖出租人的技能确定租赁物或者出租人干预选择租赁物的除外"情形，很明显不符合《民法典》第七百三十五条"融资租赁合同是出租人根据承租人对出卖人、租赁物的选择，向出卖人购买租赁物，提供给承租人使用，承租人支付租金的合同"所规定的融资租赁合同关系，这就构成了"公证债权文书载明的民事权利义务关系与事实不符"这一情形。对此，受案的人民法院应当判决不予执行公证债权文书，然后由出租人根据各方达成的合同向人民法院提起诉讼，以最终解决民事纠纷。

【问题43】融资租赁公证强制执行是否既收回租赁物又执行未到期租金？

在融资租赁纠纷中，承租人不支付租金，出租人有两个选择：第一，解除合同、取回租赁物、要求支付解除日前的欠付租金。这一选择的条件是，欠付之租金数额只能是租赁物使用费，而不能是租赁物的部分价款。例如，甲将从丙处以100万元购买的设备出租给乙，租期一年，乙每月支付10万元，一年期满，乙实际支付120万元。很明显，租期结束，设备应当归属于乙，乙实际上是向甲融资从丙处购买设备的，对于多出价款100万元的20万元，实际上就是100万元借款在一年期内的利息。但是，若因乙未支付部分租金，导致甲解除合同回复租赁物所有权，乙已经支付的或欠付的到期租金就不是租赁物的使用费，而是部分价款。所以，结论上是甲不能既取回租赁物，又要求支付相当于价款的租金；而是应当将租金大于使用费的部分款项返还乙，从而使其收回租赁物具备正当性。第二，保持合同效力，继续履行合同，要求承租人支付所有欠付租金，而租赁物作为清偿租金债务的被执行财产，如果租赁物登记在出租人名下，出租人还可以优先受偿。此时，出租人是不能回复租赁物所有权的。所以，结论上，解除合同拿回租赁物所有权和要求支付全部的租金实际上是不能同时实现的。鉴于出租人的以上"解除合同"与"继续履行合同"两个选择，融资租赁合同强制执行公证在实践中表现得异常复杂，可能会出现介于两者之间的情形，我们以下实例加以说明。

2014年5月30日，Z公司作为（承租人）与G公司（出租人）签订《融资租赁合同（售后回租）》，约定乙方将其自有资产出售给出租人，在通过本合同从出租人处将该租赁物租回使用，并依约向出租人支付租金。双方一致同意确定本合同项下租赁物在租赁期间届满时的残值为出租人所支付的租赁物购买价款的20%，若《合同明细表》另有约定的，以其约定为准，并一致同意以该金额作为处理本合同项下租赁物残值相关事宜的依据。第13.3条约定，有下列情形之一的，出租人有权单方解除合同，并收回租赁物：……（二）承租人未按照本合同约定的期限和数额支付租金的，经出租人催告后五日内仍未支付的……第13.4条约定，出租人按照本合同第13.3条解除合同的，承租人须赔偿出租人相应的损失。该相应损失赔偿的计算方法为：损失赔偿额＝承租人全部未付租金＋其他应付款项＋其他费用＋租赁期间到期日的租赁物残值－出租人收回租赁物之日的租赁物价值（其中，出租人收回租赁物之日的租赁物价值＝租赁物购买价款－按本合同第2.4条约定计算所得出的截至收回租赁物之日的累计折旧金额）。另外，Z公司作为抵押人与G公司签订《抵押合同》，抵押物与租赁物清单一致，双方就此办理了抵押登记；Z公司与G公司、L公司签订合同，L公司提供连带责任保证担保；Z公司将自己五个加气站的经营收益权质押给G公司，并签署《经营收益权质押合同》，双方在中国银行办理了加气站收益权监管账户。最后，上述三方，共同向北京市长安公证处申请办理了强制执行公证，该处作出（2016）京长安内经证字第42832号公证书。

因债务人未履行合同义务，G公司申请出具执行证书，长安公证处经审查出具（2017）京长安执字第125号执行证书："1. 收回编号为KJZLA2014-026的《融资租赁合同（售后回租）》项下全部租赁物，明细如下（略）。2. 损失赔偿金人民币37450483.00元（损失赔偿额＝承租人全部未付租金＋其他应付款项＋其他费用＋租赁期间到期日的租赁物残值－出租人收回租赁物之日的租赁物价值），其中，承租人全部未付租金为37450483.00元，根据融资租赁合同第2.4条及第13.4条的约定，收回租赁物之日的租赁物价值应为租赁期间到期日2017年5月30日的租赁物价值16000000.00元。根据融资租赁合同第2.3条的约定，租赁期间到期日的租赁物残值应为出租人所支付的租赁物购买价款的20%，即16000000.00元）；申请执行人G公司对L公司提供质押担保的下述经营收益权依照法定程序以拍卖、变卖该质押标的所得的价款优先受偿……"G公司持公证书和执行证书向一审法院申请执行，正在执行中。

被执行人向一审法院朝阳区人民法院提起诉讼，请求判令不予执行（2016）京长安内经证字第42832号公证书；一审法院按照《公证债权文书执行规定》第二十二条，经审查认为本案不存在该条所列的不予执行的三种情形，最终作出（2020）京0105民初35767号民事判决驳回了Z公司的诉讼请求。后来，北京三中院作出（2020）京03民终13845号终审判决予以维持，该判决对于收回租赁物、赔偿损失的问题认为，根据《融资租赁司法解释》第二十二条的规定，"出租人依照本解释第十二条的规定请求解除融资租赁合同，同时请求收回租赁物并赔偿损失的，人民法院应予支持。前款规定的损失赔偿范围为承租人全部未付租金及其他费用与收回租赁物价值的差额。合同约定租赁期间届满后租赁物归出租人所有的，损失赔偿范围还应包括融资租赁合同到期后租赁物的残值"。Z公司主张G公司要求其支付全部未付租金且回收租赁物有违法律规定。但，执行证书确认G公司收回租赁物，Z公司赔偿包含Z公司未付全部租金在内的损失，符合双方约定且有法可依，Z公司的上述主张，不予支持。Z公司主张执行证书确有错误，依据不足，不予采纳[1]。

分析：本案中，债权人G公司向Z公司送达了解除合同通知书，而Z公司核心异议是执行证书的内容实际上同时支持了G公司"解除合同、收回租赁物"和"支付全部未付租金"两个请求，违反了原《融资租赁司法解释》第二十一条（新解释第十条第一款"出租人既请求承租人支付合同约定的全部未付租金又请求解除融资租赁合同的，人民法院应告知其依照民法典第七百五十二条的规定作出选择"，《民法典》第七百五十二条"承租人应当按照约定支付租金。承租人经催告后在合理期限内仍不支付租金的，出租人可以请求支付全部租金；也可以解除合同，收回租赁物"）之规定，也就是要求解除合同收回租赁物的同时要求继续履行合同请求全部租金。从公证处出具的执行证书中执行标的第二项"损失赔偿额"的计算方式（损失赔偿额＝承租人全部未付租金＋其他应付款项＋其他费用＋租赁期间到期日的租赁物残值－出租人收回租赁物之日的租赁物价值，这一计算方式明显与新的《融资租赁司法解释》第十一条第二款"前款规定的损失赔偿范围为承租人全部未付租金及其他费用与收回租赁物价值的差额。合同约定租赁期间届满后租赁物归出租人所有的，损失赔偿范围还应包括融资租赁合同到期后租赁物的残值"不一致），结合第一项收回租赁物的组合看，确实存在既要求全部租金，又要求解除合同收回租赁物的问题。况且，本案涉及的是售后回租式融资租赁，租期结束后，租赁物一般归属于承租人所有；而且，一般情况下，"租"即租金总额（不含利息收益），也即"售"的价款都要远小于租赁物的实际价值。执行证书在结果上，按照一般的售后回租认定，出租人一方面拿回了所有的租金，另一方面以很低的价格取得了租赁物的所有权，对承租人而言，不具备正当性。除非，本案中的"售"的价款远大于租赁物的实际价值，而"租"即租金总额小于售的价款，双方约定租期结束后租赁物归出租人所有。这样的话，双方实际上是达成了一个真正意义上的买卖合同

---

[1] 北京市第三中级人民法院（2020）京03民终13845号民事判决书。案件来源于中国裁判文书网。

和租赁合同，此时的关系已经不再是融资租赁合同关系了。

三、还款协议

2000 年《联合通知》第二条第四项即规定"还款（物）协议"可以经公证赋予强制执行效力；此后，还款协议的赋强公证就大规模应用于经济生活当中。2017 年《关于充分发挥公证书的强制执行效力服务银行金融债权风险防控的通知》第一条第二项明确规定"还款合同""还款承诺"可以经公证赋予强制执行效力。

（一）还款协议的性质和作用

所谓还款协议，所还款项则是前期特定债权类型形成的款项支付债务；至于前期债务的类型，一般为合同之债如买卖、租赁、借款，但并不能完全排除非合同之债通过还款协议被赋予强制执行效力的可能性。例如，甲乙之间有交通事故侵权，侵权人确认侵权事实、侵权责任和所应赔偿的款项数额，双方就如何支付该等款项达成还款协议并经公证机构赋予强制执行效力。我们认为，还款协议很灵活，可以将一些对一方给付没有争议的债务关系变成相对方单方的金钱给付之债，并赋予强制执行效力，可以有效节约司法资源、拓宽民事纠纷的多元解决途径。实际上，民事调解委员会就交通事故侵权出具调解书，并请求法院进行司法确认的程序，与公证机构赋予类似调解书的还款协议强制执行效力的做法，可谓异曲同工。

【问题 44】不明确还款协议性质会导致不予执行吗？

2012 年 2 月 20 日，王某某与 X 公司签署借款合同，总借款 20 万元，王某某于同日向 X 公司法定代表人出具收条，并且王某某通过个人银行账户向 X 公司支付利息。2015 年王某某向 X 公司出具承诺，一方面确定本金数额及欠息情况，另一方面确定还款时间。2015 年 10 月，双方签订借款合同，并至呼和浩特市仲泰公证处办理借款合同的赋予强制执行效力的公证。

2016 年，X 公司向仲泰公证处申请出具执行证书，该处向王某某电话核实，王某某回复会联系贷款公司，未提出债务数额异议。随后，仲泰公证处出具执行证书，X 公司向呼和浩特市赛罕区法院申请执行后，王某某提出执行异议称：没有收到 X 公司按照借款合同发放的贷款，债权人没有实际履行义务，债权债务关系就没有发生。

该案经呼和浩特市赛罕区法院查明，案涉借款系形成于 2012 年，并以"公证机构未核实清楚 X 公司履行合同义务的事实（2015年《借款合同》的借款本金257300元系2012年《借款合同》中借款人未归还的本金及利息转化而来，包括利息部分是否符合法律的规定），以及王某某对债权文书规定的履行义务有无疑义，即在其出具的执行证书中将257300元作为执行标的中本金部分，并据此计算利息、罚息，且借款利息、罚息计算标准违反了借贷利率上限的法律规定"，依据《民事诉讼法司法解释》第四百八十条第一款第三项"内容与事实不符"的规定，作出（2019）内0105执异360号执行裁定书裁定不予执行。①

分析：本案非常明确，债务产生于2012年，并非2015年办理公证时所用的那一份借款合同，公证机构未对产生还款义务的发生于2012年的原始债权关系的真实性、有效性进行审核，公证债权文书自然不能作为执行依据。本质上，本案中当事人在2015年签署的并不是借款合同，而是还款协议，仅就2015年的协议进行审核无法确定债权债务关系的合法性。我们认为，公证机构在办理强制执行公证的过程中，应当确定2015年协议的还款协议性质，并仔细审查2012年借款合同的有效性，以及当时借款支付的相关单证，确定债权合法发生并记录在公证证词当中。这样，人民法院就无须审查2012年的债权债务关系，因为2015年还款协议是2012年借款合同的延续，两个合同是一个法律关系，均合法有效；可以说，公证机构不对原债权关系进行核实并记入公证证词，即不能够对还款协议办理强制执行公证。另外，对旧有法律关系进行整理，必须采取还款协议的形式，否则一旦启用新的协议文本，不使用"还款"的表述，就会发生新的法律关系是否延续（还款协议）或消灭（借新还旧）原有法律关系的疑问，就会构成"公证债权文书所载法律关系与事实不符"不予执行的法定事由，结果很自然就是人民法院会在不予执行公证债权文书之诉中判决不予执行。

我们认为，本案的执行法院在裁判过程中也有问题：（1）该裁定作出时间是2019年11月11日，《公证债权文书执行规定》已经颁行一年有余，根据当事人提出的公证债权文书的内容与事实不符这一异议事由的实体性质，法院应当根据第十二条第二款的规定向当事人释明提起诉讼，而不是直接作出不予执行的裁定；（2）该裁定中主审法官认为"仲泰公证处出具的（2015）呼仲证内字第4188号具有强制执行效力的债权文书公证书，是执行证书的程序性要件，不是执行依据"，即不认可债权文书公证书是执行依据。我们认为，公证债权文

---

① 内蒙古自治区呼和浩特市赛罕区人民法院（2019）内0105执异360号执行裁定书。案件来源于中国裁判文书网。

与法院判决一样,均是执行依据,而执行证书相当于法院执行机构在受理当事人持判决提出的执行申请后作出的执行裁定,所以执行证书和执行裁定一样均具有程序性法律文件的性质,它们均非执行依据。

(二)公证机构在办理还款协议强制执行公证中的风险防范

公证机构在办理还款协议的强制执行公证过程中,应当根据还款协议的性质和功能审查并确定以下事项:(1)还款协议的原债权债务关系的发生是否有相应的法律事实。我们以买卖合同为例加以说明:甲乙达成买卖合同,出卖人甲已经向乙交付标的物,买受人乙尚未向甲支付价款。其中,包含买卖合同达成、出卖人交货以及买受人尚未履行价款支付义务三个法律事实,审查事项包括买卖合同是否合法有效、出卖人是否按约交货。甲乙双方应当提交买卖合同的文本,以及交货单据,以确定出卖人按约履行了交货义务。审查记录应力求翔实,例如出卖人所交货物的仓储记录、运输记录、出库记录等,最好有第三方签章的单据作为出卖人货物交付履行的证据,以防止虚假交易。必要时,公证人员可以对买卖合同中运送、交接货物的人员制作询问笔录。(2)审查买受人对价款支付义务是否享有有效抗辩权。审查的目的,如前所述,即防止买受人主张有效抗辩从而导致需人民法院对当事人之间的权利义务通过诉讼程序进行重新构造。这里,仅需买受人在办理公证时表示出卖人货物交付义务的履行无瑕疵,或买受人明确表示放弃就出卖人的价款支付请求提出任何抗辩。如果公证机构经审查发现买卖合同中买受人数量、质量异议期或质保期已经经过,应如实记录。最后,应当将上述买卖合同、交货凭证、仓储运输出库等记录作为办理强制执行公证的档案材料归档备查。(3)审查买受人是否已经支付了全部或部分价款,核查全部或部分价款支付的支付凭证,以确定公证债权文书的债权标的。(4)对买卖合同双方签署的还款协议进行审查,确保该协议所述的"还款"为上述买卖合同中约定的价款,审查双方当事人之间的还款协议是否系双方的真实意思表示,当事人是否具有签订该协议的民事行为能力。

【问题45】还款协议涉及的原协议无效应当如何处理?

2009年天津市J化工燃料有限公司与被上诉人天津市F典当行有限公司签订《房地产抵押借款合同》,并于2010年就上述协议签署《还款协议》,并就《还款协议》办理强制执行公证。后F公司申请强制执行,执行期间,J化工提出执行异议,尚在复议期间。J化工另行向执行法院提起"确认合同无效之诉",即请求确认《房地产抵押借款合同》无效;但法院一审认为,因《房地产抵押借款合同》与正在执行的《还款协议》均系同一笔借款,《还款协议》正在执行且尚未终结。故,根据《公证债权文书执行规定》第二十二条第一款第一项"公证债权文书载明的民事权利义务关系与事实不符",J化工要求确认合同无效之诉,应当予以驳回,其应当提出不予执行公证债权文书之诉。最终,一审法院驳回了J化工的诉请,该公司上诉至天津二中院。

天津二中院经审理作出(2021)津02民终2579号二审民事判决书认为,《房地产抵押借款合同》并未经公证程序赋予强制执行效力,故确认该合同无效应属于人民法院民事案件的受理范围,最终支持了J化工的上诉请求,指令一审法院审理案件。[①]

分析:本案非常有意思,我们认为一审法院的做法很聪明,但二审法院的做法更加妥当。《房地产抵押借款合同》并未经公证赋予强制执行效力,实际上一审法院也看到了这一点,所以其没有适用《公证债权文书执行规定》第二十二条第一款第二项"经公证的债权文书具有法律规定的无效、可撤销等情形",去对应否执行《房地产抵押借款合同》做出结论。而且,一审法院认识到,即使确认《房地产抵押借款合同》无效,其最终的结果大概率还是导致公证债权文书《还款协议》中的权利义务与事实不符(注:合同有效,是履行借款合同、还款协议的合同上的返还借款的义务;合同无效,则应承担的是《民法典》第一百五十七条缔约过失责任,最直接的就是没有约定利息),最终被执行人还是得通过不予执行公证债权文书之诉来解决被执行的问题。所以,其一方面建议被执行人提起不予执行公证债权文书之诉,另一方面驳回确认合同无效之诉请。

之所以说二审法院的做法更加稳妥,其原因是:第一,公证机构并未给《房地产抵押借款合同》办理赋予强制执行效力的公证,当事人也未通过有关公证强制执行的合意选择将解决该合同纠纷的司法程序限制在公证强制执行的框架内。所以,应当尊重当事人就《房地产抵押借款合同》所产生纠纷提起诉讼的自由,受案法院无权驳回确认合同无效的诉请。第二,即使法院确认《还款协议》的原始债权文书《房地产抵押借款合同》无效,也不一定会直接导致《还款协议》无效,不一定导致债权人无法行使《还款协议》项下的权利义务。例如,甲乙之间虚构借款合同,丙自甲处受让该合同债权,后与乙签订《还款协议》并办理强制执行公证,类推适用《民法典》第七百六十三条"应收账款债权人与债

---

① 天津市第二中级人民法院(2021)津02民终2579号民事判决书。案件来源于中国裁判文书网。

务人虚构应收账款作为转让标的，与保理人订立保理合同的，应收账款债务人不得以应收账款不存在为由对抗保理人，但是保理人明知虚构的除外"，善意的丙完全有权利主张《还款协议》项下的债权，基于该协议启动的公证强制执行将不因甲乙之间签署的借款合同无效而导致不予执行。

综上，对于还款协议办理强制执行公证，公证机构需要审查原合同的真实性、有效性，否则很容易面临因原合同无效或被撤销，从而导致依据还款协议赋强公证启动的强制执行程序，却因"公证债权文书载明的民事权利义务关系与事实不符"而被判决不予执行。

（三）还款协议公证强制执行的救济路径

如果经公证机构出具执行证书、债权人申请强制执行，程序进入强制执行阶段，债务人即买受人以其就原始债权的买卖关系中支付价款的义务享有诸如标的物存在质量或数量瑕疵有效抗辩权为由提出执行异议，则执行法院应当裁定驳回执行异议申请，并向其释明应依据《公证债权文书执行规定》第二十二条之规定，向执行法院提起不予执行公证债权文书之诉。从第二十二条第一款规定的三项法定事由看，大概率只涉及"公证债权文书载明的民事权利义务关系与事实不符"。这里的"与事实不符"，如甲方（买受人）应向乙方（出卖人）支付款项××元，这一权利义务关系与"出卖人向买受人交付的货物存在质量瑕疵，故买受人因出卖人的不完全履行享有同时履行等抗辩权，还因享有因质量瑕疵的减价请求权导致应付××元的义务并不符实"的事实并不相符。

如果第三人认为买卖合同虚假进而导致还款协议虚假并损害其利益而无效；或者，认为买卖合同标的物存在瑕疵，而买受人以还款协议的方式放弃瑕疵抗辩权、放弃要求减价的违约责任请求权，则可以依据《公证债权文书执行规定》第二十四条向有管辖权的人民法院提起请求撤销的诉讼，理由为"公证债权文书载明的民事权利义务关系与事实不符"或"经公证的债权文书具有法律规定的无效、可撤销等情形"。

《公证债权文书执行规定》中对债务人、第三人进行救济的规则，打消了还款协议公证强制执行中，对还款协议强制执行的同时对债务人、第三人救济不利的尴尬局面。但是，应当看到的是，在就具体的还款协议办理强制执行公证过程中，结合不同的原债权关系类型进行真实性、有效性的审查尺度和范围，仍旧是公证机构面临的一项重大难题。

四、回购式交易合同

古时,即有回购式交易,一些借贷活动也会采取回购交易的方式。例如,甲在年初以 100 个银币购买乙的羊,约定来年乙即以 120 个银币将羊买回,多出的 20 个银币即为 100 个银币使用一年的对价,或者是利息或收益,这也成为现代金融业的雏形。从中,我们看到了甲乙之间存在的借贷关系,也看到了让与担保这种特殊的担保方式。实践中,较为成熟的回购式交易是证监会《证券公司参与股票质押式回购交易风险管理指引》所述的"股票质押式回购交易",该交易也得到了上交所、中国证券登记结算公司的认可,其本质上是借款合同附以股票质押担保的交易类型。除此之外,实践中还有股票和股票收益权回购、不动产收益权回购交易等。人民法院在确认当事人之间回购交易合同有效性的同时,大都以受让方不承担交易标的物价值减损风险为由认定该等交易实质上为借款合同交易。我们这里要讨论的问题是,回购式交易合同是否能够经公证赋予强制执行效力,不经诉讼直接经申请进入强制执行程序。

(一)回购式交易合同是否能够办理强制执行公证?

回购式交易中,首先是要确定"购"与"回购"两次交易中,价款是否受到标的权利实际价值以及该权利项下标的物或权利的物理或权利瑕疵的影响:(1)如"购"时,价款与标的权利价值不相匹配,如再加上不履行回购义务,则标的权利归属于受让人的"绝卖"约定,则会构成"流押"条款,导致"绝卖"条款无效。(2)如"回购"时,出卖人支付的回购价款受到标的权利在回购时点上的实际价值影响,则买受人要求回购的请求,会导致在回购这一单独的买卖关系中,出卖人以标的权利在回购时点上的物理或权利瑕疵为由提出"减价"抗辩。此时,即需要人民法院在诉讼程序中,在查明标的权利实际价值的情况下重新认定回购价款数额。我们认为,上述两种情况中,前者会导致回购交易合同面临部分无效的法律后果,而后者会导致回购交易合同无法经公证赋予强制执行效力。

【问题 46】股票是否可以用于收益权回购并办理强制执行公证?

2017 年 5 月 14 日,K 信托公司与 B 高科技公司签订《K 信托·B 高科股权收益权项目集合资金信托计划之股权收益权转让及回购合同》约定:K 信托公司以其拟设立的 K 信托·B 高科股权收益权项目集合资金信托计划项下募集的信托资金人民币 320000000 元受让 B 高科技公司所持目标股权对应的股权收益权,该股权收益权对应的目标股权为 B 高科技公司持有的北京 W 航空服务有限公司 78.54% 股权、香港 Q 有限公司 100% 股权、北京 X 商务航空有限公司 30% 股权。B 高科技公司有义务按照该合同的约定溢价回购目标股权的股权收益权。同日，K 信托公司与 T 房地产公司签订《K 信托·B 高科股权收益权项目集合资金信托计划之抵押合同》，约定 T 房地产公司以其合法持有的位于北京市朝阳区芳园南里的部分房地产等，为 K 信托公司提供抵押担保。本合同项下 T 房地产公司所担保的主债权为 B 高科技公司依据《股权收益权转让及回购合同》约定应向 K 信托公司履行的全部债务，并办理了抵押登记。随后，K 信托公司与 B 高科技公司、T 房地产公司共同向北京市精诚公证处申请办理了上述债权文书公证并赋予强制执行效力，该处出具了编号分别为（2017）京精诚内经证字第 02076 号、（2017）京精诚内经证字第 02077 号的公证书。

2019 年 6 月 24 日，在 B 高科技公司的要求下，K 信托公司与 B 高科技公司签订《K 信托·B 高科股权收益权项目集合资金信托计划之股权收益权转让及回购合同补充协议》。后因 B 高科技公司未履行合同义务，K 信托公司向精诚公证处申请执行证书，但精诚公证处经过审查以"《股权收益权转让及回购合同补充协议》对履行期限、溢价回购款的计算等债权核心要素进行了变更，双方已达成了新的约定，且《股权收益权转让及回购合同补充协议》及《抵押合同补充协议》并未办理公证并赋予强制执行效力"为由，作出编号为（2020）京精诚决字第 00002 号的《不予出具执行证书决定书》。因此，K 信托公司根据《公证债权文书执行规定》第八条"公证机构决定不予出具执行证书的，当事人可以就公证债权文书涉及的民事权利义务争议直接向人民法院提起诉讼"之规定，向北京二中院提起诉讼。

诉讼中，B 高科技公司、T 房地产公司辩称：B 高科技公司、T 房地产公司与 K 信托公司之间应为借款关系而非其他法律关系。从《股权收益权转让及回购合同》约定的具体条款和实际履行情况看，K 信托公司并无买入北京 W 航空服务公司、香港 Q 有限公司、北京 X 商务航空有限公司三家公司的股权收益权并承担风险的真实意思，K 信托公司并不参与上述三家公司的经营管理。双方合同第一条第一款最后一段还写明"借款资金中的一部分将用于……"，说明双方认可实际是借款关系。合同第五条第二款约定的回购款是在 K 信托公司买入对价的基础上增加固定比例的溢价款，K 信托公司并不承担买入标的股权收益权期间的风险。所以 B 高科技公司、T 房地产公司的主要目的是向 K 信托公司融通资金，K 信托公司的主要目的是收取固定的资金收益，所以双方应为借款关系。最高人民法院印发《关于进一步加强金融审判工作的若干意见》的通知规定"遵循金融规律,依法审理金融案件……对以金融创新为名掩盖金融风险、规避金融监管、进行制度套利的金融违规行为,要以其实际构成的法律关系确定其效力和各方的权利义务"。因此B高科技公司、T房地产公司认为本案的法律关系应确定为借款纠纷。

北京二中院在其就本案"K信托有限责任公司与北京B高科技产业投资有限公司等合同纠纷"于2020年10月10日作出的(2020)京02民初150号民事判决中认为,"信托公司在资金信托成立后,以募集的信托资金受让特定资产或者特定资产收益权,属于信托公司在资金依法募集后的资金运用行为,由此引发的纠纷不应当认定为营业信托纠纷。如果合同中约定由转让方或者其指定的第三方在一定期间后以交易本金加上溢价款等固定价款无条件回购的,无论转让方所转让的标的物是否真实存在、是否实际交付或者过户,只要合同不存在法定无效事由,对信托公司提出的由转让方或者其指定的第三方按约定承担责任的诉讼请求,人民法院依法予以支持。本案中,《股权收益权转让及回购合同》第一条转让标的及转让价款用途的约定:'K信托公司以信托计划项下信托资金受让B高科技公司所持有的三家公司股权收益权,收益权的内容包括(1)目标股权在任何情形下的全部卖出收入;(2)转让方因持有目标股权而取得的红利等;(3)目标股权产生的其他任何收入。'第三条(股权收益权的实现)约定:'转让方不得出售目标股权;转让方享有约定的股权收益权,基于股权所产生的全部收益由转让方享有。'可见,B高科技公司自股权收益权转让日(含)起不再享有该股权收益权相关的财产性权益,即K信托公司在受让股权收益权至B高科技公司回购股权收益权期间,股权收益权产生的全部财产性收益均归属于K信托公司。因此,K信托公司的收益不是固定收益,回购价格应为最低收益。另外,股权收益权作为一种财产性权利,法律并未禁止转让,是当事人自由处分自己权利的表现,《股权收益权转让及回购合同》的法律关系与借贷合同的法律关系并不相同。因此,《股权收益权转让及回购合同》及《股权收益权转让及回购合同补充协议》均系签约各方当事人的真实意思表示,且均未违反法律和行政法规的强制性规定,应属合法有效"。最终,北京二中院认可了案涉各合同的有效性,判决支持了K信托公司的诉讼,并判决其可以就案涉抵押物享有优先受偿权。[1]

分析:本案令人关注的是:第一,尽管本案如B高科技公司所述K信托公司并不参与案涉股权所在公司的具体经营,不承担公司经营的各项风险,不存在

---

[1] 北京市第二中级人民法院(2020)京02民初150号民事判决书。案件来源于中国裁判文书网。

实质意义上的股权转让及回购交易，但北京二中院认为，"如果合同中约定由转让方或者其指定的第三方在一定期间后以交易本金加上溢价款等固定价款无条件回购的，无论转让方所转让的标的物是否真实存在、是否实际交付或者过户，只要合同不存在法定无效事由，对信托公司提出的由转让方或者其指定的第三方按约定承担责任的诉讼请求，人民法院依法予以支持"。我们认为，对于回购交易合同赋予强制执行效力公证而言，北京二中院在该案中的如下观点值得关注：(1) 案件所涉回购合同与借款合同并非相同的法律关系，并且确认了回购交易合同不存在无效的法定事由，能够作为确定当事人民事权利义务的合法依据。(2) 支付交易本金加上溢价款等固定价款系合同约定的原始合同义务，也作为了北京二中院确定当事人权利义务的依据，所以在理论上回购合同可以就该等义务经过公证赋予强制执行效力，并最终不经诉讼直接予以强制执行。北京二中院认为"K信托公司的收益不是固定收益，回购价格应为最低收益"，这意味着，如果交易本金加上浮动的溢价款，只要合同约定明确，在诉讼中也会得到法院的支持。对此，我们认为，只要不存在溢价款下浮，而且权利人仅主张合同中明确约定的最低溢价款，还是可以经公证赋予强制执行效力的；但是，如果回购价款存在下浮可能性，例如按照回购交易时点的股权收益权的实际价值确定，或者权利人要求根据回购时点的具体情况确定上浮的溢价款数额，则不能经公证强制执行，因为此时需要人民法院根据回购时点的具体情况判断溢价款的具体数额，此时进入强制执行的是人民法院行使司法裁判权作出的判决，而不是经公证强制执行的原始合同义务。(3) 通过二中院"如果合同中约定由转让方或者其指定的第三方在一定期间后以交易本金加上溢价款等固定价款无条件回购的"判决内容，我们看到了一种可能性，即在由第三方承担回购义务时，人民法院也会就此作出由第三方履行回购义务的司法判决。对此，我们认为第三方作为回购主体，问题比较多，例如是否存在通过第三方回购本质上存在的原始转让方和回购义务的第三方之间的标的权利转让关系是否有效的问题（例如恶意串通，掩盖资产恶意转移的问题）。除此之外，我们认为：首先，第三方负有回购义务，即必须作为回购合同的当事人，通过合同缔约行为负有回购义务（这里要和转让方指定第三方代自己履行回购义务的"由第三人履行"的情况区分开来，此时第三方是转让方的义务人，但不是回购权利人的义务人，也即如果第三方不履行"回购义务"，则应当由转让方向回购权利人承担违约责任，而不是第三方）；其次，第三方与回购交易标的权利原始转让方之间法律关系产生的纠纷，基于合同的相对性，不能作为其履行回购义务的抗辩；最后，具体到就回购交易合同的办理强制执行公证的问题上，第三方必须做出执行承诺，并且作为强制执行公证的申请人，方可办理强制执行公证。另外，具体到股权收益权这种特殊的回购交易标的，我们认为无论是否办理强制执行公证，权利人均不适宜参与股权所在公司的具体经营，否则回购义务人"股权收益权在回购时点上的实际价值低于约定的价款数额系因权利人原因造成"的主张，即会成为其针对权利人提出的回购请求的一项有力抗辩。不仅如此，我们还认为，除非权利人另有目的，否则即应当与义务方约定排除股权收益权受到回购时点实际价值的反向影响，不然即使是经诉讼程序实现权利，也不会得出本案中北京二中院的判决结果。

第二，北京精诚公证处虽然办理了强制执行公证，但在当事人就合同签订补充协议的情况下，认定合同关系已经发生实质性变更，最终作出不予出具执行证书的决定。客观地讲，从本案所涉事实看，确如B高科技公司所称本案所涉法律关系实质上就是借款法律关系，但是从处理上，人民法院按照双方约定的交易条件判决B高科技公司承担约定违约责任，也并未超出当事人缔结法律关系时的预期，B高科技公司在纠纷发生后称法律关系无效，应按实质上的借款法律关系处理的观点本身也违反了民事法律中"禁止反言"的法律原则，不应得到人民法院的支持；况且，无论是否按照实际法律关系进行审判，其判决结果并无二致。本案中，如果当事人未就回购合同达成补充协议，改变公证机构所公证的回购合同关系的内容，当事人持公证债权文书提出的执行申请也将得到公证机构和人民法院执行机关的支持。

（二）公证机构就回购交易办理强制执行过程中应当审查的要点

判断回购交易合同是否能够办理强制执行公证，我们认为应当从以下几个方面入手。

1. 在类型上，应当首先判断是转让方回购，还是第三方回购，如果是后者，其应当也同时是公证的债权文书（回购交易合同）的当事人，并且向公证机构提交公证申请，签署送达地址确认书、风险提示书、法律后果告知书等申请办理公证时应当签署的法律文件。

2. 不必过多考虑回购标的权利的类型，上述案件中北京二中院认为"股权收益权作为一种财产性权利，法律并未禁止转让"；但在我们看来，股权收益权根本不能从股权剥离出来，正如下文案例中不动产收益权不能从不动产用益物权或所有权中剥离出来一样，单独作为交易的标的性权利。鉴于公证机构和人民法院都已经接受或认可当事人就股权收益权、不动产收益权两种所谓权利开展回购交易，所以我们认为人民法院并不太关注标的权利的独立性和可转让性

（当然，人身权等一些在性质上不能转让的权利不能作为回购交易标的权利）。

3.受让方，同时也是回购义务的权利人应对转让标的权利的可转让性予以认可，并且确认转让价款的数额，并告知，如果其在合同存续期间提出转让标的权利因权利瑕疵等问题要求减少并返还部分转让价款（即行使买卖合同中要求转让方承担减少并返还部分价款的违约责任），或就此以标的权利不符合合同约定无法实现合同目的为由解除合同，则无法出具执行证书的法律后果。因为此时，无论是转让方因标的权利瑕疵而以减少价款方式承担违约责任，还是符合解除合同条件，受让方行使解除权导致转让方承担合同解除后的损害赔偿责任，均非合同中的原始合同义务，须人民法院通过诉讼程序进行权利构造。这种情况多半会出现在第三方负有回购义务的情况下，受让方可以在第三方无力履行回购义务的情况下，转而向转让方要求减少并返还部分价款，或通过解除合同要求返还全部价款。我们认为，如果实践中，受让方即就此提出要求减少并返还部分价款或要求解除合同的，公证机构应当出具《不予出具执行证书决定书》，或者在符合条件的情况下告知受让方以公证债权文书所载法律关系与事实不符为由，不经公证机构出具《不予出具执行证书决定书》，直接向有管辖权的人民法院提起诉讼。

4.在回购合同中，应当约定回购义务方对转让和回购价款均无异议，且自愿承担回购标的性权利的价值增减风险，并就不履行回购义务自愿受人民法院强制执行作出承诺。如果是第三方，则应当有自愿"回购"的义务，并就不将其与标的权利原始转让方的法律关系中的权利义务作为回购权利人提出的回购请求的抗辩理由作出承诺。

如果满足以上条件，且回购价款为明确的金额或计算方式，则我们认为，就该等回购交易合同可以向公证机构提出办理强制执行公证的申请。在回购权利人向公证机构申请出具执行证书时，公证机构应当核实权利人提交的出具执行申请书，审核其申请执行的民事权利是不是回购交易合同中载明的原始合同权利。如果不是，则可以告知权利人自行向有管辖权的人民法院提起诉讼；在权利人坚持就公证债权文书未载明的民事权利提出执行申请时，公证机构可以出具《不予出具执行证书决定书》。

【问题47】不动产所有权或使用权是否可以用于收益权回购交易并办理强制执行公证？

2014年，X信托公司与J公司签订《特定资产收益权转让及回购合同》，约定J公司以其合法拥有位于烟台市莱山区迎春大街西侧双河东路以北曹家社区段，编号为烟国用（2010）第××号的《国有土地使用权证》项下土地上的某商厦项目资产（包括其国有土地使用权及其上现有或未来所建的在建工程、建筑物等）的所有权作为收益权信托资产，并约定J公司作为该资产的运营主体。具体而言，J公司作为标的资产的持有人和原始权益人，按合同约定将获得标的资产项下未来全部收益的权利转让给X公司，X公司愿意以单一信托计划项下的信托资金受让J公司持有标的资产项下的特定资产收益权。同时，J公司提供自己所拥有的编号为烟国用（2010）第××号的《国有土地使用权证》所对应土地之国有土地使用权设定抵押，就回购义务提供担保。随后，X公司与J公司就上述《特定资产收益权转让及回购合同》《抵押合同》向上海市黄浦公证处申请办理公证并赋予强制执行的效力。上海市黄浦公证处出具（2014）沪黄证经字第8601号《具有强制执行效力的债权文书公证书》。后因J公司不履行合同义务，X公司诉至上海一中院。

对于X公司是否有权提起本案诉讼，一审上海一中院作出（2018）沪01民初290号民事判决认为，"X公司与J公司之间在订立《特定资产收益权转让及回购合同》《抵押合同》并至公证处办理具有强制执行效力的债权文书公证后，双方又就《特定资产收益权转让及回购合同》的主要合同条款，包括约定终止日的延期、回购价款及溢价款的计算作出了补充约定，并形成两份补充协议。X公司就已经无权以原合同形成的具有强制执行效力的债权文书直接向J公司主张权利，并申请强制执行。而且，上海市黄浦公证处亦于2018年9月3日作出（2018）沪黄证决字第50号《不予出具执行证书决定书》，决定对上述债权文书不予出具执行证书。因此，X公司有权向人民法院提起本案诉讼"。最终，上海一中院判决J公司承担回购合同项下的各项义务，并且认定X公司就抵押物享有优先受偿权，二审上海高院作出（2019）沪民终441号终审判决维持了一审判决。①

分析：本案值得关注的有两点：第一，强制执行公证后，当事人达成补充协议，法院认为"债权人即无权以原合同形成的具有强制执行效力的债权文书直接向债务人主张权利"，这就是《公证债权文书执行规定》第二十二条第一款第一项中"公证债权文书载明的民事权利义务关系与事实不符"的情形，因为当事人已经通过补充协议变更了他们之间的权利义务，所以公证债权文书已经不再适合作为执行依据。这一点和我们前文所述的观点一致，公证强制执行的标的实际上就是公证债权文书中载明的合同义务，一旦债权人申请执行的不是该

---

① 上海市高级人民法院（2019）沪民终441号民事判决书。案件来源于中国裁判文书网。

项义务，无论是解除合同后的法定义务，还是补充协议后变更了的约定义务，都无权再依原公证债权文书申请强制执行，只能另行通过诉讼程序主张权利，取得执行依据。第二，人民法院对回购交易的理解：本案中，信托公司受让不动产收益权，即信托公司采用资产收益权转让暨回购的方式管理信托资金，与信托贷款业务存在区别。但是，在计算回购特定资产收益权价款时，双方约定却不是以资产收益权在回购时点的实际价值为依据，而是以转让价款、约定利率及转让期间作为依据，也即受让资产收益权的信托公司不承担受让标的资产收益权在回购前价值增减的任何风险。若回购义务人出现未履行或未完全履行回购义务的违约行为时，权利人可以处置标的资产，且在处置价款无法覆盖回购价款时，回购义务方还负有补足责任。一审上海一中院还认为回购合同的目的并不在于永久性转让收益权，信托公司作为受让人不承担收益权转让风险并享有收益，其实际上是有偿提供资金，至约定终止日期时，债权人有权收回全部本金及固定收益。这实际上就是借款合同。因此，"可以认定双方当事人的真实交易目的在于通过先出卖而后回购的方式，以价金名义通融金钱。《合同法》第一百二十四条规定：'本法分则或者其他法律没有明文规定的合同，适用本法总则的规定，并可以参照本法分则或者其他法律最相类似的规定。'《特定资产收益权转让及回购合同》不属于合同法分则规定的有名合同，X 公司主张 J 公司向其支付本金及回购溢价款，所依据的系《特定资产收益权转让及回购合同》的主要条款。与该部分主要条款的法律性质最相类似的是借款合同。故上述交易应当参照《民间借贷司法解释》处理"[①]。我们认为，本案中一方提供资金，收取固定收益，不承担风险的交易在本质上就是借款合同交易，符合办理强制执行公证所要求的法律关系简单的基本要求。此类案件中，不必考虑作为不动产所有权或使用权的权能之一的收益权是否能够从所有权或使用权剥离，从而成为交易的标的性权利的问题，透过现象看本质，实际上这就是为借款合同关系通过公证赋予强制执行效力的问题。至于在实践中，是否鉴于房地产调控违反国家政策变相向房地产公司提供借款的合规问题，对于信托公司这种非银行金融机构是否应当适用《民间借贷司法解释》的问题，以及是否应当受限于《民间借贷司法解释》中规定的利率限制，则不是我们这里要讨论的问题。

实践中，当事人经常会根据实际交易的需要设计异常复杂的交易结构，而且为了适应复杂的市场变化，当事人常常会需要保持交易的灵活性，根据具体

[①] 上海市高级人民法院（2019）沪民终 441 号民事判决书。案件来源于中国裁判文书网。

的市场变化而变更自己在既有法律关系中的法律地位和权利性质和内容。但是，这一对灵活性的追求本身与强制执行公证确定性的程序安排相矛盾，公证机构在办理强制执行公证时很难对当事人的权利进行定性，并审查是否属于强制执行公证的适用范围。是以，此类债权债务关系很难经公证赋予强制执行效力，借道该制度解决未来可能发生的纠纷。

【问题 48】"股加债"关系是否可以经公证被赋予强制执行效力？

F 公司（信托公司）与 B 公司，及相关当事人签署借款合同、抵押合同、股权质押合同、保证合同，并向武汉市长江公证处申请办理了强制执行公证。合同项下实际发放款项为 5 亿元，其中部分资金为了保证资金安全，采取"明股实债"的方式（增资入股款 1.1 亿余元，后续以股东身份借款 3.8 亿余元），F 公司称该方式为信托行业的行业惯例。

因 B 公司到期未完全履行还本付息义务，导致 F 公司向长江公证处申请出具了执行证书，程序进入强制执行阶段，B 公司提出不予执行的执行异议。F 公司就异议辩称：（1）B 公司已经"归还"部分款项，"明股实债中股权回购的部分"已经履行完毕，剩下未还的款项仅仅是股东借款，可以适用公证强制执行程序并强制执行；（2）在另案诉讼中，债务人 B 公司已经认可了"明股实债"的借款性质；（3）2017 年《关于充分发挥公证书的强制执行效力服务银行金融债权风险防控的通知》第九条规定可以分割执行，如果 B 公司对增资部分提出不予执行异议，可以另行主张，但不能影响借款部分的强制执行。最终，武汉中院作出执行裁定，对利息超过 24% 的不予支持，其他的均予正常执行。B 公司不服武汉中院的裁定，向湖北高院提起复议申请。

湖北高院在其就本案作出的（2018）鄂执复 35 号执行裁定中认为，"双方就增资部分并未明确约定在 B 公司偿还后如何返还股权等具体问题，同时在《增资协议之补充协议》中约定 F 公司享有股权收益，且在工商部门将 B 公司的部分股权变更到 F 公司名下，F 公司又在武汉金融资产交易所发布股权转让公告，对其名下的部分 B 公司股权进行转让。因此，F 公司"明股实债"的主张，本院不予支持。鉴于双方对于借款本金数额存在较大争议，故公证机关不宜对 FBTC-2013-05-248-21 号《借款合同》赋予强制执行效力。F 公司认为涉增资款部分 B 公司已返还，其申请执行的是后四期借款，根据《关于充分发挥公证书的强制执行效力服务银行金融债权风险防控的通知》，可以分割执行。因其提供的《还款流水记录》仅能证明与 B 公司往来款情况，并不能证明B公司的还款对应的是哪一期借款"[①]。该判决的主要观点有两个：第一，双方是按照增资扩股且进行股权变更登记的方式完成"明股"部分的交易，所以不能支持"明股实债"的说法，也就不能适用公证强制执行程序。第二，有一部分是债务关系，不是股权投资关系，但已还款款项不能被确凿证明是支付股转款还是借款，不能确定已还款数额，所以没法分割将能够执行的予以执行。

分析：实践中，经常有与收益权回购交易相类似的融资模式，本案的"明股实债"或"股加债"模式非常典型，这种模式具体为：(1) 通过增资或股权转让，债权人（通常是信托公司、私募基金、资产管理公司）成为债务人公司的控股股东。具体选择增资还是股权转让，要看债权人的要求以及债务人公司的资本金规模。(2) 债权人成为债务人公司股东后，其可以以股东身份将款项借给债务人公司，从而成为借款债权人，并可以以债务人公司的资产或公司实际控制人或大股东的资产就借款提供抵押担保，或作为债务人公司股东实际控制所借款项的使用。(3) 债务人公司向债权人归还债权人股东借款本息。(4) 债权人将自己持有的债务人公司的股权转让给公司原股东，或减资以拿回股权转让价款或增资款，后者一般不会发生。这种模式的优势在于：债权人将借款借给债务人公司后，其可以作为股东有效地控制借款转变为公司资产，再由公司资产转变为销售收入，最终归还借款的全流程，可以最大限度地避免风险的发生，以及控制公司的资产和现金。实践中，这种融资交易模式，从交易结构到层次都异常复杂，而且各方在搭建交易结构的时候，还都会保持结构的灵活性，故实践中非常不好操作，总体上不符合公证强制执行适用范围对债权债务关系简单明确的要求。

我们认为，"明股实债"和"股加债"的投资方式中，如果要彻底保障资金安全，就必须真正办理股权变更登记手续。在这种情况下，根本没办法说服法院作出裁判确认其为借款债权关系，而不是股权投资关系。而股权投资关系肯定不符合公证强制执行所适用的债权债务关系范围，所以这也是本案应当不予执行的原因。本案中，"股权投资部分"如果是以股权转让形式完成的，那么最后一定是由原股东或其指定的第三方履行"股权回购"义务，这就是回购交易。从本案可以看到，在股权回购交易中，很难适用公证强制执行程序。另外，按照常规做法，应当先归还借款本息，然后归还股转款或增资款，故本案中F公司称"明股实债"部分已经履行完毕，有点反常识。湖北高院的这个判决是于2018年5月作出的，当时《公证债权文书执行规定》还未颁布实施。我们认为，如果是在《公

[①] 湖北省高级人民法院（2018）鄂执复35号执行裁定书。案件来源于中国裁判文书网。

证债权文书执行规定》之后，案件审理也很简单：或者由执行机构直接根据《公证债权文书执行规定》第五条第一项以"债权文书属于不得经公证赋予强制执行效力的文书"为由驳回执行申请；或者，直接驳回异议人 B 公司"不予执行公证债权文书"的异议申请，向其释明应当根据《公证债权文书执行规定》第二十二条第一款第一项的规定提起不予执行之诉，然后由执行法院武汉中院就是否存在内容与事实不符进行审查。本案中，公证债权文书的内容是借款 5 亿元，但实际是 1.1 亿余元为增资款，武汉中院如果确认"明股实债"为借款债权，则会驳回 B 公司的不予执行公证债权文书的诉请；如确认该部分非借款关系，将会判决不予执行该部分执行标的。我们认为，按照《公证债权文书执行规定》将双方的实体纠纷放在相关的诉讼程序中，不直接在执行异议程序中否定公证债权文书是较为合理的程序设置，符合民事程序定分止争、实现实体权利的程序目标。从本案的情况看，要办理强制执行公证，需要：（1）将股权转让和回购交易和股东借款关系进行清晰的、毫无争议的割裂，分别就股权回购交易（或未来股权转让款的还款协议）和借款交易办理强制执行公证；（2）将回购交易的收款数额和账户，与借款交易的收款数额和账户分开设置，分别表述在就两笔交易进行的公证当中，避免难以认定所付款项为股权回购款，或还本付息款项；（3）在股权回购交易中，尽量避免由非转让方的第三方或无利害关系的第三方回购的设置，因为这存在违反契约自由原则而被人民法院认定无效或无法强制执行的可能性。当然，如果按照上述模式设计"股+债"的交易模式，则会使交易缺乏"灵活性"；但是，应当看到，"灵活性"在实践中意味着交易的复杂性，注定了在司法程序中纠纷和争议不断；而这本身就是保持交易灵活性的代价和成本。

第三节　不予执行公证债权文书的实体因素

一、程序视角下不予执行公证债权文书的实体因素

程序上，公证强制执行在原理上是将公证债权文书载明的债务，不经诉讼，直接送交强制执行。所以，反映在实体上，如果强制执行的执行标的不是公证债权文书载明的债务，即会在程序上导致公证债权文书不予执行的结果。这也从另一个角度说明，就不予执行公证债权文书的执行异议请求、诉讼请求进行审理作出裁定或判决，和排除执行异议和执行异议之诉一样，并

不代表人民法院就当事人之间的实体权利义务纠纷作出的民事判决。所以，本节讨论不予执行的实体因素，实际上就是在讨论债权人不能依据公证债权文书申请执行，而必须另行将实体争议提交诉讼解决的各种情形，并不涉及实体争议应当如何处理。

我们认为上述情形主要有以下几个大的类型：第一，公证债权文书所载的法律关系不生效、可撤销、无效；第二，公证债权文书载明的法律关系与事实不符；第三，公证债权文书载明的债权因清偿、提存、抵销、免除等原因全部或者部分消灭；第四，公证债权文书虽然与事实相符，但是债务人确有有效之抗辩权。上述四种类型中的第四项，实际上已经被排除在强制执行公证的适用范围之外，例如买卖合同等法律关系类型。其他三项，均被规定在《公证债权文书执行规定》第二十二条第一款之中；应当引起关注的是，第一款所述之情形系指可以提出不予执行公证债权文书的诉请，并非指只要存在该等情况，人民法院就一定要作出不予执行公证债权文书的司法判决。对此，我们将在下文予以具体说明。

二、公证债权文书所载的法律关系不生效、可撤销、无效

根据《民法典》第一百五十七条，民事法律行为不生效、被撤销、无效的法律后果为：（1）返还财产；（2）不能返还的折价补偿；（3）有损失的，由过错方承担赔偿责任。而损失，一般包括订约机会损失、订约损失、履约损失三种。上述法律规定表明，不生效、被撤销、无效的法律后果并不涉及原合同义务，故只要公证债权文书所载法律关系不生效、被撤销、无效，即不能依据公证债权文书申请强制执行原合同所载债务。

法律行为即债权文书不生效或无效，将导致法律行为自始不发生法律效力或无效，债权文书则不能作为法律事实，引起债权文书载明的当事人之间的权利义务关系。公证债权文书自然也就不能作为强制执行的依据，当事人只能转而向有管辖权的人民法院根据《民法典》第一百五十七条提起诉讼，要求返还财产，不能返还折价补偿或在相对方有过错的情况下要求其承担缔约过失的赔偿责任。例如，甲银行与乙公司订立借款合同，丙公司提供抵押担保。甲银行与丙公司签署抵押合同，约定只有在办理抵押登记后抵押合同方才生效。其后，丙公司一直未办理抵押登记，故公证机构就未生效的抵押合同出具的公证债权文书自然不能作为强制执行的执行依据。当然，债权人可以在抵押人有过错的情况下，根据《民法典》第一百五十七条请求抵押人承担抵押合同的缔约过失赔偿责任。我们认为，这里需要关注的是，在公证债权文书存在可撤销的情况下，

应当如何处理。

第一，法律行为可撤销，一般涉及意思表示存在瑕疵的情形，故而法律在规范上将该行为效力存续与否的决定权交给意思表示的表意人，由其自行决定是否行使撤销权消灭法律关系。撤销的后果是法律行为即债权文书溯及既往自始无效；相反，如果表意人放弃撤销权，或未在除斥期间一年内以提起诉讼的方式行使撤销权，则法律行为将确定有效。《公证债权文书执行规定》第二十二条第一款第二项将"经公证的债权文书具有法律规定的无效、可撤销等情形"作为债务人可向执行法院申请不予执行公证债权文书的法定事由，其包含债务人作为瑕疵意思表示的表意人和相对人两种情况。所以，在诉讼中，债权人享有撤销权，经受案法院法官询问，债权人表示不行使撤销权的，则应视为债权人放弃撤销权，债权文书确定有效，故应该驳回债务人以债权文书可撤销为由提出的不予执行的诉请。这样做，一方面，可以避免在强制执行后，债权人行使撤销权撤销债权文书（当然，另一种可能是，债权人申请强制执行的行为被推定为对撤销权的放弃）。另一方面，债务人享有撤销权的，经受案法院法官询问，债务人就其行使撤销权作出意思表示，且在一年的除斥期间之内，则判决支持债务人提出的不予执行公证债权文书的诉讼请求。

从上述分析可以看出，债权人享有撤销权的情况，并不影响其依据公证债权文书申请强制执行；之所以未作区分也作为债务人起诉不予执行的事由，原因是通过诉讼确定债权人放弃行使撤销权的结果。例如，甲公司向乙银行借款，甲公司向乙银行提交虚假财务报表，乙银行基于甲公司的欺诈订立借款合同并支付所借款项，并就借款合同办理强制执行公证。此时，债权人乙银行受欺诈，有权根据《民法典》第一百四十八条之规定请求人民法院撤销借款合同。但是，该合同在其行使撤销权前是有效的，而且如乙银行放弃撤销权，或在除斥期间一年内没有行使撤销权，则借款合同确定有效，乙银行有权持公证债权文书申请强制执行。此时，债务人以公证债权文书可撤销为由提起不予执行公证债权文书的诉讼，如债权人在诉讼中表示放弃行使撤销权，人民法院即应判决驳回债务人提出的不予执行公证债权文书的诉讼请求。

第二，如果人民法院基于债务人受到欺诈、胁迫或其他意思表示瑕疵的法定事由，且债务人在一年除斥期间内表示行使撤销权的事实，最终判决不予执行公证债权文书的，债权人则可以在拿到判决后，依据《民法典》第一百五十七条之规定向有管辖权的人民法院请求债务人返还财产，在不能返还情况下诉请债务人折价补偿，并在债务人也存在过错时，诉请债务人分担合同撤销无效而导致的损失。

综上，公证债权文书存在可撤销的情形，并不必然导致受诉人民法院作出不予执行公证债权文书的判决，关键在于撤销权人是否行使撤销权；如行使并最终导致债权文书溯及既往无效，公证债权文书自然不能作为强制执行的依据。

三、公证债权文书载明的法律关系与事实不符

公证债权文书载明的法律关系与事实不符，包括办理强制执行公证时公证债权文书载明的法律关系与事实不符，申请强制执行时的事实与公证债权文书载明的法律关系不符两种情形。

（一）办理强制执行公证时公证债权文书载明的法律关系与事实不符

这一情形需要关注两种情况：（1）必须是载明的法律关系与事实不符；（2）该法律关系必须事关债权人未来予以执行的法律关系。前者比较难处理，归纳起来有三种不同情形。

第一，债权关系主体与公证债权文书载明的债权关系主体不一致，即存在名义债权人或名义债务人的情形。实践中，这种情况一般很难为法院认定并借此判决不予执行：首先，实际债权人不会对名义债权人提出的执行申请提出异议，即使有，其也应当根据《公证债权文书执行规定》第二十四条第一款第一项以利害关系人身份以"公证债权文书载明的民事权利义务关系与事实不符"为由，就民事权利义务争议直接向有管辖权的人民法院提起诉讼，其并不能以执行当事人身份就执行提出异议和异议诉讼。其次，实际债务人一般不会提出异议，即使有，因其并非执行当事人，所以和实际债权人一样，只能根据《公证债权文书执行规定》第二十四条第一款第一项，就民事权利义务争议直接向有管辖权的人民法院提起诉讼。最后，名义债务人以其不是实际债务人为由提出异议，这种情况一般很少出现在金融借贷纠纷中；只要金融机构将融资款项直接支付至融资合同约定的银行账户，法院一般就会认可债权关系对名义债务人有效。至于其和实际债务人之间的关系，只能由其自行与实际债务人根据其间的法律关系加以处理。

在北京三中院审理的"上诉人安某某与被上诉人D信托公司民间借贷纠纷案"中，债务人安某某认为其与D信托公司签署贷款合同，但贷款款项是由M公司向其划转，还款也是直接划至M公司账户，所以实际贷款人是M公司。但是，M公司并非金融机构，应属无效。而北京三中院经审理作出（2020）京03民终

5592 号民事判决书认为，"本案中，安某某上诉主张案涉公证债权文书载明的民事权利义务关系与事实不符，具有法律规定的无效、可撤销等情形，其应就其主张承担举证责任。安某某与 D 信托公司签订贷款合同，D 信托公司委托 M 公司向安某某付款及收取利息并不违反法律规定，现并无证据证明案涉公证债权文书载明的民事权利义务关系与事实不符"[1]。虽然该案中，更好的做法是将 M 公司作为第三人传唤到庭，确定其与 D 信托公司之间的法律关系；但是，鉴于合同相对性和隐名代理中，代理人可以作为合同主体的法律特征，维持原判也无不可。至于 D 信托公司与 M 公司之间的法律关系，可由其自行根据法定或约定解决，仅需确定安某某向 D 信托公司的债务履行行为有效即可。

第二，当事人之间的法律关系类型与公证债权文书载明的法律关系不符。例如，当事人虽然在名义上签订售后回租式融资租赁合同并办理强制执行公证，但实际法律关系为借款合同，则债务人即可根据《融资租赁司法解释》第一条第二款"对名为融资租赁合同，但实际不构成融资租赁法律关系的，人民法院应按照其实际构成的法律关系处理"和《公证债权文书执行规定》第二十二条第一款第一项之规定，请求不予执行公证债权文书。在拿到不予执行判决后，债权人再行以实际的法律关系提起诉讼；或不申请出具执行证书和执行，而是直接依据《公证债权文书执行规定》第二十四条第一款第一项以实际上的法律关系提起诉讼。司法实践中，我们观察到，很多法院对类似名为投资实为借款，名为典当实为借款等法律关系类型名义与实质不符的情况，认为并不影响强制执行公证，就是一种非常务实的做法。

第三，当事人之间的法律关系在内容上与公证债权文书载明的法律关系不一致。实践中通常出现两种情况：第一，当事人在合同履行期间通过补充协议变更了双方权利义务关系，那么就原合同办理并出具的公证债权文书自然不适宜再作为执行依据；第二，公证债权文书载明的权利义务内容与当事人之间总体性关系不一致，涉及的主要是债务数额或利息不正确。例如，甲公司与乙订立借款合同，约定了借款期限、利率等事项，并办理了强制执行公证；但甲公司实际控制的丙公司同时与乙签订融资服务合同，其所收取的咨询费实际上也是甲公司所借款项的借款利息，而且该笔借款还涉及"砍头息"。这是实践中普遍存在的一种情形，《公证债权文书执行规定》第十一条规定"……载明的利率未超过人民法院依照法律、司法解释规定应予支持的上限，被执行人主张实际超过

---

[1] 北京市第三中级人民法院（2020）京 03 民终 5592 号民事判决书。案件来源于中国裁判文书网。

的，可以依照本规定第二十二条第一款规定提起诉讼"对应的就是这里所讲的"公证债权文书载明的民事权利义务关系与事实不符"的问题。我们认为，内容上的不一致，在排除债务类型不一致后，作如下处理：（1）"砍头息"，由执行法院根据《公证债权文书执行规定》第十条"人民法院在执行实施中，根据公证债权文书并结合申请执行人的申请依法确定给付内容"，按照实际的借款数额确定借款本金；（2）利率超出法律、司法解释支持的上限，由债务人根据第二十二条第一款提起不予执行诉讼，由受案法院综合公证债权文书内外的约定，以及实际履行情况作出"超出部分不予执行"的判决。

强制执行公证时公证债权文书载明的法律关系与事实不符，原则上应当是未来用于执行的债权债务关系与事实不符。如果是公证债权文书中，与未来执行的债务无关的法律关系与事实不符，则不能因此判决不予执行。例如，在保证合同强制执行公证中，在公证证词表明提供保证担保的甲乙系夫妻关系，但这一法律关系，与甲乙依据我国法律分别承担保证责任没有关系；若事实证明，甲乙并非夫妻关系，则不应以公证证词中的夫妻关系与事实不符为由，判决不予执行。实践中，公证人员应当尽可能地在公证债权文书中不涉及与未来执行的债权债务无关的事实。

（二）申请强制执行时的事实与公证债权文书载明的法律关系不符

这种情形，典型的为债权文书双方当事人通过补充协议变更了当事人之间的法律关系，而补充协议并未办理强制执行公证，所以载明原来变更前债权债务关系的公证债权文书自然不能作为执行依据。除此之外，债务人已经履行全部或部分债务，也将导致申请强制执行时的事实与公证债权文书载明的法律关系不符，我们将在下文对此予以论述。

四、公证债权文书载明的债权因清偿、提存、抵销、免除等原因全部或者部分消灭

《民法典》第五百五十七条规定了合同权利义务终止的法定事由，即履行、抵销、提存、免除、混同、解除；公证债权文书载明的债权基于该等事实消灭的，债权人即无权再行依据公证债权文书通过强制执行实现已经消灭的债权。我们认为，适用《公证债权文书执行规定》第二十二条第一款第三项应当注意：（1）对于是否存在该等债务终止的事由，应当由法院审判机构加以审理，而执行机关

在执行异议程序很难加以审查确定。所以，在债务人以此为由向执行机关提出异议申请后，执行机关鉴于事实简单并予以审查采纳的，应根据《公证债权文书执行规定》第十条扣减并确定正确的执行标的；对于复杂的，应告知债务人根据第二十二条第一款起诉请求不予执行。（2）第二十二条第一款第三项不包括混同、解除。对此，我们认为，混同发生在债权债务主体一致，也即申请执行的申请人和被申请人是同一主体，自然不存在债权人持公证债权文书申请执行自己的问题；对于合同解除，我们认为：第一，根据2000年《联合通知》、2017年《关于充分发挥公证书的强制执行效力服务银行金融债权风险防控的通知》，现行法律规定可经公证赋予强制执行效力的债权文书类型主要涉及给付钱款及利息，即使解除合同，债务人承担的也是结清欠款和利息的法律责任，与不解除合同而要求继续履行和赔偿损失的违约责任，在结果上并无二致；第二，根据《民法典》第五百六十六条第三款之规定，担保人在主合同解除后，仍须就债务人承担的解除合同后的各项法律责任承担担保责任。简言之，无论是债务人还是担保人，无论是否解除主合同，其所承担的法律责任都是一样的。更进一步讲，债权人持公证债权文书申请强制执行所实现的民事权利，在结果上不受主合同是否被解除的影响，这是未将"合同解除"作为不予执行法定事由的原因。（3）对于确实存在债权因清偿、提存、抵销、免除等原因部分消灭的情形，执行法院只能判决对于已经消灭的部分不予执行；对于剩余未消灭的部分，执行法院应当驳回不予执行的诉讼请求。

第五章

公证强制执行程序中的程序性法律问题——公证阶段

第一节　强制执行公证的办理阶段

强制执行公证的受理和审查阶段，是指当事人向公证机构申请强制执行公证之时起，到公证机构依据当事人的申请、审查结果以及法律的授权出具《具有强制执行效力的公证书》之日为止。

一、公证机构办理强制执行公证的一般理论

（一）程序选择

对于诉讼程序而言，人民法院作为执行国家司法权力的机关，基于国家与民事主体之间的权义关系天然负有司法保障义务，必须就当事人之间的民事纠纷作出带有强制执行效力的裁判文书。而对于仲裁机构和公证机构而言，则需要在当事人协议选择仲裁或公证程序的基础上，依据法律许可和当事人赋权，作出仲裁裁决和具有强制执行效力的公证债权文书。其间，仲裁制度和公证强制执行制度则成为国家向那些无意选择诉讼程序的当事人履行司法保障义务提供的制度供给。所以，仲裁制度和公证强制执行制度的首要任务就是获得当事人的选择和赋权。

（二）当事人通过程序选择行使自己的实体权利

如前文所述，不是所有的债权债务关系，都可以适用公证强制执行制度，该制度能否适用，须视当事人之间的民事实体权利性质和内容而定。当然，鉴于民事实体权利归属于民事主体个人所有，其也有权利选择实现权利以及救济权利的方式和途径，这即所谓的"谁不使用诉讼上的塑造的可能性，谁将丧失塑造诉讼的机会"。就此，最常见的例证是拥有实体诉讼时效抗辩权的债务人，不参加债权人提起的诉讼，结果是人民法院裁判其履行已经经过诉讼时效的债务，其实际上是以不参加诉讼的方式放弃了诉讼时效抗辩权。所以，从本质上讲，当事人选择

仲裁制度或公证强制执行制度，也是其行使自己民事实体权利的方式之一。

二、公证管辖

《民事诉讼法》《公证法》有关强制执行公证程序的规定在性质上都是程序性规定，涉及公证机构对强制执行公证管辖、受理、核查、出具公证书和执行证书的方方面面。其中，首先是公证管辖。

（一）公证管辖和执行管辖的区别

在讨论公证管辖之前，应当明确的是公证机构受理强制执行公证的管辖和人民法院确定执行法院的执行管辖分属不同的管辖规则。实践中，存在A地公证机构受理并办理强制执行公证，但由B地人民法院实施强制执行的可能性。规范上，有关执行法院执行管辖的规则规定在《民事诉讼法》及其司法解释之中，而有关公证管辖的规则则规定在《公证法》和《公证程序规则》当中。

1. 执行地域管辖。执行一般情况下由被执行人所在地或一审法院所在地管辖，根据《民事诉讼法》第二百三十一条第二款之规定，即"法律规定由人民法院执行的其他法律文书，由被执行人住所地或者被执行的财产所在地人民法院执行"，该条当中的"其他法律文书"根据《执行工作规定》之规定，包括仲裁裁决、赋予强制执行效力的债权文书、行政处罚决定书等。也就是说，赋予强制执行效力的公证债权文书只能由被执行人所在地，或被执行财产所在地人民法院予以执行。实践中，银行等金融机构在办理债务人为异地企业或自然人的强制执行公证前，要求债务人或连带担保人在金融机构开立账户并冻结账户资金的行为实际上就是为了依据《民事诉讼法》第二百三十一条中"被执行的财产所在地"的规定，取得执行管辖的一种做法。实际上，除了法院判决和裁定，仲裁裁决和赋予强制执行效力的债权文书和公证书三种实践中的一般执行名义，我国司法实践中还存在另外一种执行依据，即人民法院就人民调解协议经审查之后的司法确认决定。根据《最高人民法院关于人民调解协议司法确认程序的若干规定》第九条之规定，"人民法院依法作出确认决定后，一方当事人拒绝履行或者未全部履行的，对方当事人可以向作出确认决定的人民法院申请强制执行"，即执行法院为"作出确认决定的人民法院"。实践中，如债权人向两个以上有管辖权的人民法院申请执行，由最先立案的人民法院管辖。

2. 执行级别管辖。根据《公证债权文书执行规定》第二条第二款，"前款规定案件的级别管辖，参照人民法院受理第一审民商事案件级别管辖的规定确定"，公证强制执行案件执行级别管辖与各地法院的诉讼管辖一致，具体见最高人民法院 2015 年下发的《关于调整高级人民法院和中级人民法院管辖第一审案件标准的通知》、2018 年下发的《关于调整部分高级人民法院和中级人民法院管辖第一审案件标准的通知》。

（二）《公证法》《公证程序规则》的公证管辖

如上所述，人民法院执行机关的管辖规定应当依据《民事诉讼法》等相关法律制度，而公证管辖则应当依据《公证法》及《公证程序规则》等相关法律法规。根据《公证程序规则》第十九条第一款之规定，"符合下列条件的申请，公证机构可以受理：……（四）申请公证的事项符合《公证法》第二十五条的规定和该公证机构在其执业区域内可以受理公证业务的范围"。公证机构受理公证业务，应当符合公证管辖和公证机构执业区域的"双重标准"，否则即会出现公证机构跨区域执业和违反管辖规定受理公证业务的情形。

1. 公证机构执业区域。根据《公证机构执业管理办法》第十条之规定，即"公证执业区域可以下列区域为单位划分：（一）县、不设区的市、市辖区的辖区；（二）设区的市、直辖市的辖区或者所辖城区的全部市辖区。公证机构的执业区域，由省、自治区、直辖市司法行政机关在办理该公证机构设立或者变更审批时予以核定"。划定公证机构执业区域，系国家司法行政部门在公证机构执业过程中实施管理的一种手段，违反有关执业区域规定开展跨区域执业的违规行为将受到司法行政部门的处罚，但因《公证程序规则》第十九条的规定，也将产生影响公证债权文书效力的结果。

2. 公证管辖。公证管辖分为一般地域管辖和涉及不动产的特殊地域管辖，即所谓的专属管辖。其中，《公证法》第二十五条第一款"自然人、法人或者其他组织申请办理公证，可以向住所地、经常居住地、行为地或者事实发生地的公证机构提出"，《公证程序规则》第十四条第一款"公证事项由当事人住所地、经常居住地、行为地或者事实发生地的公证机构受理"的规定就是公证的一般管辖规则；而特殊地域管辖，遵照《公证法》第二十五条第二款规定，即"申请办理涉及不动产的公证，应当向不动产所在地的公证机构提出；申请办理涉及不动产的委托、声明、赠与、遗嘱的公证，可以适用前款规定"。

从上述条款的规定内容看，作为不动产专属管辖例外的涉及不动产公证事项一般是对合同、遗嘱等单方或双方法律行为的公证，如办理房产过户的委托书公证、放弃房产继承权的声明公证、涉及不动产的遗嘱公证等。此类事项一方面是为了方便群众办理异地涉及不动产的公证（如异地年龄较大的不动产权利人赠与、设立遗嘱等），另一方面这些事项并不涉及对不动产的即时、直接的处分，仅仅是间接涉及不动产事项，所以依然适用行为地公证机构管辖的一般规则。但是，如果涉及不动产权利（土地使用权、房产所有权）转让、租赁合同公证、房产共有分割、房产继承权分割等，则需要由不动产所在地公证机构管辖，因为一方面受理公证申请的公证机构需要就近查明不动产登记状况，另一方面全国各地不动产管理政策不同（如房屋限购、限售）、登记机构要求不同，因此应由不动产所在地公证机构办理以避免出现错误。

（三）跨区域执业和违反公证管辖规定的法律后果

根据《民事诉讼法》第二百三十二条，在公证强制执行程序中，被执行人有权提出执行异议，人民法院会依据《民事诉讼法》第二百四十五条进行审查，在发现存在该条第二款规定的"公证债权文书确有错误的"时，裁定不予执行。对于何谓"公证债权文书确有错误"，《民事诉讼法司法解释》第四百七十八条给予了进一步解释，根据其中第一款第二项"被执行人一方未亲自或者未委托代理人到场公证等严重违反法律规定的公证程序的"之规定，存在人民法院认定跨区域执业和违反公证管辖规定为严重违反法律规定的公证程序的可能性。之所以说存在可能性，是因为在申请执行人向人民法院申请执行时，债权债务已经形成，可能存在执行法院认为程序性瑕疵并不构成"严重违反法律规定的公证程序的情形"，不影响案件审理和执行，并应从节省司法资源的角度出发予以执行的情形。

【问题49】抵押物在异地，公证机关是否有受理抵押合同的强制执行公证管辖权？

鄂尔多斯X工程机械施工有限责任公司与M银行西安分行签订《综合授信合同》，最高授信额度为人民币4亿元，最高授信额度有效使用期限自2014年10月20日至2015年10月20日，授信种类为贷款、汇票承兑、保函（付款保函、融资性保函）、国内信用证及其项下的融资、商票保贴。债权人M银行西安分行分别与抵押人Y煤炭有限责任公司及自然人张某甲、闫某某、张某乙、张某丙、刘某某签订《最高额抵押合同》或《最高额担保合同》，并于同日与鄂尔多斯市N实业集团有限责任公司签订《最高额抵押合同》，并办理了赋予债权文书强制执行效力的公证。后因N公司拒绝办理抵押房产的抵押登记手续，M银行西安分行向陕西省西安市汉唐公证处申请出具执行证书。经核实，该处出具（2014）陕证执字147号执行证书，载明执行标的为违约金人民币8800万元。该案执行过程中，被执行人N公司提出执行异议：抵押物位于内蒙古鄂尔多斯市东胜区，根据《公证法》第二十五条第二款，涉及不动产的公证事项，由不动产所在地公证机构受理，根据《公证程序规则》第十三条第三款，"公证机构应当在核定的执业区域内受理公证业务"，故本案应当由鄂尔多斯市东胜区相关公证机构管辖。另，抵押物为不动产，故本案公证程序也违反了专属管辖的原则。问，被执行人的主张是否于法有据？

该案经西安中院执行裁定，被执行人不服申请复议。从陕西高院就本案"中国M银行股份有限公司西安分行与鄂尔多斯市N公司借款担保合同纠纷案"作出的（2015）陕执复字第00027号执行裁定书载明的内容看，西安中院认为，"关于公证机构不得跨出执业区域受理公证事项的问题。本案虽涉及不动产，但其主要内容为不动产的抵押担保，其享有并主张的是以该不动产为基础的优先受偿权，并非不动产所有权或使用权的转让。双方自愿在一方当事人所在地办理公证并不违反法律规定；且《最高额抵押合同》作为《综合授信合同》的担保合同，一并办理公证亦无不当"，陕西高院进一步认为《最高额抵押合同》的签订地在西安，且该合同作为《综合授信合同》的担保合同，陕西省西安市汉唐公证处一并办理公证亦无不当，最终驳回了N公司的复议申请。①

分析：本案被执行人在执行异议申请中提出的一项质疑是受理本案所涉公证的公证机构存在跨区域违规执业的程序违法行为，具体理由是：第一，被执行人、抵押物在异地；第二，与不动产有关的公证为专属管辖事项，抵押合同应由抵押物所在地公证机构管辖。

我们认为，本案中公证机构不存在跨区域执业和违反公证管辖规定的情形，理由是：第一，本案中，主债权合同和抵押合同均在公证机构所在地西安签订，债权人住所地亦在西安，符合《公证法》第二十五条第一款所规定的一般管辖规则；第二，在司法部、中国公证协会编写的《公证程序规则释义》中，第二十五条所述的涉及不动产的公证事项被解释为"指不动产的转让，包括不动产所有权和使用权的转让，如房屋买卖、赠与、继承"，所以不包含不动产《抵押合同》的强制执行公证；第三，公证机构经过公证程序系赋予符合法律规定的债权文书以强制执行效力，核心是就债权文书真实性、合法性，以及强制执行承诺进行公证，在公证类型上属于行为公证，应当由行为发生地公证机构管辖；第四，抵押合同作为担保合同仅仅是借款合同的从合同，借款合同依据一般管辖原则，而抵押合同依据专属的不动产所在地管辖，将会导致办理主从合同的公证机构不一致，将会很容易出现不同公证处出具的执行证书不一或重复执行

---

① 陕西高级人民法院（2015）陕执复字第00027号执行裁定书。案件来源于中国裁判文书网。

等问题。而且，本案中，当事人的代理人也系共同在西安，至案涉公证机构申请办理公证，受理公证业务也不存在公证机构跨区域执业的问题，故本案中公证机构办理公证的行为不属于违反公证管辖规定的情形。

上述观点也得到了司法实践的印证，江苏高院在其就"陕西 Y 有限公司、Z 融资担保有限公司与江苏 T 国际贸易有限公司、苏某某等合同纠纷案"作出的（2017）苏执复 224 号执行裁定书中认为，"北京市中信公证处是否有权对本案所涉担保、反担保事项进行公证。虽然《公证法》第二十五条第二款明确涉及不动产的公证应向不动产所在地公证机构提出，但《公证程序规则释义》将不动产的公证事项解释为'不动产转让，包括不动产所有权和使用权的转让'。本案中，虽然《反担保抵押合同》中抵押物位于西安市，该合同作为主合同即《担保合同》/《委托担保合同》的从合同，本质属于债权合同，且不涉及对不动产的直接转让，因此不属于《公证法》第二十五条第二款的情形，北京市中信公证处依据《公证法》第二十五条第一款规定依申请受理公证事项符合法律规定。因此，异议人提出北京市中信公证处无权办理相关公证业务的主张不能成立"。另外，公证机构受理、办理并出具具有强制执行效力的公证书的程序，是形成并作出执行依据的程序，可以参照最高人民法院颁布的民法典配套司法解释即《担保制度司法解释》第二十一条第二款"债权人一并起诉债务人和担保人的，应当根据主合同确定管辖法院"的规定，在同时办理主债权和担保合同（包括保证、抵、质押担保）赋强公证时，可以在对主合同有管辖权的公证机构一并办理担保合同的赋强公证。[①]

我们认为，如果当事人向某一公证机关申请强制执行公证，但存在当事人住所地、合同签订地等均不在该公证机构执业区域内，办理公证的机构与案件毫无连结点的情形，则应当属于公证机构跨区域违规执业和违反公证管辖的情形。实践中，公证机构应当尽量避免出现这类情形，避免人民法院以严重违反公证程序规定为由裁定不予执行。

三、执行承诺

（一）何谓"选择强制执行公证的约定"？

2000 年《联合通知》第一条第三项的规定，"债权文书中载明债务人不履

[①] 江苏省高级人民法院（2017）苏执复 224 号执行裁定书。案件来源于中国裁判文书网。

行义务或不完全履行义务时，债务人愿意接受依法强制执行的承诺"，即赋予债权文书强制执行效力必须以债务人做出接受强制执行承诺为前提。对此，我们认为，"承诺"一般为单方、单向，鉴于公证强制执行程序对诉讼程序的排斥效力，导致不仅是债务人，债权人也失去诉讼的权利。故，放弃诉讼，选择公证强制执行程序应当是当事人共同的选择，而不能是债务人单方的选择。之所以在 2000 年《联合通知》中规定为单方，是降低强制执行公证程序的门槛。实践中，已经出现在办理强制执行公证后，债权人执意选择诉讼，而受案法院认为该诉讼并不符合"公证债权文书载明的民事权利义务关系与事实不符"的起诉条件而驳回起诉的法院裁定，也即公证债权文书中选择公证强制执行程序中的条款或约定对债权人具有法律拘束力，所以其应当是约定，而不仅仅是债务人单方的承诺。在实践中，各地公证机构在受理强制执行公证时，均会要求债权人和债务人共同提出办理强制执行公证的申请，并且在公证笔录中会向债权人和债务重申办理强制执行公证后即不能就债权文书的争议提起诉讼的法律后果。

1. 所谓选择强制执行公证的约定，即当事人针对未来可能产生的债务纠纷，就赋予债权文书强制执行效力，并在债务人不履行债务时，债权人有权径行向人民法院申请强制执行，债务人自愿接受强制执行的事项所达成的一致约定。

2. 执行约定的性质应当视为当事人之合意，且该合意的内容为程序选择；就此，该约定应当符合当事人具有完全民事行为能力并且意思表示真实等法律行为的有效要件。如果该意思表示由第三人代为作出，则第三方应当拥有作出该意思表示的当事人的有效授权。执行约定与仲裁协议不同，后者在合同无效的情况下仍由依据仲裁协议确定的仲裁机构审理并确定合同无效后各方所应承担的法律责任，并就此作出仲裁裁决；而前者，在合同无效的情况下，会导致当事人无法依据公证债权文书申请执行，最终只能由人民法院通过审理确定各方当事人在合同无效后应承担的法律责任。

3. 执行约定的形式，当事人可以在债权文书中约定赋予强制执行效力公证程序，如同选择仲裁程序一样；也可以另行达成以选择公证强制执行程序为内容的债权文书的补充协议。当然，在合同履行过程中，当事人也可以通过补充协议，改变执行约定。应当注意，这种改变应当是单向的，即从公证强制执行程序变更为诉讼强制执行程序。

（二）执行约定的效果

当事人在债权文书中的执行约定最为直接的法律效果是，当事人不能就该债权文书所涉法律关系产生的纠纷向人民法院直接提起诉讼。2008年《公证债权文书内容争议诉讼受理批复》规定:"根据《中华人民共和国民事诉讼法》第二百一十四条和《中华人民共和国公证法》第三十七条的规定,经公证的以给付为内容并载明债务人愿意接受强制执行承诺的债权文书依法具有强制执行效力。债权人或者债务人对该债权文书的内容有争议直接向人民法院提起民事诉讼的,人民法院不予受理。但公证债权文书确有错误,人民法院裁定不予执行的,当事人、公证事项的利害关系人可以就争议内容向人民法院提起民事诉讼。"

最高人民法院在其就"李某与辽宁J房屋开发有限公司金融不良债权追偿纠纷案"作出的(2014)民二终字第199号二审民事判决书中认为,根据2008年《公证债权文书内容争议诉讼受理批复》以及2012年《民事诉讼法》第二百三十八条之规定,"具有强制执行效力的公证债权文书与生效判决书、仲裁裁决书一样,是人民法院的执行依据,当事人可以据此申请强制执行。……前述司法解释的明确规定,排除了当事人对直接提起诉讼这一方式的选择权"[1]。我们认为,鉴于《民事诉讼法》第二百三十八条及上述批复的规定内容,强制执行公证程序成为与诉讼程序和仲裁程序一样的纠纷处理程序,和诉讼程序并行。

当事人选择公证强制执行程序的执行约定,也可以通过后续的行为加以变更,这里应当适用民法典中有关合同变更的规定加以认定,变更的口径和幅度应当视当事人的具体约定而定。

【问题50】当事人是否可以通过后续约定改变公证强制执行的程序选择结果?

2001年,J公司分两次向工行沈阳D支行借款人民币5000万元,并提供房地产抵押担保,且就《贷款合同》和《抵押合同》办理了强制执行公证。2005年,工行辽宁省分行与C资产沈阳办签订《债权转让协议》,将上述5000万元债权本金以及利息转让给C资产沈阳办。2012年,C资产沈阳办与李某签订《债权转让协议》,将上述本金5000万元及利息4950万元转让给后者。2011年C资产沈阳办曾向沈阳中院提起诉讼,起诉要求J公司偿还上述借款中第二笔借款合同所涉的800万元。沈阳中院经审理认为"公证部门已经赋予该800万元债权强制执行效力,故C资产沈阳办应当依法申请执行而不应当另行诉讼",并于2011年7月12日作出(2011)沈中民五初字第29号民事裁定,裁定驳回C资

---

[1] 最高人民法院(2014)民二终字第199号民事判决书。案件来源于中国裁判文书网。

产沈阳办的起诉。C资产沈阳办提起上诉，辽宁高院撤销并指令沈阳中院再审，后C资产沈阳办撤回诉讼申请。2014年，李某向辽宁高院提起诉讼，请求J公司偿还本金5000万元，以及截至2013年3月的利息5260万元。

辽宁高院在就本案作出的（2014）辽民二初字第00007号民事判决认为：（1）《公证债权文书内容争议诉讼受理批复》于2008年12月12日出台，本案并未在之前开始审理，故应当适用该批复，所以债权人李某提起的诉讼，辽宁高院不应审理。（2）因为2004年1月5日，原债权人D支行向债务人发函称"截至2003年12月31日，贵单位已积欠我行贷款利息241万元，请抓紧筹措资金，偿还欠息。否则，我行将采取下列相应措施：依法向法院申请支付令、申请强制执行或直接提起诉讼，追偿欠息"，J公司于2004年1月6日签章确认。对此，辽宁高院认为是当事人之间就241万元的利息债权另行选择了诉讼方式加以解决，故可以受理。① 于是，问题来了，辽宁高院的判决内容是否于法有据，即当事人是否可以通过后续约定改变公证强制执行的程序选择结果？

分析②：1. 对于债权人、债务人以及担保人达成的选择强制执行程序的约定，因为《民事诉讼法》第二百三十八条和《公证债权文书内容争议诉讼受理批复》而具有排斥当事人就债权文书所涉法律关系提起诉讼的效力，我们认为，该效力将依附于当事人之间的法律关系之上。即使后续债权人将债权转让第三人，原债权人和债务人之间采取公证强制执行方式实现债权的约定也具有法律拘束力，受案法院也应当驳回当事人的起诉申请。换句话说，第三人受让的债权实际上是一个只能向执行机关提起强制执行申请的债权。鉴于此，本案中，无论D支行还是C资产沈阳办与债务人达成的有关债权解决纠纷的协议，都对受让债权的李某具有法律效力。就此，最高人民法院在其就"李某与辽宁J房屋开发有限公司金融不良债权追偿纠纷"作出的（2014）民二终字第199号二审民事判决书中认为，"具有强制执行效力的公证债权文书与生效判决书、仲裁裁决书一样，是人民法院的执行依据，当事人可以据此申请强制执行。对于有强制执行效力的公证债权文书，发生争议后债权人应当申请强制执行，直接提起诉讼的，人民法院不予受理。前述司法解释的明确规定，排除了当事人对直接提起诉讼这一方式的选择权。由于本案亦不存在公证债权文书确有错误，人民法院不予

---

① 辽宁省高级人民法院（2014）辽民二初字第00007号民事判决书。案件来源于中国裁判文书网。

② 下文相关分析内容主要依据为最高人民法院（2014）民二终字第199号民事判决书，为保持文书原貌，相关法律未更新改动。

执行的裁定，故李某关于其提起本案诉讼符合法律规定的主张，不能予以支持"。

2.关于当事人就公证强制执行程序达成的一致约定是否可在后续通过合意加以改变问题，我们认为，鉴于强制执行公证选择的合意性，可以加以变更。本案中，原债权人D支行催款函当中就241万元利息提出诉讼、支付令等纠纷解决方式，而债务人并未表示反对就是改变原有纠纷解决方式的例子。对此，最高人民法院在其二审判决书中认为：（1）"赋予强制执行效力的公证债权文书必须符合当事人已经就强制执行问题在债权文书中达成书面合意的条件。换言之，如果仅有公证的形式，而没有当事人关于执行问题的特殊合意，也不能产生可以申请强制执行的效果"，即强制执行公证必须有当事人程序选择合意；（2）"合同当事人的意思表示是赋予强制执行效力的公证债权文书强制执行效力的重要来源，当事人可以通过合意的方式约定直接申请强制执行的内容，法律亦不禁止当事人变更直接申请强制执行的内容，放弃对债权的特殊保障"，"虽然涉案债权存在有强制执行效力的公证债权文书，但双方当事人后对部分利息又约定可以采取诉讼方式解决纠纷，是通过合意的方式变更了可以直接申请强制执行的内容"，即对强制执行约定可以加以变更；（3）"涉案欠息通知书对于部分债务约定了诉讼等纠纷解决方式，变更了原来的约定，J公司收到前述通知书之后并未提出异议，而是签章确认，应视为双方就欠息部分归还的方式达成了新的合意"。鉴于以上认识，辽宁高院作出仅支持241万元利息的诉讼请求，驳回其他诉讼请求，最高人民法院维持该判决的结果就自然而然。

3.在金融借贷纠纷中，债务人能否以受让金融债权价格过低为由主张债权转让协议无效？本案中的另一问题是J公司以债权转让价格过低，损害国有资产为由提出不良金融债权转让合同无效抗辩的问题。对此，根据最高人民法院《关于审理涉及金融不良债权转让案件工作座谈会纪要》第五条的规定，即"为避免当事人滥用诉权，在受让人向国有企业债务人主张债权的诉讼中，国有企业债务人以不良债权转让行为损害国有资产等为由，提出不良债权转让合同无效抗辩的，人民法院应告知其向同一人民法院另行提起不良债权转让合同无效的诉讼；国有企业债务人不另行起诉的，人民法院对其抗辩不予支持"，债务人只能另行起诉主张债权转让协议无效。

4.在金融借贷纠纷的诉讼中，当事人是否可以提出实现担保物权的诉讼请求？对于其余部分抵押权，《民事诉讼法》第一百九十六条规定："申请实现担保物权，由担保物权人以及其他有权请求实现担保物权的人依照物权法等法律，向担保财产所在地或者担保物权登记地基层人民法院提出。"第一百九十七条规定："人民法院受理申请后，经审查，符合法律规定的，裁定拍卖、变卖担保财产，当事人依据该裁定可以向人民法院申请执行；不符合法律规定的，裁定驳回申请，当事人可以向人民法院提起诉讼。"根据该规定，不通过诉讼，直接提出实现担保物权的申请，应当向担保财产所在地或者担保物权登记地基层人民法院提出。相关申请是否符合法律规定，也应当由该基层人民法院审查，故该问题不属于本案诉讼处理的范畴。

（三）到场办理公证

根据《公证债权文书执行规定》第十二条之规定，被执行人未到场且未委托代理人到场办理公证的，被执行人可以申请不予执行。换句话说，当事人到场办理公证，是公证债权文书得以有效执行的前提条件。应当注意的是，第十二条所指到场办理公证的是"被执行人"及"委托代理人"，其间有如下几层含义：（1）被执行人系指公证债权文书的债务人和担保人，其在进入法院执行立案后即转变为被执行人，也即债务人、担保人均应到场办理公证。（2）被执行人未到场，其可以委托代理人到场办理公证，代理人应当有办理"强制执行公证"的委托授权；如果被执行人是自然人（债务人、担保人），按照司法部的相关文件要求，一般情况下是不能够委托代理人办理强制执行公证的。如果债权文书中没有债权关系、担保关系双方有关选择公证强制执行程序的约定或债务人、担保人自愿在债务不履行的情况下"接受强制执行的承诺"的内容，委托授权还应当包含受托的代理人有权代委托人作出上述承诺或达成上述一致约定的内容。总体上，委托授权应当视情况包括以下内容：（1）申请并办理"强制执行公证"的委托，此项是为了避免被执行人以办理公证的类型并非强制执行公证为由提出异议。一些公证机构制作的制式委托授权文件上甚至载明了《民事诉讼法》《公证法》中作为公证强制执行依据的法条，强化了委托人的授权意思表示系在知晓公证强制执行程序效果基础上作出的，更加有效地避免了纠纷和异议的风险。（2）办理公证并就债权债务关系接受公证机构核实和制作公证询问笔录。（3）就债务核实方式、方法和核实函收件地址进行确认。（4）签署送达地址确认书。（5）代为收取公证书，甚至是债务核实函等法律文件，并代为核实债务履行情况等。

1. 何谓"到场办理公证"？

【问题51】什么是"到场"办理公证，如何证明被执行人已到场办理公证？

北京高院在其就"Z资产管理有限公司与F投资有限公司、翁某、翁某某赋予强制执行效力的公证债权文书执行异议案"作出的（2019）京执复206号执行裁定书中认为,《公证债权文书执行规定》第十二条第一款第一项中的"到场"办理公证,是指在公证员面前办理相关公证事项,并不仅限于在公证处的办公地点内办理相关公证事项。[①]也就是说,未在公证机构办理公证并不一定就是出现了《公证债权文书执行规定》第十二条规定的"未到场办理公证"的情形,而是看是否系在公证员面前办理的公证。

如何证明被执行人已到场办理公证?

在北京一中院、北京高院审理的Z资产管理有限公司与F投资有限公司、翁某、翁某某赋予强制执行效力的公证债权文书执行异议和复议一案中,执行法院北京一中院至北京方圆公证处调取公证卷宗材料(询问笔录)显示翁某于2016年7月15日至北京方圆公证处申办最高额保证合同的强制执行公证,并且询问笔录的询问地点在债务人F公司,每页下方均有翁某签字及指印。据此,北京一中院在异议裁定中认定"翁某在办理赋予强制执行效力的公证债权文书相关文件上签字可以证明其到场办理公证,故其提出的未办理过强制执行公证的主张证据不足,该院不予支持。其提出的其他不予执行理由并非应裁定不予执行的法定事由,其应当依法通过其他程序解决"。翁某在复议申请中提出北京一中院的上述事实认定"有误,且在举证责任上偏向申请执行人,应当予以纠正。我从来没去过北京市方圆公证处,也从未在表明身份的公证员面前签署或作出接受强制执行的承诺,北京一中院应责成北京市方圆公证处提供我在公证处或公证员面前签字的照片、录音或录像等证据,但却错误地把举证责任强加给我,且仅仅凭申请执行人单方面提供的询问笔录就认定'翁某在办理赋予强制执行效力的公证债权文书相关文件上签字可以证明其到场办理公证'有误"。而北京高院继续认定该主张缺乏证据支持,并作出(2019)京执复258号执行裁定书驳回复议申请。

分析:北京一中院的事实认定首先是至公证处调取卷宗发现有翁某办理公证的签字、指印,然后转身去看被执行人提供的未到公证处办理公证的证据。所以,被执行人就其未到场办理公证这一事项的举证责任,是建立在公证机构帮助申请执行人完成被执行人已经到场办理公证这一举证责任的基础之上的,而公证机构是配合申请执行人完成这一举证责任的。也正是因为这一点,我们衷心希望各个公证机构做好证据留存工作,例如本案异议人所称的录像、录音或照片,要达到取得全方位反映事实真实状况的程度,不可掉以轻心,不可仅剩相关文件签章这一孤立的证据。

[①] 北京市高级人民法院(2019)京执复206号执行裁定书。案件来源于中国裁判文书网。

在 K 融资租赁有限公司与邓某、邓某某、成都 T 环境股份有限公司、北京 H 科技有限公司、S 环保工程（成都）有限公司、大庆 L 环保科技有限公司公证债权文书一案中，S 环保公司向执行法院提出不予执行公证债权文书的理由是"未到场办理公证和执行证书"，但北京海淀法院审查的结果是"根据本院调取的公证卷宗，卷宗内有 S 环保公司法定代表人邓某某办理公证时的现场影像和身份验证，以及邓某本人在公证笔录上的签字盖章，可以认定 S 环保公司办理了赋予债权文书以强制执行效力公证的事实。又根据本院调取的北京市长安公证处（2018）京长安执字第 147 号执行证书相关卷宗，公证机关在出具执行证书时，按照被执行人邓某、邓某某、成都 T 公司、北京 H 公司、S 环保公司、大庆 L 公司在办理债权文书的赋予强制执行效力公证时承诺的核实方式进行了核实，在履行正当程序后出具了执行证书。故 S 环保公司提出的公证机关出具执行证书时其委托代理人未到场公证的主张，缺乏事实和法律依据，故本院对其不予执行公证债权文书的主张不予支持"[①]。从该院审查并认定的事项看，公证机构在办理公证过程中的影像资料、身份验证，以及出具执行证书前的核实记录都非常重要。

2. 到场办理公证的作用

《公证债权文书执行规定》第十二条之所以将"被执行人未到场且未委托代理人到场办理公证的"作为"不予执行公证债权文书"的法定事由，是因为被执行人到场办理公证是公证强制执行中非常重要的一个环节，起到了明确、确定债务关系，教育、督促债务人履行债务，为公证强制执行后续程序奠定基础的作用。

（1）落实选择公证强制执行的约定和执行承诺。如前文所述，强制执行公证得以有效并作为法院执行依据，前提是当事人选择公证强制执行程序。按照《公证程序规则》第三十九条的规定，债权文书中应载明双方当事人选择强制执行公证的条款。实践中，因为一些债权文书篇幅巨大，导致债务人有时很难注意到这些非实体的，有关程序选择的条款。甚至于，很多债权文书中的强制执行公证条款是后续用"条章"[②]统一添加的。所以，被执行人到场办理公证，可有效落实选择公证强制执行的约定和执行承诺：①当事人办理强制执行公证，大多数公证机构都会让当事人阅读并签署事先准备好的，内容全面的，载明有关

[①] 北京市海淀区人民法院（2019）京 0108 执异 190 号执行裁定书。案件来源于中国裁判文书网。

[②] 条形印章，内容是双方一致同意债务人不履约则可以提交公证机构予以执行。

公证强制执行有关事项、法律后果等内容的"告知书"或"风险告知书",让债务人、担保人明确知晓办理强制执行公证的法律后果;②公证机构会制作询问笔录,就债务内容、是否接受公证强制执行、如何核实债务履行情况,以及在何种状况下启动执行程序等事项通过询问笔录进行核实、询问和告知,最大限度地避免后续的风险。通过以上两项措施,公证机构可在出具作为执行依据的债权文书公证书之前,有效落实选择公证强制执行的约定和执行承诺。

实践中,一些公证机构办理强制执行公证,以条章添加强制执行公证条款时,由公证员或由债权人操作加盖添加,这一做法具有巨大的法律风险。因为在法律上,强制执行公证条款,属于双方合同意思表示的一部分,其有效须满足双方当事人具有完全民事行为能力以及意思表示真实等有效要件。在双方签署合同前添加,后由双方认可并签章,对双方均有法律拘束力;但是,如果在双方签署合同后添加,则属于合同的变更,须双方就此作出意思表示并再次达成一致。如果由债权人或公证员在合同签订后统一添加,则会导致该意思表示无效,或导致无法达到合同变更的法律效果,最终导致无法达到经公证径行申请强制执行的后果。

(2)公证机构就当事人身份、核实方法、送达地址的核实。被执行人到场办理公证,公证机构可以进一步核实债务关系双方的身份,让被执行人再次确认债务或担保关系双方的身份,避免就此产生的各种纠纷;公证机构可以就未来债务履行情况核实的方法作以确认,避免出现在出具执行证书前,无法核实债务履行情况的问题;公证机构还可以就公证债权文书如何送达进行核实,确保公证债权文书的有效送达,确保作为执行依据的公证债权文书的有效性。

(3)落实公证强制执行后期的程序性要求。被执行人到场办理公证,公证机构可以就债务关系中诸如债务数额、履行期限、违约责任、担保方式等进行核实,并在询问笔录中记录在案。借此,被执行人(债务人、担保人)再次确认债权关系和债务数额,对于复杂一些的债务关系,公证人员的询问,有助于被执行人知晓并正确理解其未来须履行的债务内容以及不履行则应负的法律责任,强化其债务履行的观念和认识。此外,公证人员在询问中会告知被执行人,在其债务不履行的情况下,债权人有权不经诉讼径行申请执行并进入执行程序的法律后果,让债务人对债务不履行的法律后果有一个全面而正确的认识,有利于法院在进入执行程序后,顺利地开展执行工作。

从公证程序上讲,公证程序的启动须基于公证各方当事人的公证申请,从这一点出发,不仅被执行人须亲自或委托代理人到场办理公证,债权人也须到场或委托代理人到场办理公证。

四、公证审查和公证笔录

对于当事人提交的办理强制执行公证的申请,公证机构应当予以审慎审查,并将对当事人询问制作的公证笔录和核实的相关材料一并作为出具公证债权文书的基础资料归档备查。在审查和询问中,始终应以是否应出具作为执行依据的公证债权文书作为审查的首要问题,并根据不同的债权文书类型适应性地调整审查和询问的具体内容。

(一)公证机构的常规核查和询问内容

公证机构的常规核查和询问内容主要包括:(1)债权文书是否属于可经公证赋予强制执行效力债权文书范围内的类型;(2)债权文书是不是当事人真实的意思表示,作出该意思表示是否系当事人自己或有效委托的个人作出,审查当事人提交的债权文书、委托办理强制执行公证的授权书;(3)当事人是否知晓债务的内容,如债务数额、履行期限、履行方式、担保物,以及双方根据债权文书享有的各项民事权利和义务,尤其是债权人有权要求债务人提前履行债务的各种情形或条件;(4)债务人作出的,在其不履行或不完全履行债务时债权人有权不经诉讼径行申请强制执行的执行承诺是否真实、有效,债权人是否知晓申请办理强制执行公证后即只能在特定情况下(《公证债权文书执行规定》第二十四条)将实体争议提交法院经诉讼程序加以解决;(5)公证债权文书的送达方式和地址,债务履行情况核实方式和地址;(6)债权人提请出具执行证书应当提交的各种材料。

【问题 52】公证笔录是否可以作为确定债权合同内容的依据?

刘某某向袁某某借款 270 万元,为此双方和担保人唐某某、赵某某以及湖南 W 公司共同签订借款合同。该合同第四条担保方式约定"担保方式:本借款合同由湖南 W 公司财产及唐某某个人财产作为担保",但始终未明确唐某某和 W 公司是以哪些财产提供抵押担保。在经各方申请,湘潭市公证处办理强制执行公证时,公证人员询问唐某某:"唐某某以什么财产作担保?"唐某某回答:"以本公司在天易公路边北侧贵竹路以西的国有土地使用权(宗地编号某 T 某 -2007-YSH-WKY042)及本人所有的坐落在市雨湖区昭潭乡韶山西路阳光山庄晟园××栋的私产房作担保。"公证人员询问唐某某:"上述房产和土地使用权属你和妻子的共同财产,你只有一半的权利,你怎样为刘某某提供担保?"唐某某回答:"我就以我个人及公司的财产作担保。万一不行,我愿意拿现金出来。"随后,唐某某将宗地图编号为某 T 某 -2007-YSH-WKY042 的土地出让合同及宗地图纸复印件交给公证处备案及原告,但双方当事人因当时国土证在有关部门办理中，因此未到国土部门及房产管理部门办理抵押登记手续。后，债务人刘某某未按期还款，故债权人袁某某申请出具执行证书并申请法院强制执行。最终，执行法院认为应按照一般诉讼程序处理上述纠纷，遂撤销已经作出的执行裁定，债权人袁某某提起诉讼。

执行法院受理诉讼案件后，在一审判决中认为，袁某某与 W 公司和唐某某之间的抵押合同有效，但抵押权未经登记，故抵押权未有效设立，因此袁某某与 W 公司和唐某某之间并未形成抵押担保关系，只能认定双方存在一般保证关系。法院向袁某某释明应变更诉讼请求，但袁某某坚持诉请 W 公司和唐某某应承担抵押担保责任，且一般保证期间已过，最终法院未支持袁某某要求 W 公司和唐某某应当承担抵押担保责任的诉讼请求。经袁某某上诉和二审法院审理，湘潭中院作出（2012）潭中民一终字第 170 号民事判决书认为：首先，借款合同第四条、第七条为担保条款，约定"本借款合同由湖南 W 公司财产及唐某某个人财产作为担保"以及"……如不能归还，由担保人公司财产和唐某某个人财产作价归还"，故各方当事人就 W 公司和唐某某以公司和个人财产提供担保的一致意思表示。其次，虽然借款合同没有明确何为担保财产，但"W 公司的法定代表人唐某某在公证处为其制作的谈话笔录中，明确将以 W 公司坐落于湘潭县天易公路旁（宗地图编号为某 T 某 -2007-YSH-WKY042）的部分土地使用权作为本次借款的担保，且在合同签订并经公证后，W 公司的法定代表人唐某某将宗地图编号为某 T 某 -2007-YSH-WKY042 的土地出让合同及宗地图纸复印件交由公证处及袁某某保存，袁某某对此也予以接受"，"此为上诉人袁某某与被上诉人 W 公司对于《借款合同》中的第四条、第七条约定的补充和对抵押财产范围的进一步明确。故此，以 W 公司坐落于湘潭县天易公路旁（宗地图编号为某 T 某 -2007-YSH-WKY042）的部分土地使用权为抵押物是上诉人袁某某与被上诉人 W 公司的一致意思表示"。最后，抵押合同有效，但未进行抵押登记，故抵押权无效，袁某某无法行使抵押权，对此 W 公司应当承担赔偿责任，最终湘潭中院综合案件实际情况，确定"被上诉人 W 公司承担民事责任的部分为原审被告刘某某不能清偿上诉人袁某某债务部分的 50%"。[1]

分析：本案较为复杂，本书在这里要讨论的问题是公证机构在办理强制执行公证时依法制作的谈话笔录在案件的审理过程中起到了什么作用。无论保证担保，还是抵押担保，其建立的基础都是当事人之间明确而具体的一致合意。两

---

[1] 湖南省湘潭市中级人民法院（2012）潭中民一终字第170号民事判决书。案件来源于中国裁判文书网。

者不同之处在于，前者用于承担担保责任的财产是担保人的所有财产，而后者是担保人的特定财产。在借款合同中，如果 W 公司和唐某某都表示以公司全部财产和个人全部财产来承担担保责任，则从约定内容看，即应清楚表明双方当事人约定的担保方式是保证担保。但是，因为债权人袁某某始终认为 W 公司和唐某某应当承担抵押担保责任，首先即可以因债权人没有订立借款合同的意思表示而排除当事人之间存在保证担保关系。而且，在借款合同中，W 公司和唐某某都表示以公司财产和个人财产来承担担保责任，而不是"全部财产"。此时，只能成立物权担保关系，而且需要进一步明确是以哪些特定财产承担担保责任。根据《担保法司法解释》第五十六条第一款"抵押合同对被担保的主债权种类、抵押财产没有约定或者约定不明，根据主合同和抵押合同不能补正或者无法推定的，抵押不成立"，如果不能明确担保财产，那么双方之间抵押合同将会因为缺乏必要条款而不成立。

在公证机构的谈话笔录中，唐某某有两个身份：(1) 唐某某个人身份；(2) W 公司法定代表人身份。其谈话笔录明确了个人和公司向债权人袁某某提供抵押担保的具体财产，即别墅房产和宗地使用权。但是，为什么湘潭中院却只确认了袁某某与 W 公司之间的抵押合同成立并生效，而没有确认袁某某和唐某某之间就别墅房产的抵押合同成立并生效。关于后者，湘潭中院认为："唐某某在公证处谈话笔录中明确以其个人所有的房产作为担保的表示，属于其个人的单方意思表示，之后又没有将相关权证交予上诉人或者办理抵押登记手续，故双方当事人没有对此形成合意，不能推定为本案《借款合同》所明确的抵押物，根据《担保法司法解释》第五十六条第一款'抵押合同对被担保的主债权种类、抵押财产没有约定或者约定不明，根据主合同和抵押合同不能补正或者无法推定的，抵押不成立'之规定，上诉人袁某某与唐某某个人之间的抵押担保合同关系不成立。"要分析上述差异的原因，就要从公证机构所做的谈话笔录的性质入手。公证机构所做的谈话笔录实际上是向合同当事人核查合同意思表示是否真实的情况，本身就是公证机构处理其和具体当事人之间关系的一种表现，即使当事人在笔录中明确表示某一具体财产作为抵押财产，其也是在向公证机构做出；而合同中的意思表示在性质上均属于须领受的意思表示，即该意思表示必须向相对人做出方为有效的意思表示。所以，结论是，当事人在公证机构谈话笔录中的意思表示不具有缔结合同和补充合同内容的意思表示性质，自然在本案中无法起到补充借款合同中抵押条款的作用，这也是湘潭中院认为唐某某在笔录中就以别墅房产提供担保的表示是单方表示的原因，其与债权人袁某某并未就此达成一致协议。实际上，湘潭中院认定当事人就某一特定财产达成抵押担保的合意的依据是唐某某代表W公司在公证后向袁某某交付宗地土地出让合同及宗地图纸复印件，而袁某某予以接受的事实，这才是双方就补充抵押物不明的抵押合同问题达成合意的行为，该行为确定了具体用于抵押的特定财产；这也是该院认为"唐某某没有将相关权证（别墅房产）交予上诉人或者办理抵押登记手续，故双方当事人没有对此形成合意"的原因。

那么，公证笔录是否可以用作当事人在办理公证时对合同未约定或约定不明的内容达成一致的记录，我们认为可以，但公证机构应当注意以下几点，以确认当事人就合同的内容达成一致：（1）当事人是否为亲自或由法定代表人办理公证，如果不是，由他人代办，公证人员需要审查代办人员是否有做出相应意思表示的有效的代理或代表授权。（2）在笔录中须提问当事人的意思表示是不是向相对人做出的，得到确定答案记录后询问对方当事人是否接受；否则，对于合同订立这种须领受的意思表示而言，不是向对方当事人做出就等于没有作出意思表示。（3）如果确认双方就合同某一事项达成一致，应当紧接着就达成合意的内容向当事人进行确认，并以记录的方式告知当事人达成一致的内容将成为合同的组成部分对当事人产生法律约束力。

本案的另外一个问题是湘潭中院判令W公司承担债务人刘某某不能清偿债权人袁某某债务部分的50%的判决内容是否适当。对此，我们认为，不能适用《担保法司法解释》第七条、第八条有关担保合同无效后，担保人应当承担责任的规定，轻率地判令担保人承担三分之一或二分之一的赔偿责任。本案中，W公司违反前述已经成立并生效的抵押合同，未给袁某某办理抵押登记的行为属于违约行为，应当承担继续办理抵押登记的"继续履行"的违约责任或在没有继续履行必要的情况下赔偿袁某某就不能行使抵押权所造成的损失。该损失数额的计算应当有两个口径：（1）抵押物在债权到期时的价值，这是债权人在债权到期因不能行使抵押权而造成的损失的直接依据；（2）债务人不能清偿的债务数额，即使债权人在债权到期时有权支配抵押物的价值，但该价值在功能上也仅能用于填补债权人到期债权无法实现的损失。实际确定赔偿损失数额应当以上述两个口径中数额较小的计算，而不是按照本案结果上的50%在担保人W公司和债权人袁某某之间分担责任或损失，因为有效设立抵押权，是抵押人的支配行为，未能有效设立抵押权，不能将责任或损失分担给没有过错的债权人。

最后，在借款合同中，唐某某和债权人达成一致用自己的财产承担担保责任，因双方未能就以何财产承担担保责任达成一致，最终导致抵押合同未成立，但双方已然进入磋商阶段，属于在订立合同过程中"有其他违背诚实信用原则的行为"给对方造成损失，应当承担赔偿责任的情形，鉴于双方对抵押合同未最终成立都有过错，故法院实际上也可以将债务人无法清偿的债务部分在债权人和唐某某之间进行合理分配。

（二）公证机构的特殊核查和询问内容

完成公证机构的常规核查和询问内容后，公证人员应当根据债权文书的不同类型，完成就特殊问题进行核查和询问的工作。

1. 对于担保合同，在核查担保合同是否系当事人真实意思表示等常规事项后，应当核查：担保人是自然人的，则应当面核实其身份，审查其是否具有签署担保合同的行为能力；如果是担保物权，则应审查担保物的权属证明以及所有权状况，排除担保人作为共有人在未经其他共有人参与决策的情况下单独抵押、质押担保物的可能性。如果担保人是公司法人，则应对法定代表人签署担保合同的权限进行审查，并根据公司章程，核查章程所要求的就公司对外担保事项作出的股东会、股东大会或董事会决议；如果公司是对股东或实际控制人、高级管理人员所负债务提供担保，则无论章程如何规定，都应审查股东会、股东大会的决议，并且审查时注意被担保的股东不应参与决议表决的程序性要求。如果公司涉及内保外贷事项，则应审查公司担保是否经过外汇管理机关批准或备案；应当注意，我国对内保外贷在外汇管理方面的审查、批准或备案，有很强的政策性，故应当经常审查国家外汇管理机关就内保外贷问题的管理规则是否发生变化，并根据变化调整自己的审核要求。

2. 对于还款协议，公证人员应在核查还款协议的真实性、有效性外，重点核查还款协议所还款项涉及的原始债权债务关系是否合法、真实、有效，避免出现错误通过还款协议的强制执行公证确认当事人之间虚假交易的情形。如果原始债权关系是双务合同关系，则要审查债务人是否已经确认债权人履行对待给付义务无违约，避免未来出具执行证书时，因债务人主张有效的抗辩权，而使得公证机构出具执行证书的工作处于被动。

3. 对于融资租赁合同，公证人员应当告知债权人：根据《民法典》第七百五十二条之规定，面对债务人经催告仍然不履行租金支付义务的违约行为，债权人有权请求支付全部租金，也可以选择解除合同收回租赁物，而对于后者，公证机构无法出具执行证书，只能作出不予出具执行证书决定，然后由债权人自行诉至法院经诉讼程序加以解决。

五、公证书的内容

《公证债权文书执行规定》第四条只规定,债权人申请执行的公证债权文书应当包括"公证证词、被证明的债权文书等内容",其中公证证词至少应列明"权利义务主体、给付内容"。

公证书包括两部分:第一,公证证词;第二,被证明的债权文书等内容。前者,在内容上至少为"权利义务主体、给付内容"。如果公证证词中没有列明权利义务主体或给付内容,则会遇到人民法院根据《公证债权文书执行规定》第五条第三项之规定,认为公证证词未载明权利义务主体或者给付内容不明确,进而驳回执行申请的问题。

对于《公证债权文书执行规定》的上述规定,可能会有的疑问是,为什么要在公证证词中载明"权利义务主体、给付内容"。对此,我们认为:第一,公证债权文书是人民法院的执行依据,执行依据中可执行内容必须明确,这是对执行依据最基本的要求,就像对法院判决中判决主文或判项的要求一样,否则执行机关则会面临无所适从的窘境;第二,既然要求申请执行人向执行机关申请执行时必须提交执行证书,那么在执行证书中清晰地列明执行内容也能够达到同样的目的,而且执行证书的内容是公证机构在对债务履行情况进行初步核实后出具的,相较于公证债权文书的内容更加准确,那么为什么还一定要求在公证证词中列明给付内容?对此,我们认为,很多债权文书篇幅巨大,债务人(被执行人)在签署时可能并不完全知晓和理解其应当履行的债务具体内容,结果是债务人在债务到期时可能还会就其承担的债务存有疑问或与债权人存有争议,在此情况下让其不经审判程序径行进入强制执行阶段并不完全符合法律上的正当性。尤其是,一些法院在执行中,还会根据《民事诉讼法》第二百六十条将迟延履行生效法律文书的利息(万分之一点七五)也一并予以执行。因此,在公证证词中列明明确、具体的权利义务主体和给付内容,并最终有效送达公证债权文书,则会使被执行人在办理强制执行公证后即时明确知晓自己是否为债务人,自己应当履行的债务包括哪些,以及应当向谁履行债务。在此情况下,若债务人不履行债务,经债权人单方申请、简单核实并通过出具执行证书产生启动强制执行程序的法律后果,就最大限度地满足了正当性需求。

【问题53】人民法院如何处理公证证词中未列明"权利义务主体、给付内容"的情形?

在"X证券与江阴Z集团有限公司强制执行公证债权文书案"中,针对无锡市江南公证处于 2018 年 6 月 9 日作出的（2018）锡江证经内字第 395 号具有强制执行效力的债权文书公证书，无锡中院经审查作出（2019）苏 02 执 6 号执行裁定认为，根据《公证债权文书执行规定》第五条的规定，本案公证书虽然形式上赋予了《股票质押式回购交易业务协议》等协议强制执行效力，但从公证证词中无法明确权利义务主体及给付内容，更无法得出 Z 公司有给付 X 证券 8100 万元融资本金款项的义务。该院已通知 X 证券提供相应材料，但该公司未提供。据此，该院依据《公证债权文书执行规定》第五条第三项、第七条之规定，作出（2019）苏 02 执 6 号执行裁定，驳回 X 证券的执行申请，并告知如不服本裁定，可以自裁定书送达之日起十日内向江苏高院申请复议。

江苏高院在复议程序中查明，"（2018）锡江证经内字第 395 号《具有强制执行效力的债权文书公证书》载明：上述协议明确约定甲方向乙方融入资金人民币捌仟肆佰万元，并将其持有的壹仟贰佰万股'中南文化'（标的证券代码：002445，标的证券类别：股票，标的证券流通类型：无限售流通股）质押给乙方作为融资担保，利率为年化利率 5.8%。上述协议内容具体、明确。双方了解、确认了协议的全部内容，对协议所有条款达成一致意见，签订上述协议意思表示真实。甲乙双方已了解了强制执行公证的法律意义和可能产生的法律后果。甲方明确表示自愿接受人民法院强制执行。双方对于未来出具《执行证书》前公证机构核查的内容、方式已达成明确、具体的约定"。从上述公证书的内容看，确实未列明权利义务主体，以及明确的给付内容。①

尽管如此，江苏高院还是务实地作出（2019）苏执复 56 号执行裁定书，"因上述公证债权文书和执行证书均形成于《公证债权文书执行规定》施行之前，在该司法解释出台之后，江南公证处根据上述法律规定的要求再次向本院提交补正公证书，进一步明确本案的权利义务主体和给付内容，应认定（2018）锡江证经内字第 395 号《具有强制执行效力的债权文书公证书》和（2018）锡江证执字第 3 号《执行证书》的权利义务主体及给付内容明确，X 证券依据上述公证书要求 Z 公司偿还融资本金 8100 万元以及相应利息、违约金、实现质权的费用的执行申请符合法定受理条件，应予受理"。也就是说，江苏高院认为无锡江南公证处出具的公证书在《公证债权文书执行规定》之前，事出有因，故在该处递交补正公证书后裁定支持其复议请求，裁定予以执行。

分析：本案中，无锡江南公证处出具的公证债权文书公证书的公证证词中确实未列明"权利义务主体、给付内容"，不符合《公证债权文书执行规定》第四

---

① 江苏省高级人民法院（2019）苏执复 56 号执行裁定书。案件来源于中国裁判文书网。

条的规范要求。从无锡中院和江苏高院两级法院处理的结果看：（1）对于公证证词中未列明"权利义务主体、给付内容"的公证债权文书，人民法院的处理是作出"驳回执行申请"的裁定，而且该裁定可以复议至上一级人民法院。（2）公证机构可以通过补正的方式纠正公证证词中未列明"权利义务主体、给付内容"的公证债权文书，并最终得以执行。我们赞同该案中，江苏高院秉持高效处理、节约诉讼资源的立场务实地处理执行案件的做法。但是，从我们在上面就公证证词中为什么要列明"权利义务主体、给付内容"的原因入手，对于未列明"权利义务主体、给付内容"的公证债权文书，还应具体分析债权文书中的债务内容是否存在难以理解等问题。也即，我们反对"一刀切"式地对未在公证证词中列明"权利义务主体、给付内容"的公证债权文书给予驳回执行申请裁定的处理结果，应当以公证债权文书中载明的债务是否存在难以理解的角度务实地加以区别对待。鉴于江苏高院的复议裁定是建立在公证书出具在《公证债权文书执行规定》之前这一事实的基础之上，事出有因；那么，公证机构在该规定出台后，即应当切实在公证债权文书公证书的公证证词中载明权利义务主体和给付内容，否则很难再出现江苏高院鉴于上述特殊情形而支持执行申请的特殊情况。

六、公证送达

对于公证债权文书的送达，我们认为，《公证债权文书执行规定》将公证债权文书确定为执行依据，其也就应当像法院判决一样在公证债权文书送达当事人后生效，否则不应发生法律效力。而且，实践中，当事人之间的债权文书往往非常复杂，当事人很难理解；这就需要公证机构通过公证予以说明，更为重要的是在公证证词中对权利义务主体、给付内容以明确、简要的语言加以归纳和描述。送达公证书后，债务人即可以通过公证证词明确自己的义务，最终履行自己的合同义务。例如，《民法典》规定如果保证合同中不对保证方式进行约定，则推定为一般保证。这种以法律默认规则认定当事人法律关系的内容，就需要公证机构在公证证词中对其进行明确的说明，让保证人知晓应当在什么情况下承担保证责任。公证债权文书送达后，对于描述不正确或有歧义，甚至是与债权文书中的给付内容不符的公证证词，当事人也可以在公证办理完毕收到公证书后很短的时间里及时提出，这有助于在债务履行期限届满前澄清债务，有助于债务关系双方在明确的债权债务关系面前对纠纷加以妥善处理。事实上，强制执行公证整个办理过程，一直到送达，从公证机构受理强制执行公证，到核实双方当事人身份、询问债务内容，最终到在公证证词中列明权利义务主体和给付内容，都有一种强化债权债务关系和强化义务履行的作用，帮助或促使债务人在明确法律关系的基础上履行债务，化解纠纷。相反，不送达公证书，这种作用最终很难产生效果。而且，个别地方的法院还认为应当对债务人处以迟延履行生效法律文书的加倍迟延利息，不送达，这种措施很难落地。这也是为什么很多地方法院均认为在办理公证过程中，存在利害关系人的不能够相互委托办理公证，当然也包括领取公证书的原因。例如，陕西省高级人民法院、陕西省司法厅联合出台的《关于赋予强制执行效力债权文书的公证和执行若干问题的指导意见》要求"利益冲突的公证当事人不得委托相同的代理人，受委托的代理人不得再行转委托"。

【问题54】公证债权文书是否须送达当事人后生效？

江苏高院在其就"陕西Y有限公司、Z融资担保有限公司与江苏T国际贸易有限公司、苏某某等执行异议复议案"作出的（2017）苏执复224号执行裁定阐述了公证书生效和送达之间的关系，即"依据《公证法》第三十二条，公证书自出具之日起生效，即便本案中涉反担保合同的（2014）京中信内经证字56220—56227号公证书未实际送达，亦不影响公证书的效力"[①]。也即，江苏高院认为，公证债权文书不送达，也会生效。我们对该院的观点持保留意见，也能够理解该院可能是出于债务人已经实际使用所借款项，不予执行另行起诉实无意义而作出裁判。所以，江苏高院的做法也即只有个案的针对性，不具有普遍的参考意义。在"中国银行股份有限公司S分行与卜某某借款合同公证债权文书纠纷案"中，西安雁塔法院查阅公证卷宗，发现该案公证书未向被执行人送达，遂作出（2019）陕0113执异144号执行裁定认为这种情形违反法定公证程序，属于《公证债权文书执行规定》第十二条第一款第五项严重违反公证程序的情形，故不予执行。司法实践中，西安雁塔法院所作裁判的内容，才是较为普遍的情况。[②]

分析：《公证法》第三十二条的规定，导致实务中有很多观点认为送达与否，不影响公证书的生效。我们对此持保留态度，公证书原则上还是应当送达当事人之后才生效，因为公证书在内容上，尤其是公证证词正确与否，将直接关系到当事人在拿到公证书后是否有权决定予以救济。如果错误的公证书，不经送

[①] 江苏省高级人民法院（2017）苏执复224号执行裁定书。案件来源于中国裁判文书网。
[②] 陕西省西安市雁塔区人民法院（2019）陕0113执异144号执行裁定书。案件来源于中国裁判文书网。

达，在债务到期后直接进入执行程序将会给当事人造成损失；尽管此时仍然可以进行事后救济，但是始终没有给予当事人在获得公证书后，即时根据公证书内容进行救济的可能性。

对于债务人在办理公证过程中委托债权人送达的问题。如果地方法院对此没有明确的规范不准许委托代为领取公证债权文书，我们认为应当区别对待，即对于商法人即公司，可以结合是否已经支付借款等债权人已经履行对待给付债务的事实加以判断；而对于送达对象是自然人的，则不应当准许委托债权人代为领取公证书。例如，中国邮政储蓄银行股份有限公司B支行与被执行人北京D食品有限责任公司、郑某某、白某某公证债权文书执行一案中，被执行人即提出异议认为没有送达公证书，而北京顺义法院经审理作出（2019）京0113执异285号执行裁定认为，"郑某某作为D公司的法定代表人在公证处询问过程中明确表示'由邮储银行的工作人员领取公证书'，公证处将公证债权文书向邮储银行B支行送达并无不当，故对D公司、郑某某以未收到公证书公证程序违法的主张，本院亦不予采纳"[①]。

在"肖某某、汪某某、明某某与被执行人詹某某、詹某公证债权文书纠纷案"中，武汉市新洲区公证处就以上公证内容向各当事人征询意见并制作询问笔录。各方当事人均表示对双方借贷事实以及赋予强制执行效力等事项无异议。当日询问笔录还载明，詹某某和詹某主动表示债务到期后，公证处可以通过电话核实其债务履行情况，如果电话联系不上，则按公证内容出具执行文书。为此，两人均预留了手机号码。当日晚，双方当事人邀请见证人徐某华共餐，并共同口头委托由徐某华代收公证书。2015年12月3日，武汉市新洲公证处制发（2015）鄂新洲内证字第3378号公证书，对前述还款协议予以公证。徐某华于同日代各当事人签收了该文书。对于这一事实，新洲区法院认为，《公证债权文书执行规定》第十二条第一款规定"有下列情形之一的，被执行人可以依照民事诉讼法第二百三十八条第二款规定申请不予执行公证债权文书：（一）被执行人未到场且未委托代理人到场办理公证的；（二）无民事行为能力人或者限制民事行为能力人没有监护人代为办理公证的；（三）公证员为本人、近亲属办理公证，或者办理与本人、近亲属有利害关系的公证的；（四）公证员办理该项公证有贪污受贿、徇私舞弊行为，已经由生效刑事法律文书等确认的；（五）其他严重违反法定公证程序的情形"。本案债权文书公证过程中，双方当事人均亲自到场办

[①] 北京市顺义区人民法院（2019）京0113执异285号执行裁定书。案件来源于中国裁判文书网。

理，对重要事项进行了重点告知并记录在案，且以当事人认可的方式对债务的履行情况进行了核实。虽然文书送达方面存在委托手续不规范等瑕疵，但不属于严重违反程序规定的情形，其关于本案公证债权文书程序上存在不予执行情形的理由，不能成立。武汉中院在其就本案作出的（2019）鄂01执复165号执行裁定中认为，《民事诉讼法司法解释》第四百八十条第一款规定了不予执行的事由。而本案中，武汉市新洲公证处虽未直接向詹某某、詹某送达公证债权文书，但仅是送达程序上存在一定的瑕疵，不属于上述司法解释规定的不予执行公证债权文书的情形，遂借此驳回了不予执行申请。①

总的来说，公证机构应当将公证书送达当事人，未送达的，不能出具执行证书；这一规范上的要求是为了保障公证强制性制度的顺利实施，不容忽视。

第二节　强制执行公证的出具执行证书阶段

强制执行公证的出具执行证书阶段，是指在债务人不履行到期债务或不完全履行到期债务的情况下，债权人持公证书向公证机构申请，经审查，公证机构出具执行证书的阶段。

一、公证机构出具执行证书程序的一般理论

强制执行是执行机关依据法律行使国家强制执行权强制债务人履行义务的行为，因为民事权利、义务的私法性质，故强制执行权作为公权力介入并强制债务人履行义务是以债务人应承担法律责任为前提，而法律责任的否定性评价是国家强制力介入的正当性来源。在实体上，债务人负有的义务是依据《民法典》第五百七十七条有关违约责任的规定，在债务人出现该条所规定的"当事人一方不履行合同义务或者履行合同义务不符合约定"的法律事实时，其应当承担的法律义务即转化为法律责任。在程序上，认定或确认债务人需承担法律责任则需借助人民法院的裁判、仲裁裁决以及公证机构出具的执行证书。与诉讼或仲裁不同，公证机构在出具执行证书的程序中，仅仅是在确认债务人存在

---

① 湖北省武汉市中级人民法院（2019）鄂01执复165号执行裁定书。案件来源于中国裁判文书网。

《民法典》第五百七十七条所规定的违约情形（即"不履行合同义务或者履行合同义务不符合约定"）的基础上，在债权人请求债务人以继续履行方式承担违约责任的情况下，通过执行证书初步确定执行机关可以施予国家强制执行力的范围（即"执行标的"，之后，执行机构有义务根据《公证债权文书执行规定》第十条"人民法院在执行实施中，根据公证债权文书并结合申请执行人的申请依法确定给付内容"的规定确定强制执行的给付内容）；而诉讼或仲裁程序中，法院或仲裁机构除了确认债务人存在违约情形外，还可能在债权人提出继续履行并赔偿损失、采取补救措施并赔偿损失，或单纯损害赔偿替代履行的司法保障请求的情况下，就债权人提出的上述请求构造出不同于原合同义务的新的违约责任项下的法律义务。

公证机构在出具执行证书程序中之所以得出与诉讼或仲裁程序不同的结果，主要缘于公证债权文书的证据效力。相比较而言，我国基于《人民调解法》《最高人民法院关于人民调解协议司法确认程序的若干规定》构建的司法确认程序（人民调解委员会的人民调解书）走得更远：首先，经人民调解委员会调解达成的、有民事权利义务内容，并由双方当事人签字或者盖章的调解协议，具有民事合同性质。其次，在调解协议不存在下列情形时，人民法院即有义务确认其效力：（1）违反法律、行政法规强制性规定的；（2）侵害国家利益、社会公共利益的；（3）侵害案外人合法权益的；（4）损害社会公序良俗的；（5）内容不明确，无法确认的；（6）其他不能进行司法确认的情形。应当注意的是，上述效力确认的排除事项和《民法典》合同编的有关内容基本一致。最后，在纠纷发生后，当事人不仅可以就违约后的法律责任进行确认，而且可以就义务进行具体构造。

（一）当事人申请并请求国家履行司法保障义务

无论法院裁判、仲裁裁决还是公证债权文书和执行证书，均系债权人行使公法性质的司法保障请求权利，请求国家公权力救济，而国家就此履行司法保障义务的结果。所以，在债务人出现不履行合同义务或者履行合同义务不符合约定的法律事实时，应当由债权人以向人民法院提起诉讼，或依据其与债务人、担保人之间的程序选择向仲裁机构申请仲裁或持公证债权文书和执行证书向执行机关提出强制执行申请，都是在向国家提出司法保障请求。在受理债权人司法保障请求之后，人民法院、仲裁机构以及公证机构应当根据法律的规定，启动诉讼、仲裁程序或出具执行证书程序，履行国家的司法保障义务。

在上述程序中，出具执行证书的公证程序和诉讼、仲裁程序中当事人持法院判决和仲裁裁决向人民法院申请强制执行的程序一样，均系债权人单方请求国家给予司法保障的程序，故公证机构仅需债权人单方出具执行证书的申请即应启动出具执行证书的审查程序。

【问题 55】债权人申请执行证书，被申请执行人未到场的情形，是否符合法律规定？

2014 年 11 月 18 日，河北 T 化工公司向何某某借款 1000 万元，河北 R 担保公司提供连带责任保证担保，涿鹿县 Q 商贸公司、李某某就河北 R 担保公司提供保证担保提供反担保保证担保，并签订了《保证（反）担保合同》《还款协议》。后经河北 R 担保公司申请，2016 年 10 月 11 日，石家庄市平安公证处作出了（2016）冀石平证执字第 145 号公证债权文书，申请执行人为河北 R 担保公司，主债务人为河北 T 化工公司，涿鹿县 Q 商贸公司、李某某承担连带保证责任，反担保保证人提出执行异议。

河北涿鹿法院作出（2018）冀 0731 执 727 号执行裁定书认为："法律未赋予债权人可以向债务人以外的其他人申请强制执行，即申请人不能向保证人申请执行；申请人申请的公证债权文书在公证时有一方当事人未亲自或者未委托代理人到场，不符合有强制执行力的公证债权文书的公证程序。因此，现河北 R 担保公司向本院申请强制执行连带责任保证人，不符合法律有关规定。"最终裁定不予执行河北省石家庄市平安公证处（2016）冀石平证执字第 145 号公证债权文书。

申请执行人向河北张家口中院提出复议，该院于 2019 年 2 月 12 日作出（2019）冀 07 执复 24 号执行裁定认为，"河北省石家庄市平安公证处作出的（2016）冀石平证执字第 145 号执行证书，未载明该公证处办理上述执行证书时，涿鹿县 Q 商贸有限责任公司、李某某到场。复议审查期间，涿鹿县 Q 商贸公司、李某某向本院提交申请书记载，上述执行证书是申请执行人单方在公证处办理"，该院最终裁定驳回了复议申请。[①]

分析：本案的两份裁定在内容上非常不清楚，很难如实反映案件的细节情况，这是各级人民法院在就公证强制执行程序中的执行异议作出的裁定中的一种常态。下面的分析和评论系仅就裁定书本身的内容而言。本案中，涿鹿法院在裁定中认为平安公证处出具的（2016）冀石平证执字第 145 号是公证债权文书，但事实上该文书是《执行证书》，而非《公证书》或公证债权文书［复议裁定载明公证债权文书是（2014）冀石平证经字第 4681 号《公证书》］。另外，该院称"法

---

① 河北省张家口市中级人民法院（2019）冀 07 执复 24 号执行裁定书。案件来源于中国裁判文书网。

律未赋予债权人可以向债务人以外的其他人申请强制执行,即申请人不能向保证人申请执行",这一观点站不住脚,因为保证、抵质押等担保关系可经公证径行进入强制执行程序,早已是理论和实务界的共识。对此,2014年《执行异议和复议规定》第二十二条、2018年《公证债权文书执行规定》第六条均在反复强调保证担保可以被赋予强制执行效力。张家口中院的民事裁定亦有问题,其认为公证机构在出具(2016)冀石平证执字第145号执行证书时,作为被执行人的反担保保证人李某某和涿鹿县Q商贸公司未到场,该执行证书系申请执行人单方办理,进而得出结论是涿鹿法院不予执行裁定并无不当。这违反常识,实务中,债务期限已经届满,债权人申请执行保证人,保证人是不可能到场并一起向公证机构申请出具执行自己的执行证书的;所以,《执行异议和复议规定》《公证债权文书执行规定》都只是在强调必须一同办理公证债权文书,对是否一起申请出具执行证书并无要求。和法院执行程序的启动一样,债权人申请执行证书的,被申请执行人到场非必要条件,也即债权人可以自行申请执行证书。

对于公证强制执行制度,最高人民法院颁布的《公证债权文书执行规定》是一个里程碑式的法律文件,标志着该制度的发展已经进入到成熟有序的2.0版本阶段;但现实是,我国一些法院的法官的思维和相关法律知识并没有跟上。

(二)出具执行证书前的审查事项

在实体上,公证机构在出具执行证书前,查明或核实债务人的违约情形是出具执行证书的前提条件,只有在认定债务人存在违约情形,以及明确应当承担的具体违约责任的基础上,执行证书才能有效地接通司法上的违约责任和公法上的强制执行力,将程序推进至强制执行程序。而查明违约情形和责任,需公证机构依据程序就如下问题进行查明:

1. 债务是否已届履行期限,即民事义务是否依据《民法典》第五百七十七条等有关违约责任的规定已经转化为民事责任。

2. 债务人是否完全履行债权文书所载的合同义务。这里需要注意的是《民事诉讼法》第二百四十五条所述的"一方当事人不履行",是指"量"的不履行,包括完全不履行,例如完全不履行还本付息义务;以及部分不履行,例如只支付利息未支付本金,或仅支付部分本金。与此相对,不履行不包括"质"的部分不履行,例如瑕疵履行,具体如所交货物质量不符合约定。

3. 债务人是否拥有合法、有效的抗辩权,导致其无须承担违约责任。如果债务人享有有效抗辩权,则其法律义务全部或部分不会转化为法律责任。例如,债务履行期限已经届满,但是该债务已经经过执行时效,在公证机构核实时,债务人提出时效抗辩，公证机构在经核查确认当事人之间存在中止、中断时效等法定事由的情况下，则应出具执行证书。因为公证强制执行一般仅涉及金钱之债，在现代支付手段（手机、网上银行支付）发达的条件下，该债务一般不受不可抗力这一法定免责事由的影响。

【问题 56】债权人申请和公证机构出具执行证书时，是否需要通知债务人、担保人？

X 信托与 N 集团签订《X 信托华恒 70 号·N 农业示范园区项目贷款集合资金信托集合信托贷款合同》。为担保 N 集团的还款义务及相关合同的履行，M 集团同意提供连带责任保证担保，与 X 信托签订《保证合同》，经申请，内蒙古自治区呼和浩特市北方公证处为《信托贷款合同》出具（2013）呼北证内字第 7373 号《具有强制执行效力的债权文书公证书》，为《保证合同》出具（2013）呼北证内字第 8706 号《具有强制执行效力的债权文书公证书》。后因 N 集团未能清偿到期债务，X 信托向海南高院申请强制执行，该院作出（2015）琼执字第 3-2 号执行裁定书，裁定冻结 M 集团持有的内蒙古某置业有限公司、鄂尔多斯市某有限责任公司以及鄂尔多斯市某有限公司的股权。

对于海南高院的上述执行裁定和行为，保证人、被执行人、执行异议人 M 集团提出异议称：（1）债权人 X 信托向公证机关申请执行证书时没有依法通知异议人；（2）执行案件立案后，异议人没有收到法院的执行裁定等法律文书，仅收到执行异议听证通知；（3）异议人 M 集团为 N 集团提供担保的前提是主债务人及其实际控制人提供了相应的土地使用权及房屋抵押担保，因此，异议人所签订的保证合同不属于到期债权文书，公证机关不能将异议人列为执行证书中的被执行人；（4）借款合同的保证人是否承担责任，以何种方式承担责任，以及保证责任的大小，应当通过诉讼程序确认；（5）法院不能在还没有执行债务人自己提供的担保的情况下就要求保证人承担责任。

海南高院在其作出的（2015）琼执异字第 20 号执行裁定书中认为，"债权人在向公证机关申请执行证书时是否要通知债务人的问题。法律并未要求债权人在申请执行证书时通知债务人，未规定公证机关出具执行证书时要有双方当事人在场。本院通过邮寄方式向异议人送达执行法律文书，符合法律规定的送达方式"，最终裁定驳回了 M 集团的执行异议。[①]

[①] 海南省高级人民法院（2015）琼执异字第 20 号执行裁定书。案件来源于中国裁判文书网。

分析：在借款担保纠纷中，实践中当事人之所以很多都选择公证强制执行程序，除了该程序简便、快捷、成本较低等原因外，还有一个原因是公证强制执行程序所具有的"突袭"效果，即避免债务人、担保人在冗长的诉讼程序中转移或低价处置财产，所以在申请执行证书并向人民法院申请强制执行时无须通知债务人、担保人，但是公证处应当在出具执行证书前向债务人询问债务履行情况，以明确执行证书所载明的执行标的，即债务人、担保人应当承担的违约责任和担保责任。另外，M集团与债务人达成的其提供担保以债务人提供抵质押担保为条件，且应当先执行抵质押财产的约定，仅具有对债务人的效力，并无对债权人的约束效力，不能据此对债权人要求履行保证责任的请求提出抗辩。如果M集团将上述条件加入其与债权人签署的保证合同，那么M集团依据该合同承担保证责任的义务就是一项附条件的义务，应自条件成就时承担担保责任，但本案并无这一情形。

（三）出具执行证书前审查的审查结果

如前所述，法院、仲裁机构、公证机构都须审查债权人行使司法保障请求权的条件是否得到满足。在诉讼或仲裁程序中，如债权人的上述权利行使条件得不到满足，除应当驳回起诉、诉讼或仲裁请求外，债权人还应承担法院或仲裁机构的案件受理费，就其在不符合法律规定情况下请求国家给予司法保障的行为"买单"。经过审查，符合出具执行证书条件的，公证机构将出具执行证书，以便债权人向执行法院申请强制执行；不符合条件的，则出具《不予出具执行证书决定书》，债权人可持该决定书向有管辖权的人民法院提起诉讼。

二、出具执行证书审查程序的审查事项

（一）出具执行证书前的审查事项

关于公证机构在出具执行证书时的审查事项，《联合通知》规定，"公证机关签发执行证书应当注意审查以下内容：（一）不履行或不完全履行的事实确实发生；（二）债权人履行合同义务的事实和证据，债务人依照债权文书已经部分履行的事实；（三）债务人对债权文书规定的履行义务有无疑义"。

中国公证协会《办理具有强制执行效力债权文书公证及出具执行证书的指导意见》第十二条也规定"公证机构出具执行证书，除需要按照《联合通知》第五条规定的内容进行审查外，还应当重点审查下列内容：（一）债权人提交的

已按债权文书约定履行了义务的证明材料是否充分、属实;(二)向债务人(包括担保人)核实其对债权文书载明的履行义务有无疑义,以及债权人提出的债务人(包括担保人)不履行或者不适当履行债务的主张是否属实"。

从上面的规定可以看出,在出具执行证书前,应当分别向债权人审查和向债务人审查。

1. 向债权人审查

债权人向公证机构申请出具执行证书,一般需向公证机构递交债权文书公证书、出具执行证书申请书,后者一般会载明债权人、债务人履行义务的情况,抵、质押登记的办理情况以及抵、质押登记的凭证编号等,公证机构在出具执行证书前的审查工作即以该申请书为审查的基础。

(1)结合公证档案,审核债权人提交的公证债权文书是否正确,且真实、有效,审核公证债权文书是否已经有效送达,并再次审核在办理债权文书强制执行公证过程中是否存在瑕疵和不规范的地方。

(2)审核债权人是否已经履行了合同义务。例如,借贷合同中,债权人是否履行了给付借款本金等义务,审核支付本金的相关凭证是否属实,给付义务履行的时间、方式、地点、对象是否符合合同约定,最终确定债权人是否有效履行了借贷合同的义务。

(3)审核担保物权是否已经办理了抵、质押登记或质物交付,审查抵、质押登记的凭证是否有效,最终确定担保物权是否已经符合担保合同而有效设立。

(4)审核债权人提交的债务人履行债务的相关凭证,尤其是借贷关系中债务人付款的流水、凭证等相关证明文件。

对债权人出具的执行证书申请书,结合债权人提交的相关凭证进行审核后,公证机构会根据公证办理过程中查明的债务履行情况核实的方式、方法向债务人核查债务履行情况,为最终出具执行证书做准备。

2. 向债务人审查

公证机构通过当事人约定或公证办理过程中确定的债务核实方法,向债务人核实以下事项:

(1)通过债务人审核债权人是否已经有效履行了合同义务,对债权人的义务履行是否有疑义;

(2)审核债务人是否已经履行债权文书载明的义务,或是否有有效的抗辩权。

【问题57】公证机构在出具执行证书前,是否需要对债务履行情况进行审核?

在莱芜市S典当有限公司与山东H食品有限公司、莱芜市Y矿山设备有限公司、李某某、朱某某、王某某等公证债权文书执行案的执行、审理过程中，2012年9月4日，申请执行人S公司向济南铁路运输法院申请执行莱芜市钢都公证处（2012）莱钢都证经字第1801号公证书和（2012）莱钢都证执字第220号执行证书，执行标的为本金200万元整，公证费6000元，以及申请人为实现债权所支付的费用。执行过程中，被执行人Y公司、李某某提出执行异议。2013年8月30日，铁路法院作出（2012）济铁执异字第197号执行裁定书，以S公司与H公司签订的合同名为典当，实为资金拆借，合同违反法律规定，应认定合同无效为由，裁定对公证书不予执行。S公司对该裁定不服，向铁路法院提出异议，要求对本案继续执行。铁路法院经审委会讨论决定，认定合同无效确有不妥，以此为由裁定不予执行公证债权文书不当，于2013年12月13日作出（2012）济铁执异字第197-1号执行裁定书（以下简称第197-1号执行裁定书），撤销了（2012）济铁执异字第197号执行裁定书，对公证书继续执行。被执行人Y公司、李某某对继续执行的裁定不服，向铁路中院申请复议，请求对本案不予执行。

铁路中院查明以下事实：S公司与H公司于2012年6月18日签订最高额借款抵押合同，约定H公司向S公司作抵押典当借款，典当金额为200万元，典当期限为自2012年6月19日起至2012年12月15日止，抵押物为H公司所拥有的所有资产和权益及朱某某（H公司法定代表人）的一套住房及机动车一辆，担保人为朱某某、王某某、Y公司、李某某。该合同第三条约定，典当期限届满或续当期限届满后，如形成绝当，S公司一方有权委托任意拍卖行对抵押物进行无底价公开拍卖或自行出售，所得款项用于偿还典当本金、利息、综合服务费及其他有关实现债权费用；合同第九条约定"本合同履行中发生争议时，向莱芜仲裁委员会仲裁"；合同第十一条约定"不按合同履行给付义务，甲方（S公司）有权直接申请法院强制执行"。本条下方还有以刻制的印章加盖的"本合同经公证后，赋予强制执行效力，若借款人违约，贷款人有权不经诉讼直接申请有管辖权的法院强制执行；本合同经公证后，借款人不按规定还款时，保证人自愿承担连带还款义务，并自愿接受有管辖权的法院强制执行"的文字。合同签订后，S公司先后三次借给H公司，H公司出具的收条证实，第一次借款发生于2012年7月23日，借款金额为200万元，第二次借款发生于2012年7月30日，借款金额为150万元。公证卷宗材料证实，第三次借款发生于2012年8月6日，借款金额为200万元，该借款直接转入H公司指定的收款人贾某的账户，S公司主张该笔借款H公司未偿还。H公司法定代表人（保证人）朱某某及保证人王某某于2012年9月4日死亡。合同中约定的抵押物至今未办理抵押登记。公证处的公证档案证实，相关当事人于 2012 年 6 月 19 日已向公证处递交了公证申请表，公证处接谈笔录亦形成于 2012 年 6 月 19 日，公证费用缴费凭证显示，缴费日期为 2012 年 6 月 19 日。公证处公证受理通知书的受理日期为 2012 年 9 月 4 日，并于 2012 年 9 月 4 日出具赋予强制执行效力的公证书及执行证书，S 公司于同日向铁路法院申请执行，铁路法院同日立案执行。执行中，铁路法院对被执行人 Y 公司的财产采取了查封措施，冻结了其银行账户并扣划了其银行存款 2 万余元。2012 年 11 月 5 日，被执行人 Y 公司与申请执行人 S 公司达成和解协议，但直至 2013 年 8 月 4 日 Y 公司、李某某提出执行异议，该和解协议一直未履行。铁路中院另查明，公证处于 2013 年 7 月 16 日出具《关于莱芜市 Y 公司及李某某案件有关情况的说明》一份，主要意见是：一、《最高额抵押合同书》借款应有抵押。如果抵押不真实，合同的性质就发生了变化，由抵押贷款变为信用贷款，在执行过程中导致抵押担保责任与保证担保责任的范围不明确。二、典当应当办理抵押。依据《典当管理办法》第四十二条规定，典当行经营房地产抵押典当业务，应当和当户依法到有关部门先行办理抵押登记，再办理抵押典当手续。本案中，S 公司没有按照规定办理抵押登记是对抵押担保权利的放弃。如果本案的全部不利法律后果由 Y 公司和李某某承担，违反合同公平原则。2014 年 2 月 13 日，该公证处出具《情况说明》一份，主要意见为，S 公司向公证处申请出具执行证书时没有涉及朱某某、王某某死亡的事实，后来 Y 公司提出异议，方知朱某某、王某某已于 2012 年 9 月 4 日死亡，公证接谈笔录记载的下列情况不能出具执行证书："4. 当户、担保人死亡，未办理完毕继承手续的。"

铁路中院认为，根据《民事诉讼法》第二百三十八条规定，公证债权文书确有错误的，人民法院裁定不予执行。《公证法》《公证程序规则》以及《联合通知》，对办理强制执行公证的范围、程序作出了具体、明确的规定，对本案应依据上述法律法规进行审查。其一，对本案合同赋予强制执行效力没有法律依据。本案赋予强制执行效力的合同名为最高额借款抵押合同，但合同中约定了当物、费率等抵押典当合同的内容，约定的抵押物在没有到有关部门办理登记的情况下，贷款人 S 公司就发放了贷款。相关当事人对 S 公司作为典当行能否进行无抵押的贷款，贷款的性质是否属于最高额抵押借款，在没有办理抵押的情况下是否属于信用贷款，保证人是否应当对贷款人发放的全部借款承担责任，如何承担责任均存在争议。此类争议均属于合同实体权利义务的争议，不论合同是否有效，对该合同赋予强制执行效力，不符合有关法律的规定，不宜在执行程序中解决。其二，合同约定的纠纷解决方式不明确。合同在不同的条款既约定了形成绝当后处置抵押物清偿债务的程序、方式等事项，又约定了发生争议时，向莱芜仲裁委员会仲裁的条款，还约定了赋予强制执行效力的公证条款，这些存在于同一份赋予强制执行效力合同中的争议解决条款相互排斥。其三，本案公证程序存在瑕疵。公证机构审查受理公证、核实债务、出具执行证书等方面不符合有关法律的规定。综上，2014年5月19日，铁路中院作出第2号执行裁定书，对公证书和执行证书不予执行。

S公司不服铁路中院的上述裁定，向山东高院提起申诉。山东高院认为，一、本案债权债务关系并不明确。从本案查明的事实来看，S公司与H公司等签订了最高额抵押合同，抵押物为H公司所有资产和朱某某的一套住房及机动车辆，但上述抵押物并未依据《物权法》第一百八十七条、第一百八十八条和第一百八十九条办理登记，从而对抵押权是否生效或者是否能对抗善意第三人产生影响。同时，合同中又约定了保证担保方式。在涉案债权既有抵押，又有保证，但抵押财产并未办理抵押登记，且其中两位保证人朱某某、王某某死亡，尚未确定继承事宜，以及本案中实际发生的借款额超过合同约定的最高限额等情形下，应如何认定涉案合同性质，保证人承担保证责任范围应如何确定，涉及对诸多此类实体问题的审查处理。在执行程序中，除有法律授权的特殊情形，应奉行外观审查原则，因此对上述实体问题不宜在执行程序中审查处理，应通过诉讼程序加以解决。根据《联合通知》，公证机关赋予强制执行效力的债权文书应当具备的条件包括债权债务关系明确，而涉案公证债权文书显然并不符合该规定。二、公证程序不符合有关法律规定。《联合通知》规定，债务人不履行或不完全履行公证机关赋予强制执行效力的债务文书的，债权人可以向原公证机关申请执行证书；同时规定，公证机关签发执行证书应当审查的内容包括不履行或不完全履行公证机关赋予强制执行效力的债务文书的事实确实发生。从上述规定可以看出，债务人不履行或不完全履行公证机关出具的赋予强制执行效力的债权文书是公证机关签发执行证书的条件之一。而本案中，公证处公证受理通知书的受理日期为2012年9月4日，并于同日出具了赋予强制执行效力的公证书及执行证书，即公证处在未审查是否存在债务人不履行或不完全履行赋予强制执行效力的债权文书的情况下就签发了执行证书，不符合前述法律规定。随后，山东高院作出第44号驳回申诉通知书。

S公司不服，向最高人民法院提起申诉，请求撤销第2号执行裁定书和第44号驳回申诉通知书，继续执行第197-1号执行裁定书。理由如下：第一，根据担保法的规定，申请人可向债务人追偿也可向其中任何一个担保人追偿全部债务，无论有无抵押、无论其他担保人是否死亡，被申请人是担保人，就应承担无限连带责任；且涉案合同书中第八条约定，如乙方（H公司）违约，债权人可先处置抵押物，也可向担保人追索。说明被申请人已放弃了物的担保的抗辩权。第二，本案当事人所签订的最高额借款抵押合同书明确、具体，申请人按合同履行了义务，并不存在实际发生的借款额超过合同约定的最高限额情形。第三，涉案合同明确、具体，是当事人的真实意思表示，也不违背法律的强制性规定，是合法有效的合同。第四，即使未对担保人进行审查就出具了执行证书，也仅是存在瑕疵。根据公证法规定，这种所谓的程序上的瑕疵完全可以进行补正。第五，《执行和解协议》是被执行人对申请人又一次的承诺，是对申请人又一次提供了担保，是其真实的意思表示，应受法律保护。

经审查，最高人民法院作出（2015）执监字第1号执行裁定书认为，"一、关于本案债权债务关系是否明确：本案合同名为'最高额借款抵押合同'，但合同内容中，既有最高额抵押的内容，又约定了典当、续当、绝当、典当综合费用等典当合同的内容。根据《典当管理办法》第四十二条的规定，典当行经营房地产抵押典当业务和机动车质押典当业务，应当和当户依法到有关部门先行办理抵押登记，再办理抵押典当手续。本案中，抵押物均未办理登记，不符合上述规定，故本案合同性质不明确。而合同性质对合同条款的效力、约定不明时的解释，发生争议时的法律适用等都会产生重要影响。

"《物权法》第一百七十六条规定，'被担保的债权既有物的担保又有人的担保的，债务人不履行到期债务或者发生当事人约定的实现担保物权的情形，债权人应当按照约定实现债权；没有约定或者约定不明确，债务人自己提供物的担保的，债权人应当先就该物的担保实现债权'。因此，在当事人有特别约定时，按照约定处理，在当事人没有约定或约定不明时，债权人应当先就债务人的担保物实现债权。本案合同书中第八条约定：'……如乙方违约，乙方承诺甲方可先处置抵押物，也可追索担保人。'该条特别写明是'乙方承诺'，即本案债务人H公司的承诺，是否对李某某等产生约束力并不确定，且在合同书中，对'担保人'和'担保单位'有特别说明，明确担保人为朱某某、王某某、李某某，Y公司为担保单位，第八条约定中的'担保人'能否扩大解释到Y公司也并未确定。因此，本案是否属于《物权法》第一百七十六条规定的'没有约定或者约定不明确'情形，S公司是否应当先就H公司的担保物实现债权，李某某、Y公司在何范围内承担担保责任均不明确，进而导致本案债权债务关系不明确。

"《联合通知》第一条规定：'公证机关赋予强制执行效力的债权文书应当具备以下条件：（一）债权文书具有给付货币、物品、有价证券的内容；（二）债权债务关系明确,债权人和债务人对债权文书有关给付内容无疑义;(三)债权文书中载明债务人不履行义务或不完全履行义务时,债务人愿意接受依法强制执行的承诺.'因此,债权债务关系明确是公证处赋予本案债权文书强制执行效力的必备条件。而本案债权债务关系并不明确,担保人的担保责任范围也不明确,且担保人朱某某与王某某已经死亡,本案担保人李某某和担保单位Y公司又对债权文书有关给付内容提出了疑义,此种情况下,公证处赋予本案债权文书强制执行效力不符合法律规定。

"二、关于本案公证程序是否符合法律规定:《联合通知》第四条规定:'债务人不履行或不完全履行公证机关赋予强制执行效力的债权文书的,债权人可以向原公证机关申请执行证书.'因此,债务人不履行或不完全履行债务是申请执行证书的前提。《联合通知》第五条规定:'公证机关签发执行证书应当注意审查以下内容:(一)不履行或不完全履行的事实确实发生;(二)债权人履行合同义务的事实和证据,债务人依照债权文书已经部分履行的事实;(三)债务人对债权文书规定的履行义务有无疑义.'因此,公证机构在出具执行证书前,不仅要审查债务的履行情况,还要征询债务人对债权文书规定的履行义务的意见。

"本案中,公证书的受理通知书落款日期是2012年9月4日,S公司申请执行证书的申请书落款日期也是2012年9月4日,即2012年9月4日,应S公司的申请,公证处一并出具了公证书和执行证书,未审查债务的履行情况,也未征询债务人对债权文书规定的履行义务的意见。且《当户(包括担保人)承诺书》第四条写明:公证机构出具执行证书前,以国内特快专递信函或电话的方式,向当户(包括担保人)寄送债务人(包括担保人)履约情况核实函,或拨打电话方式向债务人(包括担保人)核实履约情况。该条款后,朱某某、王某某、李某某留有电话和详细通信地址,说明李某某等有接受公证处审查债务履行情况的意愿,公证处也具备审查债务履行情况和征询债务人或担保人意见的现实条件。第五条写明,当户或担保人在收函后七日内可以书面回复履约情况。但公证处出具执行证书时并未按照上述约定的方式核实履约情况,也未给予李某某等七日的回复履约情况期限,而是在同一天一并出具了公证书和执行证书,公证程序不符合法律规定。

"《公证法》第二十七条规定,当事人应当向公证机构如实说明申请公证事项的有关情况,提供真实、合法、充分的证明材料;第三十一条规定,当事人虚构、隐瞒事实的,公证机构不予办理公证。本案中,S公司在申请公证时隐瞒了担保人朱某某(借款人H公司法定代表人)和王某某已经死亡的重要事实。且公证接谈笔录中载明，当户、担保人死亡，未办理完毕继承手续的，不能出具执行证书。公证处亦出具情况说明指出本案公证程序中的问题。因此，公证处在担保人朱某某和王某某已经死亡的情况下，出具涉及朱某某、王某某以及担保人李某某、Y公司承担义务的执行证书，程序上存有问题。

"另，关于申诉人主张《执行和解协议》是被执行人对申请人又一次的承诺，应受法律保护一节。本院认为，《执行和解协议》是当事人自愿达成的，只在当事人之间产生效力，不能因当事人达成执行和解协议而影响人民法院对执行依据效力的判断。《民事诉讼法》第二百三十条规定，当事人不履行和解协议的，人民法院可以根据当事人的申请，恢复对原生效法律文书的执行。本案中，当事人没有履行《执行和解协议》，S公司向人民法院申请执行公证书及执行证书，Y公司、李某某请求不予执行，人民法院应当依法对公证书及执行证书是否应予执行进行审查，不受申诉人与被执行人《执行和解协议》的影响。综上，本案债权债务关系并不明确，保证人对债权文书有关给付内容存有疑义，公证程序不符合法律规定。根据《民事诉讼法》第二百三十八条规定，公证债权文书确有错误的，人民法院裁定不予执行。故铁路中院第2号执行裁定书裁定不予执行公证书和执行证书，山东高院第44号驳回申诉通知书驳回S公司的申诉并无不当，申诉人的申诉理由没有法律依据，本院不予支持。参照《民事诉讼法》第二百零四条，根据《执行工作规定》第129条之规定，裁定如下：驳回莱芜市S典当有限公司的申诉请求。"[1]

分析：最高人民法院的上述裁定内容详尽，涉及实体和程序两个方面。

1. 实体方面。最高人民法院认为债务关系明确是公证债权文书有效执行的一项前提条件，否则不应经公证强制执行程序加以处理和解决。本案中，复杂的典当关系是否可以办理强制执行公证，尚待进一步讨论；仅仅是债权实现顺序，即导致债务关系总体上处于不明状态。

2. 程序方面。最高人民法院的观点主要包括：第一，公证机构在出具执行证书前，不仅要审查债务的履行情况，还要征询债务人对债权文书规定的履行义务的意见。因此核查的内容包括债务履行情况与债权文书载明的履行义务的意见。第二，公证机构在受理申请书、询问笔录等文件中，会记录和落实债务人的债务核实方式，并载明债务人、担保人愿意接受公证处核查的意愿，并且公证机构依据该等核查方式进行债务核查是有效的，尽管有可能债务人、担保人并未最终收到核查文件。综上，公证机构在出具执行证书前，必须审查债务履

---

[1] 最高人民法院（2015）执监字第1号执行裁定书。案件来源于中国裁判文书网。

行情况和征询债务人或担保人意见。第三，公证债权文书作为执行依据，进入执行程序后，当事人协商一致自愿达成《执行和解协议》，并不能阻止或影响人民法院对执行依据效力，即公证债权文书效力的审查和判断。

【问题58】公证机构在出具执行证书前，应当审查哪些内容？

吴某某与郑州Y置业有限公司、张某签署三方《抵押担保借款合同》，并向郑州市管城公证处申请办理了强制执行公证。后因债务人张某未履行到期还本付息义务，吴某某向公证处申请出具执行证书并向人民法院申请强制执行。在执行过程中，Y公司提出不予执行申请，经异议驳回和复议驳回，该公司向最高人民法院提出申诉，请求不予执行公证书。

最高人民法院在其就"吴某某与郑州Y公司、张某执行申诉案"作出的（2013）执监字第108号执行裁定中认为，"公证机关在签发执行证书时，必须对债权债务的履行情况、执行标的等进行确认。《联合通知》第五条、中国公证协会《办理具有强制执行效力债权文书公证及出具执行证书的指导意见》第十二条，规定了公证机构出具执行证书前应当审查的事项。管城公证处在签发执行证书时，没有向担保人Y公司核实其对债权文书载明的履行义务有无异议及债权人提出的债务人（包括担保人）不履行或者不适当履行债务的主张是否属实。且执行证书的执行标的没有明确逾期利息、违约金数额的具体计算标准，公证书也未向Y公司送达，致使担保人Y公司在执行过程中对借款真实性、数额、利息计算和抵押效力均提出异议。由此可见，公证机关未尽审查义务，程序明显不当"。[①]

分析：执行证书是接通当事人法律关系和人民法院强制执行措施的必经程序，公证机构应当就债务人是否存在不履行或不完全履行债务，担保人是否承担担保责任等问题进行核实。对于最高人民法院在（2013）执监字第108号执行裁定申明的裁判理由，我们认为，"对债权文书载明的履行义务有无异议"因公证债权文书的存在而无须核实，而"债权人提出的债务人（包括担保人）不履行或者不适当履行债务的主张是否属实"是应当向债务人核实之事项，而非向担保人核实，公证机构应当在告知担保人债务人未履行或未适当履行的情况后询问担保人是否履行担保责任。对于没有明确逾期利息、违约金数额的计算标准的问题，这将使执行证书无法有效承担接通执行行为的作用；当然，在《公证债权文书执行规定》颁布后，这并不能成为不予执行的根本问题。公证书和执行证书的送达

---

① 最高人民法院（2013）执监字第108号执行裁定书。案件来源于中国裁判文书网。

问题，我们认为，前者未有效送达，不应出具执行证书，因为债务人、担保人没有从公证书公证证词中明确知晓自己的债务或担保责任；对于后者，我们认为只要公证机构履行担保责任的核实义务，执行证书最终交给债务人和担保人，就不能简单地视为未有效送达，不应影响执行证书的有效性。从上述裁定的内容可以看到以下几点：第一，因强制执行的过程系执行机关强制债务人承担法律责任的过程，故在执行证书的出具阶段，公证机关应当核查债务人是否存在违约情形，以及具体违约责任的数额或大小，这也是最高人民法院认为"在签发执行证书时，必须对债权债务的履行情况、执行标的等进行确认"的原因；第二，《联合通知》第五条、中国公证协会《办理具有强制执行效力债权文书公证及出具执行证书的指导意见》第十二条是具体认定公证机构是否履行核查义务的标准。最高人民法院在作出执行裁定时，都在依据该指导意见，故公证行业应当根据法律或社会观念的变化，及时修订该指导意见，以适应公证强制执行制度的发展需要。

【问题59】公证债权文书债权的受让人能否申请出具执行证书并向人民法院申请执行？

2016年12月5日，Z公司与G公司签订《信托贷款合同》，约定由Z公司向G公司借款人民币140000000元。《信托贷款合同》同时约定了借款期限、借款利率以及违约时罚息、复利、违约金的计算方式，约定"借款人未按本合同履行相关义务，贷款人有权依据相关公证文书直接向人民法院申请强制执行"。G公司就该债务分别与Z公司签订《抵押合同》《保证金质押合同》，与F公司、Y公司、邱某等人签订了《保证合同》，并申请办理了强制执行公证；2016年12月23日，陕西省西安市公证处出具（2016）西证经字第16033号公证书。2018年12月22日，S投资公司与G公司签订了《债权转让协议书》受让上述债权，经该公司申请，西安市公证处核查后于2019年11月22日出具了（2019）西证执字第228号执行证书，该案随后进入执行程序。

关于受让债权的权利人能否申请公证机关出具执行证书的问题。钦州中院在其作出的（2020）桂07执异1号执行裁定中认为，"根据《司法部关于经公证的具有强制执行效力的合同的债权依法转让后，受让人能否持原公证书向公证机构申请出具执行证书问题的批复》的规定，'债权人将经公证的具有强制执行效力的合同的债权依法转让给第三人的，受让人持原公证书、债权转让协议以及债权人同意转让申请人民法院强制执行的权利的证明材料，可以向公证机构申请出具执行证书'。故S投资公司作为本案债权的受让人，可以向公证机关申请出具执行证书。公证机关经核实债权转让的真实性及合法性后，依法可以向

第五章 公证强制执行程序中的程序性法律问题——公证阶段

受让人出具执行证书"。

对于钦州中院的观点，广西高院在其就本案作出的（2020）桂执复47号执行裁定中认为，"关于债权转让协议是否属于公证机关赋予强制执行效力的债权文书的范围问题。根据《司法部关于经公证的具有强制执行效力的合同的债权依法转让后，受让人能否持原公证书向公证机构申请出具执行证书问题的批复》的精神，'债权人将经公证的具有强制执行效力的合同的债权依法转让给第三人的，受让人持原公证书、债权转让协议以及债权人同意转让申请人民法院强制执行的权利的证明材料，可以向公证机构申请出具执行证书'。钦州中院应当调取债权转让协议以及债权人同意转让申请人民法院强制执行的权利的证明材料，核实债权转让的真实性及合法性，但是钦州中院只是认定S投资公司作为本案债权的受让人，可以向公证机关申请出具执行证书，属于事实不清"[1]。也就是说，不予执行的审查程序中，人民法院对债权转让后的执行申请，应当：（1）调取债权转让协议；（2）调取债权人同意转让申请人民法院强制执行的权利的证明材料；（3）核实债权转让的真实性及合法性。

分析：在债权转让的场合下，债权转让人转让的不仅是公证债权文书项下的全部或部分债权，而且转让了依据公证债权文书向人民法院申请强制执行的程序性权利；这样可以具体分为两种情况。

第一，受让人持公证债权文书、债权转让协议和转让申请人民法院强制执行的权利的证明材料向公证机构申请执行证书的，公证机构应当对债权转让协议，转让向公证机构申请执行证书、向人民法院申请强制执行的权利的证明材料，原债权人向债务人、担保人送达债权转让通知的证明文件等文件进行审查，经审查后向债务人、担保人发送债务履行核实函，并根据核查结果向债权受让人出具执行证书；债权受让人作为申请执行人，持原公证债权文书、执行证书、债权转让协议，转让向公证机构申请执行证书、向人民法院申请强制执行的权利的证明材料，原债权人向债务人、担保人送达债权转让通知的证明文件等文件向人民法院申请强制执行。

第二，原债权人已经申请了执行证书，在此之后发生债权转让的场合下，由受让人持执行证书和原公证债权文书、债权转让协议，转让向人民法院申请强制执行的权利的证明材料，原债权人向债务人、担保人送达债权转让通知的证明文件等文件向人民法院申请强制执行。

---

[1] 广西壮族自治区高级人民法院（2020）桂执复47号执行裁定书。案件来源于中国裁判文书网。

我们认为,在债权转让场合下,公证机构和人民法院应核查债权转让协议的真实性、有效性,债权转让通知是否有效送达、转让申请执行的权利等法律文件。其间,有两个需要注意和讨论的问题:第一,债权转让仅涉及部分债权,如何处理?这里涉及一个公证债权文书是否可以由两个或两个以上主体就其载明的债务中的部分分别申请出具执行证书或分别申请法院强制执行的问题。我们认为,理论上没有障碍,但是在实践操作上困难较大,因为这等于将一个执行依据(公证债权文书),就其项下的部分债务确立两个或两个以上的执行案件,程序和案号以及执行异议和执行异议之诉的安排都会有很多的问题和不确定性。因此,对于尚未取得执行证书的,我们建议对债权进行整体性转让,由新债权人即债权受让人向公证机构申请出具执行证书;已经取得执行证书后转让的,须在转让前征求执行法院的意见,如果执行法院能够受理一个公证债权文书和执行证书项下两个或两个部分债权受让人的执行申请的,再行完成债权转让交易。第二,债权转让所涉债权,如果有最高额担保,需要注意债权转让是否发生在担保债权额确定之前。如果是,则需要注意各方是否对转让的债权占用最高额度的问题有约定;如果没有约定,则会根据《民法典》第四百二十一条导致转让的债权失去该最高额担保。公证机构在受理此类出具执行证书申请的,应当核查原债权人也即最高额担保权利人与受让人之间就转让之债权是否附有最高额担保的约定,并在笔录中对此一过往之事实进行询问并作以记录。

(二)债务履行的核实方法

根据《公证程序规则》第五十五条第一款,公证机构在对履约情况进行核实后,才能够依据有关规定出具执行证书。据此,公证机构在出具执行证书前,应当完成履约情况核实工作。实践中,公证机构会在办理债权文书公证书的过程中,向债务人、担保人确定债务核实的方式、方法,以此作为有效核查的依据。具体而言,可以参照《民事诉讼法》规定的送达方法送达债务履行核实函。

1.送达诉讼文书,应当直接送交受送达人,具体如下:第一,受送达人是公民的,本人不在的,交给他的同住成年家属签收;第二,受送达人是法人或者其他组织的,应当由法人的法定代表人、其他组织的主要负责人或者该法人、组织负责收件的人签收;第三,受送达人有诉讼代理人的,可以送交其代理人签收;第四,受送达人已向人民法院指定代收人的,送交代收人签收,此处应注意被指定代收的人不应当是与被送达人在公证事项上有利害关系的民事主体及其代理人。

2.经受送达人同意,可以采用传真、电子邮件等能够确认其收悉的方式送达,

《民事诉讼法》第九十条规定可以以此方法送达判决书、裁定书、调解书，但受送达人需要纸质文书的人民法院应提供，故我们建议将此方法列为辅助性债务履行情况核实方法，还是应以送达纸质核实函为主。

3.《民事诉讼法》第九十一条规定在直接送达有困难的情况下，可以采取委托送达或邮寄送达，我们认为可以在办理公证时取得债务人、担保人同意的情况下采取邮寄送达。该送达是否有效，应参考最高人民法院在《关于以法院专递方式邮寄送达民事诉讼文书的若干规定》第九条所列的情形加以确定：（1）受送达人在邮件回执上签名、盖章或者捺印的；（2）受送达人是无民事行为能力或者限制民事行为能力的自然人，其法定代理人签收的；（3）受送达人是法人或者其他组织，其法人的法定代表人、该组织的主要负责人或者办公室、收发室、值班室的工作人员签收的；（4）受送达人的诉讼代理人签收的；（5）受送达人指定的代收人签收的；（6）受送达人的同住成年家属签收的。

实践当中，存在邮件无人签收或拒绝签收的情况，对此，最高人民法院在关于债权人在保证期间通过邮局以特快专递方式向保证人发出逾期贷款通知书，但没有保证人对邮件签收或拒收的证据，能否认定债权人向保证人主张权利的复函中表示，在债权人能够提供特快专递邮件存根及内容的情况下，除非保证人有相反证据推翻债权人所提供的证据，应当认定债权人向保证人主张了权利。从该复函来看，在邮寄方式主张权利问题上主要是举证责任的分配。权利人所举的邮局出具载明催收内容的邮寄凭证能够证明权利人已邮寄催收文书，而基于对邮政企业邮政服务正常化的合理信赖，应可推定该邮件到达义务人。

4. 在受送达人下落不明或采取其他方式无法送达的情况下，我们认为，公证机构可以参照《民事诉讼法》第九十五条的规定，进行公告送达。

总体上，公证机构在办理债权文书公证过程中对债务履行情况核实方式的确定，是债务履行双方在程序上选择公证强制执行程序的一种延伸，所以在逻辑上只要公证机构按照办理公证过程中确定的债务履行方式核查债务履行情况，即应当产生相应的法律效力。按照确定的方式核查，但债务人、担保人未能收到债务履行核实函的，则应当由其自己承担相应不利的法律后果。下面，我们来看看人民法院在实践中是如何看待公证机构的债务履行情况核实工作的。

【问题60】公证机构应当如何核实债务履行情况，人民法院如何看待公证机构的核实工作？

在执行关于申请执行人中国H资产管理股份有限公司广东省分公司与被执行人林某、胡某某、廖某某、广州B房地产开发有限公司、广州Z房地产开发有限公司公证债权文书纠纷一案中，被执行人、债务人Z公司提出不予执行广州公证处执行证书的异议请求，并提出相应的理由。广州中院经审理认为：

（1）本案的审查范围限于《公证债权文书执行规定》第十二条规定所列相关程序性问题，对于公证债权文书的实体问题，本案不作审查处理。Z公司对于案件相关实体问题持有异议的，可以在执行程序终结前，以H公司为被告，另行向本院提起诉讼。

（2）关于异议申请人主张未向其他担保人核实债务履行情况的问题，广州公证处已经向其他担保人发送《通知书》告知担保人如对借款、保证、质押、抵押的事实有疑义的，应当自《通知书》发出之日起至2019年8月21日以书面形式或至广州公证处予以说明，深圳中院提供证据材料；否则将视为无疑义。因此，广州公证处在签发执行证书前，已经履行了核实义务。

（3）关于异议申请人主张，广州公证处在申请强制执行前，未向其他被执行人送达履行情况说明、公证证词、被证明的债权文书等，属于程序违法，但从《公证债权文书执行规定》《联合通知》《办理具有强制执行效力债权文书公证及出具执行证书的指导意见》等规定来看，其中均未规定广州公证处出具执行证书前，债权人向法院申请强制执行前，向被执行人送达上述材料的相关程序要求。

（4）关于Z公司主张，在该公司提出异议后，广州公证处未进行答复，存在程序违法的问题。Z公司、B公司于2019年8月21日向广州公证处递交了《关于强制执行效力的债权文书通知复函》，广州公证处收到该复函后，已要求H公司对复函提到的相关事实进行核实和说明，H公司对此进行了说明，广州公证处也对相关问题进行了核实。

（5）关于广州公证处是否需要另行针对Z公司的复函进行答复的问题。一方面，《办理具有强制执行效力债权文书公证及出具执行证书的指导意见》第十三条第二款规定，"公证机构按照当事人约定的方式进行核实时，无法与债务人（包括担保人）取得联系，或者债务人（包括担保人）未按约定方式回复，或者债务人（包括担保人）回复时提出异议但未能提出充分证明材料，不影响公证机构按照法定程序出具执行证书"。根据上述规定，对于Z公司于2019年8月21日向广州公证处作出的复函，广州公证处并无必须回复的义务，该处未对Z公司的复函进行说明，不属于程序不当。另外，Z公司虽通过复函提出异议，但复函未附相关证据材料，广州公证处出具执行证书，符合上述规定。另一方面，从Z公司的复函内容来看，其认为此次纠纷在事实以及是否符合法律规定方面存在争议，上述主张均是针对案件的实体问题，如Z公司对此仍持有异议，可以H公司为被告，另行提起诉讼解决。

分析：上述是广州中院对被执行人执行异议的详细解答，该被执行人不服上述解答向广东高院申请复议；广东高院经审理，作出（2020）粤执复187号执行裁定，全面支持了广州中院的异议裁定。[①] 上述异议和答复，是公证实务中经常遇到的情形，在《公证债权文书执行规定》框架内，异议审查变成完全的程序性审查之后，公证机构的程序行为即显得越来越重要。当然，实体问题另行起诉的程序安排，也导致人民法院越来越轻视程序审查，因为程序性问题最终都会归结到实体问题上来，或其本身就是实体问题的反映，即便程序审查出现错误，只要给异议人保留诉讼权利即可。这对公证机构而言，无疑是一个好消息。对于债务履行情况，广州中院和广东高院的观点归纳总结为：（1）公证机构在向担保人核实债务时，未送达履行情况说明、公证证词、被证明的债权文书等文书，不能被视为程序违法；其中，需要注意的是"履行情况说明"，该函件内容实际上是应当送达债务人的，由债务人提出债务履行情况说明，或对债权人申请出具执行证书时提出的债务履行情况提出异议。（2）广州公证处已经向其他担保人发送《通知书》告知担保人如对借款、保证、质押、抵押的事实有疑义的，应当予以说明，即担保人有权对债权、担保权利的有效性提出疑义。（3）广州市公证处核实函的最后注明，被核实人应当及时提出书面疑义，否则视为无疑义的做法是一种有效的为人民法院接受的核实方法，其会阻止债务核实在被核实人不答复情况下无限期迟滞。（4）对于债务人、担保人对核实函提出的回复和疑义，公证机构没有回复的义务，可以径行出具执行证书；同时，对于未附有相关证明材料的疑义，公证机构甚至无须核查，只需在执行证书中对债务核实情况以及债务人、担保人提出的疑义和材料进行说明即可。

实践当中存在义务人拒绝签收的情况，因为送达主体并非法院，因此不能够根据《民事诉讼法司法解释》规定的由送达人记明情况并留置送达，但可以采用公证或者证人出具证言予以证明等方式证明权利人主张权利的意思表示到达义务人，这符合《诉讼时效规定》第八条第一款第一项中规定的"但能够以其他方式证明该文书到达对方当事人"的中断诉讼时效的情况。对此，债权人承担举证责任。

【问题61】核实函未妥投，是否影响公证机构核实债务履行情况的效果？

在深圳G商业保理有限公司与被执行人汕头市澄海区H电池有限公司、广东M工业集团有限公司、北京Z股权投资中心（有限合伙）等公证债权文书纠纷一案中，被执行人、担保人Z投资中心提出异议称，"公证机构明知向陈某某

---

① 广东省高级人民法院（2020）粤执复187号执行裁定书。案件来源于中国裁判文书网。

（已经去世，为Z投资中心的合伙人代表）邮寄不可能有效送达，却仍以合同中约定的邮寄地址邮寄，我司新办公地址及电话通过网络查询即可知晓，公证处在可找到我司核实的情况下而不核实，导致我司未能收到核实函，无法通过正常途径对保理合同和股权质押合同提出异议"，所以存在程序违法。

深圳中院查明，《股权质押合同》中，双方约定出质人违约的确认方式为，如果主债务人违约，质权人可采取中国邮政特快专递方式向出质人邮寄发送《债务人未履行合同的情况说明》，邮寄地址和收件人以合同载明为准。当事人如变更通信地址或收件人，应书面通知对方当事人和公证机构，未及时通知而致使质权人无法向质押人核实违约事实的，视为出质人对质权人提交的《债务人未履行合同的情况说明》没有异议。深圳中院认为Z投资中心未主动将其变更后的营业地址通知申请执行人和公证机构，即应承担由此带来的不利后果，而不应将该责任转嫁给申请执行人和公证机构。公证机构在出具执行证书过程中，向《股权质押合同》中所约定的Z投资中心联络地址邮寄核实函，程序并无不当。

广东高院在其就本案作出的（2020）粤执复84号执行裁定书中，对这个问题的观点是"公证机关向合同载明的Z投资中心地址两次邮寄了相关文件，均未妥投被退回，原因为收件人不在指定地址和查无此人。因此，Z投资中心未及时向申请执行人或公证机关告知新地址导致其未收到相关文件，属其自身的行为，而非公证机关失职。本案不存在送达程序违法的事实，故Z投资中心申请不予执行案涉公证债权文书和执行证书的复议请求，理由不能成立，本院不予支持"[①]。从上可见，公证机构做好自己的工作，就不会出现上述裁定不予执行的问题。

另外，在武汉中院审理的"肖某某、汪某某、明某某与被执行人詹某某、詹某公证债权文书纠纷复议案"中，武汉新洲公证处的做法值得借鉴，即债权人向武汉市新洲公证处申请出具执行证书，公证员按詹某某、詹某预留的号码用电话核实债务履行情况未果，遂于次日在其住所张贴公告，要求限期举证证明还款情况。公证机构用张贴公告的方式公告债权人已经申请执行，并告知债务人举证期限，避免核实不到或无法证明已经履行核实义务的问题。当然，公证机构应当事先在办理公证的时候，告知债务人或将以张贴公告方式核实债务，并记入笔录。[②]

[①] 广东省高级人民法院（2020）粤执复84号执行裁定书。案件来源于中国裁判文书网。
[②] 湖北省武汉市中级人民法院（2019）鄂01执复165号执行裁定书。案件来源于中国裁判文书网。

【问题62】公证机构签发执行证书时，是否需当事人，尤其是债务人、担保人到场？

2004年3月24日，X信托公司持西安市公证处（2003）西证经字第5548号、第5550号、第5552号、第22562号、第22563号公证书及（2004）西证执字第70号、第71号、第79号、第80号、第81号、第82号执行证书向西安中院申请执行；该院受理后，分六案立案执行，执行案号分别为（2004）西执经字第54号（标的额750万元）、第56号（标的额250万元）、第58号（标的额750万元）、第60号（标的额500万元）、第62号（标的额250万元）、第64号（标的额500万元）。

在执行中，担保人B担保公司向陕西高院申诉，该院立案监督。经审查后，陕西高院于2004年10月11日向西安中院发出〔2004〕陕执监字第35号监督函，函示西安中院该六案裁定不予执行；一个月后，西安中院根据该监督函，作出不予执行裁定。裁定送达后，申请执行人X信托公司不服，向陕西高院申诉。该院于2005年1月8日，将申诉材料转西安中院，要求其依法予以审查。2005年3月21日，西安中院向陕西高院报来审查报告，建议重新对35号函予以审查；同时，申请执行人X信托公司也向陕西高院提交了申诉材料，该院于2005年6月20日以复议案件立案。程序之所以这样反复，一个非常重要的原因是，公证机构在出具执行证书时，债务人、担保人未到场，法院系统对这种情况下出具的执行证书的效力心存疑虑。

"陕西高院有两种观点：一种观点认为，公证机关在签发执行证书时，应当依据2000年《联合通知》第五条①之规定，通知借款人和担保人到场，并有征询借款人和担保人是否愿意接受法院强制执行的笔录，否则，认为公证机关未进行审查，应依照《民事诉讼法》之规定，以公证债权文书确有错误，裁定不予执行。相反的观点认为，公证机关在签发证书时，应当依据《联合通知》第五条之规定进行审查，但对审查方式没有明确规定，《联合通知》第五条并未规定必须通知借款人和担保人到公证机关，也并未规定必须征询借款人和担保人对愿意接受法院强制执行有无异议。因此，只要申请执行人提出申请并提交有借款人签字盖章的催款证明等材料，足以证明对未还款数额无异议，即认为进

---

① 《联合通知》五、公证机关签发执行证书应当注意审查以下内容：（一）不履行或不完全履行的事实确实发生；（二）债权人履行合同义务的事实和证据，债务人依照债权文书已经部分履行的事实；（三）债务人对债权文书规定的履行义务有无疑义。从该条规定看，虽然将核查义务履行情况设定为公证机构的一项法定义务，但是并未说明：（1）未说明核查的具体方法；（2）未说明是实质核查还是形式核查。实践中，公证机构的彻底核查，既不现实、也不可能、更无必要。

行了审查，没有必要必须通知借款人和担保人到场，征询借款人和担保人是否愿意接受法院强制执行，故不应裁定不予执行。"陕西高院遂将上述观点报最高人民法院请示。

对于上述不同观点，最高人民法院经研究作出《关于赋予强制执行效力的公证债权文书在签发执行证书时当事人应否到场问题的请示的答复》，明确对最高人民法院和司法部于2000年9月21日会签联合发布的《联合通知》第五条相关内容应理解为：公证机关在作出赋予强制执行效力的公证债权文书时，已要求当事人到场接受询问或作出承诺，因此，公证机关在签发执行证书时，只要依照上述联合通知的规定进行审查即可，并未有要求债务人、担保人再次接受询问的明确规定。结论非常明确，即最高人民法院认为，在出具执行证书时，无须像办理公证书一样必须双方当事人均到场。

（三）核实函送达的法律效果

根据2000年《联合通知》第四条"债务人不履行或不完全履行公证机关赋予强制执行效力的债权文书的，债权人可以向原公证机关申请执行证书"、第五条"公证机关签发执行证书应当注意审查以下内容：（一）不履行或不完全履行的事实确实发生；（二）债权人履行合同义务的事实和证据，债务人依照债权文书已经部分履行的事实；（三）债务人对债权文书规定的履行义务有无疑义"，公证机构应当根据债权人的申请出具执行证书，而在此之前，应当向债务人核查债务履行情况。一般情况下，在办理强制执行公证时，公证机构都会落实债务核查方式。问题来了，如果在实践中公证机构无法通过其落实的债务核实方式向债务人核查债务履行情况，应当如何处理，这也是实践中经常存在的问题。

【问题63】执行证书出具前的核查，未穷尽所有送达措施送达核实函的，是否视为"其他严重违反法定公证程序的事项"？

在江苏高院审理的"陕西Y有限公司、Z融资担保有限公司与江苏T国际贸易有限公司、苏某某等执行异议复议案"中，被执行人Y公司法定代表人苟某某填写"办理《保证反担保合同》公证申请表"及"办理《抵/质押反担保合同》公证申请表"时，填写Y公司的住所为"西安市未央区大明宫街道杨家村内办公楼"。

北京市中信公证处在出具执行证书前，寄送债务履行核实函，向Y公司等核实债务履行情况，该函载明逾期不提出异议的，视为无异议的法律后果；并向Y公司寄送相应文书，送达地址为"西安市未央区大明宫街道杨家村内办公楼"。在执行中，被执行人Y公司称"公证处未尽到核查义务亦未穷尽送达措施"。对此，江苏高院在其就该案作出的（2017）苏执复224号执行裁定中认为，"苟某某填写了'办理《保证反担保合同》公证申请表'及'办理《抵/质押反担保合同》公证申请表'。在该申请表中，Y公司的住所为'西安市未央区大明宫街道杨家村内办公楼'，X公司、L公司亦于同日填写了'办理《抵/质押反担保合同》公证申请表'。在该申请表中，X公司、L公司的住所为'西安市未央区北二环东段杨家庄号'。在北京市中信公证处的谈话笔录中，苟某某明确对反担保内容清楚，理解公证强制执行条款。针对相关文书的送达，其表示'你处按合同/申请表所载/填写的本人的地址或电话通知我即可'。因此，北京市中信公证处以申请表中的地址寄送《债务履行核实函》及其他公证文书并无不当。Y公司主张《债务履行核实函》未送达，没有事实依据"[1]。

分析：我们认为，执行证书和公证书送达的情况有所不同，公证书未经有效送达，不能进入执行程序，但是执行证书核实前的核实函未有效送达的，可以进入执行程序，原因是被执行人可以在执行程序中通过执行异议加以救济；而公证书应当予以送达，因为公证书有效送达后，债务人可以对公证书中错误或存有疑问的地方通过公证复审或异议的程序加以救济。例如，在办理公证时，当事人法人在委托员工办理的过程中，并未授权其作出执行承诺，故在其接到公证书后，就可以提出异议；在送达后，其未提出异议的，随着时间的经过，大可推定其无异议。

第三节　执行证书的内容

我国现有的法律规定，如《公证法》、司法部《公证程序规则》、中国公证协会《办理具有强制执行效力债权文书公证及出具执行证书的指导意见》均未对执行证书的内容给予具体规定，仅仅对执行证书的给付内容提出了原则性的要求，即"明确、具体"。从中国公证协会《办理具有强制执行效力债权文书公证及出具执行证书的指导意见》第十二条"公证机构出具执行证书，除需要按照《联合通知》第五条规定的内容进行审查外，还应当重点审查下列内容：（一）债权人提交的已按债权文书约定履行了义务的证明材料是否充分、属实；（二）向债务人（包括担保人）核实其对债权文书载明的履行义务有无疑义，以及债权人提出

---

[1] 江苏省高级人民法院（2017）苏执复224号执行裁定书。案件来源于中国裁判文书网。

的债务人（包括担保人）不履行或者不适当履行债务的主张是否属实"来看，执行证书应当包括：（1）约定履行的义务（债务）；（2）约定履行的债务的履行情况。就此，一些地方司法机关也从出具执行证书前的审查内容的角度提出了相应的要求，如陕西省高级人民法院、陕西省司法厅《关于赋予强制执行效力债权文书的公证和执行若干问题的指导意见》第八条之规定，即"经公证当事人申请，公证机构方可签发执行证书。公证机构在签发执行证书前，应当对债权人履行合同义务的事实和证据、债务人已经履行、未履行或未完全履行合同义务的事实和证据、申请执行的标的以及签发执行证书要求具备的其他内容进行核实"。

一、执行证书的应有内容

公证债权文书（执行证书）是除法院裁判、仲裁裁决之外的我国三大执行依据之一，所以在执行证书中公证机构对案件事实和执行标的的确认，应当和法院裁判和仲裁裁决在内容上具有共同之处；而且，执行机关大部分情况下执行的都是法院裁判文书。所以，即使现阶段一些地方的公证机构出具的执行证书与法院判决在内容上存在差别，但执行机关会在长期的司法实践中按照法院裁判的格式和内容要求公证机构出具执行证书，也即实践会倒逼公证机构按照法院判决的形式出具执行证书。实践中，执行证书的内容应当包括以下几个方面。

（一）出具执行证书申请人（申请执行人）申请出具执行证书的情况

这一部分的内容相当于法院判决中原告诉称、案件陈述以及诉讼请求及理由等内容。

出具执行证书申请人（申请执行人）提交《出具执行证书申请书》，其内容主要为：（1）已经办理了赋予债权合同（债权合同、担保合同）强制执行效力的公证、公证书编号；（2）申请执行人履行义务情况，即债权产生的情况（例如，何时发放贷款、贷款数额等）；（3）被申请执行人的债务履行情况；（4）根据合同约定，申请执行人和被申请人执行人各自的义务履行情况，申请执行人申请执行的标的内容（例如，借款合同中：①贷款本金。②贷款利息。③贷款罚息。④违约金。⑤实现债权的费用：a.律师费××元；b.公证费××元；c.执行案件的受理费等）。

（二）公证机构经审查确认的事实——债务履行情况

这一部分的内容相当于法院判决中，人民法院案件事实查明和确认部分。

一般情况下，公证机构经审查确认的事实包括：（1）债权文书的签订与强制执行公证的申办：①债权文书签订时间、内容（以贷款合同为例：重点应关注本金、利息、罚息的数额及调整方式、还款期限、担保约定、宣布提前到期的时间、实现债权的费用如律师费公证费等相关费用）；②主债权文书的担保，抵押、质押、保证等担保合同的签署时间、内容；③主债权合同、担保合同办理公证的时间、强制执行承诺的做出。（2）申请执行人合同义务的履行，即贷款发放过程，合同到期情形或宣布提前到期的情形。（3）被申请执行人（债务人、担保人）合同义务的履行情况的核实，这一部分主要为公证机构对债务履行情况的核实情况，例如通过电话核实的情况（打的什么电话号码，电话接通后的内容，电话录音的证据留存等）、通过邮件核实的情况（寄给谁了，根据什么确定邮寄地址，结果是被签收还是拒收）、手机短信核实（发送短信的对方号码，发送的内容等）、电子邮箱核实（邮箱地址，电子邮件的回复），以及上述核实方式的法定或约定依据。（4）如果被申请执行人（债务人、担保人）提出异议，则应当将该异议送达申请执行人做答复，公证机构综合被申请执行人的异议和申请执行人的答复，根据我国法律、法规，以"本处认为，……"的形式加以认定。

（三）执行证书的主文——被执行人、执行标的、责任范围

根据公证机构经审查后的认定，决定出具执行证书以确定以下执行事项：（1）被执行人，包括债务人、担保人；（2）执行标的，通常情况包括本金、利息、罚息、违约金、律师费、公证费等，执行标的的数额必须确定，否则可能会被人民法院执行机关认为是执行标的不明确而不予执行；（3）责任范围，尽管担保合同是主债权合同的从合同，但其仍然在特殊情况下（当事人约定、法律规定）具有相对独立性，故主债权人、担保人最终所承担的违约责任和担保责任的范围可能存在不一致的情况，应当在执行证书中对不同当事人的不同责任范围加以明确；（4）被申请人执行人的联系方式，此项系为执行机关实施强制执行方便之用。

【问题64】如何将公证费、律师费纳入公证强制执行的执行标的范围？

1. 公证费

朱某某作为出借人与借款人徐某某达成借款协议，双方向江苏省徐州市鼓楼公证处申请办理了强制执行公证，并交纳公证费1634元，债权人朱某某随后向徐某某支付合同约定借款款项。后因借款人徐某某未按约返还借款，朱某某持鼓楼公证处出具的执行证书，向徐州市泉山区人民法院申请强制执行。朱某某因该院未支持其请求的执行证书公证费而提出书面异议称，该费用属于申

执行费，应包含在鼓楼公证处出具的（2013）徐鼓证执字第101号执行证书的执行标的，即本金、利息违约金和执行费用当中。徐州市泉山区人民法院认为："在执行证书上未载明执行证书公证费数额，且该笔费用发生在执行程序前，故不属于由被执行人负担的范畴"，并以此为由裁定驳回徐某某就未支持公证费而提出的执行异议。朱某某不服该裁定，向徐州中院申请复议。

徐州中院在其作出的（2014）徐执复字第52号执行裁定书中认为，"关于朱某某请求的公证费1634元能否得到支持的问题。从查明的案件事实可以看出，对徐某某所欠借款，朱某某于2013年6月7日进行的公证，并交纳公证费1634元。公证是公证机构根据自然人、法人或者其他组织的申请，依照法定程序对民事法律行为，有法律意义的事实和文书的真实性、合法性予以证明的活动。公证机构的证明活动与人民法院审理案件、执行案件的诉讼活动不同，公证费的交纳是在自愿的情况下，谁申请谁交纳或者双方协商的结果，与法院的诉讼、执行费用是完全不同的收费，因此，朱某某认为公证费属于申请执行费，申请执行费用属于执行诉讼费用，应由被执行人负担的主张不能成立"，并以此为由驳回了朱某某的复议申请。[1]

分析：如本书第一章所述，公证强制执行程序是当事人在诉讼—执行程序之外进行程序塑造的结果，债权人因此获得相较于诉讼程序更为简单的司法途径实现债权，而公证费原则上是这一程序塑造的成本，不能等同于诉讼程序。所以，我们支持徐州中院"公证费的交纳是在自愿的情况下，谁申请谁交纳或者双方协商的结果，与法院的诉讼、执行费用是完全不同的收费"的观点。但是，对于债权合同双方当事人而言，完全可以在合同中约定，由谁负担公证费，并将公证费随合同所涉的主要债务一并赋予强制执行效力。本案中，法院裁定并未对当事人是否在债权文书中对由谁承担公证费进行约定的事项进行说明，故我们的分析只能建立在当事人没有约定的基础上。

我们认为，公证费要纳入强制执行标的范围之中，需要以下要件：（1）双方当事人就由谁负担公证费在债权合同中有明确的约定，并在办理强制执行公证时一并就公证费的支付义务赋予强制执行效力。其间，既可以约定将公证费列入强制执行的范围；也可以在债权合同中约定由谁负担公证费，约定赋予整个债权合同强制执行效力，并就此作出执行承诺。（2）双方在办理强制执行公证时，公证费数额必须明确。根据《关于充分发挥公证书的强制执行效力服务银行金

---

[1] 江苏省徐州市中级人民法院（2014）徐执复字第52号执行裁定书。案件来源于中国裁判文书网。

融债权风险防控的通知》"公证机构和银行业金融机构协商一致的,可以在办理债权文书公证时收取部分费用,出具执行证书时收齐其余费用"的规定,实践中可能存在将公证费分办理强制执行公证和出具执行证书两个阶段两次收取的情况,但是数额应当在办理强制执行公证时就已经加以明确;否则,当事人在办理公证时执行承诺的效力就不应当及于未明确的部分。(3)公证债权文书和执行证书是执行机关强制执行的依据,所以公证机构出具的执行证书中,应写明应予执行的公证费数额,而不能笼统地将"公证费"加入执行标的中,否则将可能面临执行机关不予执行的情形。关于这一点,2016年《北京市法院执行局局长座谈会(第七次会议)纪要——关于公证债权文书执行与不予执行若干问题的意见》规定,"执行证书载明由债务人给付'律师费''实现债权的必要费用'等,但未明确其金额或计算方式等内容的,属于给付内容不明确、不具体,对该部分的执行申请不纳入执行范围",可以进行对比参照。

2. 律师费

北京B公司与D银行北京分行签署《流动资金借款合同》《最高额质押合同》,后者与前者至北京方圆公证处办理强制执行公证并向前者发放贷款,贷款到期债务人未履行到期债务。山东S公司自D银行北京分行受让债权,并在向公证机构申请出具执行证书后向法院申请强制执行。被执行人B公司向潍坊中院提起诉讼,请求"判决不予执行北京市方圆公证处制发的(2017)京方圆内经证字第63548号、(2020)京方圆内经证字第01959号赋予强制执行力的公证债权文书及据此制作的(2020)京方圆执字第00178号《执行证书》中300万元基础律师费及3%风险代理费的执行内容",也即提出不予执行公证债权文书之诉。但是,其仅要求不予执行申请执行人申请执行的律师费这一部分。一审潍坊中院支持了被执行人提出的诉讼请求,二审山东高院最终维持了一审判决。

山东高院认为:"虽然执行证书系核实债务履行情况的重要文书,但是其作出的依据为具有强制执行效力的债权公证文书,并且根据《公证债权文书执行规定》,人民法院的执行依据为公证债权文书,故两者不应当割裂审查。本案中,根据已查明事实,虽然已办理公证的具有强制执行效力的《综合授信协议》《流动资金借款合同》《最高额质押合同》以及《借款展期协议》中有北京B公司需承担律师费的表述,但是对于律师费计算基数、计算比例均无明确约定,无法确定具体数额,而载明律师费计算依据的《诉讼法律服务委托协议》亦并非前述公证债权文书的附件,故无法证明北京B公司对'为实现债权所支付的律师费(律师费包括基础律师费及风险律师费);基础律师费300万元,风险律师费按收回款物价值(以物抵债的,按照以物抵债金额计算)的3%'的内容无疑义并自愿承担按照前述计算比例计取的律师费。因此，前述执行内容不应赋予强制执行效力。"①

分析：本案中，债权文书《综合授信协议》、《流动资金借款合同》、《最高额质押合同》以及《借款展期协议》均明确约定由债务人"承担律师费"，但未约定数额或有进一步的其他约定。一般情况下，债权文书中有关律师费的约定也仅及于此，因为双方在纠纷尚未产生的情况下很难就未来产生纠纷时一方处理纠纷实现债权遭受的律师费损失有明确的约定。但根据《公证债权文书执行规定》，强制执行的依据是公证债权文书，其上未载明律师费数额，就相当于人民法院判决书的判项中不载明应当给付的金钱数额一样，执行依据也就缺乏明确的可执行内容。这也是本案中，山东高院维持原判的驳回律师费执行申请的主要原因，也即"基础律师费300万元，风险律师费按收回款物价值（以物抵债的，按照以物抵债金额计算）的3%"的内容不是公证债权文书这一执行依据中的内容，执行机关无权予以执行。在这个结论之下，产生两个进一步的问题：

第一，债权人山东S公司是否可以再次起诉，请求债务人北京B公司赔偿律师费损失？对此，我们认为可以，理由是：北京B公司起诉的诉请是"不予执行300万元基础律师费及3%风险代理费的执行内容"，其判决结果涉及在程序上债权人是否可以依据公证债权文书强制执行上述执行内容；上述不予执行公证债权文书的诉讼程序，不解决债权人在实体上是否有权根据《民法典》第五百七十七条要求债务人就未按期还款的违约行为，承担赔偿律师费损失法律责任的问题。这也是《公证债权文书执行规定》在第二十三条第二款规定，当事人可以在提出不予执行的诉讼请求的同时，"就公证债权文书涉及的民事权利义务争议提出诉讼请求"的原因。至于在债权人另行就具体律师费数额提出的违约诉讼中，人民法院是否支持债权人提出的"赔偿律师费损失"的诉讼请求，需视债权文书的约定，以及当事人之间合同履行情况和民法典等法律的具体规定而定。

第二，怎样能够将律师费纳入公证强制执行的执行标的范围？对此，我们认为，山东高院判决中"对于律师费计算基数、计算比例均无明确约定，无法确定具体数额"的内容提供了较好的线索。在面对公证债权文书中不大可能列明律师费的具体数额的情况下，只能约定律师费的"计算基数、计算比例"，并借此在申请执行时可以确定具体数额。这一点，与借款合同约定利率，最终根据实际借款时间计算利息有些类似。我们认为，要将律师费纳入执行标的的范

---

① 山东省高级人民法院（2021）鲁民终2313号民事判决书。案件来源于中国裁判文书网。

围,可以:(1)将合同履行地省、市律师协会的收费标准作为律师费的计算比例。因为约定赔偿律师费损失,并给出计算比率,应视为双方当事人就律师费损失约定有违约金;双方当事人可依法根据违约金相较于实际损失的高低提出违约金即律师费的调整请求,这将导致法院根据当事人的请求有构造救济权利义务内容的需要(需要法官裁判,则无法依据公证债权文书径行申请强制执行)。如依据律师协会收费标准确定律师费计费比率,即因其公允性而无须调整。(2)明确给出律师费计费基数,例如欠付本金,或欠付本息。本案中,债权文书中约定"债务人欠付本息的,应另行赔偿债权人为追索欠付本息支出的律师费损失(实际支付律师费不高于'以欠付本息数额为基数,以山东省律师协会公布的律师收费标准计算的律师费'即可)",而债权人最终委托律师所支付的律师费数额不高于上述标准的,人民法院即应予以支持。

【问题65】执行证书中未写明数额的违约金,是否应当纳入强制执行的标的?

朱某某作为出借人与借款人徐某某达成借款协议,双方向江苏省徐州市鼓楼公证处申请办理了强制执行公证,债权人朱某某随后向徐某某支付合同约定借款款项。后因借款人徐某某未按约返还借款,朱某某持鼓楼公证处出具的执行证书,向徐州市泉山区人民法院申请强制执行。朱某某以该院仅仅支持了迟延履行利息,而不支持逾期付款违约金,存在明显错误为由提出书面异议。徐州市泉山区人民法院认为:"关于朱某某要求逾期付款违约金,因法律规定被执行人未按判决、裁定和其他法律文书指定的期间履行给付金钱义务的,应当加倍支付迟延履行期间的债务利息,而该院在执行证书上载明的标的外,依法执行了迟延履行期间的债务利息,并给付完毕",并以此为由裁定驳回朱某某就未支持公证费而提出的执行异议。朱某某不服该裁定,向徐州中院申请复议。

徐州中院在其作出的(2014)徐执复字第52号执行裁定书中认为:"关于朱某某请求的逾期付款违约金58400元能否得到支持的问题。朱某某提交的2013年6月7日公证的执行证书上载明,执行标的为:本金48万元、利息64600元及违约金和执行的费用。执行证书上虽然提到了违约金,但是没有明确违约金的具体数额。《合同法》第一百一十四条第一款规定,当事人可以约定一方违约时应当根据违约情况向对方支付一定数额的违约金,也可以约定因违约产生的损失赔偿额的计算方法。朱某某与徐某某在执行证书上没有明确违约金的具体数额,也没有约定因违约产生的损失赔偿额的计算方法,原审法院根据案件的实际情况,支持了26511元的违约金,并依据《民事诉讼法》第二百五十三条的规定,支持了迟延履行期间的债务利息68533元,对朱某某的损失,已经足以弥补。故,朱某某另外主张的 58400 元逾期付款违约金不再予以支持。"[1]

分析:公证债权文书是执行机关强制执行的依据,所以公证机构在其所出具的执行证书中,对所有执行标的应当给出具体的数额或计算方法,而不能仅仅称执行标的包括滞纳金、违约金、逾期利息等,否则执行机关将无法依据公证债权文书实施强制执行行为。而且,对执行标的项下的债务给出具体数额,也是公证机构在出具执行证书前就债务履行情况履行核实义务的内在要求。本案中,原审法院根据案件的实际情况支持违约金,可谓"法外开恩"。对于执行证书中应当列明执行标的项下具体的数额或计算方式的要求,最高人民法院、司法部、中国银监会在其发布的《关于充分发挥公证书的强制执行效力服务银行金融债权风险防控的通知》中有明确而具体的要求,即"因债务人不履行或不完全履行而发生的违约金、利息、滞纳金等,以及按照债权文书的约定由债务人承担的公证费等实现债权的费用,有明确数额或计算方法的,可以根据银行业金融机构的申请依法列入执行标的",这一点需要公证机构和公证从业人员在公证执业中予以特别注意。

【问题 66】公证机构和执行机关应当如何计算利息?

施某、许某某于 2006 年 11 月 6 日签订《抵押还款协议书》,并向珠海市斗门区公证处申请公证。该公证处作出(2006)斗证内抵字第 207 号《公证书》。该《公证书》主要内容如下:"申请人甲方:施某,乙方:许某某。经查,甲乙双方经协商一致订立《抵押还款协议书》,在签订协议书之日,乙方共计应付甲方款项人民币壹仟万元整。双方在合同中约定:乙方的还款期限为三年,即自 2006 年 11 月 6 日起至 2009 年 11 月 5 日止,乙方每月向甲方支付利息人民币壹拾伍万元整。另外,双方还约定了抵押担保以及办理强制执行公证的相关事项。"2009 年 7 月 16 日,依照施某的申请,珠海市斗门区公证处出具(2009)珠斗证执字第 001 号《执行证书》,该证书载明的执行标的为:"本金人民币壹仟万元整、利息人民币肆佰捌拾伍万元整(截至 2009 年 7 月 15 日)及申请执行人为实现债权所支付的费用。"

2009 年 7 月 20 日,债权人向珠海中院申请执行,请求:"(1)本金壹仟万元;(2)利息人民币肆佰捌拾伍万元整(截至 2009 年 7 月 15 日,之后利息按每月壹拾伍万元整支付至实际还款日);(3)申请执行人为实现债权的费用即申请出具

---

[1] 江苏省徐州市中级人民法院(2014)徐执复字第 52 号执行裁定书。案件来源于中国裁判文书网。

执行证书的公证费肆万肆仟伍佰伍拾元整,公告费玖佰元整;(4)被执行人承担所有执行费用。以上合计:壹仟肆佰捌拾玖万伍仟肆佰伍拾元整(14895450.00元)(债务利息暂计至2009年7月15日,之后利息按每月壹拾伍万元整支付至实际还款日)。"

2009年7月22日,珠海市中级人民法院作出(2009)珠中法执字第161号执行通知,限令许某某收到该通知书之日起七日内履行珠海市斗门区公证处出具的(2009)珠斗证执字第001号《执行证书》确定的义务。许某某于2009年9月1日收到上述通知,并分别于2010年12月12日、2011年1月31日及8月1日还款955.638536万元、160万元及向执行法院指定账户预付850万元。

2011年8月10日,珠海市中级人民法院作出(2009)珠中法执字第161-1号委托计算利息函,确定本案计算利息方法及清偿本息顺序,内容为:"一、以本金1000万元从2006年11月6日至2009年11月5日止,按月息1.5%的利率计算利息;二、以本金1004万元加上第一项计算的利息基数,从2009年11月6日至2011年8月1日止,按中国人民银行规定的同时期一至三年期贷款利率的双倍计算利息;三、其中被执行人于2010年12月12日还款9556385.36元,2011年1月31日还款160万元,还款按本息并还的原则。"

对比债权人执行请求和珠海中院的决定,双方分歧有二:(1)还款期限届满,即2009年11月6日至债务人最后还款日2011年8月1日止,债权人认为应当按照月息1.5%计算(年利率18%),而珠海中院认为应当按照人民银行同期贷款利率的双倍计算(年利率12%);(2)债权人认为债务人所还款项应当根据《合同法司法解释二》第二十一条之规定先息后本,而珠海中院认为应当本息并还。

因为分歧较大,债权人向广东高院提起复议,该院作出(2012)粤高法执复字第15号执行裁定认为,(1)"关于本案执行过程中迟延履行债务利息的问题。由于许某某没有自觉履行义务,施某向人民法院申请强制执行。人民法院在执行程序中应当严格按照法律规定执行。《民事诉讼法》第二百二十九条规定:'被执行人未按判决、裁定和其他法律文书指定的期间履行给付金钱义务的,应当加倍支付迟延履行期间的债务利息。'《计算迟延履行期间债务利息批复》规定:'一、人民法院根据《中华人民共和国民事诉讼法》第二百二十九条计算"迟延履行期间的债务利息"时,应当按照中国人民银行规定的同期贷款基准利率计算。二、执行款不足以偿付全部债务的,应当根据并还原则按比例清偿法律文书确定的金钱债务与迟延履行期间的债务利息,但当事人在执行和解中对清偿顺序另有约定的除外。'依照上述规定,虽然(2009)珠斗证执字第001号《执行证书》没有明确载明履行期限,但许某某没有在执行法院指定期限内履行义务，因此，许某某除应履行（2006）斗证内抵字第207号《公证书》及（2009）珠斗证执字第001号《执行证书》中确定的义务外，还应承担迟延履行上述债务的责任。迟延履行期间的债务利息，应当依照上述法律规定，即按照中国人民银行规定的同期贷款基准利率计算，而不应当依照（2006）斗证内抵字第207号《公证书》中'债务人每月向债权人支付利息人民币壹拾伍万元整'的利息标准计算。申请复议人施某请求依照'债务人每月向债权人支付利息人民币壹拾伍万元整，直至实际还款日'计算本案的利息，缺乏法律依据，理由不能成立，本院不予采纳。珠海市中级人民法院确定从2009年9月8日始按中国人民银行规定的同时期的一年至三年期贷款基准利率的双倍来计算本案迟延履行利息的方法，并无不当，本院予以支持"。（2）"关于本案债务本金利息清偿的问题。许某某在本案执行过程中多次还款，并非一次性还款，因此，本案债权本金利息的偿还应当依照《计算迟延履行期间债务利息批复》规定：'执行款不足以偿付全部债务的，应当根据并还原则按比例清偿法律文书确定的金钱债务与迟延履行期间的债务利息，但当事人在执行和解中对清偿顺序另有约定的除外'执行。申请复议人施某请求采取先息后本的计算方法，依据不足，理由不能成立，本院不予支持。"对此，珠海中院认为，"应当依据新法优于旧法、特别法优于普通法的法律适用原则，适用《计算迟延履行期间债务利息批复》，而不能适用《合同法司法解释二》第二十一条"。

债权人不服，二次向广东高院申请复议，但广东高院作出（2013）粤高法执复字第6号执行裁定书认为，"申请复议人施某的复议请求有两项，一是强制执行期间的利息应按执行依据确认的约定利率计算，二是本案债务清偿应先息后本、本息按比例并还的方式不适用本案。本院在2012年6月6日作出的（2012）粤高法执复字第15号执行裁定对此已经审查处理，明确这两项复议请求依据不足，理由不能成立，本院不予支持"，并最终驳回债权人的复议申请。[①]

分析：本案经两次执行异议、二次复议，多经波折，核心问题是利息如何计算，以及执行款偿还本息的顺序，两个问题都与公证机构强制执行实务有关，我们分别加以讨论（讨论中，我们以原《民间借贷司法解释》24%、36%的利率界限为例，以更好地说明实务中处理该类型问题的方式和方法）。

[①] 广东省高级人民法院（2013）粤高法执复字第6号执行裁定书。案件来源于中国裁判文书网。

【问题 67】没有约定逾期利率，公证机构和执行机关应当如何计算利息？

本质上讲，无论是债务履行期限内的利息，还是债务履行期限后的迟延利息或罚息，都是实体问题，应当由当事人自行约定，或依据实体法通过对当事人的约定进行解释而具体查明。对此，程序法律规定都无权涉及，鉴于《民事诉讼法》的程序法属性，其中"应当加倍支付迟延履行期间的债务利息"实际上是对债务人不履行生效法律文书的一种处罚措施，是人民法院强制执行中的一种间接强制的措施，即在被执行人存在不履行生效裁判文书的违法行为时，给予其经济上的不利益而迫使其自行履行生效裁判文书，本质上属于程序性法律规定。而这些，均与债权人依据《合同法》第一百零七条、第一百一十二条要求债务人承担迟延履行的违约责任的实体权利无关，实务中还是应当依据实体法确定迟延履行期间债务利息的具体数额。在此方面，《计算迟延履行期间债务利息批复》第一条的规定，即"人民法院根据《中华人民共和国民事诉讼法》第二百二十九条计算'迟延履行期间的债务利息'时，应当按照中国人民银行规定的同期贷款基准利率计算"的"一刀切"的做法忽视了该债务利息的实体法依据。正是因为该条款，珠海中院、广东高院认为在被执行人收到法院执行裁定后，仅需支付人民银行同期贷款利率的双倍，而不用查明当事人约定，或实体法规定的迟延履行期间利率。

事实上，在本案审理期间，最高人民法院公布的实体法律规定的司法解释中不是没有逾期利率的计算方式的规定，根据最高人民法院《关于依法妥善审理民间借贷纠纷案件促进经济发展维护社会稳定的通知》第六条的规定，即"当事人仅约定借期内利率，未约定逾期利率，出借人以借期内的利率主张逾期还款利息的，依法予以支持。当事人既未约定借期内利率，也未约定逾期利率的，出借人参照中国人民银行同期同类贷款基准利率，主张自逾期还款之日起的利息损失的，依法予以支持"，只有当事人之间没有约定借期内的利率，也未约定逾期利率，或者在没有逾期利率的情况下当事人未要求按照借期内利率主张逾期利息的情况下，才能够适用人民银行同期贷款利率。本案中，《执行证书》中虽然没有相应的表述，但是施某在其执行申请书第 2 项请求，即"利息人民币肆佰捌拾伍万元整（截至 2009 年 7 月 15 日，之后利息按每月壹拾伍万元整支付至实际还款日）"明显提出了以借期内利率计算逾期利息的请求的情况下，本案两级法院的判决出现法律适用上的明显错误。

上述通知第六条的规定与《民间借贷司法解释》第二十九条第二款第二项的规定一致，即"约定了借期内的利率但未约定逾期利率，出借人主张借款人自逾期还款之日起按照借期内的利率支付资金占用期间利息的，人民法院应予支持"。应当注意的是，这里的逾期利息的计算基数为本金，因为第二项中的表述是"资金占用期间的利息"，而该资金就是本金。

问题是，本案的两审法院是否能够以其执行依据是《执行证书》，该证书仅载明至2009年7月15日为由，否认应当在该日期之后的债务逾期期间适用借期内利息呢？我们认为不能，因为广东高院在其就本案作出的（2013）粤高法执复字6号执行裁定中明确表示执行依据不仅仅是《执行证书》，还包括赋予强制执行效力的债权文书，即双方当事人约定的借期内利率也应为执行依据，结合申请执行人的执行申请书的内容，两审法院还是存在法律适用错误。

应当看到，本案中，如果依据借款期限内利息1.5%的双倍对债务人不履行生效裁判文书的做法加以处罚，就会导致年利率达到36%超高利息的问题，明显过高。对此，《计算迟延履行期间债务利息解释》明显优于上述批复，该解释第一条的规定，即"根据民事诉讼法第二百五十三条规定加倍计算之后的迟延履行期间的债务利息，包括迟延履行期间的一般债务利息和加倍部分债务利息。迟延履行期间的一般债务利息，根据生效法律文书确定的方法计算；生效法律文书未确定给付该利息的，不予计算。加倍部分债务利息的计算方法为：加倍部分债务利息＝债务人尚未清偿的生效法律文书确定的除一般债务利息之外的金钱债务×日万分之一点七五×迟延履行期间"，将迟延部分的利息和带有惩罚性质的加倍部分利息分开就符合实体法、程序法分离的原则。根据该条款和《民间借贷司法解释》第二十九条之规定，我们认为，在借款纠纷中，计算执行标的，应当分以下几种情况。

1. 约定了逾期利息

该逾期利息应当包含违约金、滞纳金、逾期利息、实现债权的费用（如律师费），根据《民间借贷司法解释》第二十九条第一款、第三十条之规定，不得超过24%。注意，这里24%的限制，是相对于借款本金而言的。如当事人约定违约金计算方法为（本金＋借款期限内的利息）×24%，则超过了这一限制。这种情况下，执行标的为：（1）本金；（2）借款期限内利息；（3）逾期利息（至还款日为止）＝本金×逾期利息×借款期限届满至实际还款日的期间；（4）实现债权的费用。

2. 没有约定逾期利息，但约定了借款利息

没有约定逾期利息，也包括没约定违约金、滞纳金等，当事人主张按照借款期限内利息计算资金占用费，则执行标的为：（1）本金；（2）借款期限内利息；（3）逾期利息＝本金×借款期限内利率×借款期限届满至实际还款日的期间，可以和借款期限内利息一并计算；（4）实现债权的费用。

3. 没有约定借款利息，也没有约定逾期利息

当事人主张按照年利率6%计算借款期限届满至实际还款日资金占用费的，则执行标的为：（1）本金；（2）逾期利息＝本金×6%×借款期限届满至实际还款日的期间；（3）实现债权的费用。

上述执行标的应当在公证机构的《执行证书》中载明，并由人民法院执行机关在执行裁定中加以明确，那么《民事诉讼法》第二百五十三条中的加倍利息呢？根据《计算迟延履行期间债务利息解释》第一条的规定，《民事诉讼法》第二百五十三条中的迟延履行期间的债务利息，包括迟延履行期间的一般债务利息和加倍部分债务利息，而前者就是上述三种情形下的逾期利息，后者是第一条第三款中"加倍部分债务利息"，其计算方法为：加倍部分债务利息＝债务人尚未清偿的生效法律文书确定的除一般债务利息之外的金钱债务×日万分之一点七五×迟延履行期间。关于这一公式，应当作如下理解。

1. "债务人尚未清偿的生效法律文书确定的除一般债务利息之外的金钱债务"中的一般债务利息为借款期限内的利息和迟延履行期间的利息两个部分，也就是说，加倍部分债务利息仅包含生效法律文书确定的、尚未清偿的金钱债务，包括本金、实现债权的费用。在《计算迟延履行期间债务利息解释》的发布会上，最高人民法院执行局的法官在回答"计算加倍部分债务利息的基数如何确定"这一问题时指出，《计算迟延履行期间债务利息解释》规定，基数不包含迟延履行期间开始前的一般债务利息。因为，在多数有一般债务利息的执行案件中，计算加倍部分债务利息和迟延履行期间的一般债务利息，已经充分保护了债权人的权益。计算加倍部分债务利息具有惩罚性，但惩罚应当适度，生效法律文书指定履行期间届满前的一般债务利息也作为计算基数，计算结果较高，不符合平等保护当事人合法权益的原则。

2. 加倍部分债务利息系单独计算，与迟延履行期间内的债务利息无关，但是和债务的清偿顺序息息相关，因为其决定了本金的数额，即决定了加倍部分债务利息的计算基数。

3. 日万分之一点七五，即年利率6.39%，差不多是人民银行同期贷款利率，加上没有约定借款利息和逾期利息情况下的6%，刚刚好是双倍，符合《民事诉讼法》第二百五十三条的规定要旨。

从《计算迟延履行期间债务利息解释》的规定，我们也发现了以下问题：

第一，加倍部分债务利息和迟延履行期间内的一般债务利息之和超过了以24%计算得出的利息，应当如何办理？对此，法律并无明确的禁止性规定，我们认为，加倍部分债务利息是对程序违法行为的一种惩罚性措施，而24%的利

率限制是对当事人之间实体权利义务的一种限制，不能对人民法院的惩罚性措施加以限制，所以即使两部分之和超过24%，也应按照实际计算结果加以执行。

第二，生效法律文书未确定给付迟延履行期间的一般债务利息的，人民法院是否应当予以计算？对此，《计算迟延履行期间债务利息解释》第一条第二款明确规定"不予计算"。如前文所述，该利息实际上就是逾期利息，是否主张是当事人的实体权利，人民法院不能越俎代庖，应视当事人的执行申请确定是否计算。但是，对于加倍部分债务利息，是被执行人程序违法的结果，根据最高人民法院执行局法官在《计算迟延履行期间债务利息解释》发布会上的表述，即《民事诉讼法》第二百五十三条明确规定，被执行人迟延履行的，应当支付迟延履行期间的债务利息。通过文义解释的方法，无论申请执行人是否申请，法院都应当依职权计算迟延履行期间的债务利息，人民法院应当依职权加以计算。

第三，迟延履行期间的一般债务利息和加倍部分债务利息的起止点是否一致？不一致，前者自当事人约定的债务履行期限届满之日起开始计算；而后者是自生效法律文书确定的履行期间届满之日起计算，生效法律文书未确定履行期间的，自法律文书生效之日起计算。但是，两者的截止时间是一致的，即计算至被执行人履行完毕之日；被执行人分次履行的，相应部分的加倍部分债务利息和迟延履行利息也计算至每次履行完毕之日。

第四，《计算迟延履行期间债务利息解释》是否只能适用于借款合同法律关系？从最高人民法院执行局法官的答复看，《计算迟延履行期间债务利息解释》适用于金钱之债，并不局限于借款合同关系，还可能是买卖合同、加工承揽，甚至是侵权之债。与借款关系不同的是，其他债务类型可能不会有债务履行期间内和逾期期间内的一般债务利息，如侵权关系即没有迟延履行期间的一般债务，只能根据债务数额计算加倍部分债务利息。就此，最高人民法院执行局法官在发布会上举例说明，2015年6月30日生效的法律文书确定，债务人应在三日内支付债权人侵权损害赔偿10000元；债务人迟延履行的，应当根据《民事诉讼法》第二百五十三条的规定加倍支付迟延履行期间的债务利息。债务人在2015年9月1日清偿所有债务。在本案中，迟延履行期间的债务利息＝损害赔偿数额×日万分之一点七五×迟延履行期间的实际天数（105元＝10000×0.0175%×60）。债务人应当支付的金钱债务为10105元（10105元＝10000元+105元）。

第五，如果债务是分次履行，应当如何计算加倍部分债务利息？对此，《计算迟延履行期间债务利息解释》第二条、第三条给出了明确的规定，即"第二条　加倍部分债务利息自生效法律文书确定的履行期间届满之日起计算；生效法律文书确定分期履行的，自每次履行期间届满之日起计算；生效法律文书未确定履行期间的，自法律文书生效之日起计算。第三条　加倍部分债务利息计算至被执行人履行完毕之日；被执行人分次履行的，相应部分的加倍部分债务利息计算至每次履行完毕之日。……"

第六，《计算迟延履行期间债务利息解释》和上述批复之间关系如何？根据《计算迟延履行期间债务利息解释》第七条第二款之规定，即"本解释施行前本院发布的司法解释与本解释不一致的，以本解释为准"，以及最高人民法院执行局法官在发布会上的表述，《计算迟延履行期间债务利息解释》已经全面取代了批复。

【问题68】没有约定清偿顺序，被执行人财产应当如何清偿债务？

本案中，申请执行人主张依据《合同法司法解释二》第二十一条（即《民法典》第五百六十一条）先息后本，而珠海中院和广东高院主张根据批复本息并还原则。对此，《计算迟延履行期间债务利息解释》第四条部分地解决了问题，即"被执行人的财产不足以清偿全部债务的，应当先清偿生效法律文书确定的金钱债务，再清偿加倍部分债务利息，但当事人对清偿顺序另有约定的除外"确定了先生效法律文书确定的金钱债权，后加倍部分债务利息的履行顺序。对此，最高人民法院执行局法官特别说明，"加倍部分债务利息与一般债务利息不同，计算加倍部分债务利息只是一项执行措施，相比生效法律文书所确定的债权较为次要。所以，加倍部分债务利息应当后于生效法律文书所确定的债权受偿。参与分配程序中被执行人财产不足以清偿所有债务的，加倍部分债务利息的清偿顺序也应当根据本解释确定"。我们赞同最高人民法院的观点，作为程序性规定的《计算迟延履行期间债务利息解释》是无权对应为实体问题的生效裁判文书所载金钱债权，即本金、利息、实现债权的费用的履行顺序加以规定的。对于生效法律文书所载的债务的清偿顺序，最高人民法院执行局法官认为，《计算迟延履行期间债务利息解释》规定的清偿顺序，仅是加倍部分债务利息与其他金钱债务的清偿顺序。如一件借款合同纠纷案件，法院执行的金钱债务有本金、一般债务利息、实现债权的费用和加倍部分债务利息四部分。根据《计算迟延履行期间债务利息解释》的规定，加倍部分债务利息应当最后清偿，而本金、一般债务利息和实现债权的费用三部分则可以参照《合同法司法解释二》的有关规定确定顺序清偿。从上述规定看，根据《计算迟延履行期间债务利息解释》的规定，珠海中院和广东高院在异议和复议裁定中认定的债务数额和清偿顺序都是错误的，而且珠海中院有关批复优于《合同法司法解释二》的观点也是错误的。

根据《合同法司法解释二》以及《计算迟延履行期间债务利息解释》的规定，金钱债务的清偿顺序是：（1）当事人有约定的从约定，注意当事人一般不会对加倍部分利息最后清偿的顺序进行变更性约定，我们甚至认为，即使约定也应属无效，因为其是程序性规定，而且只要不清偿完毕本金，加倍部分债务利息即会一直存在；（2）当事人没有约定的，则按照事先债权的费用—利息（债务期限内利息＋迟延履行期间内的逾期利息）—本金—加倍部分债务利息，其中本金和实现债权的费用共同组成了加倍部分债务利息的计算基数。

二、被执行人责任范围不一致的特殊情况

债务人和各担保人在下列情况下，存在责任范围不一致的情况，需要公证机构尤为注意：（1）担保合同约定的担保范围可能与债务人依据债务合同负有的责任范围不一致。根据《民法典》第六百九十一条之规定，即"保证的范围包括主债权及其利息、违约金、损害赔偿金和实现债权的费用。当事人另有约定的，按照其约定"，对保证担保的债权范围有特殊约定的，应当按照约定确定保证人的责任范围；如果没有特别约定，则保证人的责任范围与债务人一致，即主债权、利息、违约金、损害赔偿金、实现债权的费用。（2）多个担保人分别或共同与债权人签署担保合同，并且担保人之间对债务人所负之债务有所分担的，担保人按照该约定仅承担应当承担的担保责任，其与债务人承担的责任范围存在不一致。（3）最高额担保合同（最高额保证、最高额抵押、最高额质押）中，债权数额超过约定的最高债权限额，或债权发生时间超过最高额决算期，或发生的债务类型（如价款之债）并非最高额担保所担保的债务类型（如借款本息之债），则会出现担保人的责任范围与债务人的责任范围不一致的情形。（4）最高额抵、质押合同决算期届满之前，出现例如查封、冻结、扣押担保财产等使得最高额抵、质押所担保的债权范围得以确定的法定情形，但债权人和债务人之间继续发生新的债务关系的，担保人的担保责任范围则会出现与债务人的责任范围不一致的情形。上述情形中，第（4）项是第（3）项中的特殊事由，问题不会出现在公证债权文书之中，而是出现在执行证书之中，我们以下例加以说明。

【问题69】最高额抵押担保期间，抵押物被查封，执行证书中抵押人责任范围应如何确定？

2018年6月1日，H公司向银行申请综合授信，签署综合授信合同，并在该合同项下陆续发生若干笔借款，担保方式为：（1）H公司以一处房产提供最高额抵押担保；（2）保证人L公司提供给最高额保证担保，保证方式为连带责任保证。上述两项担保，担保的最高债权额均为1000万元，均未约定担保的债权范围，债权确定的期限均为2019年5月31日。各方就上述合同办理了公证，

赋予了合同项下债务及担保以强制执行效力。

2019年3月1日，因H公司涉诉，该公司用于上述抵押担保的房产被法院依法进行保全查封。此时，H公司与银行发生的存量债权额为800万元。银行不知查封事宜，继续贷款200万元；至2019年5月1日，银行在知晓抵押物查封事宜后，根据授信合同、所有已发生借款的贷款合同、与H公司签订的抵押合同，以及与L公司签署的保证合同宣布贷款和其他合同提前到期，并向公证机构申请出具执行证书。问，上述各方的责任范围在执行证书中应当如何确定？

分析：上述案例的核心问题在于，查封作为法律事实，是否能引起抵押权人（债权人）、抵押人、债务人之间的法律关系发生变化？如果法院查封导致抵押担保的债权额不再增加，则在本案中，H公司提供的抵押房产所担保的债权数额应为800万元，而不是1000万元。因此，H公司将会因为其身份不同，其所承担的责任范围也不相同：作为债务人，其责任范围是1000万元；但是，其作为抵押人，责任范围则为800万元。这一点，公证机构应当在其所出具的执行证书中加以明确。因为，这一点不仅关系到银行就抵押房产优先受偿实现债权的额度，在H公司有其他债权人的情况下，更加关系到其他债权人的利益；例如，本案中，申请法院依法保全查封房产的H公司的一般债权人。对此，公证机构不仅要分项列明H公司作为债务人和抵押人分别应当承担的责任范围，而且要明确抵押权人就抵押物的价值在多大额度上可以优先受偿。

接下来的问题是：抵押物被查封，查封后发生的债权是否系最高额抵押物担保的范围之内的债权？查封是否能够导致抵押担保的债权不再增加？对于这个问题，法律规定和司法机关的司法解释在内容上存在差异，如何理解，有必要在这里详细介绍。

对于上述问题，《物权法》和《查封、扣押、冻结财产规定》存在差异，具体而言：前者第二百零六条第四项规定，"抵押财产被查封、扣押"，抵押权人的债权确定；故，《物权法》下担保债权数额确定的要件只有一个"查封、扣押"，相似的规定还有《担保法司法解释》第八十一条"最高额抵押权所担保的债权范围，不包括抵押物因财产保全或者执行程序被查封后或债务人、抵押人破产后发生的债权"。后者第二十七条规定，"人民法院查封、扣押被执行人设定最高额抵押权的抵押物的，应当通知抵押人。抵押权人受抵押担保的债权数额自收到人民法院通知时起不再增加。人民法院虽然没有通知抵押权人，但有证据证明抵押权人知道查封、扣押事实的，受抵押担保的债权数额从其知道该事实起不再增加"。上述两个规范性文件，在担保范围内的债权不再增加问题上，在文义上存在不同：前者仅需要"查封、扣押"，后者不仅需要"查封、扣押"，而且需要"人民法院通知或抵押权人知晓"。也即，根据《物权法》的规定，无论查封扣押的法院是否通知，或抵押权人是否知晓，抵押担保范围内的债权数额都不再增加；而根据《查封、扣押、冻结财产规定》，只有"查封、扣押"还不足以阻止抵押担保范围内的债权继续增加，还必须发生人民法院通知，或抵押权人知晓的事实。这里需要特别注意的是，《查封、扣押、冻结财产规定》中，仅有"知道"而没有惯常使用的"应当知道"，这意味着抵押权人"知道"这一结论，不能从查封公示的"推定"自然得出。对于这一点，我们赞同最高人民法院在《查封、扣押、冻结财产规定》中的审慎态度，山东高院在（2015）鲁商终字第154号民事判决中亦有类似观点，即"本院认为，对抵押权人是否知道该查封的事实判断，直接影响抵押权人其抵押权的丧失与否，涉及抵押权人的重大权益，对此的判断应力求公平和审慎"。

对于《物权法》第二百零六条第四项之规定，《民法典》第四百二十三条第四项将这一规定修改为"抵押权人知道或应当知道抵押财产被查封、扣押"，将"应当知道"加入了通过查封的公示效力"推定"知道的情况，尤其是立法在前后的变化就差在"应当知道"之上，除了强化"查封"公示效力之外，也无法给出其他的解释。这就需要债权人在每一次发放贷款之前都须看一下不动产登记，以确认是否存在查封、扣押的情形。同样地，修订后的《查封、扣押、冻结财产规定》在第二十五条（原第二十七条）第二款中也加入了"应当知道"的表述。就此，我们在这里列举几个人民法院在民法典施行前的实践案例，看看人民法院的观点，然后对公证机构出具执行证书时的审查和内容问题进行讨论。

案例一：上诉人福建S农村商业银行股份有限公司（以下简称S农商行）与被上诉人王某执行分配方案异议之诉案——最高人民法院（2018）民终787号民事判决书

2010年5月18日，R公司（借款人）与S农商行（贷款人、抵押权人）、林某某（抵押人）签订一份《最高额抵押借款合同》约定：从2010年5月18日起至2013年5月17日止，由贷款人在最高额贷款余额1200万元内，根据借款人的需要和贷款人可能，对借款人分次发放贷款。在此期限和最高贷款余额内，不再逐笔办理抵押担保手续，每笔贷款的最后到期日不得超过2013年5月17日。根据该合同，抵押人提供抵押物担保的债权最高数额为1200万元。2013年6月13日，S农商行向上杭法院提出实现担保物权的申请（实现担保物权的特殊程序），上杭法院作出（2013）杭民特字第3号民事裁定，裁定在债务人不履行债务的情况下可以申请强制执行实现担保物权。

1. 案外人的第三人撤销之诉

对于上杭法院的裁定，案外人亦是担保人的债权人王某提起诉讼：

（1）2013年8月20日案外人王某以上杭法院的（2013）杭民特字第3号民事裁定损害其合法权益为由，请求依法撤销前述裁定。上杭法院于2013年8月22日作出（2013）杭民初字第2002号裁定：本案不予受理。

（2）王某不服上述裁定，向龙岩中院提起上诉，后者2013年10月17日作出（2013）岩民终字第946号裁定：驳回上诉，维持原裁定。

（3）王某就上述龙岩中院的二审裁定向福建高院申请再审，后者于2014年6月19日作出（2014）闽民申字第730号民事裁定，提审该案。提审之后，福建高院于2014年7月26日作出（2014）闽民提字第61号民事裁定："（一）撤销龙岩市中级人民法院（2013）岩民终字第946号民事裁定和上杭县人民法院（2013）杭民初字第2002号民事裁定；（二）本案指令上杭县人民法院立案受理。"

（4）2014年11月25日，上杭法院作出（2014）杭民初字第2331号民事判决：驳回王某的诉讼请求。

（5）王某不服上述上杭法院的判决，向龙岩中院提起上诉，后者于2015年7月6日作出（2015）岩民撤字第4号民事判决：驳回上诉，维持原判。

（6）王某不服上述二审判决，遂向福建高院申请再审，后者于2016年5月18日作出（2015）闽民申字第2371号民事裁定，裁定提审。

（7）2016年10月21日，经提审审理，福建高院作出（2016）闽民再字第203号民事裁定认为，"案外人王某起诉请求撤销的上杭县人民法院（2013）杭民特字第3号民事裁定系实现担保物权案件，属于适用特别程序处理的案件，不属第三人撤销之诉适用范围，人民法院不予受理"，于是裁定："（一）撤销上杭县人民法院（2014）杭民初字第2331号民事判决；（二）撤销龙岩市中级人民法院（2015）岩民撤字第4号民事判决；（三）驳回王某的起诉。"

以上，是案外人以第三人身份，根据《民事诉讼法司法解释》第二百九十二条[1]之规定，认为已经生效的裁定侵犯其民事权益，从而提出"第三人撤销之诉"的整个审理过程。我们认为，对于案涉的争议裁定[（2013）杭民特字第3号民事裁定]效力的认定，根据裁定的具体内容，有两种可能的结果：第一，如果裁定就抵押物优先受偿的债权数额给予非常明确的认定，应当允许案外人撤销该裁定，因为如果案涉查封导致抵押担保的债权数额不再增加，那么该裁定中认定的就抵押物优先受偿的债权数额就属于错误认定，应当允许通过撤销之诉撤销裁定。这一问题，在执行程序中很难通过执行异议加以解决，因为实现担保物权的裁定也是执行依据，执行法官只能执行该依据，而无法不通过审判程序

---

[1] 对应《民事诉讼法司法解释》（2022年修正）第二百九十条。

而推翻该裁定。而且，案外人在标的物上没有权利，也不能通过案外人执行异议之诉来解决问题。我们认为，分配方案异议和异议之诉一样也很难解决问题，因为分配方案也是在执行裁定，只要案涉裁定还有效，就无法质疑裁定确定的执行方案。第二，如果案涉裁定没有对抵押物优先受偿的债权数额加以确定，其作为执行依据就存在执行依据不明确的问题。在此情况下，如果执行法官根据实际情况确定优先受偿的债权数额，那案外人可以通过执行异议来解决执行法官错误确定优先受偿的债权范围的问题，这可以说是执行行为本身，可以通过执行异议加以解决。综上，我们认为，本案最终以分配方案异议之诉解决问题并不恰当，因为就抵押物享有多大范围内的优先权，意味着抵押权这一实体权利的内容是否认定正确，所以本案不仅涉及执行依据的问题，而且涉及法院对于实体权利即抵押担保的债权数额包含保全查封之后的部分的认定是否正确的问题。

2. 分配方案异议以及分配方案异议之诉

2014年8月25日，福建高院作出（2013）闽执行字第1号《财产分配方案通知书》。2014年9月11日，王某向福建高院提出"对财产分配方案的书面异议"。2014年10月15日，王某向福建高院提起诉讼。

福建高院在审理中确定争议焦点，即S农商行的债权1454万元是否享有优先受偿权，并通过审理进一步认为案涉抵押物于2011年7月21日被法院查封，S农商行最高额抵押所担保的债权由此已经确定。S农商行在此后于2012年5月28日、6月20日、9月19日，2013年1月9日向R公司发放的贷款合计1200万元本金及利息不应纳入最高额抵押担保债权范围，应认定为普通债权。因此，S农商行的1200万元债权本金及利息无法优先受偿，故（2013）闽执行字第1号《财产分配方案通知书》将S农商行的债权作为优先债权参与分配，存在不当之处。福建高院作出上述判决内容的同时，也否认了王某要求其债务就抵押物拍卖款全部受偿的请求，因为王某的债权和S农商行未纳入最高额担保范围内的债权一样，均为普通债权，应当按照比例分配。

S农商行上诉至最高人民法院认为，"2011年7月20日，一审法院因王某与林某某之间的股权转让纠纷采取财产保全措施时，并未依法将S农商行享有抵押权的房产被查封的事实告知S农商行，导致S农商行一直对诉争房产被查封的事实不知情。因此，S农商行按照《最高额抵押借款合同》的约定向贷款人发放贷款，没有过错"。另外，对于王某提交证据称曾经要求冻结抵押人的银行账户，执行法院将协助执行通知书送达S农商行才溪支行，但S农商行对此不予认可，认为该协助执行和查封通知具有本质区别，不能推定S农商行已经知晓案涉抵押房产被查封的事实。

最终，最高人民法院经过审理，作出（2018）最高法民终787号民事判决，支持了S农商行的诉讼请求，并且在判决中阐述了《物权法》第二百零六条与《查封、扣押、冻结财产规定》第二十七条的关系，即"《物权法》第二百零六条与《查封、扣押、冻结财产规定》第二十七条的规定并不冲突，《物权法》第二百零六条是对最高额抵押权所担保债权确定事由作出的规定，即出现该条规定的几项事由时，最高额抵押债权数额的确定就满足了实体要件；而《查封、扣押、冻结财产规定》第二十七条则是对最高额抵押债权数额的确定明确了具体的时间节点，即最高额抵押权担保的债权数额自抵押权人收到人民法院通知时或从抵押权人知悉抵押物被查封的事实时起不再增加，可以理解为最高额抵押债权数额确定的程序要件。既有债权数额确定的原因事由，又有债权数额确定的时间节点，《物权法》与《查封、扣押、冻结财产规定》的规定结合起来就解决了何事、何时最高额抵押债权数额确定这一问题"[①]。

分析：最高额抵押、质押乃至最高额保证制度，均是为了在连续债权债务关系的情况下，简化抵押、质押、保证担保的手续，方便当事人和交易进行，就如最高人民法院在上述判决中对最高额抵押制度意义的观点，"设定最高额抵押权主要目的是为连续性融资交易提供担保，提高交易效率，若在贷款还款没有异常情况下，要求最高额抵押权人在每次发放贷款时仍要对借款人或抵押物的状态进行重复实质审查，则有违最高额抵押权设立的立法目的。因此，最高额抵押债权数额的确定应当以人民法院查封抵押物且抵押权人收到人民法院通知时为准更为合理"。

我们认为，抵押权是抵押物的权利负担，查封是人民法院保全性执行措施，起到冻结抵押物权利状况的作用；查封措施采取后，债权人通过发放贷款、提供融资服务等方式继续增加抵押物担保的债权数额，即继续增加抵押物的权利负担会被理解为违反国家实施的查封措施。无论是保全查封，还是执行查封，在本质上，都是执行机关对国家行政权力的运用，所以《物权法》第一百八十四条第五项规定"依法被查封、扣押、监管的财产"，不得抵押；另外，违反国家规定，和违反国家某一具体的管理行为是两回事。最高人民法院的判决内容，简言之，就是《物权法》确定事由，《查封、扣押、冻结财产规定》确定在该事由下，债权数额自什么时间起不再增加。作为抵押权人，其在抵押物上有权利，故只有在其明确知晓查封这一国家管理行为之后，承担担保的债权不再继续增加的不利的法律后果才具备法律上的正当性。这一点我们在《担保法理论与实

[①] 最高人民法院（2018）最高法民终787号民事判决书。案件来源于中国裁判文书网。

务精要》一书中总结债权人承担不利后果的"责任自负"原则时，已经清楚地加以论述。故而，在抵押权人不知晓查封事实的情况下，担保的债权则会继续增加；反之，如果其知晓查封事实，还执意继续增加债权数额，则应当"责任自负"地承担债权不再增加的法律后果。

案例二：上诉人浙江 A 置业有限公司与被上诉人中国银行股份有限公司 Q 支行信用证纠纷案——山东省高级人民法院（2015）鲁商终字第 154 号民事判决

2013 年 4 月，J 公司与中行 Q 支行订立授信额度协议，约定后者向前者提供 2 亿元贸易融资授信业务。徐某某、周某某、A 公司、K 公司提供最高额保证担保，A 公司提供最高额抵押担保，各方签订相应的合同，并办理了抵押登记。2013 年 8 月 5 日，安吉法院查封了 A 公司在上述最高额抵押合同中提供抵押担保的抵押房产。之后，自 2013 年 11 月 29 日至 2014 年 1 月 27 日，中行 Q 支行为 J 公司办理了 5 笔押汇和信用证业务，产生美元本息债务若干。2014 年 6 月 3 日、6 月 24 日，人民法院分别受理了 A 公司、K 公司的破产申请。因 J 公司未按约还本付息，抵押人 A 公司破产，导致本案纠纷发生。本案主要涉及以下问题。

1. 根据《企业破产法》第四十六条第二款"附利息的债权自破产申请受理时起停止计息"，故 A 公司、K 公司担保的利息债务的计算仅应当截止到 2014 年 6 月 3 日、6 月 24 日，其责任范围与债务人、其他的担保人不同。应当注意的是《物权法》第二百零六条"债务人、抵押人被宣告破产或者被撤销的，最高额抵押担保的债权确定"这一规则中破产的主体包括债务人和抵押人。按照惯常的理解，债务人破产，最高额担保的债权本身就不会增加；但是，抵押人破产，亦会导致最高额抵押担保的债权不会继续增加，这一点需要公证机构格外注意。

2. 金融机构开具信用证的时候不知晓抵押物查封的事实，但其在信用证垫款前知晓抵押物查封的事实。本质上讲，接受委托开具信用证时不知晓查封，而此时借款债权债务关系尚未产生，须等到发生实际信用证垫款的时候才会发生借款债权债务关系；但是，金融机构垫款前知晓查封事宜了，垫款所产生的债权是否应当被纳入抵押担保的范围之内？这一问题，结论很简单，就是为了保障信用证的效力，即使垫款前金融机构已经知晓查封事实，该垫款所产生的债权也应当增加进抵押担保的范围。

3. 关于中行 Q 支行是否能就 A 公司的抵押物优先受偿的问题，A 公司认为，因为中行 Q 支行的工作人员曾于 2013 年 12 月 14 日派人至 A 公司调查过抵押物的权利状况，故根据《查封、扣押、冻结财产规定》第二十七条，该日之后的债权不应当增加到抵押物担保的债权范围之内。山东高院经审理认为，上述事项证据并不充分，不能证明债权人中行 Q 支行知晓抵押物被查封的事宜，该院通过二审终审判决说明了其对第二十七条中"知道"这一法定事由的审慎态度。[1]

案例三：中国邮政储蓄银行 F 有限公司吉林省通化市分行，王某某等担保物权纠纷再审审查案——吉林省高级人民法院（2016）吉民申 96 号民事裁定

邮储银行再审申请称："邮储银行与 M 公司的《最高额抵押合同》依法成立并生效，邮储银行对 M 公司的房产享有抵押权和优先受偿权。因通化市中级人民法院的查封手续不到位，查封程序不完整，并没有在查封之时通知邮储银行，根据《查封、扣押、冻结财产规定》第二十七条的规定，查封最高额抵押物时的通知程序，就是保护最高额抵押权人在发放不确定性贷款时，能够及时获悉抵押物被查封的状况，保护抵押权人的利益不受损失。邮储银行是在 2014 年 3 月 4 日法院组织执行拍卖的财产向邮储银行送达执行裁定时，才得知抵押财产已被法院查封。故在邮储银行 2014 年 3 月 4 日得知抵押物被查封前与 M 公司产生的债权都应当是抵押物担保的债权。"吉林高院最终驳回了邮储银行的再审申请，我们逐一看一下吉林高院给出的理由。

1.《查封、扣押、冻结财产规定》自 2005 年 1 月 1 日起施行，是最高人民法院审判委员会通过的司法解释，司法解释不是一个独立的法律渊源，其效力来源于法律规定，法律是其上位法。根据上位法优于下位法、新法优于旧法的效力冲突规则，本案应优先适用《物权法》，而不能适用《查封、扣押、冻结财产规定》。我们认为这一理由值得商榷，吉林高院至少应当阐述和论证《查封、扣押、冻结财产规定》和《物权法》之间是否存在矛盾之后，再依据上述原则进行法律适用，处理规范之间的冲突。

2.《查封、扣押、冻结财产规定》第一条规定法院执行查封裁定书发生法律效力始于向被执行人、申请执行人和协助执行人送达。根据《查封、扣押、冻结财产规定》第二十七条"人民法院查封、扣押被执行人设定最高额抵押权的抵押物的，应当通知抵押权人。抵押权人受抵押担保的债权数额自收到人民法院通知时起不再增加"的规定，抵押权人受抵押担保的债权数额的确定节点应为法院通知到达抵押权人之时，这与《物权法》的规定确有冲突，但法院在查封后未通知抵押权人的行为，并不必然导致查封裁定书无效，在查封裁定书发生法律效力之时，根据《物权法》第二百零六条的规定，本案最高额抵押权所担保债权即确定。[2] 这里的表述解释了前面的疑惑，也即吉林高院认为《查封、扣押、冻结财产规定》第二十七条与《物权法》第二百零六条有冲突。我们认为，吉林高院始终没有解

---

[1] 山东省高级人民法院（2015）鲁商终字第 154 号民事判决书。案件来源于中国裁判文书网。
[2] 吉林省高级人民法院（2016）吉民申 96 号民事裁定书。案件来源于中国裁判文书网。

释冲突表现在什么地方？如果吉林高院从查封登记的公示效力来解释这一问题，还有些道理，但是吉林高院这种不解释的态度有些粗暴。

3.邮储银行是银行，根据《商业银行法》第三十五条等条款应当对债务人资信状况进行严格审查，但未能及时发现问题，所以要承担不利后果。我们认为，人民法院是司法审判机关，不是行政机关，更不是银监会等银行监督管理部门，在司法文书写出这样的判决内容缺乏应有的审慎态度和专业精神，也与担保法中"责任自负"的基本规则相违背。本案中的关键问题在于，执行机关并未按照《查封、扣押、冻结财产规定》向抵押权人有效送达查封通知，导致抵押权人在不知抵押物已经被查封的情况下继续发放了贷款。

案例四：案外人D农商行就张某某、安某磊借款合同纠纷执行一案中执行标的执行异议案——山东省德州市中级人民法院（2017）鲁14执异7号执行裁定书

执行张某某与安某磊借款合同纠纷一案过程中，案外人D农商行以对被执行人安某磊名下土地不动产享有优先受偿权，不应解除抵押为由，提出书面异议，导致本案的审理。案外人D农商行称，其于2013年6月7日与安某芳签订《个人借款合同》，借款期限为2013年6月7日至2016年6月6日，借款方式为可循环方式；同日，D农商行与安某磊签订《最高额抵押合同》，为安某芳在D农商行自2013年6月7日至2016年6月6日期间内的借款提供最高额500万元的担保，并设立抵押登记。2013年6月16日，德州鲁北公证处出具了《具有强制执行效力的债权文书公证书》，对上述《个人借款合同》和《最高额抵押合同》进行公证。2015年11月6日，因安某芳违约，经德州鲁北公证处出具《执行证书》，D农商行向法院申请强制执行。

德州中院查明：（1）2014年6月18日，张某某申请执行安某磊借款案，同日查封了案涉最高额抵押给D农商行的不动产。（2）债务人安某芳于2015年6月清偿了债务。（3）D农商行的债务均自2015年6月10日至18日，系在查封之后，故均系无担保的债权。最终，德州中院依据《物权法》第二百零六条第四项的规定，驳回了D农商行的异议申请，其认为"《物权法》没有明确要求在查封、扣押后通知抵押权人。抵押物被查封后，D农商行在发放贷款时，没有根据《商业银行法》第三十五条第一款的规定，尽到严格审查的义务，应当承担因此而产生的后果责任……因此D农商行异议不能成立，应协助法院解除对抵押物的抵押"[1]。我们认为，本案之所以判决驳回D农商行的异议申请，关键

---

[1] 山东省德州市中级人民法院（2017）鲁14执异7号执行裁定书。案件来源于中国裁判文书网。

在于查封和发放贷款在时间上相差一整年，跨越了银行整个的会计年度，很难说银行不知晓查封事宜。

上述案件所涉及的仅仅是有关最高额抵押担保债权确定的一个事实"抵押财产被查封、扣押"，而《民法典》第四百二十三条规定了五项债权确定的法律事实，它们都是基于什么本质上的理由，是我们真正关心的问题。另外，根据《民法典》第四百三十九条、第六百九十条之规定，最高额保证、最高额质押也同样适用最高额抵押的规定，也即《民法典》第四百二十三条也适用于确定最高额保证、最高额质押担保的债权范围，所以搞清楚《民法典》第四百二十三条的内在机理和运行逻辑尤为重要。

《民法典》第四百二十三条规定："有下列情形之一的，抵押权人的债权确定：（一）约定的债权确定期间届满；（二）没有约定债权确定期间或者约定不明确，抵押权人或者抵押人自最高额抵押权设立之日起满二年后请求确定债权；（三）新的债权不可能发生；（四）抵押权人知道或者应当知道抵押财产被查封、扣押；（五）债务人、抵押人被宣告破产或者解散；（六）法律规定债权确定的其他情形。"在最高额担保关系中，担保人在订立担保合同时，用于确定自己未来所承担的担保责任措施一共有两个：第一，担保的最高债权额；第二，担保的债权发生的时间和类型。前者，用于限定其所承担的最高债权数额，限定担保人应当承担法律责任的最大范围；后者，用于限定债权发生的时间和类型，它直接影响担保人在最高债权额之下应当承担的具体担保责任数额。《民法典》第四百二十三条除了第一项之外，均为约定的债权确定时间的例外情形。

（1）《民法典》第四百二十三条第二项，即"没有约定债权确定期间或者约定不明确，抵押权人或者抵押人自最高额抵押权设立之日起满二年后请求确定债权"比较奇怪，这一点只要比照《担保法》第二十七条就会发现，即如果没有约定债权确定时间，保证人可以随时通知债权人，通知到达债权人前发生的债务，保证人承担保证责任。在保证担保关系中，"没有约定债权确定时间"实际上被视为没有约定履行期限的债务关系。根据《合同法》第六十二条第四项"履行期限不明确的，债务人可以随时履行，债权人也可以随时要求履行，但应当给对方必要的准备时间"之规定，很自然可以得出《担保法》第二十七条的规定内容。但是，保证人毕竟是债务关系的第三方，其随时要求确认最高额保证担保的债权数额的权利，将对债务关系中债权人与债务人之间的交易预期产生决定性影响，债权人在缺乏保证担保时很可能不再与债务人发生交易，这使得原本确定性的交易变得不确定。

而在最高额抵押、质押、保证关系中，根据《民法典》第四百二十三条第二项之规定，债权确定的时间有两个要件：第一，两年以上；第二，债权人、抵押人、质权人、保证人要求确认债权。保证人原本随时通知债权人确定债权的权利被取消。对于后者，我国立法者没有给出明确的理由。不管怎么样，除非债权人和担保人达成一致，确定明确的债权确定日期，否则无论是债权人还是担保人均不得要求在两年内请求确定债权。对于债权人而言，如果其在授信合同（确定最高额多次发生债权交易的框架性质的协议）和担保协议中约定有提前确定债权的权利，其只能等待两年期满才能要求确定债权。在此之前，无论是最高额抵押、质押还是保证还都未经债权确定转变为一般的抵押、质押和保证，也即债权人都无权要求担保人承担担保责任。所幸的是，最高额担保合同一般都会约定确定债权的日期，故需要适用《民法典》第四百二十三条第二项的情况少之又少，不会对实践产生太大的影响。

（2）《民法典》第四百二十三条第三项"新的债权不可能发生"，是指在特殊情况下，主债权不会再发生，债权则在确定日期前得以确定。例如，债务人死亡，其转产导致不会再以主债权合同约定的借款用途向债权人借款等。这一项在本质上与《民法典》第四百二十三条第五项相差不大，都属于新的债权关系无法发生或即使发生，也因担保人主体问题无法再由担保物承担担保责任。

（3）《民法典》第四百二十三条第四项"抵押权人知道或者应当知道抵押财产被查封、扣押"相较于《物权法》多了"抵押权人知道或者应当知道"这一前缀。在《民法典》之前，最高人民法院还可以在《查封、扣押、冻结财产规定》第二十七条通过"执行法院应当通知"，和"有证据证明抵押权人知道查封、扣押事实的"，将查封后仍然增加的"责任"让未通知的法院，或承担举证责任的抵押人或其他债权人在就"抵押权人知道"举证不利的情况下承担；但是，在跟随民法典颁布而修订的《查封、扣押、冻结财产规定》将第二十五条第二款修改为"人民法院虽然没有通知抵押权人，但有证据证明抵押权人知道或者应当知道查封、扣押事实的，受抵押担保的债权数额从其知道或者应当知道该事实时起不再增加"，与《民法典》第四百二十三条第四项的规定一致时，抵押权人的风险即会大幅增加。因为"应当知道"，完全可以被理解为不动产登记查封公示的必然结果，这样一来，债权人发放最高额贷款项下的贷款前，就需要至登记机关核查抵押物是否被查封，这就会使最高额担保的便利性大幅减弱。而且，一旦产生纠纷，除非债权人所在执行机关向查封法院要求移送执行（优先权法院向首封法院商请移送），否则引起纠纷的也就是查封法院的分配方案；这样,债权人即必须至查封法院提出执行异议,查封法院采纳债权人的异议请求与否,都切实关系到其执行申请人的受偿范围,结果可想而知。所以,我们认为《民法典》《查封、扣押、冻结财产规定》立法上的变化,增大了最高额抵、质押担保人的风险。至于审判机构和执行机关在实践中如何对待《民法典》第四百二十三条第四项和《查封、扣押、冻结财产规定》第二十五条组合成的规则,我们只能拭目以待。

三、执行证书错误的救济程序

按照过往的理解,执行证书和公证债权文书一样是人民法院执行依据的一部分,甚至被理解为公证债权文书的一个组成部分。如果执行证书错误或出具执行证书的程序错误,例如公证机构未依法核查债务履行情况,即会导致人民法院裁定不予执行。但是,在《公证债权文书执行规定》颁布实施后,一些法院根据该规定第一条"本规定所称公证债权文书,是指根据公证法第三十七条第一款规定经公证赋予强制执行效力的债权文书"、第三条"债权人申请执行公证债权文书,除应当提交作为执行依据的公证债权文书等申请执行所需的材料外,还应当提交证明履行情况等内容的执行证书"的规定,尤其是第三条的规定,明确认定执行证书不是公证债权文书,其当然的逻辑结果是:(1)不予执行公证债权文书的审查不涉及执行证书的内容或出具程序;(2)执行证书的内容或出具程序出错,不导致人民法院不予执行公证债权文书。

客观地讲,执行证书出具程序错误,最多是在结果上导致执行证书的内容错误;而执行证书的内容错误,在公证债权文书正确的情况下,最多是应当执行的标的数额不正确,但不会影响公证强制执行,因为执行证书错误并不意味着作为执行依据的公证债权文书也错误。所以,在执行证书错误的情况下,执行机关一方面根本无须审查执行证书的出具程序是否存在错误情形,另一方面根据《公证债权文书执行规定》第十条之规定,对于仅仅是债务数额错误的简单错误依法确定正确的给付内容;对于较为复杂的实体错误,则推向不予执行公证债权文书之诉。这样做的好处在于:(1)将原本没有诉讼费的异议程序,变为有诉讼费(要提请暂停执行的还须提供担保)的诉讼程序,通过增大成本有效克制被执行人提出"异议"的冲动,至少是理智地提出"异议";加上执行担保,可以有效地起到过滤作用,让那些真正有问题的"异议"得到有效救济,并且会减少执行机关的异议压力。(2)对于当事人之间实体权利义务的争议有了判决上的结果,有助于定分止争,最终解决当事人之间的权利义务纠纷。

【问题 70】不予执行公证债权文书程序是否审查出具执行证书的程序？

2016 年 11 月 30 日，郑州黄河公证处受理申请，对委托人 F 证券、贷款人（质权人）X 银行郑州分行、借款人（出质人）T 中心、保证人郭某某、保证人河南 H 公司之间分别签订的《委托贷款借款合同》《股票质押担保合同》及两份《保证合同》赋予强制执行效力，并出具（2016）郑黄证民字第 21473 号《具有强制执行效力的债权文书公证书》。2018 年 10 月 31 日，黄河公证处出具受理申请，就上述公证书出具（2018）豫郑黄证执字第 00036 号《执行证书》。2019 年 6 月 14 日，X 银行郑州分行向北京二中院申请强制执行，该院以（2019）京 02 执 796 号立案执行。

在审查过程中，T 中心提出不予执行公证债权文书异议，理由是黄河公证处出具执行证书未尽到核实义务，违反了《公证债权文书执行规定》第十二条第一款第五项"其他严重违反法定公证程序的情形"。就其异议的核心，系对执行证书提出的异议。

执行法院北京二中院经审理认为，"执行证书不属于公证债权文书的范畴，T 中心对执行证书持有异议应不属于不予执行公证债权文书案件审查范围，对于上述不予执行理由，应不予审查"，同时指出"根据 T 中心的主张，其对涉案公证债权文书及执行标的所持的异议理由属于实体事由，不属于该案审查范围，可通过其他法律途径寻求救济"。

T 中心向北京高院提出复议请求，理由为："一、在执行证书的制作及发放等程序中违反法律规定的，也应属于违反法定公证程序的情形。二、2018 年 4 月 2 日，案外人 G 合伙企业（有限合伙）以其他财产向 X 银行郑州分行提供担保，导致原赋予强制执行效力公证已与事实情况不符，不具备公证效力，而依据不具备效力的公证书所出具的执行证书也不具备法律效力。"

2019 年 12 月 28 日，北京高院经审理作出（2019）京执复 237 号执行裁定认为：（1）"执行证书不是据以执行的公证债权文书的组成部分，不属于不予执行公证债权文书的审查范围。T 中心以作出执行证书的程序违法为由，申请不予执行公证债权文书，缺乏法律依据。"（2）"根据《公证债权文书执行规定》第二十二条的规定，T 中心复议中所称案外人以其他财产向申请执行人提供担保导致公证债权文书内容与事实不符的复议理由，应当通过诉讼程序处理。"①

分析：北京二中院和北京高院的异议裁定和复议裁定在内容上的核心就是，

---

① 北京市高级人民法院（2019）京执复 237 号执行裁定书。案件来源于中国裁判文书网。

不予执行公证债权文书的异议程序和复议程序中，不审查：(1)关于执行证书出具程序的异议；(2)关于公证债权文书的实体异议。仔细观察这两者之间的区别，会发现两者在实际结果上是一回事。因为，即使执行证书出具的程序有瑕疵，在结果上最多也就是导致执行在结果上不符合当事人之间真实的法律关系，也即公证债权文书所载法律关系的内容与事实不符的情形；区别仅仅在于是直接不符，还是因程序违法导致不符未能由公证机构查明。结果上，即使出具执行证书的程序有瑕疵，造成实体错误的，也只能根据《公证债权文书执行规定》第十二条第二款、第二十一条的规定通过向法院提起诉讼的方式进行救济。

【问题71】执行证书需要向被执行人送达吗？

成都铁路运输中级法院在执行H银行股份有限公司成都分行申请执行P矿业有限责任公司、Y公司、四川省C集团有限公司、王某公证债权文书一案中，被执行人、出质人Y公司向该院提出的书面异议请求中有两项为：(1)其未收到成都市蜀都公证处发出的《债务履行情况核实函》及执行证书，应撤销执行案件；(2)成都铁路中院向其发送《财产报告令》错误。

成都铁路中院查明，H银行和Y公司签署的《应收账款质押合同》第九条载明："9.3 任何通知或通信联系，只要按照上述地址发送，即视作在下列日期被送达……(2)如果是特快专递，则是发出之日起3个工作日。"2018年1月31日，蜀都公证处向Y公司的登记住所地以EMS形式送达了《债务履行情况核实函》，收件人为王某某。成都铁路中院认为该送达形式符合双方当事人约定内容，所以被执行人Y公司称其未收到核实函的主张不予支持。另，该院认为"物权担保人仅以其提供担保的物权为限承担担保责任，故该院要求异议人报告财产行为不当"。最终，铁路中院驳回第一项异议请求，支持了第二项，撤销了《财产报告令》。Y公司对这一结果不服，复议至四川高院。

四川高院经审理作出(2018)川执复242号执行裁定认为，"蜀都公证处向Y公司送达《债务履行情况核实函》，符合当事人各方在公证机构赋予强制执行效力的债权文书中关于通知事项的约定。执行证书为公证机构依据债权人的请求所出具的证明债务人履行债务情况的证明文件，无须向债务人送达。Y公司认为其未收到债务履行情况核实函与本院查明的事实不符；其认为没有收到执行证书，应撤销执行案件没有法律依据"。①

分析：大量的实践案例证明，各地法院普遍接受公证机构按照约定方式送达

---

① 四川省高级人民法院(2018)川执复242号执行裁定书。案件来源于中国裁判文书网。

债务核实函，纵使被执行人未收到核实函，也已经完成了债务核实工作；各地人民法院不会因在此情况下，被执行人未实际收到核实函而裁定不予执行。另外，双方当事人既然约定送达地址，该事项就成为双方交易的条件之一，权利方就有权利以向该地址送达法律文书的方式行使法定或约定的权利，而被送达方即应当承担向该地址送达无法收取的法律风险，不能因此限制权利方行使权利。除此之外，即使因为未有效送达核实函，导致以错误的债务数额进入执行程序，被执行人还可以根据《公证债权文书执行规定》第二十二条第一款第三项以部分或全部债务已履行为由提起不予执行之诉，作为其权利的最终保障。是以，在核实函送达问题上，公证机构、债权人仅需依约送达即可，实际送达与否在所不论。

在执行证书问题上，我们认同四川高院的看法，即执行证书不必向债务人送达，其是公证机构证明债务履行情况的法律文书，作用对象实际上是执行机关；真正要求向被执行人送达，反而会削弱公证强制执行的"突袭"效果。

四、公证书和执行证书的更正和补正

如前所述，公证债权文书和执行证书实际起到了人民法院民事裁判文书的作用。同样，如果公证书或执行证书的内容出现错误，公证机构在程序上也和人民法院就判决错误部分给予补正一样，就错误内容进行补正。《公证法》第三十九条"当事人、公证事项的利害关系人认为公证书有错误的，可以向出具该公证书的公证机构提出复查。公证书的内容违法或者与事实不符的，公证机构应当撤销该公证书并予以公告，该公证书自始无效；公证书有其他错误的，公证机构应当予以更正"中的其他错误，即可以通过补正加以更正。司法部《公证程序规则》第六十三条第一款规定，"公证机构进行复查，应当对申请人提出的公证书的错误及其理由进行审查、核实，区别不同情况，按照以下规定予以处理：（一）公证书的内容合法、正确、办理程序无误的，作出维持公证书的处理决定；（二）公证书的内容合法、正确，仅证词表述或者格式不当的，应当收回公证书，更正后重新发给当事人；不能收回的，另行出具补正公证书；（三）公证书的基本内容违法或者与事实不符的，应当作出撤销公证书的处理决定；（四）公证书的部分内容违法或者与事实不符的，可以出具补正公证书，撤销对违法或者与事实不符部分的证明内容；也可以收回公证书，对违法或者与事实不符的部分进行删除、更正后，重新发给当事人；（五）公证书的内容合法、正确，但在办理过程中有违反程序规定、缺乏必要手续的情形，应当补办缺漏的程序和手续；无法补办或者严重违反公证程序的，应当撤销公证书"。根据上述规定，可以将公证书的错误分成如下类型和处理方法。

1.公证书的错误类型：《公证程序规则》第六十三条将公证书"错误"分为四种类型：第一，用词、格式不当，例如将"未受刑事处分公证"错误地表述为"无犯罪公证"；第二，基本内容违法或与事实不符，例如婚姻关系公证中错误地证明当事人处于婚姻状态；第三，部分内容违法或与事实不符，例如执行标的金额的单位书写错误；第四，在办理过程中违反程序规定、缺乏必要手续。

2.针对不同的错误类型，《公证程序规则》给出了不同的处理方式：（1）更正；（2）补正；（3）补办；（4）撤销。

3.处理的结果：（1）用词、格式不当的，不能撤销公证书，处理应视情况而定：能够收回公证书的，更正并重新发给当事人；不能收回的，出具补正公证书。（2）基本内容违法或与事实不符，直接撤销公证书，而不能通过更正、补正或补办解决问题。（3）对于不属于基本内容违法或与事实不符，而仅仅是部分内容违法或与事实不符的，可以出具补正公证书，或收回公证书，删除更正后重新发给当事人。（4）在办理过程中违反程序规定，缺乏必要手续的，应当补办缺漏的程序和手续，无法补办或严重违反公证程序的，应当撤销。

通过上述规定，我们发现对公证书的"补正"仅仅是发生在用词、格式不当，或部分内容违法或与事实不符的情况下，补正的方式是删除违法或与事实不符的部分，更正为合法的、与事实相符的内容，补正发给当事人。在"F租赁有限公司与被执行人鄂尔多斯市R供热有限责任公司、鄂尔多斯市S煤炭运销有限责任公司、赵某某、李某某、鄂尔多斯市B煤焦电有限责任公司融资租赁合同公证强制执行纠纷案"中，公证机构内蒙古自治区鄂尔多斯市天骄公证处：（1）在公证书首页名称为"内蒙古自治区鄂尔多斯市天骄公证处"，然而落款处的名称为"中华人民共和国内蒙古自治区鄂尔多斯市公证处"；（2）在（2015）鄂证执字第638号《执行证书》中将"鄂尔多斯市S煤炭运销有限责任公司"错误地写为"鄂尔多斯市S商贸煤炭运销有限责任公司"，存在错误。因上述错误并非基本内容和事实，故天骄公证处以（2017）鄂证补字第8号《补正公证书》予以补正。呼和浩特铁路中院对鄂尔多斯市S煤炭运销有限责任公司就本案提出的执行异议，经审查作出（2018）内71执异1号执行裁定也未因该错误而裁定不予执行。[①]

[①] 内蒙古自治区呼和浩特铁路中级人民法院（2018）内71执异1号执行裁定书。案件来源于中国裁判文书网。

【问题 72】部分公证债权文书的错误是否可以通过补正公证书加以纠正?

在"X 证券与江阴 Z 重工集团有限公司强制执行公证债权文书案"中，无锡中院经审查认为，根据《公证债权文书执行规定》第五条，本案公证书虽然形式上赋予了《股票质押式回购交易业务协议》等协议强制执行效力，但从公证证词中无法明确权利义务主体及给付内容，更无法得出 Z 重工有给付 X 证券 8100 万元等款项的义务。该院已通知 X 证券提供相应材料，但该公司未提供。据此，该院依据《公证债权文书执行规定》第四条第三项、第七条之规定，作出（2019）苏 02 执 6 号执行裁定，驳回 X 证券的执行申请。执行申请人 X 证券不服该裁定，遂复议至江苏高院。

江苏高院经复议认为，"因上述公证债权文书和执行证书均形成于《公证债权文书执行规定》施行之前，在该司法解释出台之后，江南公证处根据上述法律规定的要求再次向本院提交补正公证书，进一步明确本案的权利义务主体和给付内容，应认定（2018）锡江证经内字第 395 号《具有强制执行效力的债权文书公证书》和（2018）锡江证执字第 3 号《执行证书》的权利义务主体及给付内容明确，X 证券依据上述公证书要求 Z 重工偿还融资本金 8100 万元以及相应利息、违约金、实现质权的费用的执行申请符合法定受理条件，应予受理"，遂作出（2019）苏执复 56 号执行裁定撤销了无锡中院的执行裁定。①

分析：在公证债权文书的公证证词中，未明确给付内容，不符合《公证债权文书执行规定》的要求，但并非公证书基本内容违法或与事实不符，更为重要的是并非债权文书所载实体权利出现问题，所以可以通过更正或补正加以纠正，以最终实现债权文书所载实体权利。本案中，无锡中院已经裁定不予执行公证债权文书，所以不能通过更正来纠正错误，只能是补正。我们认为，根据《公证程序规则》第六十三条第一款第三项之规定，只要不是"公证书的基本内容违法或者与事实不符"，即可通过补正公证书来纠正错误。程序上，对于已经送达当事人的公证债权文书，可以将公证债权文书全部收回，更正后重新发给当事人；如果无法收回全部公证书，则只能通过补正的方式加以纠正。

五、公证债权文书的撤销、不予受理和不予出具执行证书

公证机构应当根据具体的实际情况正确运用"撤销赋予债权文书强制执行效力的公证书"、"不予受理出具执行证书的申请"和"不予出具执行证书的决

---

① 江苏省高级人民法院（2019）苏执复 56 号执行裁定书。案件来源于中国裁判文书网。

定",三者有不同的含义。

1."撤销赋予债权文书强制执行效力的公证书",用于应对不应当出具公证书的情形,或不应当赋予强制执行效力,而且根本无法补救的情形:(1)不属于可赋予强制执行效力的债权范围;(2)公证债权文书内容与事实不符,或违反法律的强制性规定;(3)债务人未作出执行承诺;(4)其他不应当赋予强制执行效力,或存在债权文书无效或可撤销的情形。

第(1)项是不应当赋予强制执行效力,而债权文书本身是有效的;第(2)项是因为当事人虚假陈述,导致内容与事实不符,或违反法律强制性规定,是债权文书本身效力存疑;第(3)项也是不满足经公证赋予强制执行效力的程序性要求。

2."不予受理出具执行证书的申请",主要是指不符合出具执行证书的相关条件,而公证债权文书本身没有问题的情形:(1)申请人不适格;(2)债权人未提供已经履行自己债务的证明文件,如履行借款给付义务凭证等;(3)债权人申请的相关材料不符合要求,例如提交的出具执行证书申请书没有加盖公章,或没有缴纳公证费等。

3."不予出具执行证书的决定",主要是指在公证债权文书有效的情况下,公证机构经审查认为不应当出具执行证书的情形:(1)当事人已经通过补充协议改变了债权文书的主要内容;(2)公证机构经审查债务人提供的债务履行的相关凭证和证据,认为债务已经因履行而消灭。

第六章

公证强制执行程序中的程序性法律问题——执行阶段

第一节　公证债权文书强制执行申请及审查

一、人民法院执行程序的启动

(一) 具有明确给付内容的公证书是启动公证强制执行程序的前提

对法院判决，当事人申请执行时应当提交法院生效的判决和执行申请书；同样，根据《公证债权文书执行规定》第三条的规定，债权人申请执行公证债权文书的，应当提交公证债权文书和执行证书，以及当事人另行提交的执行申请书。这里，公证债权文书就是《民事诉讼法》第二百三十一条第二款所称作为执行依据的、法律规定由人民法院执行的"其他法律文书"中的一类。

《民事诉讼法司法解释》第四百六十一条第一款之规定，即"当事人申请人民法院执行的生效法律文书应当具备以下条件：（一）权利义务主体明确；（二）给付内容明确"，实际上是对这一类法律文书在内容上的总体性要求。之所以有这样的要求，是为了保证提交人民法院执行机关的法律文书具有"可执行性"的特征，为保证具有该特征：第一，执行标的必须适于强制执行，必须有给付内容，例如人身性质劳务的债权债务关系，以及确认之诉、形成之诉的判决都不适于强制执行，该等类型判决亦不会有适于强制的给付内容；第二，执行标的必须明确，即权利义务主体明确、给付内容明确。相应地，《公证债权文书执行规定》第四条规定，"债权人申请执行的公证债权文书应当包括公证证词、被证明的债权文书等内容。权利义务主体、给付内容应当在公证证词中列明"，即公证债权文书包括"公证证词"和"债权文书"两个部分，而公证证词就必须具备《民事诉讼法司法解释》第四百六十一条第一款要求法律文书应当具备的特征"权利义务主体明确、给付内容明确"。

应当引起特别注意的是，《公证债权文书执行规定》第五条不予受理或裁定驳回执行申请的事由包括"公证证词载明的权利义务主体或者给付内容不明确"。我们认为，这实际上是以法院给付之诉判决的标准对待公证债权文书。如果公证机构在公证证词中没有正确描述债权债务关系和给付内容，将会面临人民法院驳回执行申请的风险。在结果上，这一标准一旦建立，将会在公证强制执行实务上给一线公证人员在基本法律能力和水平上提出专业化、标准化、明确化的要求，而且这一要求会越来越高。

【问题73】公证书中权利义务主体和给付内容不明确的结果如何？

X证券股份有限公司与江阴Z重工集团有限公司签订《股票质押式回购交易业务协议》、《X证券股份有限公司股票质押式回购交易协议书》、《X证券股份有限公司股票质押式回购交易补充质押申请书》及《补充协议》，约定Z重工向X证券融入资金8400万元，并将其持有的1200万股"中南文化"的无限售流通股质押给X证券作为融资担保，年化利率5.8%。上述协议经无锡市江南公证处公证并赋予强制执行效力。因Z重工未按期履行回购义务，导致X证券向江南公证处申请出具执行证书，该处经核实作出（2018）锡江证执字第3号执行证书，载明申请执行人为X证券、被执行人为Z重工，执行标的为：(1) 本金人民币8100万元；(2) 利息：截至2018年7月20日的利息共计人民币1608683.92元及自2018年7月20日起至债务清偿完毕之日止的延期利息；(3) 违约金：截至2018年7月20日的违约金共计人民币2415807.16万元；(4) 债权人为实现质权所产生的所有费用，包括但不限于相关税费、诉讼费或仲裁费、律师费、差旅费、评估费、拍卖费、担保费用等（以实际发生额为准）。

X证券持上述公证债权文书和执行证书向无锡中院申请执行，该院经过审查认为，根据《公证债权文书执行规定》第五条规定，本案公证书虽然形式上赋予了《股票质押式回购交易业务协议》等协议强制执行效力，但从公证证词中无法明确权利义务主体及给付内容，更无法得出Z重工有给付X证券8100万元等款项的义务。该院已通知X证券提供相应材料，但该公司未提供。据此，该院依据《公证债权文书执行规定》第四条第三项、第七条之规定，作出（2019）苏02执6号执行裁定，驳回X证券的执行申请。

江苏高院在该案复议程序中认为案件的争议焦点在于"执行依据中权利义务主体及给付内容是否明确，X证券的执行申请是否符合公证债权文书执行的受理条件"，并在江南公证处提交补正公证书进一步明确本案的权利义务主体和给付内容之后，认定该案应当予以受理执行，并最终作出（2019）苏执复56号执行裁定，撤销了（2019）苏02执6号执行裁定。无锡中院收到该裁定后，立即恢复案件执行,并作为优先权法院向首封江苏灌南法院发函,请求移送相关质押股票的财产处置权。但因案外人申请乙重工破产重整,而使该公司进入破产程序,最终该院作出(2019)苏02执6号之二依法对该案进行"终本"执行处理。①

分析:《公证债权文书执行规定》第五条第三项将"公证证词载明的权利义务主体或者给付内容不明确"明确作为不予受理或裁定驳回执行申请的事由,从规范意义上讲,尚属首次。这一规定内容是《民事诉讼法司法解释》所没有的,这也是最高人民法院在《公证债权文书执行规定》中将不予执行问题分为程序性问题和实体性问题的直接后果,将原本实践中存在,但没有直接明确的法律规定的一些问题用明确的司法解释规定出来。

因为没有看到江南公证处出具的案涉《赋予强制执行效力债权文书公证书》的内容,所以我们无法客观对无锡中院驳回执行申请的裁定是否正确进行评价。但可以清晰地看到,人民法院执行机关对公证机构出具的公证债权文书的要求提高了:(1)不能仅以"甲方""乙方"的称谓表述当事人的主体名称,而是需要以债权人、债务人、担保人的称谓;同时,应当正确表述各方当事人之间的给付义务内容,债务数额、履行时间、履行方式、履行地点等均须明确,载明至公证债权文书的公证证词的结尾部分。(2)如果公证证词部分没有载明执行标的即给付内容,则应当要求公证机构出具补正公证书,补足上述缺失的内容,以符合《公证债权文书执行规定》的要求。对于本案,我们实际上是有疑问的,因为只有在公证证词中明确执行内容,向债务人、担保人送达公证书才有意义,才能够使其从公证证词中列明的执行内容中明确其应当履行的义务,最终通过公证强制执行追究其违约责任才有程序上的正当性。公证机构至执行程序中出具补正公证书,并不具备程序上的正当性。(3)本案中,江南公证处出具的执行证书第4项"债权人为实现质权所产生的所有费用,包括但不限于相关税费、诉讼费或仲裁费、律师费、差旅费、评估费、拍卖费、担保费用等(以实际发生额为准)",存在给付内容不明确,至少是数额不明确的问题。该问题在《公证债权文书执行规定》实施前,普遍被认为构成不予执行的事项;但在规定实施后,因并非执行依据即公证债权文书的问题,所以并不构成不予执行的事项。

(二)公证强制执行前无法进行"财产保全"是影响公证强制执行制度发展的制约因素

尽管《财产保全规定》第一条第三款"法律文书生效后,进入执行程序前,

---

① 江苏省高级人民法院(2019)苏执复56号执行裁定书。案件来源于中国裁判文书网。

债权人申请财产保全的,……"中的法律文书应当包含公证债权文书;但实践中普遍的情况是,因为没有明确法律条文规定债权人可以在申请"公证强制执行前"进行"财产保全",各地几乎没有执行前财产保全的案例。这,也成为阻碍公证强制执行制度在实践中被大规模实际应用的瓶颈。这一点,应当引起立法和司法机关的注意。

【问题 74】公证强制执行是否可以"诉前财产保全"?

J公司与H小贷公司存在借款关系,并依法申请办理了强制执行公证,陕西省西安市汉唐公证处出具了(2014)陕证经字第009048号公证书。后因还款问题,H小贷公司于2014年12月29日向法院申请诉前财产保全,法院于2015年1月5日作出(2015)西中民保字第00002号民事裁定书,轮候冻结了J公司拥有的探矿权。此后,H小贷公司在(2015)西中民保字第00002号民事裁定书作出后,并没有依据《民事诉讼法》和最高人民法院有关保全的规定在保全裁定作出后的30日内依法提出诉讼。此时,按照《民事诉讼法》第一百零一条第二款规定,该保全措施因无实体胜诉案件作为法定依据,诉前保全案号已失效,诉讼案件已归于消灭,法院应当解除保全。但是,法院没有依法解除(2015)西中民保字第00002号民事裁定书的保全措施。

2015年1月22日,H小贷公司在放弃诉讼程序后,直接以公证债权文书向法院申请强制执行。案件进入执行程序后,法院并没有以公证强制执行案号冻结涉案探矿权,而是在2017年1月3日继续以之前的诉前保全冻结案号续冻涉案探矿权。对此,被执行人J公司提出执行异议认为,"因为公证强制执行案件与诉讼案件为两类完全不同性质案件,公证强制执行为非诉执行案件,在非诉的公证强制执行程序中,不存在诉前、诉中的保全措施程序,而是非诉直接进入执行程序,在执行程序中可直接采取相应的强制执行措施。但是执行法官却没有依法采取相应的强制执行措施,而是将H小贷公司无诉讼案件中已归于消灭、应当解除的诉前财产保全,直接跨越程序嫁接到公证执行案件上,以(2015)西中执证字第00014-6号执行裁定书,作出对涉案探矿权的续冻强制措施,程序严重违法,应当依法撤销"。

对于J公司提出的执行异议,西安中院经审查在其对"H小额贷款有限责任公司与钟某甲、钟某乙等借款合同纠纷案"作出的(2018)陕01执异703号执行裁定书中认为,"2000年《联合通知》第七条规定:债权人凭原公证书及执行证书可以向有管辖权的人民法院申请执行,依照此规定,H小额贷款公司在未取得执行证书前尚不具备申请执行的条件时,其提出申请保全J公司的财产,于法有据。后保全申请人 H 小额贷款公司向汉唐公证处申请执行证书，在取得执行证书后具备执行条件后于 2015 年 1 月 27 日向本院申请执行。本院于同日立案执行。依据《查封、扣押、冻结财产规定》第四条'诉讼前、诉讼中及仲裁中采取财产保全措施的，进入执行程序后，自动转为执行中的查封、扣押、冻结措施'的规定，也即先前的保全中的强制措施，应当自动转变为执行中的强制措施，是符合上述规定的。且，财产保全是为保障将来生效的法律文书能够执行而采取的限制被执行人处分财产的一种强制措施。故被执行人陕西 J 公司以被保全申请人提出诉前财产保全，法院也依法作出了（2015）西中民保字第 00002 号民事裁定书，但被保全申请人没有依法在财产保全裁定作出后提起诉讼，则该案件因为被保全申请人的未诉而归于消灭，保全措施应当依法解除的异议理由，因无事实依据和法律依据，**本院依法不予支持**"[1]。

分析：法院判决、仲裁裁决、公证债权文书作为人民法院执行机关赖以执行的三大依据，前两项均可以在提起诉讼和仲裁案件前申请"诉前财产保全"，也可以根据《财产保全规定》第一条第二款进行执行前保全。但是，对于公证强制执行程序，人民法院执行部门普遍的反映是不能执行前保全，这也是当事人选择强制执行公证程序之前的主要顾虑之一。我们在公证法律实践中，经常发现拟办公证的当事人在听说不能执行前财产保全，即决定不办理公证。实践中，在持执行证书申请进入执行前，赋予债权人保全申请权的呼声也很高，但是审判机构的顾虑也很多。对此，我们的观点是：第一，《财产保全规定》第一条第二款中所称的"法律文书"，理论上也包括公证债权文书，而且该文书已经生效；在《公证债权文书执行规定》实施前不能执行前保全的原因是，彼时通常认为执行依据是执行证书，在未经公证机构核实并出具执行证书，即裁定保全导致错误执行的可能性较大。第二，操作上，可以要求执行申请人在申请公证执行前保全时，提供百分之百的保全担保；这样，既可以保证即使出现保全错误，因此给被保全人造成损失，也可以得到有效赔偿。第三，相较于诉讼程序的诉前保全，经过公证的债权债务关系进行保全所导致的错误率更低，因为双方当事人的债权债务关系是经过公证的，且债务人应当履行的义务均载明于公证书的公证证词当中，尤其是现阶段公证机构强制执行业务一般仅涉及银行及非银行金融机构。所以，我们认为，本案实际上提供了一个比较好的思路，即执行前保全连接公证强制执行程序中的强制措施。在执行申请人提出执行前保全后一

---

[1] 陕西省西安市中级人民法院（2018）陕 01 执异 703 号执行裁定书。案件来源于中国裁判文书网。

定期限内，其未能从公证机构获得执行证书，并经申请进入强制执行阶段，则保全措施自动失效；如果其获得执行证书，则可以在进入执行程序后，将先前采取的保全措施，自动转为执行措施。

（三）执行管辖

公证强制执行程序中，有两个管辖规则，第一个是公证管辖规则，即规定具体公证事项应当由哪个公证机构管辖，类似人民法院的审判管辖；第二个是执行管辖规则，具体规定公证债权文书的执行由哪个人民法院完成，这里所讲的是第二个管辖。

《民事诉讼法》第二百三十一条第二款规定，"法律规定由人民法院执行的其他法律文书，由被执行人住所地或者被执行的财产所在地人民法院执行"，该规定中的其他法律文书就包括公证债权文书。《公证债权文书执行规定》第二条第一款也明确了公证债权文书执行案件的法院管辖，即"由被执行人住所地或者被执行的财产所在地人民法院管辖"，这是执行管辖中的地域管辖，而级别管辖规定在第二条第二款，即"前款规定案件的级别管辖，参照人民法院受理第一审民商事案件级别管辖的规定确定"。

根据上述规定，公证债权文书执行的地域管辖一共有两个连结点：第一，被执行人所在地；第二，被执行财产所在地，这一点不同于法院判决的执行管辖。被执行人既包括公证债权文书载明的债务人，也包括担保人，债务人和担保人的住所地不在一地的，债权人原则上可以自由选择向债务人或担保人的住所地人民法院申请执行。"被执行财产所在地"，现行法律并未规定被执行财产的多寡和类型；实践中，被执行人在某地银行账户存款1元钱，该地都可能会被执行法院认为是被执行财产所在地，即该地法院拥有执行管辖权。

实践中，为了避免遭遇执行上的被执行人"地方保护主义"，专业的金融机构都会根据上述两个连结点刻意选择执行管辖，例如让债务人在债权人所在地金融机构存入少量款项作为履约保证金，然后债权人、债务人和银行三方监管，以期借此获得执行管辖。对此，我们认为，执行管辖不可以和非不动产的合同类纠纷的审判管辖一样，当事人可以通过协议或其他方式选择或安排管辖法院，因为司法执行本质上是一种由国家负担的行政行为，涉及执行效率和经济的问题，不合适的执行法院会使大量公共性质的司法资源被浪费。但现实情况是，现有法律规定对当事人通过合同或其他安排可以选择执行管辖的问题，也没有给出行之有效的对策。在北京高院审理的"X资产管理有限公司与F投资有限公司、翁某、翁某某赋予强制执行效力的公证债权文书复议案"中，被执行人即对执行管辖提出异议："（1）被执行人的住所及他财产所在地均在福建省福清市，而不在北京。本案被执行人的财产系价值十几亿元的不动产，也在福建省福清市。申请执行人X公司已实际控制被执行人F公司，以F公司名义在北京开立账户，存入非经营所需的小额资金，系恶意制造管辖连结点。原审裁定据此认定北京系被执行人财产所在地具有管辖权，明显错误。（2）本案中主要财产、抵押物是某商业综合体物业，属于不动产，依法不能约定管辖，应由不动产所在地人民法院管辖。"虽然，基于数额较大的执行标的，主要财产形式和地点为不动产和福建，由福建法院管辖并负责案件的具体执行更为有利，但北京高院也只能根据现有规定在其就本案作出的（2019）京执复243号执行裁定中认定，"《公证债权文书执行规定》第二条规定，公证债权文书执行案件，由被执行人住所地或者被执行的财产所在地人民法院管辖。本案中，被执行人之一的F公司在北京市有存款，故北京市法院对本案具有管辖权"①。

【问题75】保证人所在地或保证人财产所在地法院是否拥有执行管辖权？

2013年7月30日，H动漫公司与Z信托有限责任公司签订《流动资金借款合同》约定，H动漫公司向Z信托借款人民币5亿元，借款期限24个月，借款年利率为11.5%；同日，H建设公司与Z信托签订8份《最高额抵押合同》，严某、卓某与Z信托签订《最高额保证合同》，上述合同均办理了强制执行公证。2015年1月8日，H动漫公司与Z信托签订《流动资金借款合同》约定借款人民币6亿元；同日，严某、卓某、H建设公司、S公司、K公司与Z信托签订《最高额保证合同》，S公司与Z信托签订《最高额抵押合同》，严某、卓某分别与Z信托签订《最高额质押合同》，上述合同均办理了强制执行公证。

2015年6月3日，杨某与Z信托签订保证合同，并办理了公证，为H动漫公司前述两笔借款提供连带保证担保；成都蜀都公证处于2015年6月29日出具了具有强制执行效力的（2015）川成蜀证内经字第84344号及第84346号公证书。

2015年7月16日，Z信托以H动漫公司没有按期足额支付利息为由，向成都蜀都公证处申请出具执行证书，该处于2015年9月25日出具（2015）川成蜀证执字第784号《执行证书》，于2015年10月28日出具（2015）川成蜀证执字

---

① 北京市高级人民法院（2019）京执复243号执行裁定书。案件来源于中国裁判文书网。

第 915 号《执行证书》。2015 年 11 月 3 日、11 月 9 日，乙信托分别就两份公证债权文书向四川高院申请强制执行，该院受理后于 2015 年 12 月 3 日作出（2015）川执字第 56 号、第 61 号执行裁定，将该两案指定四川广元中院执行。2016 年 1 月 18 日，广元中院以（2016）川 08 执 5 号、6 号执行裁定将该两案指定四川省剑阁县法院执行。2016 年 8 月 5 日，广元中院以（2016）川 08 执监 21 号执行裁定将该两案提级至该院执行。

该案中，被执行人申请执行异议，在四川高院作出（2016）川执异 5 号、6 号执行裁定驳回异议申请后，向最高人民法院提起复议，最高人民法院作出（2017）最高法执复 12 号、17 号执行裁定书维持四川高院执行裁定，但于七日之后作出（2017）最高法执复 12-1 号、17-1 号执行裁定书指定福建高院执行。案件的审理和结果，非常具有戏剧性。之所以如此，是因为本案所列的被执行人中，只有保证人杨某住所地在四川；其他被执行人，无论是债务人还是担保人，住所地都不在四川。除此之外，只有债务人和其他保证人在成都的银行里有少量存款，可以说本案主要的被执行人和主要的被执行财产均不在四川，执行管辖就成为案件审理的焦点。①

分析：本案有趣之处在于债权人在有意识地"安排"执行管辖法院。我们在实践中发现，经常有债权人要求债务人或保证人将一部分现金存储冻结在债权人所在地银行。这样，债权人所在地就成为被执行财产所在地，根据《民事诉讼法》"法律规定由人民法院执行的其他法律文书，由被执行人住所地或者被执行的财产所在地人民法院执行"的规定，未来在公证机构出具执行证书后，债权人即可以在其所在地申请强制执行。这样既可以避免奔波之苦，也可以杜绝可能的被执行人所在地的"地方保护"。本案中，债务人、保证人在成都市的少量存款即起到了这样的作用；除此之外，本案中，我们还发现了当事人使用的第二种方法，就是与自己居住于成都当地的员工签订保证合同，而且是在主合同签订之后很久，准备启动执行程序之前签订，并办理强制执行公证，从而使其成为被执行人之一，如此即可根据上述规定取得执行管辖。

《担保制度司法解释》第二十一条第二款规定，"债权人一并起诉债务人和担保人的，应当根据主合同确定管辖法院"，这一规定主要是因为债务人是债务的终局承担者，由债务人所在地法院诉讼管辖，乃至随后由该地法院管辖执行有利于最终解决民事纠纷。但是，该规定仅直接规范诉讼管辖，间接规范

---

① 最高人民法院（2017）最高法执复 12 号、17 号、12-1 号、17-1 号执行裁定书。案件来源于中国裁判文书网。

诉讼执行管辖，并不涉及公证执行管辖。执行管辖，依据《民事诉讼法》第二百三十一条加以确定，即诉讼是一审法院或一审同级的被执行财产所在地法院；如果是仲裁裁决、公证债权文书，则应当适用该条第二款，即被执行人住所地或被执行财产所在地法院。如果债权人将保证人列为被执行人，则债权人依据现行法律有权向债务人住所地，或担保人住所地法院申请强制执行，因为二者均为被执行人，所以本案由被执行人即保证人住所地法院管辖符合法律的规定，尽管被执行人仅仅是保证人，而非主债权的债务人。

本案中，被执行人在向四川高院提出异议时称："申请执行人Z信托为规避法律法规关于强制执行公证债权文书的地域管辖规定，串通杨某伪造证据改变管辖。杨某是Z信托的职工，其与Z信托签订保证合同属于职务行为，在履行职务过程中为债务人提供保证，属于债权人的自我担保。"在向最高人民法院提起复议时称："Z信托将其职工杨某虚列为本案第一被执行人，制造执行管辖连结点，让不具有执行管辖权的四川高院获得执行权。第一，执行听证中，Z信托承认杨某是其公司员工，通过与杨某签订保证合同，将杨某列为本案被执行人。杨某为Z信托提供保证的时间，并非本案主合同及其他相关担保合同签订的时间。因此，杨某为本案提供保证，是Z信托为规避地域管辖规定所作的安排。第二，H动漫公司等被执行人自始至终未见过杨某，也未委托更未同意杨某为H动漫公司提供担保。四川高院立案执行后，整体查封了H动漫公司等被执行人的全部资产，并将H动漫公司等被执行人列入失信被执行人名单，但却至今未对杨某采取任何执行措施，亦未将其列入失信被执行人名单。Z信托并无执行杨某财产的意愿，仅是为了本案管辖。第三，杨某除为本案提供担保外，还在Z信托申请执行的其他两件案件中作为保证人，使得四川相关法院获得管辖权，管辖规定形同虚设。"如果被执行人所述属实，则杨某在本案中即专门为使债权人获得执行管辖，而与债权人订立保证合同，而且此事并非孤立现象，还有杨某作为其他案件保证人的情况存在。结论是，债权人系有意识通过这种方法获取执行管辖。但是，问题来了，债权人这种有目的的行为是否有效？

最高人民法院在（2017）最高法执复12号、17号执行裁定书中认为，"本案四川高院行使地域管辖权，受争议的是两个连结点因素：一是四川是否为被执行人住所地，二是四川是否为被执行的财产所在地。本案被执行人之一（保证人）杨某的住所地在四川省成都市，除杨某之外的其他被执行人的住所地均在福建省。虽然杨某是Z信托员工，且Z信托与杨某的保证合同是在其与债务人及其他担保人签订合同之后单独签订的，但上述因素并不足以否定担保关系的存在，不能排除据此对杨某进行执行的可能。故应当认定四川是被执行人住所地之一。

本案 H 动漫公司、严某在中国民生银行成都分行营业部所开立的账户中有少量存款可供执行，故不能否定四川是被执行财产所在地之一。但如果参照相关司法解释关于主合同和担保合同纠纷诉讼应根据主合同确定管辖的规定①，则在执行程序中以保证人的住所地作为确定地域管辖的连结点，确属不合理。同时，上述账户存款与本案巨额执行标的相比，也极不成比例。从目前查明的财产情况来看，可供执行的绝大多数财产在福建省内。因此可以说，本案由福建省相关法院执行更为适当。但是，根据目前的通行理解，部分财产所在地或者部分被执行人住所地法院，可以取得执行案件全案管辖权。且目前相关司法解释并未对《民事诉讼法》第二百二十四条规定的被执行人住所地作出限缩性解释，既未限制以保证人的住所地因素行使执行管辖权，也未将被执行的财产所在地限定为主要财产所在地，是否应做此种限缩解释，有待今后司法解释进一步确定。故目前不能绝对排除四川高院对本案的管辖权，该院作为非主要的被执行人住所地和被执行财产所在地法院管辖本案，并不违反执行程序方面的现行法律规定"。

从最高人民法院上述裁定内容看，最高人民法院并不认为执行管辖可以由当事人选择或通过各种安排获得，认为应当由福建法院执行更加适宜，也认为现行法律应当做进一步限缩解释；即便如此，最高人民法院也只能基于现有法律规定，裁定驳回当事人就此提出的复议申请。但是，最高人民法院在七日之后，紧接着作出（2017）最高法执复 12-1 号、17-1 号执行裁定书，指定该案由福建高院执行也系应有之义。我们认为，少量存款或让自己员工作为保证人，进而成为被执行人以获取执行管辖的方式，最高人民法院随后可能会出台相应的对策。

本案另外一个有意思的地方是，债权人安排的"保证人"只有获取执行管辖的使命，但也存在本案其他保证人、抵押人承担担保责任后，要求其承担分担担保责任的风险，法律依据是《担保法司法解释》第三十八条。不过，这一点在 2019 年 11 月后即不用太担心，根据《九民纪要》有关"混合担保中担保人之间的追偿问题"的规定，"被担保的债权既有保证又有第三人提供的物的担保的，《担保法司法解释》第三十八条明确规定，承担了担保责任的担保人可以要求其他担保人清偿其应当分担的份额。但《物权法》第一百七十六条并未作出类似规定，根据《物权法》第一百七十八条关于'担保法与本法的规定不一致的，适用本法'的规定，承担了担保责任的担保人向其他担保人追偿的，人

---

① 《担保法司法解释》第一百二十九条、《担保制度司法解释》第二十一条。

民法院不予支持，但担保人在担保合同中约定可以相互追偿的除外"。在我们看来，《九民纪要》刚好为债权人安排自己员工作为债务保证人，进而获取执行管辖的方法去除了最后一个风险。《担保制度司法解释》第十三条第一款之规定也基本沿袭了《九民纪要》的思路，本案中的保证人杨某并未与其他担保人在同一合同书上签章，从而出现《担保制度司法解释》第十三条第二款推定共同担保的情形，所以也不必担心其他担保人承担担保责任后向其要求分担担保责任的问题。但应当看到的是，本案债权人之所以敢让自己的员工承担保证责任，进而获得执行管辖权，还是因为执行是在四川，可以请求执行法院在实际执行中不扣划或处置杨某的资产，而是执行其他担保人或债务人的财产；一旦案件移送福建，事情即可能会出现执行法院径行执行杨某财产的问题，而且杨某承担担保责任后，只能向债务人诉讼追偿，这在本质上就相当于丢失了其他担保人的担保，典型的"赔了夫人又折兵"。所以，债权人如本案一样操作，风险很大。

【问题76】执行机关在实践中可能会采取什么样的执行措施？

自然人葛某某向严某某借款人民币150万元，用自己一处房产进行抵押，双方就借款合同、抵押合同办理了强制执行公证。后因葛某某未按期还款，经严某某申请，南通市崇川公证处出具了（2013）通崇证执字第34号执行证书。严某某向南通市崇川区法院申请，称被执行人葛某某持有护照及港澳通行证，而其欠申请人巨额债务未了结，一旦出境，会导致本案执行困难，要求限制被执行人葛某某出境。经审查，崇川区法院作出（2013）崇执字第1434号执行裁定，限制被执行人葛某某出境，并在江苏省公安边防总队办理了限制被执行人葛某某出境的协助执行手续。2014年1月21日，被执行人葛某某向法院提出执行异议，要求解除对其采取的限制出境措施。

经崇川区法院审查，葛某某虽然将房产用于担保债权实现，但该房产尚有建行南通分行人民币140万元的债权抵押担保负担，该院参照南通市价格认证中心对该房产提出的市场交易价的咨询意见，推定抵押房产最低变现价有低于人民币290万元的可能，不足以清偿申请执行人严某某的债权，而被执行人葛某某又拒绝为借款提供充分、有效的其他担保，故最终作出（2014）崇执异字第00002号执行裁定驳回异议人葛某某的异议申请。[①]

[①] 江苏省南通市崇川区人民法院（2014）崇执异字第00002号执行裁定书。案件来源于中国裁判文书网。

分析：公证强制执行的执行标的在实体上是债权人行使《民法典》第五百七十七条"继续履行＋赔偿损失"两项实体请求的结果。一般情况下，在执行机关的强制执行程序中，我国民事诉讼法和与强制执行有关的法律、法规和司法解释为执行机关实施强制执行安排了三种类型的执行手段：（1）直接强制；（2）替代执行；（3）间接强制。具体而言，直接强制是指从被执行人名下现有的资产中直接完成对执行标的的执行，例如交付金钱、财物、票证、房屋土地等，具体包括：执行法院可以根据《民事诉讼法》第二百四十九条通过法院执行系统或被执行人设有账户的金融机构查询其存款、债券、股票、基金份额等财产情况，并结合实际情况扣押、冻结、划拨、变价被执行人的财产，必要时可以根据第二百五十五条申请搜查令搜查被执行人住所或其隐匿财产的地方；也可以根据第二百五十条至被执行人的债务人处扣留、提取收入，如价款、工资等；对于被执行的财物或票证，可以根据第二百五十六条强制被执行人或有关单位交出；对于土地和房产，可以根据第二百五十七条强制被执行人或第三人迁出房屋、强制退出土地等；最后，执行法院可以根据第二百四十九条查封、扣押、冻结、变卖、拍卖财产，包括被执行认定的银行账户、实物、车辆、股权、房产、土地使用权等。间接强制是指债务人于一定的期间内未履行债务，则法院命令其支付一定的金钱或者承担其他不利益的负担，这一方式并不直接针对被执行人的有效资产采取执行措施。间接强制的方式包括根据《民事诉讼法》第二百四十八条责令被执行人报告收到执行通知之日起一年前的财产情况，被执行人虚假报告的，人民法院可以对被执行人或其法定代理人、有关单位的负责人和直接责任人予以罚款、拘留；可以根据第二百六十条，裁定被执行人加倍支付迟延履行期间的债务利息（每日万分之一点七五）；可以根据《民事诉讼法》第二百六十二条，限制被执行人出境，在征信系统记录、通过媒体公布不履行义务信息以及法律规定的其他措施，从心理上促使债务人履行债务。经教育仍拒不履行的，法院应当按照妨害执行行为进行处理，可以给予拘留，构成犯罪的，追究刑事责任。替代履行是指由债权人或第三人代替债务人履行债务，使债权内容得以实现，债务人承担费用的执行方式，即根据《民事诉讼法》第二百五十九条，执行法院可强制执行或委托有关单位或其他人完成，费用由被执行人承担。有关替代履行，在实体法中也有相应的规定，如《民法典》第五百八十一条即规定"当事人一方不履行债务或者履行债务不符合约定，根据债务的性质不得强制履行的，对方可以请求其负担由第三人替代履行的费用"。

对于公证强制执行程序而言，因债务类型上仅涉及金钱给付义务，故以上三种执行行为只适用直接强制和间接强制，一般不会涉及替代履行的问题，实践中，尽管法律规定执行法院可以依职权视具体的案件情况选择执行措施，但一般情况下都是基于被执行人未履行生效法律文书确定的义务和申请执行人的申请而采取。在间接强制的执行措施中，一般采取例如列入失信人员名单、限制被执行人高消费的方式。本案中，人民法院也是基于用于担保债权实现的财产不足以清偿该债务的事实，而选择在间接强制措施中采取限制出境的强制措施。这里，我们以几件法院作出的执行裁定为例，说明进入强制执行后，法院的具体执行行为。

安徽铜陵中院在其就张某某公证强制执行铜陵市 B 房地产开发有限责任公司、吴某某一案作出的（2014）铜中执字第 00296 号执行裁定书中认为："本院依据已经发生法律效力的（2014）皖铜衡公证字第 3707 号公证执行证书，于 2014 年 12 月 8 日向被执行人铜陵市 B 房地产开发有限责任公司、吴某某发出执行通知书，责令被执行人履行义务，但被执行人至今未履行生效法律文书确定的义务。依照《民事诉讼法》第二百四十二条、《最高人民法院关于适用〈中华人民共和国民事诉讼法〉若干问题的意见》第二百八十条、《执行工作规定》第三十二条的规定，裁定如下：冻结被执行人铜陵市 B 房地产开发有限责任公司在银行的存款人民币 630 万元，冻结期限为 6 个月。本裁定送达后即发生法律效力。"[①] 若被执行人财产已为其他人民法院查封，则执行法院会根据实际情况作出轮候查封的裁定，如新乡牧野法院作出的（2014）牧执字第 621-2 号民事裁定："轮候查封被执行人刘某某、郭某某位于郑州市东风东路东广场南路南一幢某单元某某层某某号、某某层某某号房产，查封期限为 2 年。"[②] 如被执行人无可供执行的财产，执行法院也会裁定终结本次执行，即所谓的"终本执行"或"终本程序"，待被执行人拥有财产或财产被查明或恢复履行能力后，申请执行人可以随时申请恢复强制执行，如包头青山法院作出的（2014）包青执字第 494 号民事裁定中认为："中国工商银行股份有限公司包头 J 支行申请执行陈某某，梁某某、包头市 D 担保有限责任公司公证执行借款合同纠纷一案，申请人依据（2014）包天信证内经字第 7524 号执行证书向本院申请执行，现因被执行人陈某某暂无能力履行还款义务，故应当暂时终结本次执行程序，如被执行人未能履行还款义务，申请人可随时恢复强制执行且不受执行期限的限制。依照《民事诉讼法》

[①] 安徽省铜陵市中级人民法院（2014）铜中执字第 00296 号执行裁定书。案件来源于中国裁判文书网。

[②] 河南省新乡市牧野区人民法院（2014）牧执字第 621-2 号执行裁定书。案件来源于中国裁判文书网。

第二百五十七条第一款第五项的规定，裁定如下：终结对（2014）包天信证内经字第7524号执行证书的本次执行。"① 从上述裁定可知，一般情况下债权人应当向人民法院提交公证债权文书、执行证书、执行申请书以及其他相关材料申请执行，受理的执行法院会向被执行人送达执行通知书，责令被执行人履行公证债权文书项下的法律义务。被执行人收到执行通知后，未及时履行义务的，执行法院将依据《民事诉讼法》及其司法解释，以及与执行有关的法律、法规和司法解释视具体情况采取执行措施，并作出相应的执行裁定。

二、公证债权文书申请强制执行的时效

人民法院的司法程序中，有很多程序有时限要求，例如举证期间、一审期间、上诉期间等，这些期间一方面催促当事人行使程序性权利、配合人民法院开展司法审判工作；另一方面可以有效地减少法院诉累、提高司法效率、节约司法资源。当事人获得法院裁判、仲裁裁决和公证债权文书后，向人民法院申请强制执行亦有时限要求，这就是"申请执行的期间"。

（一）法律规定

期间一般包括三个主要问题：（1）期间长短；（2）起算点；（3）是否发生中止、中断和延长（是"可变期间"，还是"不变期间"）。《民事诉讼法》第二百四十六条第一款规定"申请执行的期间为二年。申请执行时效的中止、中断，适用法律有关诉讼时效中止、中断的规定"。该条第二款特别提及"法律文书"，而非法院裁判，故上述两年期间的适应范围包含公证债权文书。上述条文解决了公证债权文书执行申请期间的第一个和第三个问题，即期间长短和中止、中断的法律适用问题。

《公证债权文书执行规定》第九条第一款特别对申请执行期间的起算点和分期履行情况下的起算点作出规定，即"申请执行公证债权文书的期间自公证债权文书确定的履行期间的最后一日起计算；分期履行的，自公证债权文书确定的每次履行期间的最后一日起计算"。需要特别注意分期履行执行时效问题，"每次履行期间的最后一日起计算"，这个和诉讼时效的规定有些不同，根据《民法典》第一百八十九条的规定，"当事人约定同一债务分期履行的，诉讼时效期间自最后一

---

① 内蒙古自治区包头市青山区人民法院（2014）包青执字第494号执行裁定书。案件来源于中国裁判文书网。

期履行期限届满之日起计算"。比较两者，执行时效是"每次履行期间的最后一日"，而诉讼时效是"最后一期履行期限届满之日"，两者之间的区别切不可忽视。

最后，《民事诉讼法》第二百四十六条第一款规定，申请执行时效的中止、中断适用诉讼时效中止、中断的法律规定，而《公证债权文书执行规定》第九条第二款也特别将"债权人向公证机构申请出具执行证书"作为中断事由。但该事由并非中止、中断执行时效的唯一事由，实践中已经出现司法判例确认"债权人催收"行为也同样具有中断执行时效的法律效力。

（二）规定解读

《公证债权文书执行规定》第九条的规定，再一次说明最高人民法院是将"公证债权文书"作为执行依据，而公证债权文书确定的履行期间的最后一日实际上就是合同列明的债务的最后履行期限。也就是说，债权人申请出具执行证书，应当是在债权文书即合同列明的最后履行期限届满之日起两年期限届满前提出申请。基于上述规定，中国公证协会《办理具有强制执行效力债权文书公证及出具执行证书的指导意见》第十四条第三项规定"公证机构无法在法律规定的执行期限内完成核实"的，公证机构不予出具执行证书，即应当修改为"当事人在公证债权文书确定的履行期间的最后一日起两年期限届满前申请出具执行证书"的，公证机构不予出具执行证书。另外，需要特别注意分期履行的情况。例如，还款协议强制执行公证，还款分三期，分别为2020年3月1日、9月1日、12月1日；那么，在2022年3月1日前未向公证机构申请出具执行证书的，则该分期债权就已经超过执行期间；其后，当事人申请出具执行证书的，公证机构出具的执行证书就只能包含未超过执行期间的第二期、第三期债务，而不能包含第一期。

公证机构送达执行证书之日起两年内，债权人必须持公证债权文书和执行证书向执行法院申请强制执行，否则人民法院不予受理。这就是根据《公证债权文书执行规定》第九条第二款申请出具执行证书导致执行时效中断的规定，自公证机构送达执行证书之日起执行时效重新开始计算两年的执行期间。这个地方可能会产生的疑问和争议是：第一，第九条第二款仅仅称自提出出具执行证书申请之日起中断，并没有说什么时间开始重新计算，比照《民法典》第一百九十五条有关诉讼时效中断的规定"有下列情形之一的，诉讼时效中断，从中断、有关程序终结时起，诉讼时效期间重新计算"，即应当自出具执行证书的程序结束后开始重新计算；第二，比照《公证法》第三十二条第一款"公证书自出具之日起生效"的规定，可能会有观点认为执行期间重新计算的时间应当是公证机构出具执行证书时，而非执行证书送达之日。我们认为，应当自执行证书送达之日起重新计算执行时效，因为送达执行证书时整个出具执行证书的程序才终结；而且，债权人在未拿到执行证书的情况下，根本不具备申请执行条件，所以不能自出具执行证书时开始重新计算执行时效。

【问题 77】未在规定时效内申请出具执行证书或向人民法院申请强制执行的法律后果是什么？

假设：甲银行与乙公司签订借款合同，约定借款还本付息最后期限为 2020 年 6 月 30 日，那么申请执行的最后时限是 2022 年 6 月 30 日。甲银行于 2022 年 8 月 1 日向公证机构申请出具执行证书，结果如何？

分析：公证机构依据《民事诉讼法》第二百四十六条和《公证债权文书执行规定》第九条之规定，应当作出不予出具执行证书的决定。需要注意的是，此时《民法典》规定的三年诉讼时效还未届满。此时，公证机构和当事人可能的处理方法是：（1）出具《不予出具执行证书的决定书》，并送达申请执行人；（2）当事人可以根据《公证债权文书执行规定》第八条之规定，即"公证机构决定不予出具执行证书的，当事人可以就公证债权文书涉及的民事权利义务争议直接向人民法院提起诉讼"，向人民法院提起诉讼。假设甲银行于执行时效经过后，才开始向公证机构申请出具执行证书，在公证机构出具《不予出具执行证书的决定书》后，于 2023 年 8 月 1 日向人民法院提起诉讼，其间没有中止和中断的有效事由，则人民法院应当受理，在被告提出诉讼时效抗辩后驳回债权人的诉讼请求。公证强制执行和诉讼强制执行是两条并行的权利救济途径，没有道理超执行时效不能出具执行证书，却可以另行通过诉讼途径寻求救济，这里执行时效和诉讼时效不一致导致的两个程序的差异必然会引起立法机关或最高人民法院的关注，最终会通过出台新的规范加以解决。

假设：甲银行与乙公司签订借款合同，约定借款还本付息最后期限为 2020 年 6 月 30 日，那么申请执行的最后时限是 2022 年 6 月 30 日。甲银行于 2020 年 8 月 1 日向公证机构申请出具了执行证书后，于 2022 年 9 月 1 日才持公证债权文书、执行证书和执行申请向人民法院申请强制执行，应当如何处理？

分析：申请出具执行证书是申请执行的时效的中断事由，2020 年 8 月 1 日，甲银行申请出具执行证书，执行时效中断并重新计算；假设从当天即出具了执行证书，则债权人应当于 2022 年 8 月 1 日前向人民法院申请执行，否则如果没有其他的中止、中断的事由，人民法院即会驳回执行申请。

从上面的例子可以看出，在拿到执行证书前经过执行时效，但尚未超过诉讼时效的，还可以通过诉讼程序寻求救济；但是，如果债权人是在拿到执行证书之后经过执行时效的，则非常难处理了。

另外，对于已经经过执行时效，但是未经过诉讼时效的情况，债权人持公证机构出具的《不予出具执行证书决定书》提起诉讼，可能出现的情况是受案人民法院根据《公证债权文书执行规定》第二十四条认为不存在该条第一款所述的"公证债权文书载明的民事权利义务关系与事实不符""经公证的债权文书具有法律规定的无效、可撤销等情形"，认为债权人的起诉不符合起诉条件从而驳回债权人的起诉。这么做，也有一定道理，因为债权人已经取得了生效法律文书，不能再次通过诉讼获得法院生效裁判。至于实践中人民法院如何裁判，需等待司法实践的检验。我们的观点倾向于保护债权人尚未经过诉讼时效的诉权，允许债权人在公证机构出具《不予出具执行证书决定书》后提起诉讼。

在"先某、H银行股份有限公司成都分行、四川D发展有限公司等执行异议复议案"中，在债务人S公司贷款逾期后，H银行成都分行于2016年3月向债务人S公司及抵押人、保证人发出《催收通知书》，S公司于2016年3月7日签收。在四川高院就该案作出的（2018）川执复219号执行裁定书中，成都铁路中院和四川高院均认为债权人在执行期间内的催收行为，导致执行时效发生中断的法律后果。其中，成都铁路中院认为，"根据《民事诉讼法》第二百三十九条'申请执行的期间为二年。申请执行时效的中止、中断，适用法律有关诉讼时效中止、中断的规定'，该次催收及签收依法应引起诉讼时效中断，债权人申请出具执行证书的时限应算至2018年3月7日。此外，H银行成都分行向成都市蜀都公证处申请出具执行证书的时间为2017年8月11日，并未超过二年时效的规定。据此，对异议人关于1028号执行证书未在法定期限内出具的异议请求不予支持"[1]。我们认为，上述案例是高级法院认可中止、中断事由适用于执行时效的，具有典型和代表意义的案例；但应当注意的是，中断事由涉及对债务人和保证人的执行时效的中断，应当分别加以审查。

三、执行依据

（一）执行依据只有公证债权文书，执行证书并非执行依据，仅是申请执行的相关材料

《公证债权文书执行规定》第三条规定"债权人申请执行公证债权文书，除

---

[1] 四川省高级人民法院（2018）川执复219号执行裁定书。案件来源于中国裁判文书网。

应当提交作为执行依据的公证债权文书等申请执行所需的材料外,还应当提交证明履行情况等内容的执行证书"。北京二中院在其就"X 银行股份有限公司郑州分行与 T 中心公证债权文书执行案"作出的(2019)京 02 执 796 号执行裁定书中认为,"2018 年 10 月 1 日起施行的《公证债权文书执行规定》第一条规定:'本规定所称公证债权文书,是指根据公证法第三十七条第一款规定经公证赋予强制执行效力的债权文书。'第三条规定:'债权人申请执行公证债权文书,除应当提交作为执行依据的公证债权文书等申请执行所需的材料外,还应当提交证明履行情况等内容的执行证书。'因此,根据上述规定,执行证书不属于公证债权文书的范畴,T 中心对执行证书持有异议应不属于不予执行公证债权文书案件审查范围,对于上述不予执行理由,不予审查"①。

北京二中院从《公证债权文书执行规定》第三条得出两个结论:第一,公证债权文书是执行依据;第二,执行证书与公证债权文书是两码事,前者不是执行依据,人民法院在执行审查中只审查后者。北京二中院的这一结论,从《公证债权文书执行规定》的内容看,完全正确;但这也是我们对《公证债权文书执行规定》所给出的规则持保留意见的原因,公证债权文书和执行证书之间的关系,与当事人之间的合同和依据合同从法院获得的判决之间的关系有些相似,真正指明执行机关应该执行什么的法律文件,应当至少包含执行证书,这才是执行机关开展执行工作的基准线。执行证书的内容是公证机构进行初步审核的结论,被执行人对执行证书提出的异议,是执行机关校准基准线,修正执行标的的参考因素。实际上,最高人民法院已经考虑到这一点,《公证债权文书执行规定》第二十二条第一款不予执行的法定事由包括"公证债权文书载明的债权因清偿、提存、抵销、免除等原因全部或者部分消灭",实际上就是对执行证书的一种修正,只不过是在规则上将这种作为已经清偿部分债务不予履行的法定事由;如果执行证书列明的执行标的中,已经去除已经清偿的债务部分,则被执行人即不能够提出相应的不予执行的诉讼请求。所以,我们认为,执行证书在实践中,并未因为其不是执行依据,而执行机关是结合公证债权文书和执行申请确定给付内容而变得无足轻重。

【问题 78】公证强制执行的执行依据是公证债权文书还是执行证书?

债权人 X 江苏分公司、债务人 J 公司达成债务重组协议约定:1. J 公司于

---

① 北京市第二中级人民法院(2019)京 02 执 796 号执行裁定书。案件来源于中国裁判文书网。

2012年5月24日前向X江苏分公司支付人民币29784万元。2. 如果J公司未按第一条约定履行，则未清偿部分包括应付利息自动延至2012年11月24日（"日期二"），并按照12.5%的利率支付此期间的违约金，均按当期全额计息。3. 如截至2012年11月24日，J公司未足额支付债务及相关利息，J公司除应清偿债务余额外，还应支付违约金和实现债权的费用。违约金按债务余额每日万分之八自"日期二"次日起计算。4. 实现债权的费用据实支付，包括但不限于诉讼费、律师代理费、差旅费等。5. J公司相关款项抵充顺序为：先抵充实现债权的费用，再抵充违约金，最后抵充债务。2011年12月14日，南京钟山公证处就此出具（2011）宁钟证经内字第6849号公证书。该债权的担保方式为：J公司用其持有的F公司股权就上述债务提供质押担保，公证处于同日出具（2011）宁钟证经内字第6850号《具有强制执行效力的债权文书公证书》；F公司、H公司提供连带责任保证担保，公证处于同日分别出具（2011）宁钟证经内字第6851、6852号公证书；F公司用土地使用权提供抵押担保，公证处于同日出具（2011）宁钟证经内字第6853号公证书。其后，债权人X江苏分公司受偿部分款项。2013年4月28日，钟山公证处出具（2013）宁钟证执字第27号《执行证书》。该《执行证书》载明：申请执行人为X江苏分公司，被申请执行人为J公司、F公司、H公司。执行标的为债务本金、违约金及实现债务的费用。截至2013年4月8日，债务总额为29726.25万元，其中本金26784万元，违约金2942.25万元。债权人X江苏分公司向江苏高院申请执行，该院指定常州中院执行。其后，J公司、H公司、F公司先后于2013年8月收到了债权人发送的《欠款逾期催收通知书》，载明截至2013年8月31日，债务余额为32914.35万元。2013年9月2日、9月3日，X江苏分公司分别收到1亿元及17483.59万元，累计受偿32518.58万元。

2013年10月17日，常州中院作出（2013）常执字第0581号通知书，认为根据江苏省南京市钟山公证处（2013）宁钟证执字第27号《执行证书》确定的2013年4月8日被执行人欠款总额，按照人民银行的利率规定以及《民事诉讼法》关于迟延履行金的规定计算，截至2013年9月3日，被执行人已经履行的款项已经远远超过其应当履行的本息总额，多支付的利息已经包含了实现债权的费用。因此，X江苏分公司主张的剩余本息和实现债权的费用不予支持。X江苏分公司对此提出执行异议，请求：常州中院继续强制执行被执行人自2013年8月14日截至2013年9月3日的违约金金额461.73万元以及实现债权费用320.15万元（公证费60万元、律师费260.15万元），合计需给付剩余款项781.88万元。

常州中院于2014年1月13日作出（2013）常执异字第52号民事裁定认为，"执行证书是人民法院在执行公证债权文书中必须具有的依据。本案中，（2013）宁钟证执字第27号《执行证书》明确载明，执行标的为债务本金、违约金及实现债务的费用，截至2013年4月8日，债务总额为29726.25万元，其中本金26784万元，违约金2942.25万元。常州中院受理后，被执行人在本案强制执行过程中已经向申请执行人X江苏分公司自动履行32518.58万元，该款项已经足额包括上述执行证书中需要执行的截至2013年4月8日的债务本金、至实际清偿完毕的违约金，以及X江苏分公司实现债权的费用。因此，异议人X江苏分公司要求继续强制执行的申请理由不能成立，不予支持"。

债权人X江苏分公司不服常州中院的裁定，向江苏高院申请复议，该院经审查于2014年4月8日作出（2014）苏执复字第0027号执行裁定：一、撤销常州中院（2013）常执异字第52号民事裁定；二、撤销常州中院（2013）常执字第0581号通知书；三、截至2013年9月3日被执行人J公司、H公司、F公司欠付X江苏分公司的违约金以及实现债权费用共计752.18万元应当继续执行。

2014年5月10日，被执行人H公司、F公司、J公司向常州中院提出不予执行申请称，"（2011）宁钟证经内字第6850号《公证书》（即股权质押）和（2011）宁钟证经内字第6853号《公证书》（即土地使用权抵押）不符合强制执行公证的条件，公证债权文书中关于违约金的约定也超出法定标准，违反了法律规定。X江苏分公司申请强制执行的（2013）宁钟执字第27号《执行证书》等公证债权文书确有错误，请求不予执行"。常州中院于2014年8月8日作出（2014）常执异字第15号执行裁定认为：南京市钟山公证处（2011）宁钟证经内字第6850、6851、6852、6853号《公证书》，对于可依法赋予强制执行效力范围之外的债权文书赋予强制执行效力，实属错误，最终裁定：江苏省南京市钟山公证处（2013）宁钟证执字第27号《执行证书》不予执行。

常州中院作出上述裁定不予执行后，J公司、H公司、F公司以X江苏分公司为被告向南京中院提起诉讼，南京中院于2014年11月5日向J公司、H公司、F公司发出（2014）宁商初字第00320号受理案件通知书。债权人X江苏分公司就上述裁定向江苏高院申请再审，该院于2014年12月15日作出裁定，撤销常州中院于2014年8月8日作出的（2014）常执异字第15号执行裁定。

分析：该案的执行一波三折、跌宕起伏，甚至出现了常州中院在江苏高院（2014）苏执复字第0027号执行裁定裁定继续执行的情况下，依然坚持作出（2014）常执异字第15号执行裁定裁定不予执行的情形，即"常州中院不予执行的上述裁定与本院（2014）苏执复字第0027号执行裁定所确定的裁定内容相悖，在本院（2014）苏执复字第0027号执行裁定至今仍为生效裁定情况下，常州中院径行作出与上级法院执行裁定相反的裁定，明显不当，本院依法予以撤销"，从中可以看出江苏高院对下级法院作出矛盾裁判的不满，也可见本案中有关公证强制执行的问题在实践中存在的争议。

从本案江苏高院的观点看，可以考察出司法审判机关对公证强制执行程序的一些观点。

1. 公证强制执行的执行依据是什么？

对此，江苏高院在（2014）苏执复字第0027号执行裁定中明确认为执行依据应当是两个法律文件：第一，公证债权文书；第二，执行证书。并给出了相应的理由："（1）《公证法》第三十七条第一款规定'对经公证的以给付为内容并载明债务人愿意接受强制执行承诺的债权文书，债务人不履行或者履行不适当的，债权人可以依法向有管辖权的人民法院申请执行'；与此同时，《民事诉讼法》第二百三十八条第一款亦规定'对公证机关依法赋予强制执行效力的债权文书，一方当事人不履行的，对方当事人可以向有管辖权的人民法院申请执行，受申请的人民法院应当执行'；（2）《执行工作规定》第2条第（4）项亦明确规定'公证机关依法赋予强制执行效力的关于追偿债款、物品的债权文书'，执行机关负责执行；（3）根据《联合通知》第四条'债务人不履行或不完全履行公证机关赋予强制执行效力的债权文书的，债权人可以向原公证机关申请执行证书'，第六条'公证机关签发执行证书应当注明被执行人、执行标的和申请执行的期限。债务人已经履行的部分，在执行证书中予以扣除。因债务人不履行或不完全履行而发生的违约金、利息、滞纳金等，可以列入执行标的'及第七条'债权人凭原公证书及执行证书可以向有管辖权的人民法院申请执行'的规定，执行证书附属于具有强制执行效力的公证债权文书而存在，执行证书主要是对当事人履行债务情况的说明，以方便人民法院立案审查，并非唯一法定执行依据。"[①]

我们赞同江苏高院的观点，这一结论在广东高院就"施某与许某某返还借款执行案"作出的（2013）粤高法执复字第6号执行裁定书中得到印证。[②] 在本书第一章的论述中，我们始终认为，之所以能够不经审判而直接进入执行程序，是因为执行的标的是合同的原始义务，内在机理是无须审判机构进行义务构造的情况下进行强制执行。所以，公证强制执行的真正依据应当是赋予强制执行

---

① 江苏省高级人民法院（2014）苏执复字第0027号执行裁定书。案件来源于中国裁判文书网。
② 广东省高级人民法院粤高法执复字第6号执行裁定书。案件来源于中国裁判文书网。

效力的债权文书。至于公证机构出具的执行证书的作用,该规定来自2000年《联合通知》,从我们参加多次的有关公证强制执行制度的研讨会上最高人民法院和相关法学专家的意见看:当时起草《联合通知》时,仅依据赋予强制执行效力的债权文书进行执行的一个主要难题在于无法确定执行标的并收取执行费用,因为实践中债务人往往已经部分履行债务,公证机构对此进行核实并出具执行证书可以有效地解决这一问题。

尽管在结论上,审判机关认为公证强制执行程序的执行依据是赋予强制执行效力的债权文书和执行证书,但实践中往往只会苛守执行证书,舍弃对债权文书所载内容的审查。这一点与执行机关仅拥有执行权,不享有审判权,惯性思维是拿到什么依据即执行什么,公证债权文书还需要审核而执行证书更加直接有关。在最高人民法院《公证债权文书执行规定》实施后,执行机关更应当转换思路,遵守规定将公证债权文书作为执行依据,更应当对执行证书载明的经公证机构初步核实的债务履行情况进行核实,不能因执行证书错误而驳回债权人提出的执行申请。

2. 抵、质押和连带保证责任担保是否可以赋予强制执行效力?

本案还有一个细节问题,就是在江苏高院作出复议执行裁定后,被执行人是否还有权以超出赋予强制执行效力的公证范围为由向人民法院提出不予执行的异议申请?对于这个问题,我们认为不可以,因为其在一开始的执行异议中并未提出这一问题,应当遵循裁定既判的失权效力原则。《执行异议和复议规定》第十五条"当事人、利害关系人对同一执行行为有多个异议事由,但未在异议审查过程中一并提出,撤回异议或者被裁定驳回异议后,再次就该执行行为提出异议的,人民法院不予受理",《公证债权文书执行规定》第十四条第二款"不予执行申请被裁定驳回后,同一被执行人再次提出申请的,人民法院不予受理",就是这一原理的规范落实。本案中,江苏高院送达执行裁定后,正是因为被执行人另行就超范围公证问题提出执行异议,从而导致常州中院作出不适用2012年1月1日施行的《江苏公证条例》第二十五条中有关抵押、质押、连带保证可以办理强制执行公证的规定,并裁定驳回执行申请。对此,江苏高院认为,应当适用司法部《抵押贷款合同公证程序规则》第三条、第六条第二款以及第十一条,公证机构应当受理并按照《公证程序规则》出具公证书。从今天的角度看,抵押、质押、连带保证可以办理强制执行公证已经成为司法界的共识,多个司法解释均有明确的规定,我们在这里不再赘述。

（二）围绕执行依据公证债权文书建立的规则体系

1. 程序选择的困境

《公证债权文书执行规定》颁布实施之前，公证强制执行制度中一对主要矛盾显得非常突出，而且看不到解决的希望，即：一方是持债权人立场，强调形式审查、执行效率，在实现债权的道路上对债务人、担保人进行事后救济；另一方是持保护被执行人立场，强调严格审查、有错必纠和实体正义，坚持事前审查、事前救济的策略。以《民事诉讼法》第二百三十八条不予执行的审查标准，即何谓"公证债权文书确有错误"为例：向左，给予"确有错误"以严苛标准，即"错误"必须达到足以推翻公证债权文书中法律关系的程度，那么执行机关在执行审查时即可以对一些不重要的程序性瑕疵放松管制，持债权人立场；向右，持被执行人立场，给予"确有错误"以比较宽泛的标准，例如《民事诉讼法司法解释》第四百八十条第三项中的"内容与事实不符"，不作程度性要求，那么即会出现大量不予执行裁定。

上述矛盾，从实体正义的角度寻求解决方案，根本无解，因为何谓"确有错误"是结果导向，在审查公证债权文书时很难清楚地予以把握：第一，第二百三十八条虽然给出的规则是"公证债权文书确有错误"，很明显是指实体错误，逻辑是不能通过公证强制执行程序执行存在实体错误的债权文书或实现错误的实体权利，所以该错误并不涉及一般的程序性瑕疵。第二，公证强制执行是一个程序和过程，如果仅仅发现公证程序存在瑕疵或错误，但并未导致错误的债权文书被执行造成当事人损失，则不应被轻易认定为"确有错误"的情形。例如，仅仅是制作公证债权文书的工作程序存在瑕疵是否属于确有错误呢？第三，公证债权文书内容上表述的一些实体法律关系虽然错误，但该等法律关系确与该公证债权文书所实现的民事权利义务无关。例如，两个自然人保证人分别签署保证合同，为主债权提供保证担保，公证债权文书的公证证词中称二人为夫妻，但事后查明二人并非夫妻，这一公证债权文书的错误与二人作为自然人各自承担保证责任没有任何影响，这一错误即不能被认定为"确有错误"。但是，面对保证人就该等公证债权文书的错误提出的不予执行申请，法院执行机关往往也非常无奈，因为其虽然有权也应当驳回异议申请，但毕竟最终执行的还是一个有"错误"的公证债权文书。

在现有规范对"确有错误"无法给出明确的、具有普遍意义的判断标准的情况下，程序选择的方案即存在以下两种：第一，以较为宽松的审查尺度驳回执行申请，而将"瑕疵"公证债权文书的当事人直接推向诉讼程序，以常规的审判程序得出结论并最终处理纠纷，起诉原告为债权人，由其承担举证责任，从债务关系是否有效建立开始进行全面审查；第二，先分清所谓"瑕疵"是程序性的，还是实体性的，前者放在执行异议程序中加以处理，后者让债务人自行通过诉讼启动救济程序，只审查债务人认为相较于公证债权文书所载法律关系有问题的债务内容。《公证债权文书执行规定》最终采取了后者，好处在于：（1）肯定公证机构办理公证债权文书的工作，以公证债权文书有效为预设结论，整个制度和程序还是围绕公证债权文书展开；（2）不改变程序的总体格局，即由债务人另行起诉，并自行承担提起诉讼，耗费精力、支付金钱（受理费、停止执行的担保）等救济成本，自行承担举证责任，借此至少达到阻却不当诉讼的目标。

2.《公证债权文书执行规定》对程序选择困境作出的回应

《公证债权文书执行规定》明确将公证债权文书确定为执行依据后，会在程序上产生如下后果。

（1）公证债权文书是依据，那么执行证书即不可能是执行依据。这样，就贯彻了强制执行的是原合同载明义务的基本思路，也就是说债权人只能要求债务人以《民法典》第五百七十七条所述的"继续履行＋损失赔偿"的方式承担违约责任。但是，应当看到，这样一来，就实际上固定了强制执行公证适用的债权类型和范围，在制度上比较难以形成对公证强制执行制度适用范围的有效突破。

（2）公证债权文书是依据，执行证书错误就不会当然导致不予执行，执行机关也就有了《公证债权文书执行规定》第十条所述的"根据公证债权文书并结合申请执行人的申请依法确定给付内容"的权利和义务。实际上，这也是公证债权文书作为执行依据的当然结果，就像法院判决被告支付 100 万元，判决生效后被告支付了 50 万元，原告还是申请执行 100 万元，但执行机关会根据判决，结合被告在判决生效后的履行情况，确定执行的给付内容为 50 万元；而公证强制执行在这里还加上了公证机构对债务履行情况的核实，并据实出具执行证书。这里，有一个比较棘手的问题是迟延履行生效法律文书的利息，人民法院执行机关是否可以在公证强制执行程序中适用的问题，这个我们在后文借助具体案例加以分析。

不予执行的实体事由只能来自公证债权文书及其载明的法律关系，执行证书只会是如执行裁定那样仅具有记载债务履行情况的程序性文件，不会在总体上影响公证债权文书作为执行依据的效力。也就是说，执行证书错误，顶多是提出异议并向执行机关提交真实的债务履行情况，结果是修正执行机关确定的给付内容，而不能彻底推翻公证债权文书，导致不予执行的法律后果；最终，能够导致执行机关裁定不予执行的实体原因只能是"公证债权文书载明的民事权利义务关系与事实不符"等实体错误，执行机关无权因执行证书载明的实体权利义务与事实不符而裁定不予执行。

（3）债权人持公证债权文书向公证机构申请出具执行证书之后，公证机构须在公证债权文书项下向债务人核实债务履行情况，并依据核实的结果出具执行证书。《公证债权文书执行规定》实施前，公证机构常常因债务人不配合导致出具错误的执行证书，进而导致执行机关直接裁定不予执行，所以公证机构对此比较头痛；但该规定实施后，审查则可能会演变为一项例行工作，因为最终还是得执行机关依据公证债权文书、执行申请确定给付内容。这样，虽然可以让公证机构放下包袱，提高核实的效率，但令人担忧的是公证机构的核查工作最终会不会演化成"走过场"。因为，核查错误大概率并不会导致不予执行，尤其是面对债务人提出的已经履行部分或全部债务的证据时，公证机构往往要作出是否采纳的决定。应当看到，《公证债权文书执行规定》第十条的规定，实际上提高了执行机关二次依据债务人提供的债务履行情况对执行证书进行核查的要求。这里，我们希望广大公证机构重视执行证书出具前的核查工作，做到有理有据地应对债务人提供的债务履行情况说明和证据，确保执行证书质量，保住公证强制执行的质量生命线。

（4）公证债权文书作为执行依据，实际上强化了债权人不能另行诉讼救济的结论，因为公证债权文书和法院判决在性质上一样，都是据以强制执行的执行依据。因此，只要公证债权文书合法有效，债务人就不能另行提起诉讼，债权人同样不能另行起诉以期另行获得执行依据，《公证债权文书执行规定》第二十二条和第二十四条分别贯彻了这两点。实践中，已经有债权人向公证机构主动要求出具《不予出具执行证书决定书》，以期能够达到另行起诉的目的，我们会在后文借助实践案例加以说明。

（5）除程序性问题外，如果债务人以实体问题为由主张不予执行，只能推翻公证债权文书载明的法律关系，不予执行标准又回到了1984年11月8日最高人民法院、司法部联合发布的《关于执行〈民事诉讼法（试行）〉中涉及公证条款的几个问题的通知》所确立的"人民法院认为有相反证据足以推翻公证证明"的标准，或更进一步为公证证明的债务全部或部分已经被履行，具体表现为（《公证债权文书执行规定》第二十二条）：第一，公证债权文书载明的民事权利义务关系与当事人之间事实上的法律关系不符，例如事实是买卖，而公证债权文书载明的是借款，或当事人之间根本不存在债权债务关系；第二，经公证的债权文书具有法律规定的无效、可撤销等情形，例如在意思表示存在瑕疵的情况下行使撤销权；第三，公证债权文书载明的债权因清偿、提存、抵销、免除等原因全部或者部分消灭。另外，对于公证债权文书载明的法律关系并非当事人之间全部的法律关系的情况比较复杂，我们在后文以真实案例加以分析和讨论。

【问题79】办理强制执行公证后，债权人是否能够直接提起诉讼？

上诉人山西J农村商业银行股份有限公司与被上诉人介休市D碳素有限公司、李某、山西介休S焦化有限公司金融借款合同纠纷一案中，一审晋中法院认为，原告J农商行已经取得了（2014）介证执字第74号执行证书，其在法律规定的申请执行期限内并未向有管辖权的人民法院申请执行，且无执行时效中止或中断的其他情形，而且提起民事诉讼，违反了《公证活动相关民事案件规定》第三条第二款"当事人、公证事项的利害关系人对具有强制执行效力的公证债权文书的民事权利义务有争议直接向人民法院提起民事诉讼的，人民法院依法不予受理"的规定，应当驳回起诉。J农商行上诉理由称其争议为"公证债权文书履行的争议"，而非上述第三条所称的"对具有强制执行效力的公证债权文书的民事权利义务有争议"，两个争议有本质区别，上诉理由应当予以接受。

晋中中院经审理认为，"具有强制执行效力的债权文书公证书与人民法院生效裁判、仲裁裁决具有同等的法律效力，都是执行根据，在当事人已取得具有强制执行效力的债权文书公证书（除符合《公证债权文书执行规定》第二十四条规定的情形外）又向人民法院起诉的，如人民法院予以受理，即允许当事人在同一实体法律关系上设立两个程序法上的效力，将使公证债权文书强制执行制度失去存在的意义。且债权人往往是因为超过了申请执行期限而提起诉讼，《民事诉讼法》规定的申请执行期限是对申请执行人的义务，申请执行人必须遵守，申请执行人要对自己没有在申请执行的期限内提出执行申请承担不利的法律后果。申请执行人由于自己的原因丧失了法律规定的申请强制执行的权利又转而提起民事诉讼，人民法院不应支持。因此，当事人既然选择了申请公证机关赋予债权文书强制执行效力，就不存在当事人另行诉讼的问题。允许债权人既可申请执行，又可直接提起诉讼，不符合立法本意，且对债务人不利，有失公平"[1]。

分析：J农商行的上诉理由比较牵强，原因是在公证机关出具执行证书后，

---

[1] 山西省高级人民法院（2021）晋执复72号执行裁定书。案件来源于中国裁判文书网。

其作为债权人未在执行时效内申请执行。本案就是我们在前文中所述的，经过执行时效，但未经过诉讼时效的情况下，是否可以提起诉讼的问题；但本案比较特殊的是，债权人已经取得了执行证书。我们认为，如果债权人还未取得执行证书，经过执行时效并在公证机构因此出具《不予出具执行证书决定书》的情况下，其提起的诉讼还是有可能得到法院受理（当然，不排除人民法院以已经过执行时效为由驳回起诉的可能性）。本案中，比较出彩的地方在于晋中中院将《公证活动相关民事案件规定》第三条规定的公证执行程序和诉讼执行程序并行关系论述得非常清楚。

四、公证债权文书强制执行的立案审查

（一）执行法院依职权审查的事项

接受申请执行人提交的执行申请后，人民法院执行机关应当根据《公证债权文书执行规定》第五条之规定，审查是否存在下列事项：（1）债权文书属于不得经公证赋予强制执行效力的文书；（2）公证债权文书未载明债务人接受强制执行的承诺；（3）公证证词载明的权利义务主体或者给付内容不明确；（4）债权人未提交执行证书；（5）其他不符合受理条件的情形。如果经审查发现上述情形，人民法院应当裁定不予受理；已经受理的，裁定驳回执行申请。需要注意的是，如果债权人未提交执行证书，导致人民法院裁定不予受理，其二次持公证机构出具的执行证书再次申请执行的，人民法院应当受理。

除了《公证债权文书执行规定》第五条所述之事项外，执行机关还应当审查：（1）被执行人或被执行财产是否在执行法院所在地，从而确定其是否具有执行管辖权；（2）债权人是否在执行时效内持执行证书向执行法院申请执行，受理后则应依债务人或担保人的申请对债权人是否在执行时效之内申请公证机构出具执行证书一事进行审查。

（二）审查的结果

执行法院受理债权人持公证债权文书、执行证书和执行申请书提出的执行申请后，应当根据《公证债权文书执行规定》第十条之规定，"根据公证债权文书并结合申请执行人的申请依法确定给付内容"。就此，《公证债权文书执行规定》第十一条专门强调了民间借贷利息问题，并且对载明利率未超过，但实际超过法律、司法解释规定应予支持的利率上限的情况，如"砍头息""咨询费"等，

被执行人可根据第二十二条第一款提起诉讼。

应当注意的是,《公证债权文书执行规定》第十条仅要求执行机关根据公证债权文书和申请执行人的执行申请确定给付内容,而未直接要求"根据或结合被执行人主张的债务履行情况"依法确定给付内容。我们认为其主要原因是,执行机关一般会在受理执行申请后,单方审查债权人提交的公证债权文书、执行证书等文件即作出执行裁定,发出执行通知书。也就是说,被执行人拿到执行通知书后,向执行机关主张已经全部或部分清偿了债务,在时间上已经晚了。所以,执行机关无义务须根据被执行人的主张和证据确定给付内容。当然,执行机关在实践中根据债务人的主张和证据,认为执行证书中的部分债务已经清偿的,最终据以确定给付内容也并无不当。正常情况下,如果被执行人认为已经清偿部分债务,但执行机关不予采纳,应当如何救济?实际上《公证债权文书执行规定》已经想到了这一点,根据第二十二条第一款第三项"公证债权文书载明的债权因清偿、提存、抵销、免除等原因全部或者部分消灭",被执行人可以提起部分不予执行公证债权文书之诉。

【问题 80】债务人迟延履行公证债权文书载明之义务,能否要求其支付迟延履行生效法律文书应当支付的加倍利息?

新疆高院在其就"王某某与巴州 Q 农业开发有限公司、巴州 H 国际贸易有限公司等执行审查类执行复议案"作出的(2018)新执复 106 号执行裁定中论述迟延履行期间利息的相关规定:第一,根据《计算迟延履行期间债务利息解释》第一条第一款,迟延履行期间债务利息包括迟延履行期间的一般债务利息和加倍部分债务利息两个部分。其中,迟延履行期间的一般债务利息,根据生效法律文书确定的方法计算;生效法律文书未确定给付该利息的,不予计算。上述案件的《执行证书》中"到期未还款利息按照借款人暨抵押人实际欠款时间计算"的表述,没有明确利率及计算方法,属于给付内容不明确,该院对迟延履行期间的一般债务利息不予支持。第二,上述解释第一条第三款规定:"加倍部分债务利息的计算方法为:加倍部分债务利息 = 债务人尚未清偿的生效法律文书确定的除一般债务利息之外的金钱债务 × 日万分之一点七五 × 迟延履行期间。"第三条第一款、第二款规定:"加倍部分债务利息计算至被执行人履行完毕之日;被执行人分次履行的,相应部分的加倍部分债务利息计算至每次履行完毕之日。人民法院划拨、提取被执行人的存款、收入、股息、红利等财产的,相应部分的加倍部分债务利息计算至划拨、提取之日;人民法院对被执行人财产拍卖、变卖或者以物抵债的,计算至成交裁定或者抵债裁定生效之日;人民法院对被执行人财产通过其他方式变价的,计算至财产变价完成之日。"①

分析：新疆高院的裁定将公证债权文书也视为《民事诉讼法》第二百五十三条所规定的法律文书。这样一来,在公证债权文书被《公证债权文书执行规定》确认为执行依据之后,就产生一个无法回避的问题,即债务人不履行生效法律文书（公证债权文书）,是否应当依据法律加倍支付迟延履行的利息,即万分之一点七五？如果法律文书是法院判决,法院会在判决的给付内容后专门注明未在判决的履行期限内履行的,则按照《民事诉讼法》第二百五十三条支付迟延履行的加倍利息,而判决双方当事人各自承担案件受理费（即诉讼费）的部分导致被告应支付给原告的案件受理费则一般不在上述应计加倍利息的判决内容之中。在公证债权文书中,通常情况下,不会注明在约定利息和罚息之外,还按照《民事诉讼法》第二百五十三条适用加倍支付迟延利息的规则。也就是说,在公证强制执行的执行依据中,不会出现依据《民事诉讼法》第二百五十三条支付迟延履行的加倍利息的内容。

对此,我们认为,《民事诉讼法》第二百五十三条和《计算迟延履行期间债务利息解释》中万分之一点七五的规定属于极为专业的执行规定,在法院判决执行时适用是因为判决会做专门表述。如果判决所涉债务人在这种情况下还是不履行判决义务,对其科以加倍利息的惩罚符合责任自负的原则；但是,如果迟延履行法定加倍利息在公证债权文书里没有表述的,债务人、担保人未必知晓,执行证书新增这一法定责任,或人民法院依职权在受理公证强制执行申请后增加这一法定责任,不符合责任自负的基本原则,缺乏正当性。我们的观点是,除非公证机构在公证债权文书的公证证词中说明迟延履行,将会在约定利息之外,另行根据法律计算迟延履行期间的加倍利息（万分之一点七五/日）,或者人民法院在给被执行人的执行通知书中列明的情况下,被执行人在法院通知的期限内还不履行,否则不能给被执行人科以这项额外利息。而且,即便在执行通知书中列明这一额外的法定利息,也应自给被执行人送达执行通知书之后合理期限届满之日起算。

在四川 H 建设工程有限公司、卜某某、包某某与 E 银行股份有限公司成都分行、四川 M 实业有限公司公证债权文书一案中,在合同当事人没有约定,公证债权文书没有载明的情况下,成都铁路法院在其执行裁定中认定应当科以迟延履行利息。被执行人就此提出异议,成都铁路法院在其（2019）川 7101 执异

---

① 新疆维吾尔自治区高级人民法院（2018）新执复 106 号执行裁定书。案件来源于中国裁判文书网。

22号执行裁定中认为,"本院(2016)川7101执224号执行裁定书中确定的给付范围为执行证书确定的欠款数额加上延迟履行期间的债务利息。按照《民事诉讼法》第二百五十三条'被执行人未按判决、裁定和其他法律文书指定的期间履行给付金钱义务的,应当加倍支付迟延履行期间的债务利息'的规定和《计算迟延履行期间债务利息解释》第一条第一款'根据民事诉讼法第二百五十三条规定加倍计算之后的迟延履行期间的债务利息,包括迟延履行期间的一般债务利息和加倍部分债务利息'的规定,此处迟延履行期间的利息包括依据公证债权文书确定方法计算的一般债务利息和法定的加倍部分债务利息。本院案款发放通知书中的'迟延履行金',虽然名称表述不规范,实为依照《民事诉讼法》第二百五十三条和《计算迟延履行期间债务利息解释》第一条第三款计算的法定加倍部分债务利息,并未重复计算,亦未超出执行裁定书确定的给付范围"[①]。也就是说,成都铁路法院认为也应当支持加倍利息;但也应当看到,该法定迟延履行利息也是其作出的(2016)川7101执224号执行裁定书确定的义务,而不是公证债权文书确定的。

第二节　申请不予执行公证债权文书程序

根据《执行案件立案、结案意见》第九条第六项之规定,申请公证债权文书不予执行的,应当按照执行异议案件予以立案。所以,实践中通常将不予执行公证债权文书的案件,视为执行异议案件加以处理。

根据《民事诉讼法》第二百三十二条和第二百三十四条的规定,执行程序中可以提起执行异议,分为对执行行为的异议和对执行标的财产的异议。执行依据为法院判决的,判决当事人一般不能就执行依据提出异议,因为对裁判内容的异议应当在二审或审判监督程序中完成;而对执行标的财产的异议一般均放在执行行为的异议中加以解决,例如超标的执行等。案外人对于执行判决依据的异议可以通过第三人撤销之诉解决,而对执行标的财产的异议可以沿着案外人执行异议和案外人执行异议之诉的程序路径加以解决。从上述判决执行程序的设置可以看出,"审执分离"的程序设置原则被很好地贯彻,尤其是案外

[①] 四川省成都铁路运输法院(2019)川7101执异22号执行裁定书。案件来源于中国裁判文书网。

人执行异议和执行异议之诉的程序设置。在《执行异议和复议规定》中，执行机关在案外人就执行标的财产提出的执行异议程序中仅根据登记、占有等表面证据作出初步裁定，而是否存在真实权利状况与表面证据不一致的情况，则交给案外人、执行申请人提起的案外人执行异议之诉程序、继续执行之诉加以解决。这样，人民法院执行机关即不再终局性地处理民事实体权利争议，这些争议最终被恰当地交给了审判机构在一审、二审，甚至是审判监督程序中加以处理。

对公证债权文书及执行证书的执行比较特殊，既可能涉及程序问题，例如出具债权文书公证书时债务人并未作出"执行承诺"；也可能涉及实体问题，例如抵押物为夫妻共有，夫妻一方未经另一方同意作为抵押人签订抵押合同办理抵押登记属于无权处分的情形。对于不予执行公证债权文书申请的审查，《公证债权文书执行规定》颁布实施前后有较大的不同。之前，无论是实体问题还是程序问题，对公证债权文书的审查都是依据执行异议和复议的有关规定在人民法院执行局"综合处"或"综合科"通过听证程序调查，并最终作出执行裁定加以处理。这样的程序设置，一个最明显的质疑就是在执行程序中处理实体问题，等于剥夺了当事人就实体问题在正常诉讼程序中一审、二审的诉权。而《公证债权文书执行规定》改变了这一状况，不予执行公证债权文书申请的审查只涉及程序问题，不涉及实体问题；当事人需要另行起诉主张实体权利。这样，公证债权文书涉及的实体争议就被从原先对不予执行公证债权文书申请的审查程序中剥离出来，交给执行法院的审判机构负责处理，最终在公证债权文书执行程序中贯彻审执分离原则。

一、申请不予执行公证债权文书的期间设定

因为审执分离原则通过《公证债权文书执行规定》得以贯彻，所以有关申请不予执行公证债权文书的期间的规定，在《公证债权文书执行规定》实施前后是不一样的。对此，我们分别加以论述。

（一）《公证债权文书执行规定》前的期间设定 [1]

鉴于《民事诉讼法》第二百三十八条仅规定了可以申请不予执行公证债权文书，但却没有规定主张该权利的期限，执行终结后提出并要求执行回转，将

---

[1] 本部分涉及的法律法规相关规定均为《公证债权文书执行规定》前的版本。

严重影响正常的执行秩序，也影响了申请执行人债权的实现，所以在规范上应当给出申请不予执行的时限，故《民事诉讼法司法解释》第四百八十一条规定，"当事人请求不予执行仲裁裁决或者公证债权文书的，应当在执行终结前向执行法院提出"。

上述时限是一个不定期时限，根据最高人民法院法官编写的《最高人民法院民事诉讼法司法解释实务指南》的观点，"不予执行申请在性质上是一种抗辩，是对抗请求权的一种防御措施，只有经对方当事人申请进入执行程序后，才能够提出"。从《民事诉讼法司法解释》第四百八十条所规定的公证债权文书确有错误，即不予执行的具体理由类型来看，既有程序性理由，又有实体性理由，故不能单纯认为不予执行申请是一种抗辩权。我们认为，当事人不在执行终结前申请不予执行的，同不参加诉讼导致缺席判决的情形一样，是当事人塑造自己程序性和实体性权利的方式，也是法律用于维护司法严肃性、权威性、稳定性的具体措施。在结果上，"如果当事人在执行程序终结后提出不予执行主张的，人民法院对此应不予审查"。至于为什么是"执行终结前"，最高人民法院法官给出的理由是："（1）对于不予执行的部分事由，当事人得知的时间难以确定。如果规定接到执行通知后的一定时间为提出不予执行的期限，难以保障该部分不予执行事由立法目的的实现；（2）限制于收到执行通知的6个月或30天，缺乏法律依据。"对于实践中存在的执行法院送达执行通知的同时即采取执行措施，导致在极端情形下，被执行人收到执行通知时执行程序即已经终结，来不及提出不予执行申请的情形，我们认为，应当作为上述时限的例外情况，人民法院应当予以审查；《民事诉讼法司法解释》第四百八十一条之所以没有在条文最后明确"不予审查"的法律后果，立意可能就是给予执行法院应对特殊情况的空间。

实践中，已经出现人民法院适用第四百八十一条之规定，对当事人提出的不予执行申请不予审查的情形，如在广州中院就"广州N银行股份有限公司天河支行与广东C燃料有限公司、广州市Q企业发展有限公司等金融借款合同纠纷执行案"作出的（2017）粤01执复126号执行裁定书中，其认为，"Y公司提出不予执行《执行证书》申请的时间实际在本案执行终结前，从化法院适用《民事诉讼法司法解释》第四百八十一条，认为该案执行终结后不能对上述申请作出处理，属适用法律不当"[①]。

[①] 广东省广州市中级人民法院（2017）粤01执复126号执行裁定书。案件来源于中国裁判文书网。

(二)《公证债权文书执行规定》后的期间设定

公证强制执行制度的一个非常重要的特色就是"快",相较于一般的诉讼—执行的程序模式,公证强制执行制度就是在这一模式上打开一个缺口,对法律关系简单的民事纠纷特事特办,提高实现债权的效率。在《公证债权文书执行规定》将有关公证债权文书的争议区分为实体争议和程序争议,而实体争议被该规定推向诉讼程序的情况下,就程序争议强调提出异议的时限就有了制度可能。该规定第十三条第一款之规定,即"被执行人申请不予执行公证债权文书,应当在执行通知书送达之日起十五日内向执行法院提出书面申请"就限定了提出不予执行公证债权文书申请的期间。实际上,这是比照民事一审判决的生效时间来对待《执行证书》,即申请执行人向法院递交《执行证书》申请执行后,执行法院须向被执行人送达执行通知,申请不予执行债权文书公证书的时效即自该执行通知送达被执行人之日起开始计算。

【问题81】未在规定时限提出"不予执行公证债权文书"异议申请的后果是什么?

德阳旌阳法院在受理N银行旌阳支行依据(2016)德市旌证执字第35号执行证书,对龙某某、李甲提起的公证强制执行程序中,于2017年2月27日立案,案号为(2017)川0603执719号,2017年3月28日被执行人龙某某收到法院邮寄送达的执行通知书。德阳旌阳法院在N银行旌阳支行依据(2017)德市旌证执字第15号执行证书,对李乙、龙某某、谢某某提起的公证强制执行程序中,于2017年7月4日立案,案号为(2017)川0603执1727号,2017年7月11日被执行人龙某某收到法院送达的执行通知书。后龙某某向法院提出书面执行异议称,N银行违反法律规定办理最高额担保个人借款合同及赋予该合同强制执行效力,公证抵押合同不是龙某某本人签字,对最高额个人借款合同担保公证强制执行不知情。

德阳旌阳法院在其就"中国N银行股份有限公司德阳旌阳支行申请执行龙某某、李甲、李乙、谢某某公证债权文书案"作出的(2019)川0603执异168号执行裁定中认为,"根据《公证债权文书执行规定》第十三条'被执行人申请不予执行公证债权文书,应当在执行通知书送达之日起十五日内向执行法院提出书面申请……'的规定,本案异议人未在司法解释规定的时间内提出异议;另外司法解释规定,被执行人申请不予执行的情形限制为程序性事项,实体争议则通过诉讼程序进行救济。综上，本院对异议人的申请不予受理"①。值得注意的是，上述裁定的最后，法院是以《执行异议和复议规定》第二条第一款最后一句为依据，即"不符合受理条件的，裁定不予受理；立案后发现不符合受理条件的，裁定驳回申请"。也就是说，该院认为当事人提出的书面不予执行的异议申请不符合受理的条件，而不是不予执行的异议不成立；这是一个程序性的认定，而非实体结论，就相当于法院的驳回起诉，而不是驳回诉讼请求。更为确切地说，异议人龙某某说的抵押合同上不是其本人签字，对公证强制执行这个异议事实是否属实，会在实体法上产生什么法律后果，法院在这个程序中不关心。当事人完全可以另行提起不予执行公证债权文书之诉，从而在该诉讼程序中主张其实体异议，即抵押合同不成立。

分析：德阳旌阳法院驳回异议申请的理由一共有两个：第一，提出异议的时间已经经过，不符合《公证债权文书执行规定》中要求的"送达执行通知后十五日内"的时限要求；第二，异议人提出的是实体性的异议，不是程序性的，故应当通过诉讼途径解决问题。

根据《公证债权文书执行规定》第十二条之规定，"有下列情形之一的，被执行人可以依照民事诉讼法第二百三十八条第二款规定申请不予执行公证债权文书：（一）被执行人未到场且未委托代理人到场办理公证的；（二）无民事行为能力人或者限制民事行为能力人没有监护人代为办理公证的；（三）公证员为本人、近亲属办理公证，或者办理与本人、近亲属有利害关系的公证的；（四）公证员办理该项公证有贪污受贿、徇私舞弊行为，已经由生效刑事法律文书等确认的；（五）其他严重违反法定程序的情形。被执行人以公证债权文书的内容与事实不符或者违反法律强制性规定等实体事由申请不予执行的，人民法院应当告知其依照本规定第二十二条第一款规定提起诉讼"。于是，当事人的异议被分为实体和程序两个类型：程序问题，可以提出不予执行申请，并以执行异议程序受理并审理，最终作出执行裁定决定是否应当不予执行；实体问题，因为"审执分离"的大原则，执行机关不能审理实体问题，故执行异议程序中不审理实体问题，就像案外人执行异议和案外人执行异议之诉的区别一样，执行异议中的听证、复议就只能点到为止地解决程序（公证强制执行）或表面（案外人执行异议）问题。与上述第十二条相配套的规定是，被执行人可以向法院提交执行担保，从而让执行程序先行停下来；然后，由其提起诉讼，审理公证强制执行的实体问题，

---

① 四川省德阳市旌阳区人民法院（2019）川 0603 执异 168 号执行裁定书。案件来源于中国裁判文书网。

例如以上案件中的被执行人是否签署抵押合同（抵押合同是否有效）的问题。所以，对一开始"未在规定时限提出不予执行债权文书公证书的后果是什么？"的问题的回答，应当根据《公证债权文书执行规定》第十二条、第十三条，以及《执行异议和复议规定》第二条之规定裁定"驳回不予执行申请"。

我们在实践中观察到的情况，和《公证债权文书执行规定》中程序设计的目标有些出入：首先，各级人民法院对于是否送达正式的执行通知的处理，各有不同，不予执行的执行异议申请提起的期限起点不容易确定；其次，执行法院很少严格区分实体问题或程序问题，这一点和上述《公证债权文书执行规定》颁布施行不久有关，一线的法官需要时间适应新的规定；最后，即使超出受理期限，少有法院会严格遵循十五日的时限规定。实事求是地讲，没有严格遵守上述规定的内容，受理并将执行申请驳回，由债权人，一般情况下是银行等金融机构另行起诉，相较于严格遵守上述期限和异议类型区分对待的程序规定将异议申请人（即债务人、担保人）的不予执行申请驳回，最终结果上的差异是债权人提起诉讼，还是债务人（担保人）提起诉讼，但人民法院的实际压力要小得多。总之，在这个向左走，还是向右走的立法选择中，少有人真正顾及公证机构的感触和想法。

【问题82】送达执行通知书后，被执行人应向哪个法院申请"不予执行公证债权文书"？

这个问题一般答案很明确，就是执行法院，但在特殊场合下就会变成一个小的程序问题。例如，在"福建省时代H动漫有限公司、福建省时代H建设发展有限公司、福建省S房地产开发有限公司、福建省K房地产开发有限公司、严某、卓某不服四川高院（2016）川执异5号、6号执行裁定复议案"中，债权人Z信托分别就两份公证债权文书向四川高院申请强制执行，该院受理后于2015年12月3日作出（2015）川执字第56号、第61号执行裁定，将该两案指定四川省广元市中级人民法院执行。2016年1月18日，广元中院以（2016）川08执5号、6号执行裁定将该两案指定四川省剑阁县人民法院执行。2016年8月5日，广元中院以（2016）川08执监21号执行裁定将该两案提级至该院执行。

问题来了：被执行人提出不予执行申请，由广元中院审查，还是四川高院？

被执行人认为，"申请不予执行公证债权文书是从程序上对确有错误公证债权文书的不当受理行为提出的执行行为异议，应当由决定立案执行本案的四川高院审查处理"，理由为：（1）根据《执行案件立案、结案意见》第九条第三项和第六项规定，申请公证债权文书不予执行的，应当按照执行异议案件予以立案。(2)根据《执行异议和复议规定》第四条，指定执行、提级执行、委托执行后的，由异议时负责该案执行的法院审查，受指定或者受委托的人民法院是原执行法院的下级人民法院的，仍由原执行法院审查处理。对此，四川高院的处理办法是：(1)执行管辖权异议关系到四川高院受理执行案件是否正确，所以应当由决定受理案件的四川高院审理；(2)对不予执行公证债权文书申请的处理，系根据执行法院对案件的具体审理而决定，四川高院未具体审理执行案件，当然不应当审理这一问题，所以，不予执行公证债权文书的申请，应当交由具体负责该案的广元中院处理。

最高人民法院在其就该案作出的（2017）最高法执复12号、17号执行裁定书中认为：根据《民事诉讼法司法解释》第四百八十一条的规定，当事人请求不予执行公证债权文书的，应向执行法院提出。(1)不予执行公证债权文书的请求与执行行为异议本质上是不同的，其所针对的是执行依据的执行力，审查的是公证债权文书本身是否确有错误，并不涉及人民法院的执行行为。(2)《执行异议和复议规定》第四条规定由原执行法院审查处理的异议，其所针对的是原执行法院的执行行为，规则是"谁的执行行为、谁处理"；《执行案件立案、结案意见》第九条第六项虽然规定以执行异议案件受理不予执行公证债权文书案件，但"并不等于认可其与一般的执行行为异议性质相同"。故，"本案四川高院裁定认为被执行人关于公证债权文书不予执行的申请应向受指定执行的法院广元中院提出，由广元中院具体审查，并无不当"。①

分析：本案被执行人异议申请涉及执行管辖和不予执行两个部分，四川高院审理了执行管辖的异议，这是对法院执行行为的异议，故应当根据《执行异议和复议规定》由原执行法院，即决定受理本执行案件的四川高院审查。而对于不予执行公证债权文书的申请而言，四川高院并未通过听证等程序审理本案，所以不适宜作为审查法院审查处理；而被指定的法院广元中院其本身就在审查本案，故可以由其审查并最终作出执行裁定。这一点，并不涉及原执行法院即四川高院的执行行为错误的问题，因此我们认为，四川高院的裁定正确。

二、审理不予执行公证债权文书申请的程序设置

根据2015年1月1日实施的《执行案件立案、结案意见》第九条第六项的

---

① 最高人民法院（2017）最高法执复12号、17号执行裁定书。案件来源于中国裁判文书网。

规定，对于当事人不予执行公证债权文书的申请，人民法院应按照执行异议案件予以立案，并根据第八条第一项的规定，案件应采"执异字"编号。

广州中院就"广州 N 银行股份有限公司天河支行与广东 C 燃料有限公司、广州市 Q 企业发展有限公司等金融借款合同纠纷执行案"作出的（2017）粤 01 执复 126 号执行裁定书载明，广东省高级人民法院又于 2015 年 4 月 15 日作出的（2015）粤高法执监字第 42 号《执行监督案件办理情况通知书》认为：Y 公司认为据以执行的（2005）穗证内经字第 44817 号《执行证书》错误，应不予执行的问题，依照《民事诉讼法》及其司法解释的相关规定，应按照专门程序审查处理，不宜在执行异议中一并提出。[①] 我们认为，《执行案件立案、结案意见》很明确，对于当事人不予执行公证债权文书的申请，人民法院应当按照执行异议案件立案并审理，并且与其他的执行异议的当事人申请事项一并审理，而不是另行审查处理。不过，从广东高院和广州中院的观点看，在《公证债权文书执行规定》颁布实施前，对于作为执行依据的《执行证书》不予执行的异议，应当按照专门程序审查处理，放在执行异议中一并提出和处理欠妥，这实际上就是将实体问题和程序问题分开审查的一种初步认识。

【问题 83】哪些主体可以提出不予执行公证债权文书的异议申请？

在西安中院、陕西高院审理的"高某某与 C 银行股份有限公司西安新城区支行、陕西 W 矿业安全装备有限公司、榆林市 Z 能源有限公司、白某某借款担保合同公证强制执行异议、复议案"中，高某某以其作为 Z 公司的股东，对 Z 公司以其土地及地上建筑物为 W 公司在 C 银行新城支行的借款提供抵押担保，损害了股东高某某的权益等为由，提出执行异议，理由是 Z 公司和 W 公司的法定代表人都是白某某，所以提供抵押担保违反《合同法》第五十条，应属无效。出具执行证书的陕西省西安市汉唐公证处未有效审查，故其出具的执行证书无执行效力。对此，西安中院认为，高某某就公证文书程序违法问题提出异议，其已超异议十五天的有效期限，故不予审查，遂驳回执行异议申请。

高某某不服西安中院民事裁定，复议至陕西高院称十五天的期限系针对被执行人，而复议申请人高某某并非执行程序的被执行人，故原审法院适用《公证债权文书执行规定》十五天的规定，属于法律适用错误。就此，陕西高院经审理作出（2019）陕执复 176 号执行裁定认为，"《公证债权文书执行规定》第

---

① 广东省广州市中级人民法院（2017）粤 01 执复 126 号执行裁定书。案件来源于中国裁判文书网。

十二条第一款规定,被执行人可以依照民事诉讼法第二百三十八条第二款规定申请不予执行公证债权文书。本案复议申请人高某某不是被执行人,不是申请不予执行公证债权文书的适格主体,依法不能提出不予执行申请"[1]。

分析:《公证债权文书执行规定》对债权人、债务人以及利害关系人的救济,在程序上设置不同。对于债务人、担保人即被执行人,其可以根据《公证债权文书执行规定》第十二条提出不予执行的异议申请,还可以根据第二十二条向执行法院提出不予执行公证债权文书的诉讼请求。对于债权人和利害关系人而言,只能根据该规定第二十四条第一款之规定,"可以就公证债权文书涉及的民事权利义务争议直接向有管辖权的人民法院提起诉讼";债权人和利害关系人在这一诉讼程序当中,提出的是实体权利义务,而不是"不予执行公证债权文书",司法管辖也非执行法院。也就是说,案外人根本没有在不予执行公证债权文书的异议程序中提出不予执行请求的主体资格。

实际上,根据《公证债权文书执行规定》第二十四条另行通知案外人提起的诉讼,既不是公证强制执行程序中,也不是执行程序中的特别诉讼类型,其实际上就是《民事诉讼法》第五十六条第三款规定的,针对公证债权文书的第三人撤销之诉,其提出的事由也是事实与债权文书债务关系内容不符、债权文书存在无效或可撤销的情形。例如,本案中,很明显西安中院的裁判观点并不正确,高某某认为抵押合同属于无效情形,并不是程序违法问题,而是实体问题;高某某作为第三人,可以就 Z 公司与 C 银行的抵押合同无效为由,另行向有管辖权的法院提起合同无效的确认之诉;但是,其并不能作为执行案件的当事人提出不予执行的异议申请。

三、申请不予执行公证债权文书异议审查的内容

根据《公证债权文书执行规定》第十二条之规定,"有下列情形之一的,被执行人可以依照民事诉讼法第二百三十八条第二款规定申请不予执行公证债权文书:(一)被执行人未到场且未委托代理人到场办理公证的;(二)无民事行为能力人或者限制民事行为能力人没有监护人代为办理公证的;(三)公证员为本人、近亲属办理公证,或者办理与本人、近亲属有利害关系的公证的;(四)公证员办理该项公证有贪污受贿、徇私舞弊行为,已经由生效刑事法律文书等确认的;(五)其他严重违反法定公证程序的情形。被执行人以公证债

---

[1] 陕西省高级人民法院(2019)陕执复 176 号执行裁定书。案件来源于中国裁判文书网。

权文书的内容与事实不符或者违反法律强制性规定等实体事由申请不予执行的,人民法院应当告知其依照本规定第二十二条第一款规定提起诉讼"。根据该规定,不予执行公证债权文书程序中审查的事项是程序性法律问题,或其他非实体性的法律问题,不审查实体问题。原因也很简单,不予执行公证债权文书程序是类执行异议的程序,并非诉讼程序,后者更适合审查实体问题并产生实体既判效力。

【问题 84】在不予执行公证债权文书审查程序中,异议人提出实体争议的,人民法院应当如何处理?

在成都铁路中院审理的 H 银行成都分行申请执行先某、四川 S 公司、四川 H 公司、乐山 Y 公司、叶某某公证债权文书执行异议一案中,被执行人先某向执行法院成都铁路中院提出书面异议,请求不予执行四川省成都市蜀都公证处(2017)川成蜀证执字第 1028 号执行证书,其异议理由包括:(1)案涉《委托债权投资协议》,H 银行成都分行为受托人,与案件无直接利害关系,无权申请执行;(2)《抵押合同》是以 H 银行成都分行名义签订的,但其只是受托人,故抵押不发生法律效力;(3)案涉债权投资不是贷款,故对未偿还的融资利息收取复利没有法律依据;(4)执行证书中关系律师费的给付内容不明确,不应予以执行;(5)成都铁路中院没有管辖权。对于先某的异议理由,成都铁路中院一一给予答复,最终驳回了异议申请。先某不服,向四川高院提起复议申请。

四川高院在其作出的(2018)川执复 219 号执行裁定中认为,"先某所提出的不予执行事由中,关于执行证书认定法律关系错误、申请执行主体错误、本案抵押和保证均不发生法律效力以及执行证书计收复利没有法律依据等事由,主要是认为公证债权文书的内容与事实不符、违反法律强制性规定等,均属于实体事由。成都铁路运输中级法院对先某不予执行申请的实体事由进行审查,符合当时的规定。鉴于公证债权文书执行规定已明确规定,对被执行人以实体事由申请不予执行公证债权文书的,不属于执行程序审查范围,应不予审查,先某依法可向成都铁路运输中级法院提起诉讼"。对成都铁路中院以实体事由不成立而驳回先某不予执行申请的裁定内容,应予撤销。最终,四川高院认为"先某关于公证债权文书应不予执行的实体事由依法不属于执行异议复议程序审查范围,应通过诉讼程序处理";除此之外,四川高院仅对先某提出的管辖权、执行申请已过执行时限等程序性异议理由进行审查,并最终裁定"撤销成都铁路中院的执行裁定",驳回了先某提出的不予执行申请。[①]

分析：本案最为引人注意的是四川高院将被执行人提出的实体异议和理由，在成都中院已经审查并作出裁定的情况下，裁定排除在不予执行公证债权文书异议程序的审查范围之外，这样是否恰当？从《公证债权文书执行规定》第十二条的规定来看，规则非常明确，"以公证债权文书的内容与事实不符或者违反法律强制性规定等实体事由申请不予执行的"应借助诉讼程序，不予执行公证债权文书异议程序不解决实体问题；但是，从两审法院的裁定来看，法院之间在观点上也存在分歧。四川高院最终为维护《公证债权文书执行规定》中规定的救济制度，撤销成都铁路中院的裁定；当然，这也十分有必要，否则被执行人另行起诉的时候，受案法院就会遇到如何处理成都铁路中院在异议裁定中的事实和法律认定如何处理的问题。尽管我们在实践中观察到的情况是，很少有执行法院以不予执行的事由是实体问题为由，从而驳回被执行人的不予执行的异议申请；但是，在上述规定非常明确，法院执行机关可以合理、合法地将审查任务"甩"给审判部门、减少工作内容的情况下，我们相信最终越来越多的执行法院会严格遵守上述规定第十二条，不予审查实体争议，作出和本案四川高院一样驳回被执行人不予执行请求的执行裁定。

2019年12月28日，北京高院在其就"北京T投资中心（有限合伙）诉X银行股份有限公司郑州分行、H证券有限责任公司等不予执行公证债权文书复议案"作出的（2019）京执复237号执行裁定中认为"根据《公证债权文书执行规定》第二十二条的规定，T中心复议中所提案外人以其他财产向申请执行人提供担保导致公证债权文书内容与事实不符的复议理由，应当通过诉讼程序处理"，即北京高院也认为实体问题应当另行起诉处理，不应在异议和复议程序中加以解决。

【问题85】实体争议涉及可能存在的第三人的民事权益，法院应如何处理？

在中国D信托有限公司与黄某、王某某公证债权文书执行异议一案中，被执行人黄某称其与D信托公司并无债权债务关系，其系与F金融存在债权关系，故申请不予执行。D信托公司辩称，F金融是该公司的助贷方，是一个第三方的助贷机构，F金融没有放款资格，真正的放贷公司是D信托公司，跟对方签订相关合同的都是D信托公司，并且加盖了该公司印章，包括抵押合同。黄某提供的放款记录也显示260万元其收到了，房屋的抵押登记也显示抵押登记给了

[①] 四川省高级人民法院（2018）川执复219号执行裁定书。案件来源于中国裁判文书网。

D 信托公司。

北京昌平法院经审理，作出（2019）京 0114 执异 379 号执行裁定认为，"有下列情形之一的，债务人可以在执行程序终结前，以债权人为被告，向执行法院提起诉讼，请求不予执行公证债权文书：（一）公证债权文书载明的民事权利义务关系与事实不符；（二）经公证的债权文书具有法律规定的无效、可撤销等情形；（三）公证债权文书载明的债权因清偿、提存、抵销、免除等原因全部或者部分消灭。本案中，黄某以出借人是其他公司，与 D 信托公司没有借款关系为由提出不予执行申请，不属于执行异议的审查范围，其应通过其他法律途径解决。"[1]

分析：本案是人民法院严格遵守《公证债权文书执行规定》第十二条、第二十二条之规定将实体争议留待审判程序加以解决的最好的例证。确实如此，本案中，涉及第三人 F 金融是否享有对被执行人债权的问题，有或没有都不方便在法院就本案作出的执行裁定中加以表述，因为 F 金融并没有参加程序，执行异议程序均不能对 F 金融有或无民事权利作出认定。与此相对，在不予执行之诉中，受案法院即可以通知 F 金融参加诉讼，借此方便作出确认 D 信托公司，而不是 F 金融对被执行人享有债权的实体判决，该判决才会对 F 金融产生实体既判效力。进一步讲，该判决才会在后续 F 金融和 D 信托公司之间的纠纷中，产生既判效力，确定两者之间的权利义务关系。在涉及第三人民事权益的情况下设计民事程序，就需要兼顾该程序在结果上是否会对第三人产生实体法律效果；如果会，则程序就必须有该第三人参加，而执行异议程序显然不适合在程序上就第三人参加程序作出安排。

【问题 86】担保人是否可以以债务人未向其履行反担保承诺为由拒绝履行担保责任？

在西安中院审理的"中国 M 银行股份有限公司西安分行与鄂尔多斯市 N 实业集团有限责任公司借款担保合同纠纷案"中，被执行人提出的执行异议中的一项理由为债务人未依据承诺向其提供反担保，故案涉抵押合同不能予以执行，该理由是否于法有据？

分析：被执行人的上述理由实际上与公证强制执行依据和程序无关，但因实践中多宗公证强制执行案件中被执行人均提出类似的执行异议理由，所以有必

---

[1] 北京市昌平区人民法院（2019）京 0114 执异 379 号执行裁定书。案件来源于中国裁判文书网。

要在这里加以讨论。依据一般的合同法理论,合同所涉权利义务系相对性义务,仅能约束合同当事人,这就是所谓"合同的相对性"。本案中,债权人并非反担保合同的当事人,也未在担保合同中与担保人共同约定将反担保的有效设定作为担保人向债权人承担担保责任的条件,故担保人和债务人之间的反担保关系与债权人无关,不能够作为拒绝履行案涉抵押合同的理由,被执行人提出的执行异议于法无据。

实践中,公证机构应当特别注意审查,担保合同是否将反担保合同的签订并履行,约定为担保人承担担保责任的条件。如果是,那么:第一,应当在办理担保合同的强制执行公证中,提示债权人,并制作询问笔录,告知上述约定的法律效果;第二,审查反担保合同是否签订和履行,即审查担保人向债权人承担担保责任的条件是否成就,并根据审查结果决定是否出具执行证书。

四、人民法院不予执行公证债权文书的事由

(一)2015年《民事诉讼法司法解释》第四百八十条对公证债权文书"确有错误"的解读?

1. 2015年《民事诉讼法司法解释》前不予执行的事由

在2015年《民事诉讼法司法解释》颁布之前,规范上始终没有不予执行公证债权文书的客观标准,人民法院在司法实践中通常用的标准一共有两个:第一,2000年《联合通知》中通过公证赋予债权文书强制执行效力的条件,例如适用范围、执行承诺等;第二,《民事诉讼法》第二百三十八条第二款规定的公证债权文书的"确有错误"。在此基础之上,并没有对什么是"确认错误"有一个规范意义上的解释。

2. 2015年《民事诉讼法司法解释》第四百八十条中不予执行的事由

2015年《民事诉讼法司法解释》第四百八十条给出了"确有错误"的几种情况:(1)公证债权文书属于不得赋予强制执行效力的债权文书的;(2)被执行人一方未亲自或者未委托代理人到场公证等严重违反法律规定的公证程序的;(3)公证债权文书的内容与事实不符或者违反法律强制性规定的;(4)公证债权文书未载明被执行人不履行义务或者不完全履行义务时同意接受强制执行的。说白了,就是将司法解释颁布前不予执行公证债权文书的事由捏在一起形成了统一的规范。除此之外,第四百八十条第二款规定人民法院认定执行该公证债权文书违背社会公共利益的,裁定不予执行,也即"违反公序良俗"也成为不

予执行事由之一。

《公证债权文书执行规定》第十二条第二款规定"被执行人以公证债权文书的内容与事实不符或者违反法律强制性规定等实体事由申请不予执行的，人民法院应当告知其依照本规定第二十二条第一款规定提起诉讼"，而根据2015年《民事诉讼法司法解释》第四百八十条第一款第三项规定，出现"公证债权文书的内容与事实不符或者违反法律强制性规定"的应当裁定不予执行，这两个规定在实体问题的程序处理上：前者要求法院告知被执行人另行起诉，后者要求法院直接裁定不予执行，明显出现矛盾。根据《公证债权文书执行规定》第二十五条第二款规定"本规定施行前最高人民法院公布的司法解释与本规定不一致的，以本规定为准"，即至少《民事诉讼法司法解释》第四百八十条第一款第三项规定应当失效。但在实践中，我们发现，人民法院包括最高人民法院都还在适用《民事诉讼法司法解释》的该项规定。

【问题87】怎么理解公证债权文书的"内容违反法律强制性规定"这一不予执行的事由？

2015年8月27日至2016年5月18日，刘某与J公司通过典当形式6次向J公司借款总计1400万元，并签署了典当合同，典当合同经张掖市公证处公证被赋予强制执行的效力。2017年7月14日，张掖市公证处出具了（2017）张市公执字8号执行证书，J公司向张掖中院申请执行。张掖中院审理后驳回不予执行申请，刘某向甘肃高院申请复议，后者维持张掖中院的执行裁定。刘某向最高人民法院提起申诉。

最高人民法院在审查中发现，刘某和J公司的典当合同的模式是，J公司收取典当月综合服务费2.7%、2.796%，发放当金时一次性扣收第一个月服务费；月利息0.383%、0.404%，当金到期日付清。所以，在其于2018年12月29日作出的（2018）最高法执监375号执行裁定书中认为：（1）J公司不属于从事贷款业务的金融机构，故其发放贷款引发的纠纷应当适用《民间借贷司法解释》；（2）根据《民间借贷司法解释》第二十七条，"借据、收据、欠条等债权凭证载明的借款金额，一般认定为本金。预先在本金中扣除利息的，人民法院应当将实际出借的金额认定为本金"，本案中被一次性扣收的第一个月典当服务费不能计入本金，也不得一次部分计算利息和相关费用，予以执行的应以实际支付的款项为准确定本金；（3）《民间借贷司法解释》第二十六条规定，"借贷双方约定的利率未超过年利率24%，出借人请求借款人按照约定的利率支付利息的，人民法院应予支持。借贷双方约定的利率超过年利率36%，超过部分的利息约定无效。

借款人请求出借人返还已支付的超过年利率 36% 部分的利息的,人民法院应予支持";第三十条规定,"出借人与借款人既约定了逾期利率,又约定了违约金或者其他费用,出借人可以选择主张逾期利息、违约金或者其他费用,也可以一并主张,但总计超过年利率 24% 的部分,人民法院不予支持",本案中,月综合服务费 2.7% 与月利息 0.383% 之和为 3.083%,年息率为 36.996% 既超过了 24%,也超过了 36%,对于"超出司法解释限制"的部分,属于"公证债权文书的内容与事实不符或者违反法律强制性规定"的情形,应当不予执行。[①]请注意,最高人民法院支持了未超出司法解释限制的部分,不予执行的仅仅是超出的部分,我们对最高人民法院实事求是、对于公证债权文书的错误客观务实的态度表示敬意。

分析:最高人民法院于 2018 年 12 月 29 日作出(2018)最高法执监 375 号执行裁定书时,《公证债权文书执行规定》已经生效,并应当作为最高人民法院的裁判依据。

本案中,有三个值得注意的地方:

第一,《公证债权文书执行规定》第十一条将民间借贷的利息分为两种情况:其一,"因民间借贷形成的公证债权文书,文书中载明的利率超过人民法院依照法律、司法解释规定应予支持的上限的,对超过的利息部分不纳入执行范围";其二,"载明的利率未超过人民法院依照法律、司法解释规定应予支持的上限,被执行人主张实际超过的,可以依照本规定第二十二条第一款规定提起诉讼"。也即,利率超过法定上限的情况,被分为载明利率和实际利率两种情况;最高人民法院支持部分执行申请,驳回部分,就是认为存在载明利率超过上限的情形。

第二,利率过高,《民间借贷司法解释》的用词是人民法院不予支持,并不是严格意义上违反法律强制性规定而无效;所以,只要是当事人真实的意思表示,而且人民银行等金融主管部门有关民间借贷利率上限的规定会随国家金融政策而发生变化,利率过高仅仅是一个相对的价值判断问题,所以作为执行依据的公证债权文书几乎没有问题(从公证机构合法性审查的角度看,还是有问题的)。真正违反强制性规定的是执行证书,其在认定本金数额和利息数额问题上与现行法律、司法解释不一致,这就是"明知法院不予支持,还要按照超额利率出具执行证书"的问题了,但执行证书并非执行依据,并不影响作为执行依据的公证债权文书的效力,不能从根本上否定公证强制执行并整体上裁定不予执行。上述内容说明,实际上也是最高人民法院把利率过高这一"实体问题"

---

① 最高人民法院(2018)最高法执监 375 号执行裁定书。案件来源于中国裁判文书网。

放在只审查程序问题的不予执行公证债权文书的异议程序中审查，作为实体和程序分立原则的一个例外的根本原因。但是，对于"砍头息"问题，我们认为是债权人未按约支付所借款项的违约履行问题；如果是自然人之间借款（实践性合同），则是部分约定好的借款合同未成立的实体问题，均系实体问题，则不宜放在专用于审查程序问题的不予执行公证债权文书的异议程序中加以审查，而是应当另行提起诉讼加以处理。

结合《公证债权文书执行规定》第十一条，执行机关结合公证债权文书和《民间借贷司法解释》的利率限制确定给付内容，以及第十二条第二款"被执行人以公证债权文书的内容与事实不符或者违反法律强制性规定等实体事由申请不予执行的，人民法院应当告知其依照本规定第二十二条第一款规定提起诉讼"的规定，一方面执行机关不能因利息约定违反强制性规定而认为公证债权文书错误而裁定不予执行，因为作为执行依据的公证债权文书并没有错误，所以执行机关根据《公证债权文书执行规定》第十条有义务排除过高的利率，最终确定正确的执行给付内容即可；对于砍头息问题，则应当根据第十二条第二款之规定告知被执行人应根据第二十二条提起诉讼，主张因存在"公证债权文书载明的民事权利义务关系与事实不符"或"经公证的债权文书具有法律规定的无效、可撤销等情形"而诉请不予执行部分公证债权文书。实践中，执行机关将利率过高和砍头息两个相近的问题均放在不予执行的执行异议程序中，依据该规定第十条加以处理，节约司法资源，虽然与该规定的精神不符，但也并无不当。

在公证机构核算执行证书载明的执行标的时，对于利率过高的情况，应当向债权人陈述利弊、说服债权人在人民法院支持的利息范围内申请出具执行证书；如果债权人坚持超出人民法院支持的范围出具执行证书，公证机构可以出具《不予出具执行证书决定书》，对债权人的该部分申请不予出具执行证书。债权人对公证机构就部分债务出具《不予出具执行证书决定书》不服的，可以就该部分起诉至人民法院，由法院做最终处理。

第三，最高人民法院在认定利率过高和砍头息两个方面存在问题之后，应径行裁判部分不予执行，而不能裁判完全不予执行。从这方面看，所谓债权文书的内容与事实不符，和法律强制性规定相违背，也存在全部不符、全部违背，和部分不符、部分违背的区别；对于后者，最高人民法院予以支持的态度是正确的，不能径行裁判完全不予执行。

（二）《公证债权文书执行规定》中的规定

人民法院执行机关，根据《公证债权文书执行规定》第十二条之规定，在不予执行异议程序中审查并处理公证债权文书执行的程序问题后,对于公证债权文书的实体问题,则统一推向诉讼程序加以解决:债务人、债权人可以以公证债权文书所载法律关系与事实不符等事由为由,诉至执行法院,由该院的审判机构作出判决后,根据该判决继续执行或不予执行在该院已经启动的公证强制执行。

对当事人可能提出的异议,《公证债权文书执行规定》一共分为三类情况,第一类不符合受理条件的问题,第二类程序性问题,第三类实体问题,在程序上分别采取的是不予受理、裁定不予执行以及另行起诉的处理办法。上述"分而治之"的基本逻辑就是"各司各的职、各操各的心":第一类,由人民法院依职权进行,严格把关,阻止不符合条件的执行申请进入执行程序,具体而言就是不能适用公证强制执行制度的,例如债务类型上是买卖合同中价款支付义务,或没有执行承诺,或没有给付内容或给付内容不明确,或未提交执行证书的强制执行申请。经过初审,一些表面合格的执行申请予以受理,进入执行程序。之后,由债务人提出执行异议,即第二类异议,该部分仅涉及程序问题,核心理由是执行机关不能就当事人之间的实体争议作出裁判,以维护当事人的诉权。具体而言,该部分有效的异议涉及债权文书公证书的效力,例如未办理公证、当事人无民事行为能力且未委托监护人办理公证,公证人员未回避或公证员贪腐等,但不涉及债权文书本身的效力,即使债权文书本身因违反法律的强制性效力规范而无效,执行机关也无权审查。第三类,当事人对债权文书本身的问题,也即实体争议提出的异议,只能向执行机关,或有管辖权的法院提起诉讼加以解决。由受案法院根据当事人的申请,或就当事人之间的实体争议作出具有实体既判力的司法裁判。总而言之,《公证债权文书执行规定》中涉及的审查制度,层层递进,虽然稍显反复,没有之前统一由执行机关加以解决的程序设置显得简洁明确,但符合民事程序法明确分工的整体性要求,突出了程序法统一的价值取向。

【问题88】《关于含担保的公证债权文书强制执行的批复》是否可以作为裁判依据?

Z公司向J小额贷款公司借款,H公司提供连带责任保证,并办理了强制执行公证。后因债务人未履行到期还款义务,J公司申请强制执行。在驳回执行异议申请后的复议程序中,保证人、被执行人H公司提出原审法院引用最高人民法院《关于含担保的公证债权文书强制执行的批复》作为裁判依据,属法律适用错误,该复议理由是否成立?

四川高院在其作出的（2015）川执复字第14号执行裁定书中认为，"最高人民法院对高级人民法院、解放军军事法院就审判执行工作中具体适用法律问题的请示作出的批复，对各级人民法院在审判执行工作中具有指导作用。执行法院在审查原异议人H公司的执行异议中，参照最高人民法院《关于含担保的公证债权文书强制执行的批复》，认定四川省成都市蜀都公证处可以对前述借款合同、保证担保合同进行公证、赋予强制执行效力并无不当，依据《民事诉讼法》第二百二十五条的规定裁定驳回其异议，符合法律规定，应予支持。H公司关于引用最高人民法院批复作为裁判依据，属法律适用错误的申请复议理由不能成立"①。

分析：根据最高人民法院《关于司法解释工作的规定》第五条"最高人民法院发布的司法解释，具有法律效力"，第六条第一款"司法解释的形式分为'解释'、'规定'、'规则'、'批复'和'决定'五种"，故执行法院在执行异议程序中引用的"批复"具有法律效力。根据上述规定第二十七条第一款之规定，即"司法解释施行后，人民法院作为裁判依据的，应当在司法文书中援引"，即人民法院在审判实务中适用并援引批复之规定，故H公司认为《关于含担保的公证债权文书强制执行的批复》不能作为裁判依据的观点错误。在公证强制执行的司法实践中，2008年《公证债权文书内容争议诉讼受理批复》，以及2000年《联合通知》，2017年《关于充分发挥公证书的强制执行效力服务银行金融债权风险防控的通知》都是极为重要的裁判依据；后两个虽然在性质上并非司法解释，但实践中常常作为执行机关作出执行裁定的法律依据。

【问题89】就公证强制执行的执行异议作出的执行裁定案件编号不合规，是否应当驳回执行申请？

杨某某将钱款借给洛阳Y公司，并与之一同申请办理了借款抵押合同强制执行公证。后因债务人未按期还款，杨某某向宜阳县公证处申请出具执行证书并向法院申请执行，宜阳法院送达执行通知书后，被执行人提出执行异议，该院经审查作出了（2015）宜执初字第439-1号民事裁定书予以执行，驳回执行异议。

根据《执行案件立案、结案意见》第九条"下列案件，人民法院应当按照执行异议案件予以立案：……（六）被执行人对仲裁裁决或者公证机关赋予强制

---

① 四川省高级人民法院（2015）川执复字第14号执行裁定书。案件来源于中国裁判文书网。

执行效力的公证债权文书申请不予执行的",第八条"执行审查类案件按下列规则确定类型代字和案件编号:(一)执行异议案件类型代字为'执异字',按照立案时间的先后顺序确定案件编号,单独进行排序",宜阳法院作出的驳回执行异议的执行裁定编号错误,没有使用"执异字",这一错误是否导致复议程序中应当发回重新审查?

洛阳中院在其作出的(2015)洛执复字第35号执行裁定书中认为,"执行法院审查执行异议案件,应按照最高人民法院规定的执行文书样式出具'执行裁定书',并应按照《执行案件立案、结案意见》第八条的规定,执行异议案件类型代字应使用'执异字第×号'编号。宜阳法院的上述'民事裁定书'标题及案件代字编号均不符合法律规范,应予纠正。依据《民事诉讼法》第一百五十四条第一款第(十一)项的规定,裁定撤销裁定、发回重新审查"[①]。

分析:根据《执行异议和复议规定》第二十三条第一款第四项之规定,即"异议裁定遗漏异议请求或者存在其他严重违反法定程序的情形,裁定撤销异议裁定,发回作出裁定的人民法院重新审查",只有在存在严重违反法定程序的情况下,才能发回重新审查。本案中,宜阳法院作出的执行裁定,仅仅是编号不符合法律规范,不应当将之视为严重违反法定程序的情形。另外,我们认为,《执行案件立案、结案意见》不属于司法解释,不宜作为裁判依据。

【问题 90】公证机构部分撤销执行证书,是否导致整个公证债权文书均不得强制执行?

在"申请执行人广州市T农村信用合作社联合社营业部与被执行人广东C燃料有限公司、广州市Q企业发展有限公司、张某某、庚某某、林某某、Y公司借款合同纠纷案"中,被执行人Y公司异议称:"本案原执行依据(2005)穗证内经字第44817号《执行证书》涉及原贷款抵押担保人Q公司的重要内容已被广州公证处自行撤销,并认定该部分行为自始无效。本案借款的主合同因涉刑事诈骗,早已不具备相应法律效力,上述公证债权文书法院应裁定不予执行。"

从广州中院就本案作出的(2017)粤01执复126号执行裁定书所载内容来看,对于Y公司的异议理由,该院认为"从化法院认为,因公证机关只撤销执行证书中涉及Q公司的条款,并未撤销整份《执行证书》,涉及Y公司的执行

[①] 河南省洛阳市中级人民法院(2015)洛执复字第35号执行裁定书。案件来源于中国裁判文书网。

条款仍然有效,故Y公司仍应按执行证书的规定就C公司的债务承担保证责任",广州中院支持了从化法院的观点,其在(2014)穗中法执复议字第109号执行裁定中认为,"Y公司提出执行依据已被撤销的问题,本案执行依据是(2005)穗证内经字第44817号《执行证书》,广州市公证处2010年12月22日作出的撤销决定,仅是撤销该《执行证书》涉及Q公司的执行条款,其他内容不变"[1]。

分析:因为《公证债权文书执行规定》规定公证债权文书是执行依据,而非执行证书;所以,如果依据《公证债权文书执行规定》认定本案,公证机构撤销执行证书部分内容,并不能导致公证债权文书被撤销,该依据依然有效。只不过,执行机关应当依据《公证债权文书执行规定》第五条,对公证机构撤销执行证书部分内容涉及的执行申请,采取不予受理的处理措施;对未撤销的其他部分,因为执行申请符合受理执行申请的条件,应当予以受理并继续执行。如果公证机构部分撤销公证债权文书,则应视为部分执行申请缺乏执行依据,人民法院应当裁定驳回该部分执行申请。

【问题91】人民法院是否能仅对部分执行标的,或部分被执行人裁定不予执行?

H银行成都分行与四川S工程建设公司签署《债权投资协议》,前者向后者债权投资9000万元人民币,除其他担保外,叶某某提供保证担保,其配偶先某在叶某某与H银行成都分行保证合同中声明:"本人已认真阅读本合同的所有条款,知悉并同意保证人为债务人向债权人提供连带责任保证担保,基于该保证的债务为夫妻共同债务,以夫妻共同财产予以清偿。"随后,成都蜀都公证处为上述和相关协议(2014)川成蜀证内经字第189927号公证书,赋予强制执行效力。到期后,H银行成都分行持蜀都公证处开具的(2017)川成蜀证执字第1028号执行证书向成都铁路运输中级法院申请执行。

强制执行过程中,因被列入被执行人,叶某某、先某提出执行异议。其中先某异议称"H银行成都分行与叶某某签订的《保证合同》中,先某只是在一份'共有人申明条款'中表示'本人……知悉并同意保证人为债务人向债权人提供连带责任保证担保,基于该保证的债务为夫妻共同债务,以夫妻共同财产予以清偿',因此,先某并非该《保证合同》的当事人,也无接受公证强制执行的意思表示,《执行证书》将先某列为被执行人显然错误"。就此,债权人H银行成都分行抗辩称,共有人申明条款中"清楚明确地确认了先某作为保证人的身份和与债权人的法律关系,亦明

---

[1] 广东省广州市中级人民法院(2017)粤01执复126号执行裁定书。案件来源于中国裁判文书网。

确了该保证适用保证合同的所有条款,相应的权利和义务清晰且确定,对于该保证合同的公证书以及执行证书认定正确",并且成都中院(2015)成民初字第02277号一审判决认为,"保证人之配偶分别声明该保证的债务为夫妻共同债务,以夫妻共同财产予以清偿,故配偶也应对债务人未偿还的借款本息承担连带保证责任"。

对于被执行人和债权人的上述异议和抗辩,成都铁路运输中院经审理作出(2018)川71执异110号执行裁定书认为,"虽然先某作为配偶签署了保证合同附件之《共有人声明条款》,但先某并非该《保证合同》当事人,其对叶某某对债务承担连带保证责任的同意,并不等同于承诺自己承担债务的连带保证责任,且难以看出先某在该《保证合同》中愿意接受公证强制执行的意思表示。至于债权人是否可基于先某对夫妻共同债务的确认追加为本案被执行人承担连带责任,属于另外法律关系确认问题,在本案中本院不作审查。据此,本院对异议人关于《执行证书》不应当将先某以保证人身份列为被执行人的异议请求予以支持"。最终,该院作出裁定,除了"将先某列为保证人的部分不予执行"之外,剩余部分的执行申请均予以支持。①

分析:本案涉及两个问题:第一,实体上,保证人的配偶在保证合同最后声明愿以夫妻共同财产清偿债务,是否可以将其也视为保证人;第二,程序上,公证强制执行申请,是否可以仅驳回一部分,剩余部分仍然予以支持并得以实施强制执行。

我们认为,对于第一个问题,如果关注该保证人配偶的个人财产,而不是共同财产,就能够很清楚地看到用以承担债务的,不包括非夫妻共同财产的,仅属于夫妻一方的个人财产。本案中,先某和保证人叶某某系夫妻关系,两人的财产分为三个部分:第一,叶某某个人单独所有的财产;第二,叶某某和先某共同财产;第三,先某个人单独所有的财产。在保证合同的承诺中,先某承诺可以以叶某某和先某的共同财产偿债,该承诺涉及上述财产的第二部分,而不涉及第三部分即先某个人单独所有的财产。而先某如果作为保证人,则用于偿债的应当是先某的全部财产,包括其与叶某某共有的财产,和自己单独所有的财产。所以,其在承诺中同意以共同财产承担债务,并不等同于其也是保证人。这样,作为共同财产共有人承诺将共有财产用于承担保证责任,并不代表其用自己个人财产承担债务,或者说其只承诺用自己所有财产中属于夫妻共同财产的部分清偿债务,所以共有人承诺和保证承诺具有明显的区别。所以,成都中院的上述相关判决中的观点明显是值得商榷的:我们认为,如果承诺中"该保证

---

① 四川省成都铁路运输中级法院(2018)川71执异110号执行裁定书。案件来源于中国裁判文书网。

债务"是夫妻共同债务，而不是"该保证的债务"，那么其观点存在正确的因素，因为这里的债务指的就是叶某某因作为保证人而承担的债务；而事实上，承诺中的表述是"该保证的债务"，是可以理解为该保证担保的债务，即主债务，客观上存在当事人将被担保的主债务（即便是公司法人作为债务人）在实质意义上认为是夫妻共有债务的可能性。另外，先某要成为公证强制执行的被执行人（保证人），在程序上需要其填写公证机构的公证申请表，在谈话笔录中重申其执行承诺，在保证合同中（即便是单方担保承诺）也应当有执行承诺。因为，先某不是保证合同首部所列当事人，不大可能作为强制执行公证的申请人之一，故其在程序上不大可能满足成为公证强制执行被执行人的条件。

对于第二个问题，我们认为，公证强制执行是当事人选择实现债权的程序方式，当该方式中有部分执行申请和标的，人民法院经审查存有疑义的，自然可以予以驳回，但是剩余的部分仍然可以径行强制执行。即便执行法院驳回执行申请，申请执行人仍然有权提出"继续执行"的执行异议或向法院另行提起诉讼，寻求诉讼救济。我们认为，在这一问题上应当着重考虑的是法院支持执行申请的部分和驳回执行申请的部分，两个部分之间是否存在相互影响的关系，这取决于债权人对债务人、担保人的实体权利是否可分，或者存在担保关系中第三担保人之间可能存在的相互追偿，或减责免责情形。

第三节　不予执行公证债权文书之诉

一、不予执行公证债权文书之诉的由来

根据《公证债权文书执行规定》第十二条、第二十二条的规定，"以公证债权文书的内容与事实不符或者违反法律强制性规定等实体事由申请不予执行的"，"公证债权文书载明的民事权利义务关系与事实不符""经公证的债权文书具有法律规定的无效、可撤销等情形""公证债权文书载明的债权因清偿、提存、抵销、免除等原因全部或者部分消灭"的，被执行人不能提出不予执行申请，只能向人民法院提起诉讼，这就是"不予执行公证债权文书之诉"。从第二十二条第一款规定的诉讼情形来看，主要涉及三个方面：第一，将《民事诉讼法司法解释》第四百八十条第一款裁定不予执行的第三项理由即"内容与事实不符"换成了"公证债权文书载明的民事权利义务关系与事实不符"，这一换不得了，

又回到了"确有错误"的实质性考察的层面上来。第二，债权文书即合同有法律规定的无效、可撤销等情形，主要是《合同法》第五十二条、第五十四条（《民法典》总则第六章第三节"民事法律行为的效力"）及相关条款，这意味着无效、撤销之后当事人之间的法律关系，需要由人民法院的法官在诉讼程序中加以构造。第三，债权文书中的义务已经全部或部分因"清偿、提存、抵销、免除等原因"消灭。需要注意的是，原因之中没有解除，这一点很好理解，因为就现行规定中公证债权文书的适用范围（主要是借款融资）来看，即使解除，也一般需要按照原合同的约定以实际上的"继续履行"处理合同解除后的法律后果。例如，就借款合同而言，面对债务人未按期还本付息的违约行为，债权人解除合同和要求债务人承担还本付息的违约责任，在结果上并无二致。上述第一、二种情况是公证债权文书载明的法律关系是否与事实相符，是否存在无效或可撤销的情形；最后一种情况，是指动态地讲公证债权文书载明的债务是否清偿完毕。

例如，甲公司向乙银行借款人民币100万元，办理了强制执行公证。后甲公司清偿10万元，剩余未履行还本付息义务。乙银行向公证机构申请出具执行证书；因疏忽，公证机构还是按照甲公司尚未清偿的状态即100万元出具执行证书。人民法院发出执行通知书后，甲公司认为执行证书所载的执行标的金额有误，提出不予执行申请，但因为是实体异议，故为人民法院驳回，并告知甲公司应诉至法院审理。甲公司起诉至人民法院请求不予执行全部的债权，其依据恰好是《公证债权文书执行规定》第二十二条。人民法院经审理，判决对公证债权文书载明债权中已清偿的部分不予执行，也即仅部分支持了甲公司不予执行的诉讼请求。

【问题92】不予执行公证债权文书之诉的基本面目是什么？

2018年12月12日，资阳雁江法院受理了Z公司诉吴某、缪某不予执行公证债权文书纠纷一案。其中，吴某是四川成都蜀都公证处出具的公证债权文书的债权人，而Z公司为债务人，缪某为案外人，该诉原告为Z公司，被告为吴某、缪某。Z公司提出的诉讼请求为：（1）判决不予执行（2017）川成蜀内民字第3747、3748号《债权文书公证书》；（2）请求人民法院判决原告与缪东、原告与吴某之间的借款担保合同无效；（3）请求判令被告返还原告自2013年12月17日至2017年7月1日期间支付的利息1376000元及该款产生的利息119655.45元。

资阳雁江法院经审理，最终作出（2018）川2002民初6120号民事判决书驳回了原告的诉讼请求，但该判决最终为资阳中院以遗漏关键证据为由发回重审。[①]本案的审理有以下值得注意的地方：本案中，原告称其与被告吴某签署借款合同，从头至尾就没有接触过借款，该借款是由吴某直接支付缪某以偿还Z公司拖欠缪某的借款；但Z公司称与吴某签订借款合同时，就已经还清了对缪某的所有借款。对于这一情况，资阳雁江法院认为，缪某并非案涉不予执行公证债权文书中的债权人，其并非本案适格主体（《公证债权文书执行规定》规定为债权人），Z公司是否在向缪某还款过程中多支付借款本金或利息一事，与本案审理的公证债权文书是否应当不予执行无关，Z公司应当另行主张。

分析：不予执行公证债权文书之诉，是《公证债权文书执行规定》新规定的一种案件类型，专门处理公证债权文书因实体瑕疵导致不应当予以执行的问题。从案件的受理时间来看，本案可能是这类案件中最早的由人民法院受理的一批案件之一。本案中，我们认同资阳雁江法院认为Z公司是否多给缪某还钱的问题与本案无关的观点，以及缪某不应当是案件的适格主体的观点。但是，本案还有两处值得讨论的地方：

第一，本案判决所列查明确认的事实中，始终没有债权人吴某是否向缪某支付款项100万元的事实，仅仅根据Z公司给吴某的收条，而对Z公司提出的"以没有实际收到借款100万元而否认被告吴某未履行合同义务的事实"不予采纳。按照我们的执业经验，公证机构出具执行证书必须有支付借款的转款凭证；假设本案因系民间借贷，没有转款凭证，审判法院最起码也应询问缪某是否收到该笔款项，并做以记录。而Z公司可凭借上述记录和认定，在其与缪某进行的民间借贷的另案诉讼中，主张多付款项返还不当得利，或主张已经借此履行了还本付息义务。

第二，缪某不是公证债权文书的当事人，不能作为案件的当事人，是否可以作为第三人？我们认为可以，如上所述，在无转款凭证等其他客观证据的情况下，法院根据缪某所述即认定吴某已经以向缪某支付100万元的方式履行向Z公司的借款支付义务，那么驳回不予执行公证债权文书的诉讼请求的判决结果就自然而然。但是，该结果会引发缪某在其与Z公司的另案诉讼中因为上述100万元的认定而负有相应的义务，让缪某承担这些义务的正当性理据实际上就一部分来自缪某在上述诉讼中的第三人的法律地位。

通过本案，解决了两个问题：第一，应当提出什么样的诉讼请求，审理的核心始终在于是否应当不予执行公证债权文书，所以诉讼请求首先是"不予执行公

[①] 四川省资阳市雁江区人民法院（2018）川2002民初6120号民事判决书。案件来源于中国裁判文书网。

证债权文书"。《公证债权文书执行规定》第二十二条将当事人提出"不予执行公证债权文书"申请的原因确定为公证债权文书载明的权利义务与事实不符，经公证的债权文书具有无效、可撤销的情形，以及公证债权文书中的债权已因清偿、抵销、免除、提存而消灭，其中可以作为诉讼请求单独提出的为"请求确认经公证的债权文书无效，或请求撤销该债权文书"，其他两项均为用于支持"不予执行公证债权文书"的诉请而请求法院确认的事实，不必单独提出诉讼请求。

第二，参与诉讼程序的并不仅仅是《公证债权文书执行规定》第二十二条所列的公证债权文书的债务人（原告）、债权人（被告），还包括第十二条第二款中的除债务人之外的其他"被执行人"，包括保证人和抵押质押人。另外，参与诉讼的还有第三人，因为第二十二条第一款所述的第三个事项中的债权消灭事实中，如果债务人是通过向第三人履行而清偿债务的，则法院在审理中确认债务已因清偿而消灭的事实，就与第三人有关，本案就是最好的例证。

二、不予执行公证债权文书之诉的程序安排

（一）不予执行公证债权文书之诉具体要素

根据《公证债权文书执行规定》第二十二条之规定，不予执行公证债权文书之诉具体要素为如下。

1. 原被告：原告为债务人，我们认为也应当包括担保人；被告为债权人，注意这里没有提及是申请执行人，因为实践中可能存在连带债权人的情况，其并未提起诉讼，此时需要作为被告出现，因为随后产生的法院判决会对其产生既判力。

2. 管辖法院：执行法院（审执分离的必然结果，从另一个角度说，这个诉讼就是"执行异议之诉"的一种）。

3. 提起诉讼的时效：必须在执行程序终结前，是否包含"对本次执行程序的终结"即终本程序，有待进一步考证；我们倾向于这里的"终结"不包括"终本"。例如，王某某向凌源法院提起诉讼，诉请"不予执行凌源市公证处出具的公证债权文书"，理由是其虽然与被告柏某某（申请执行人）签订《抵押担保借款合同》，但该合同未实际履行，其未收到被告借款，故借款关系不存在。凌源法院经审理认为"被执行人申请不予执行公证债权文书，应当在执行通知书送达之日起十五日内向执行法院提出书面申请，并提交相关证据材料。本院执行局于2019年3月8日向原告送达执行通知书，而本案原告向本院提起诉讼的

时间为 2019 年 5 月 15 日，已经超过法定期限，故原告的起诉不符合法律规定，应予驳回"。很明显，凌源法院将对程序问题的异议和就实体问题提出的起诉两个程序混淆了。合同双方都是自然人，支付借款与否关系到自然人借款是否生效，故被执行人王某某提出未收到借款的事由涉及实体法律关系，应当在执行终结前以诉讼的方式加以解决。经王某某上诉，朝阳中院经审理作出（2020）辽 13 民终 640 号二审民事裁定书撤销一审裁定，指令凌源法院审理本案，并在裁定中指明应对诉讼争议所包含的法律关系及其性质一并审查判定。①

4. 执行担保：《公证债权文书执行规定》第二十二条第二款规定，"债务人提起诉讼，不影响人民法院对公证债权文书的执行。债务人提供充分、有效的担保，请求停止相应处分措施的，人民法院可以准许；债权人提供充分、有效的担保，请求继续执行的，应当继续执行"，也就是说法院系统是在原则上肯定公证债权文书的效力的，债务人提起诉讼需要停止执行的，需要提供执行担保。从这个角度来看，不予执行公证债权文书之诉，更像是审判监督程序的一种。

5. 诉讼请求：在诉讼请求方面，不予执行公证债权文书之诉必须有"不予执行公证债权文书"或"部分不予执行公证债权文书"这一诉讼请求。除此之外，还可以根据实际情况提出确认合同全部或部分无效，撤销合同，确认债务因抵销、提存等部分消灭等。

在法院确认债权文书全部或部分无效、可撤销的情况下，债权人要求债务人根据《民法典》第一百五十七条承担损失赔偿的缔约过失责任的：从《公证债权文书执行规定》第二十三条第二款"当事人同时就公证债权文书涉及的民事权利义务争议提出诉讼请求的，人民法院可以在判决中一并作出裁判"的规定看，似乎债权人可以在该诉讼程序中提出赔偿请求。但是，债务人的该等请求，必须是以"反诉"方式，并且是在认可债务人"不予执行"诉请的情况下提出，这恰恰与债权人执行申请背道而驰。

（二）不予执行公证债权文书的实体事由

不予执行公证债权文书之诉实际上解决的是公证债权文书不能或不适合作为执行依据的实体问题，或者讲，该程序的功能是审查并确定是否应否定公证债权文书作为有效执行依据的问题。我们认为，应当分为两种情况。

---

① 辽宁省朝阳市中级人民法院（2020）辽 13 民终 640 号民事裁定书。案件来源于中国裁判文书网。

第一，公证债权文书不能作为执行依据，即特指公证债权文书所涉债权文书无效、可撤销、虚假、不发生法律效力等情形，公证债权文书不能作为确定当事人实体权利义务关系的依据。或者说，债权文书在办理赋强公证时即与当事人之间的权利义务不一致。例如，债权人甲与H公司签订连带责任保证担保的保证合同，但H公司并未就对外担保事项做出公司决议，故保证合同根据《担保制度司法解释》第七条而无效。此时，债权人和H公司的权利义务内容仅仅是根据《担保制度司法解释》第十七条分担债务人不能清偿债务造成的损失。而不是如保证合同载明的那样，债权人有权在债务履行期限届满后要求H公司承担连带保证责任。这样，公证债权文书自然不能作为执行依据，人民法院即应作出不予执行的判决。

【问题93】自然人借款中未实际支付借款，公证债权文书还能作为执行依据吗？

2019年10月22日，连云港市连云区法院受理刘某某诉贺某某不予执行公证债权文书纠纷一案，原告诉请：（1）请求不予执行连云港公证处作出的（2014）连港证民内字第2918号《具有强制执行效力的债权文书公证书》和（2015）连港证执字第197号《执行证书》；（2）被告承担本案的诉讼费用。该院经审理查明：（1）2014年12月26日，刘某某向贺某某出具了内容为"今借贺某某现金人民币计贰拾万元整"的《借条》1张；之后，原、被告就前述《借款合同》上约定的抵押房产签订了《房地产抵押合同》并办理了抵押登记手续。（2）2015年11月债权人贺某某至公证处申请签发《执行证书》，谈话笔录中称约定借款已经如数发放给刘某某，证据是2014年12月26日的借条。就此，公证机构向刘某某邮寄《核实信函》，刘某某未按信函要求提出异议，公证机构遂制发执行证书。

但是，连云区法院查明事实为"债权人并未如借条所载和其在公证书所述在2014年12月26日给付刘某某现金20万元。贺某某向公证处要求出具执行证书时隐瞒事实，故公证处（2015）连港证执字第197号执行证书所查明的事实明显与客观事实不符"，最终该院作出（2019）苏0703民初2471号民事判决认定：（1）本案被告贺某某作为债权人凭公证债权文书向本院申请强制执行，执行程序尚未终结，故原告依据《公证债权文书执行规定》第二十二条第一款"债务人可以在执行程序终结前，以债权人为被告，向执行法院提起诉讼，请求不予执行公证债权文书"的规定，提起本案诉讼，要求不予执行公证债权文书，有法律依据；（2）不予执行（2014）连港证民内字第2918号《具有强制执行效力的债权文书公证书》，包含（2015）连港证执字第197号《执行证书》；（3）根据《公证债权文书执行规定》第二十三条第二款"当事人同时就公证债权文书涉的民事权利义务争议提出诉讼请求的,人民法院可以在判决中一并作出裁判",本案原、被告在本案中均未就涉案公证债权文书涉及的民事权利义务争议提出诉讼请求,且本案原、被告之间借贷纠纷涉及多笔借款,并非本案所涉一张借条,故在本案中本院不予对原告是否尚欠被告款项以及金额一并作出裁判。①

分析:本案是典型的"不予执行公证债权文书之诉",审理的就是公证债权文书是否确有错误,其最大的功能就是以判决的方式得出结论,最终定分止争。本案中,债权人和债务人均系自然人,自然人之间的借款关系自出借人实际向借款人支付所借款项时生效;故,债务人提出不予执行的理由是,债权人并未支付所借款项,导致借款合同并未生效,所以就未生效的债权文书出具的公证债权文书不能作为执行依据,法院应当裁定不予执行公证债权文书。尽管连云区法院作出判决的事实依据应当为"公证债权文书载明的权利义务关系与事实不符",而非"公证处(2015)连港证执字第197号执行证书所查明的事实明显与客观事实不符",但判决在结果上并无问题。需要注意的是,如出借人仅仅是未支付部分出借款项,或出借人因收取"砍头息"而导致部分出借款项数额不应予以确认,那么人民法院也仅应判决部分不予执行公证债权文书,而不能判决全部不予执行。

另外,实际上债务人在提出不予执行公证债权文书的诉讼请求的同时,还可以提出当事人之间借款合同关系确定不发生法律效力的诉讼请求。借此,可避免债权人在不予执行判决后,另行以借款合同再次提起诉讼。

第二,公证债权文书不再适合作为执行依据,即指公证债权文书虽然没有问题,但因债务已经清偿、提存、抵销或免除而全部或部分消灭,或因赋强公证后发生的法律事实导致公证债权文书已经不再适合全部或部分作为执行依据。或者说,在执行机关根据公证债权文书执行时,当事人之间的权利义务与公证债权文书载明的权利义务存在不一致,这也是最高人民法院在《公证债权文书执行规定》第二十二条中确定债务人最迟可在执行终结前提起不予执行公证债权文书之诉的原因之一。例如,当事人自公证机构出具公证债权文书后通过补充协议等改变了债权文书的内容,或者保证人因保证期间届满而不再承担保证责任,又或者第三人担保人因债权人放弃债务人全部或部分担保物权而不再全部或部分承担担保责任等情形;这些,都会导致当事人之间的权利义务关系与公证债权文书载明的权利义务不一致,公证债权文书也就不再适合全部或部分作为执行依据。

---

① 江苏省连云港市连云区人民法院(2019)苏0703民初2471号民事判决书。案件来源于中国裁判文书网。

【问题 94】合同在债权文书公证后发生变更，公证债权文书还适合作为执行依据吗？

王某某、桑某某与 X 公司签订《房地产抵押典当合同》，经申请，上海市黄浦区公证处作出（2014）沪黄证经字第 5939 号公证书。后因债务人王某某、桑某某未能按期归还当金及利息等，X 公司申请出具执行证书后向人民法院申请强制执行。执行终结前，王某某、桑某某提起诉讼，请求不予执行公证债权文书，理由是"《执行证书》为无效的公证债权文书，因其所依据的《房地产抵押典当合同》作出的执行标的包括了本金、逾期利息、综合费用以及罚息，其中计算利息的月利率为《房地产抵押典当合同》中约定的 3.2%，明显高于法律允许范围，属于高利贷；逾期利息和罚息重复计算并且计算方式错误；涉案房产作为典当物品一直由两原告居住管理，被告未对该房产提供管理和服务，且房产已绝当，被告不应收取综合费用"。上海青浦法院经审理作出（2019）沪 0118 民初 22061 号民事判决认为，"《房地产抵押典当合同》签订后双方签订《续当合同》，对典当期限和纠纷的解决重新进行了约定，故《续当合同》是对原《房地产抵押典当合同》相关条款的变更，而不是补充。双方之间的典当合同关系依据《续当合同》继续履行，但《续当合同》并未约定赋予强制执行效力，而是约定通过诉讼途径解决，故被告申请强制执行的《执行证书》对两原告没有效力，应当不予执行，被告可另行通过诉讼途径要求两原告承担相应的法律责任"，并判决不予执行公证债权文书。①

分析：本案中所述的情况是实践中一种比较普遍的情况，即经公证赋予强制执行效力的债权文书，后经当事人合意而变更，此时原债权文书的公证书即不适合再作为执行依据。具体而言，本案中的执行依据是公证机构依据《房地产抵押典当合同》作出，但该合同中的权利义务因《续当合同》而变更，故房地产抵押典当合同的公证债权文书自然不能再作为执行依据，因为续当合同涉及的变更的权利义务未经公证机构进行真实性、有效性、合法性的审查，也未经当事人执行承诺进行程序选择。这在不予执行的法定事项上，应为《公证债权文书执行规定》第二十二条第一款第一项所规定情形，即房地产抵押典当合同的公证债权文书所载明的权利义务已经与经续当合同变更的权利义务不一致。需要注意的是，上述情况与公证债权文书确有错误完全没有关系，仅仅是从程序性的其是否能够作为执行依据的角度去观察公证债权文书。

---

① 上海市青浦区人民法院（2019）沪 0118 民初 22061 号民事判决书。案件来源于中国裁判文书网。

【问题95】保证人因保证期间届满而不再承担保证责任，公证债权文书还适合作为执行依据吗？

2013年9月11日，史某某夫妇向陆某某借款350000元，借款期限为2013年9月11日至2014年3月10日，李某为该借款提供保证担保，《保证合同》第四条保证期间约定：保证额度和信用额度的有效期为半年；同时约定债务人分期履行还款义务的，保证期间计至最后一期债务履行期限届满之日止等内容。各方向新疆库尔勒市公证处申请出具了（2013）新库经证字第5483号《具有强制执行效力的债权文书》。后因债务人未履行还本付息义务，经陆某某申请，库尔勒市公证处出具了（2015）新库经证字第4085号《执行证书》，陆某某遂向法院申请强制执行。

因保证合同第四条同时存在关于保证额度与保证期间的约定，李某认为，"半年"系保证期间的约定，故保证期间至2014年9月10日已经届满，债权人在此期间未向其请求承担保证责任，故保证债权已经消灭。所以，李某向一审法院起诉请求不予执行库尔勒市公证处出具的（2015）新库经证字第4085号《执行证书》。一审法院经审理认为"案涉《借款合同》《保证合同》经公证并赋予该合同强制执行效力，陆某某可以在借款期满后两年内申请法院强制执行。陆某某在期限内申请强制执行，并未超出法律规定的期限。李某主张本案已经超过保证期间，应予免除担保责任，因本案（2013）新库经证字第5483号《具有强制执行效力的债权文书》属于生效法律文书，当事人在法定期限内有权申请法院强制执行，本案没有适用保证期间的客观条件，李某该主张没有法律依据"，遂一审驳回李某的诉请；二审法院持相同观点，维持了一审判决。

李某不服二审判决，遂再审申请至新疆高院。新疆高院经审理认为"《具有强制执行效力的债权文书》系对案涉《借款合同》《担保合同》的真实性、合法性的背书，并赋予其强制执行力。但是，其不会对案涉《借款合同》《担保合同》中各方约定的责任范围、责任承担条件、承担责任的期间做出任何变更。因此，作为双方之间基础法律关系的保证法律关系包含的权利义务内容仍由双方签订的《保证合同》确定。本案中，保证人承担连带责任保证的截止日期仍为通过案涉《保证合同》和《担保法》相关规定确定的保证期限截止日期，即2014年9月10日。该公证文书所记载的保证债务之保证责任期限已过，人民法院需要进一步审查陆某某是否在保证责任期限内请求过李某承担保证责任进而确定李某是否仍需承担保证责任"。遂裁定指令二审法院再审本案。

二审法院经再审审理认为，保证期间已经经过，李某的保证责任已经免除，故判决不予执行（2015）新库经证字第4085号《执行证书》中李某承担的保证责任。债权人陆某某不服再审判决，向新疆检察院申诉。新疆检察院作出新检民监（2021）65000000014号民事抗诉书，向新疆高院提出抗诉。新疆高院作出（2021）新民抗42号民事裁定，提审本案，经审理作出（2021）新民再221号民事判决书认为：(1)《最高人民法院关于适用〈中华人民共和国民法典〉时间效力的若干规定》第五条规定："民法典施行前已经终审的案件，当事人申请再审或者按照审判监督程序决定再审的，不适用民法典的规定。"本案系民法典施行前已经终审的再审案件，应适用当时的法律、司法解释的规定，即《担保法司法解释》第三十二条第二款，"保证合同约定保证人承担保证责任直至主债务本息还清时为止等类似内容的，视为约定不明，保证期间为主债务履行期届满之日起二年"。(2)"保证合同第四条中，从字面上理解，'额度'与'期间'的含义不同。双方关于保证额度和信用额度有效期为半年的约定，不能证明双方约定的保证期间为半年。李某据此主张案涉《保证合同》中双方对保证额度的约定就是对保证期间的约定，其保证额度有效期为半年，保证期间就是半年，合同依据和法律依据不足。"所以，保证合同中有关保证期间的约定不明确，应为主债务履行期限届满之日起两年，即至2016年3月10日为止。故，2015年1月7日陆某某申请库尔勒市公证处出具案涉《执行证书》向李某主张权利时，尚在保证期间之内。再审判决认定李某保证期间已经届满，保证责任已经免除系对双方在案涉《保证合同》中对保证期间约定的理解和解释错误，导致适用法律错误，处理结果不当，应予纠正。(3)一审、二审判决以陆某某申请法院强制执行公证债权文书未超出法律规定的期限，本案没有适用保证期间的客观条件为由，认定李某主张本案已过保证期间没有法律依据，混淆了不同性质的法律概念，本院予以纠正。①

分析：本案的审理，历经一审、二审、再审申请审查审理、再审指令二审法院再审、高院再审提审五次审理，过程中存在多处错漏：(1)一审、二审法院将公证债权文书作为生效法律文书的执行时效，和确定保证责任的保证期间相混淆，实属不应，这是担保制度中的基本问题。(2)巴音郭楞蒙古自治州中院再审判决中，判决不予执行的应当是(2013)新库经证字第5483号《具有强制执行效力的债权文书》中的部分内容，而不应当是(2015)新库经证字第4085号《执行证书》。(3)新疆高院在第一次审理，即审查再审申请时认为保证期间至2014年9月10日届满，是一种错误认识；而且，在决定指令下级法院再审的情况下，不应当在再审裁定书中确定保证期间的最终届满日期。最后，新疆高

---

① 新疆维吾尔自治区高级人民法院(2021)新民再221号民事判决书。案件来源于中国裁判文书网。

院也是在新疆检察院抗诉后，才纠正了自己错误的观点。从实践看来，最高人民法院通过《公证债权文书执行规定》将实体问题置于诉讼程序加以审查，实为必要。

需要注意的是，根据《民法典》第六百九十二条第二款之规定，当事人没有约定或约定不明的，保证期间为主债务履行期限届满之日起六个月；这一规定，与本案中新疆高院适用的《担保法司法解释》第三十二条第二款二年的规定不同，这也是新疆高院在本案中适用《最高人民法院关于适用〈中华人民共和国民法典〉时间效力的若干规定》的原因。

根据《民法典》第五百七十七条之规定，合同关系中，债务人违反合同义务，则须承担继续履行、采取补救措施或赔偿损失的违约责任。针对债务人违约展开的权利救济，人民法院依据债权人申请强制执行，所实现的是债权人请求债务人承担违约责任的权利。《公证债权文书执行规定》第三条明确规定公证债权文书是执行依据，意味着人民法院的强制执行均须恪守公证债权文书（即经公证赋予强制执行效力的合同）所载明的权利义务。也即，公证强制执行帮助债权人实现的债权，在内容上是合同载明的合同权利，强制义务人履行的也应是合同载明的合同义务。其间，债务人应履行的合同义务，和其违约后应承担的违约责任，在内容上须具有一致性，否则公证债权文书不可能成为人民法院的执行依据，最终完成针对债务人违约给予债权人的司法救济。所以，结果上，只要强制执行实现和强制的，在内容上不是债权文书载明的权利和义务，则公证债权文书即无法作为执行依据。在这一点上，"公证债权文书载明的民事权利义务关系与事实不符"作为不予执行的法定事由，是一个具有总括性质的事由。可以说，第二十二条第一款第一项相较于第二项"经公证的债权文书具有法律规定的无效、可撤销等情形"、第三项"公证债权文书载明的债权因清偿、提存、抵销、免除等原因全部或者部分消灭"，具有兜底条款的性质。

三、不予执行之诉中的"民刑交叉"问题

在民事诉讼程序中，"民刑交叉"是一个非常棘手的实践问题。我们认为，《公证债权文书执行规定》相较于之前的、在执行中就公证债权文书实体问题作以处理的程序模式，有以下可取之处：第一，在民事法律上，实际上需要考虑的是，刑事案件所涉行为，甚至是犯罪行为，是否可以作为法律事实建立、变更和消灭民事法律关系。也即，"民刑交叉"中的"刑事犯罪行为"最终在民事

法律关系中引起的是一个实体争议。第二，公证债权文书执行异议程序中，不处理实体问题，即使有"民刑交叉"问题，也只会被《公证债权文书执行规定》第二十二条、第二十四条归纳为内容与事实不符，以及无效或可撤销等几个类型化的问题。这样，一方面明确和简化了人民法院处理此类问题的思路和模式，另一方面避免和之前一样在执行程序中无法分清是民事还是刑事的问题。第三，通过另行起诉，对执行程序和另诉程序进行隔离，最大可能避免执行程序受到所谓刑事问题的影响。

【问题96】《公证债权文书执行规定》如何处理民刑交叉问题？

在"关某某与黄某某执行异议之诉二审案"中，上诉人关某某，不服上海闵行法院作出的（2019）沪0112民初42560号民事判决向上海一中院提出上诉请求：撤销原审判决，改判不予执行（2014）沪东证字第21873号公证债权文书。理由为：（1）本案民间借贷涉嫌"套路贷"诈骗，被上诉人系诈骗同伙，上诉人已经向公安机关报案，虽因证据原因，检察院对黄某某作出存疑不起诉决定，但该诈骗案件已由检察院提起公诉，并在审理过程中，黄某某仍存在诈骗嫌疑，本案债权金额系虚假银行流水，属于诈骗情节，故执行依据的公证债权文书公证内容不合法，具有无效情形。（2）借款合同约定借款本金为165万元，但在借款当日，被上诉人收取两个月利息82500元，公证债权文书确认的借款本金涉及"砍头息"；借款合同约定利息1.5%，依此计算，两个月利息应为48500元，公证机关对借款的真实性、合法性及其利息部分未经审查即作出公证债权文书，符合《公证债权文书执行规定》第二十二条第一款第一项、第二项规定不予执行的情形。黄某某辩称，借款当日收取的利息82500元，业已认同且从借款本金中扣除。

2014年10月，黄某某持东方公证处出具的公证书及执行证书申请强制执行，闵行法院立（2014）闵执字第9147号案执行。执行中，轮候查封了被执行人关某某名下二处房产，并裁定终结本次执行程序。对于黄某某，2019年7月8日，上海闵行检察院出具沪闵检三部刑不诉（2019）161号不起诉决定书："虽然被不起诉人黄某某经他人安排向被害人关某某放款，但现有证据尚无法证实其明知他人对被害人实施'套路贷'诈骗的情况下仍提供资金。其提供资金的目的在于获取高额利息，但无法证实其以'借款'为名、行非法占有被害人财物之实。因此，在无法证明被不起诉人黄某某有诈骗故意的情况下，仅以其提供资金获得高额利息来定罪明显违反了刑法的谦抑性原则。……决定对黄某某作存疑不起诉……"

一审闵行法院认为，根据《公证债权文书执行规定》第二十二条第一款，"有下列情形之一的，债务人可以在执行程序终结前，以债权人为被告，向执行法院提起诉讼，请求不予执行公证债权文书：（一）公证债权文书载明的民事权利义务关系与事实不符；（二）经公证的债权文书具有法律规定的无效、可撤销等情形；（三）公证债权文书载明的债权因清偿、提存、抵销、免除等原因全部或者部分消灭"，故应就（2014）沪东证字第21873号公证书及（2014）沪东证执字第235号执行证书结合以上三个方面进行审查是否应予执行。然后根据《公证债权文书执行规定》第二十三条第一款的规定：对债务人依照本规定第二十二条第一款规定提起的诉讼，人民法院经审理认为理由成立的，判决不予执行或者部分不予执行；理由不成立的，判决驳回诉讼请求。对于当事人之间的借款关系，"自然人之间的借款合同，自贷款人提供借款时生效。以银行转账、网上电子汇款或通过网络贷款平台等形式支付的，自资金达到借款人账户时自然人之间的借款合同生效。本案当事人之间的《借款合同》系双方真实意思表示，且内容未违反法律、行政法规强制性规定。上海市闵行区人民检察院对此亦认定黄某某提供资金的目的在于获取高额利息，但无法证实其以'借款'为名、行非法占有被害人财物之实。黄某某根据《借款合同》，作为出借人向关某某提供了约定的款项，该合同自款项到达关某某账户之日起生效，本案中，关某某并未提交证据证明基于其与黄某某民间借贷形成的公证书存在法律规定的无效、可撤销情形，故上海市东方公证处出具的公证书应属合法有效"。最终，上海一中院作出（2020）沪01民终6996号终审判决维持了闵行法院的判决。[①]

分析：从上面的案例，可以看到，原本复杂的"民刑交叉"问题，在《公证债权文书执行规定》框架内，被归纳为刑事案件的认定和处理结果是否符合《公证债权文书执行规定》第二十二条"不予执行"的法定事由，从而导致执行法院作出不予执行的判决内容。要知道，根据《公证债权文书执行规定》第十二条之规定，即使是债务关系违反法律强制性规定，也只能由债务人经《公证债权文书执行规定》第二十二条向执行法院提起诉讼请求不予执行。在整个公证债权文书强制执行程序中，根据《公证债权文书执行规定》的规定，执行机关自己没有根据实体原因依职权主动裁定不予执行的权利。简言之，《公证债权文书执行规定》构建的规范体系，最大限度地确保了公证债权文书在不受"民刑交叉"问题干扰的情况下得以顺利执行。

---

① 上海市第一中级人民法院（2020）沪01民终6996号民事判决书。案件来源于中国裁判文书网。

四、不予执行公证债权文书之诉的结论

如前文所述，不予执行公证债权文书之诉解决的是公证债权文书不能，或不适合再作为执行依据的问题。如出现《公证债权文书执行规定》第二十二条所述公证债权文书载明的权利义务与事实不符（导致不能作为执行依据——如名为借贷实为买卖；不适合——如当事人通过补充协议变更了债权文书的权利义务），经公证的债权文书具有法律规定的无效、可撤销等情形（导致不能作为执行依据，因为债权文书自始无效），公证债权文书载明的债权因清偿、提存、抵销、免除等原因全部或者部分消灭（导致不能作为执行依据）的情形，则受案人民法院应当判决不予执行公证债权文书。当然，人民法院可以根据实际情况判决部分不予执行公证债权文书。

【问题97】公证债权文书符合部分不予执行情形时，人民法院应如何处理？

刘某某、图某与北京市H典当行有限责任公司签署《房（地）产最高额典当借款合同》，并于北京方圆公证处办理强制执行公证。因刘某某、图某未按约履行还款义务，H公司在申请公证机构出具执行证书后向人民法院申请强制执行。而刘某某、图某就该公证强制执行，向执行法院提出不予执行公证债权文书之诉。北京朝阳法院经审理认为，"原告以涉案公证书载明的典当金额与实际收到的典当金额不一致，执行证书确认的综合费用、罚息及违约金计算标准及起算日期有误，公证费应以票据为准为由，请求对涉案公证书及执行证书不予执行。结合在案查明及认定的事实，本院认为涉案执行证书未查明当金的实际放款日期，且确认的综合费用、罚息及违约金计算标准过高、起算时间有误，导致执行标的与事实不符，应当部分不予执行，据此确认继续执行的标的为：1.典当借款本金……；2.综合费用、罚息及违约金……；3.公证费……"，并最终作出（2020）京0105民初68626号民事判决书，判决仅执行证书中载明的部分执行标的，其余部分不予执行。[①]

分析：鉴于公证债权文书是在债权文书载明债权债务关系建立时即出具，当事人对合同的履行，在结果上很有可能与债权文书载明的权利义务有出入；如果将后续履行过程中造成的不一致均认为是"公证债权文书载明的权利义务关系与事实不符"，则将有很多公证债权文书无法强制执行。对此，《公证债权文书执行规定》必须务实地面对这一客观现实，其对策是：第一，在第十条中赋予人

[①] 北京市朝阳区人民法院（2020）京0105民初68626号民事判决书。案件来源于中国裁判文书网。

民法院根据公证债权文书和执行申请确定执行内容，这就可以解决因合同履行导致在数额上不一致的问题。例如，解决实践中经常出现的砍头息等相关实践问题。第二，在第二十三条中赋予人民法院部分不予执行，这样可以解决债权文书部分无效（例如高利贷利息部分的约定）、公证债权文书载明的权利义务关系与事实部分不符等问题。后者例如，甲乙之间签订自然人借款合同，办理公证后，出借人仅向借款人实际交付一半的出借款项，此时人民法院即可以直接判决部分不予执行；大可不必因自然人借款合同因部分借款未交付而导致部分不生效而认为属于公证债权文书所载权利义务关系与事实不符的情形。

第四节　公证强制执行程序中的特殊问题

本书的内容虽然名为公证强制执行理论与实务精要，针对的读者主要是公证从业人员，而且是以防范强制执行公证中公证执业风险和提高公证质量为导向；但我们认为，公证从业人员知晓一些人民法院强制执行程序的制度、理论和规范逻辑，有利于其从程序的终端反向理解强制执行公证程序的规定和要求，既可以有针对性地防范相应的执业风险，而且可以在实务中解答当事人对后续执行程序的问题，帮助公证人员向社会提供更加全面的法律服务。为简明扼要地说明人民法院的执行程序，我们在这里将对一些法院强制执行程序中的一些关键性问题给予讨论，希望借此帮助公证人员建立对人民法院强制执行程序的正确理解和认识。

一、执行异议和执行异议之诉

在民事诉讼法中，执行异议是非常难以处理的立法和实践难题，困难之处在于：第一，鉴于执行依据已经生效，必须分清楚哪些异议是针对执行依据的，哪些是针对执行行为的，但这有的时候比较难以区分。第二，对于执行依据的异议和执行行为的异议在程序安排上有所不同，前者需要面对已经生效的执行依据，尤其是面对生效判决的既判力，安排什么样的程序加以处理能够既照顾到既判力，又能够有效地纠正错误非常困难；后者虽然不需要面对既判力，但仅仅是将其从前者中识别出来就非常困难，更不用说进行有效救济。第三，利害关系人和案外人在实践中有时很难区分，如何设置合理的程序对其进行救济就更加困难。

在判决执行场合下,《民事诉讼法》及其司法解释、《执行工作规定》、《执行异议和复议规定》、《变更、追加当事人规定》安排了执行行为执行异议、案外人执行异议和异议之诉、申请执行人执行异议和异议之诉、执行分配方案异议和异议之诉、债务人不适格异议和异议之诉,以及许可执行异议和异议之诉,是否也会同判决场合下一样出现在执行依据为公证债权文书的执行程序中,就是这里要解决的问题。

(一) 什么是执行异议

所谓"执行异议",是指申请执行人、被执行人、案外人对人民法院的执行提出的异议,《民事诉讼法》第二百三十二条、第二百三十四条分别规定了当事人、利害关系人对"执行行为"的异议,和案外人对执行标的物的异议两种类型,现行法律中的所有执行异议,乃至所有执行异议的类型都源自这两种类型。所以,从总体上说,执行异议包括当事人执行异议和案外人(第三人、利害关系人)执行异议。

【问题98】在执行程序中,人民法院先执行保证人,而非债务人的担保物,该执行行为是否违法?

在S银行股份有限公司成都分行与被执行人四川X光源股份有限公司、张某、杨某某公证债权文书一案中,被执行人X公司提出异议称,"案件执行过程中,在未执行被执行人张某、杨某某(债务人)质押财产的情况下,优先执行异议人(保证人)名下的财产,违反《物权法》第一百七十六条的规定,因此,应当依法终止对异议人的执行",该执行异议是否成立?

分析:本案即属于被执行人对执行法院执行行为提出的异议,与公证债权文书无关,不属于对公证债权文书提出的异议。成都铁路中院在其就本案作出的(2020)川71执异14号执行裁定中对此认为,"根据《物权法》第一百七十六条规定:'被担保的债权既有物的担保又有人的担保的,债务人不履行到期债务或者发生当事人约定的实现担保物权的情形,债权人应当按照约定实现债权;没有约定或者约定不明确,债务人自己提供物的担保的,债权人应当先就该物的担保实现债权;第三人提供物的担保的,债权人可以就物的担保实现债权,也可以要求保证人承担保证责任。提供担保的第三人承担担保责任后,有权向债务人追偿。'虽然张某作为借款人,以其持有的X公司1602.97万股为案涉借款提供了担保,但X公司与S银行成都分行签订的《最高额保证合同》第5条约定'保证人就被担保债权向债权人承担连带保证责任',第9.2.3条明确约定'如被担保债权项下存在任何其他物的担保,债权人有权选择行使其他担保或要求保证人承担保证责任，保证人放弃对其他物的担保、担保顺位、担保物变更和本保证责任履行的先后次序的抗辩权'。故，本院同时处置借款人张某及保证人X公司的财产符合法律规定和当事人的约定。此项理由不能作为支持不予执行的法定事由"。也就是说，当事人之间存在债权人选择就保证人的财产实现债权，而非先就债务人担保财产实现债权的权利，符合《物权法》第一百七十六条中的"另有约定"，故人民法院的执行行为有法律和事实依据，保证人的执行异议于法无据。①

在判决执行场合下，当事人执行异议仅能就执行行为提出异议，不能就执行依据提出异议。因为诉讼当事人的实体纠纷，执行依据是否合法有效，已经在诉讼程序中加以解决，即使当事人有疑问，也只能求助于再审程序，而不能在执行程序当中提出。在公证债权文书执行场合下，当事人对公证债权文书有异议，分为程序和实体异议，程序异议在执行程序中提出不予执行异议；而实体异议，则应由被执行人根据《公证债权文书执行规定》第二十二条提起不予执行之诉，而债权人则根据其诉请依据第二十四条提起诉讼。

除针对公证债权文书，当事人提出异议的，一般涉及两个方面：第一，执行行为不恰当，例如超标的查封、扣押、冻结，再如对实际经营中被执行人的不动产没有采取"活封"，即在不动产登记机关作登记查封，而是实施"死封"，即用关闭不动产场所，贴具封条禁止进入的方式查封等；第二，执行中的分配方案，即人民法院没有按照法律规定在多个执行人，或多个债权上分配执行案款。

【问题99】何谓"执行行为异议"？

在执行P股份有限公司成都分行申请执行成都A有限公司、成都S有限公司、熊某某等公证债权文书一案中，被执行人熊某某在向四川高院提出复议时称：（1）四川省成都市律政公证处（2017）川律公证执字第207号执行证书存在错误，与事实不符，应当裁定不予执行；（2）成都铁路中院执行裁定错误，应当予以撤销。

四川高院经查确定，在成都铁路中院作出的（2017）川71执75号执行裁定中，裁定"被执行人成都A有限公司、成都S有限公司、肖某某、付某、肖某、李某、熊某某自收到本裁定书之日起立即向申请执行人P股份有限公司成都分行偿还借款本金人民币39699857.8元，并应当支付迟延履行期间的债务利息等实现债权的合法费用；同时负担案件受理费人民币108743元"，并进而冻结了熊某某银行账

---

① 四川省成都铁路运输中级法院（2020）川71执异14号执行裁定书。案件来源于中国裁判文书网。

户存款。而公证机构确定执行标的和范围是，被执行人熊某某仅以其持有的成都A有限公司40%的股权（对应出资额400万元），承担质押担保责任。

四川高院最终作出（2018）川执复225号执行裁定认为，"成都铁路中院裁定被执行人熊某某向申请执行人P股份有限公司成都分行偿还借款的内容与本案执行依据确认其应履行的义务不符，裁定冻结熊某某银行账户存款的内容，已超出其应当履行义务的范围。该案执行程序中不应对被执行人熊某某质押物以外的其他财产采取执行措施"，最终成都铁路中院的上述裁定内容被修改为：（1）"被执行人成都A有限公司、成都S有限公司、肖某某、付某、肖某、李某自收到本裁定书之日起立即向申请执行人P股份有限公司成都分行偿还借款本金人民币39699857.8元，并应当支付迟延履行期间的债务利息等实现债权的合法费用；同时负担案件受理费人民币108743元"——该内容仅仅删除了"熊某某"，其他内容与成都中院的原裁定一致。（2）查封被执行人熊某某承担质押担保责任范围内的财产。

同时，对于熊某某复议称公证债权文书错误，应不予执行的申请，四川高院认为"在执行异议审查程序中并未提出不予执行四川省成都市律政公证处（2017）川律公证执字第207号执行证书的请求，故本院复议程序不予审查，上述请求熊某某可向执行法院另行提出"[①]。

分析：从理论上讲，抵押人、出质人并不承担向债权人履行债务的义务，否则其就是保证人了；在物保关系中，债权人是通过行使担保物权实现债权的，而不是像保证关系中那样请求保证人承担保证责任实现债权。本案中，冻结质押担保人熊某某的银行账户，就是在担保物之外要求担保人承担责任的执行措施，与法律不符。比较四川高院修改成都中院的裁定内容的情况看，仅仅是从还款义务人行列中排除了出质人熊某某。上述问题实际上是执行机关的问题，与公证债权文书无关。对于复议申请人提出的请求不予执行公证债权文书的问题，本案中，并不是执行异议要处理的问题，被执行人只能根据《公证债权文书执行规定》向执行法院提起诉讼，所以四川高院对这一请求不予审查。

所谓执行行为异议，系指对执行机关在强制执行过程中做出的强制执行行为不服而提出的异议，该项被规定在《民事诉讼法》第二百三十二条之中，与公证债权文书无关；而且，该异议类型所涉及的也是执行机关在执行判决、仲裁裁决以及公证债权文书时都会出现的问题，具有共通性，所以也未具体规定在《公证债权文书执行规定》当中。执行行为异议在实践中，五花八门，遇到的情况千奇百怪，很难归纳，但实践中应当注意区分其与案外人排除执行异议和公

[①] 四川省高级人民法院（2018）川执复225号执行裁定书。案件来源于中国裁判文书网。

证债权文书不予执行异议。

在执行 H 银行股份有限公司成都分行申请执行 P 矿业有限责任公司、Y 公司、四川省 C 集团有限公司、王某公证债权文书一案中，被执行人质押人 Y 公司即提出异议称成都铁路中院执行机关不应向其送达《财产报告令》，该异议请求就是针对执行机关的执行行为提出的异议，与公证债权文书无关。最后，成都铁路中院在异议审查程序中认为，出质人 Y 公司仅需在质押财产范围内承担责任即可，不应向其送达《财产报告令》，故最终裁定撤销了该部分执行裁定内容，这就是典型的对执行行为的异议。

【问题 100】如果执行证书涉及的内容部分不符合法律规定，是否会导致整个公证执行申请被驳回？

H 证券股份有限公司与上海 Y 电子技术有限公司达成质押式回购交易合同，并进行回购交易，后因上海 Y 电子技术有限公司未按期履行回购义务。故此，经 H 证券申请，北京市方圆公证处作出（2017）京方圆执字第 0053 号执行证书。执行中，被执行人上海 Y 电子技术有限公司以双方在协议中对违约金、公证费、律师费约定不明，执行证书确定的利率和违约金总额超过了《民间借贷司法解释》规定的最高限额等为由向执行法院请求不予执行（2017）京方圆执字第 0053 号执行证书。受理执行的上海一中院经审查，作出（2017）沪 01 执异 41 号执行裁定书裁定：（1）不予执行北京市方圆公证处（2017）京方圆执字第 0053 号执行证书中上海 Y 电子技术有限公司应承担的利息、违约金和超出年利率 24% 的部分；（2）驳回申请人上海 Y 电子技术有限公司的其余请求。该裁定的内容在复议程序中也得到了上海高院的支持。[①]

分析：我们认为，当事人提交公证机构的出具执行证书的申请书类似于当事人提出的诉讼请求，如果部分请求不符合法律规定，作为二次审查的执行法院需要看该部分是否影响到整个执行请求，不影响则仅需对该部分裁定不予执行，剩余的部分继续执行；如果影响，则应裁定不予执行整个公证债权文书和执行证书。鉴于公证强制执行的执行标的一般都是金钱之债，在特征上属于可分之债，所以一般情况下不会出现因为部分而导致整个公证执行申请被驳回。

（二）第三人执行异议

如果公证强制执行涉及第三人的民事权益，第三人是有权利从自己合法的

---

① 上海市第一中级人民法院（2017）沪 01 执异 41 号执行裁定书。案件来源于中国裁判文书网。

民事权利出发提出执行异议的。这里，我们仅就第三人在公证强制执行的执行阶段提出异议的问题进行讨论。讨论第三人在执行阶段的异议，应当考虑第三人的民事权益在实践中是怎么受到侵害的。我们认为，结合《民事诉讼法司法解释》第十四章、第十五章，即第三人撤销之诉和第三人异议之诉的程序设置，可将第三人民事权利的侵害分为两种类型：第一，执行依据内容侵害第三人的合法权益，也即执行依据错误；第二，执行依据没有问题，而是执行行为侵害第三人的合法权益。虽然从表面上看，上述两种类型最终在结果上都表现为执行行为侵害了第三人的合法权益，但从执行机关的角度看，前者是执行机关依据错误的执行依据却正确地予以执行，后者是执行机关依据正确的执行依据进行了错误的执行，所有第三人的执行异议最终都可归结于以上两种类型。下面，我们先以一般的审判程序为例，解释两者的不同，然后再讨论公证强制执行程序。

1. 第三人撤销之诉与案外人执行异议之诉之间的区别

第三人对他人之间法院判决或执行程序提出质疑，可以通过两条途径：第一，认为民事判决侵犯了当事人的合法权益，应当在知晓其民事权益受到侵害之日起六个月内根据《民事诉讼法》第五十九条、《民事诉讼法司法解释》第二百九十条提出"第三人撤销之诉"。例如，《民法典》第五百三十八条、第五百三十九条所述的撤销权就是第三人要求撤销债务人低价转让其财产的法律行为的权利，该权利实际上就是第三人提起撤销之诉的实体权利反映；再例如，《民法典》第四百一十条第一款规定"债务人不履行到期债务或者发生当事人约定的实现抵押权的情形，抵押权人可以与抵押人协议以抵押财产折价或者以拍卖、变卖该抵押财产所得的价款优先受偿。协议损害其他债权人利益的，其他债权人可以请求人民法院撤销该协议"。如果法院判决或裁定确认上述低价转让协议或抵押物处置协议有效，则第三人可以提出撤销法院裁判的诉讼请求。除此之外，如果第三人认为法院裁判确认的法律关系存在无效事由，也可以提出无效并撤销法院裁判的诉请，例如第三人认为抵押权人和抵押人之间抵押物处置协议存在恶意串通损害第三人的情形，则可以提出因处置协议无效而撤销法院抵押物变卖确认裁定的诉请。第二，民事判决虽然不侵害其合法权益，但是第三人的合法权益可以阻却法院的执行行为，第三人可以根据《民事诉讼法》第二百三十四条、《民事诉讼法司法解释》第三百零二条通过案外人执行异议和案外人执行异议之诉解决问题。例如，人民法院判决甲乙之间的借款合同有效，甲应向乙还本付息。乙申请强制执行，法院将登记在甲名下的房产查封，但是丙认为其已经是该房产所有权人，认为法院查封错误。

如果将两个程序即第三人撤销之诉和案外人执行异议之诉进行比较，就会发现两者的区别在于：（1）在撤销之诉对应的案件中，法院判决本身有错误；而异议之诉对应的案件中，判决本身没有问题，完全正确。（2）前者案件当中，执行机关本身的执行行为没有问题，要解决错误，必须纠正错误的判决，解决错误判决的既判力问题，所以诉讼请求是撤销判决；在后者案件中，判决本身没有问题，不需要纠正，错误的是执行行为，所以诉讼请求是排除某判决对某物的执行。这一区别也体现在《民事诉讼法司法解释》有关案外人执行异议的规定当中，该解释第三百零三条规定，案外人提起执行异议之诉的，需要满足"有明确的排除对执行标的执行的诉讼请求，且诉讼请求与原判决、裁定无关"，即法院就执行异议之诉作出的判决内容不得涉及原判决、裁定的对错。我们认为，两个程序虽然有区别，但结果上都是为了保护第三人或案外人合法的民事权益，所以在具体场合下第三人可以根据具体情况选择救济其合法权益的途径。

例如，甲房地产公司向乙银行借款，用在建房地产项目提供抵押担保，办理了抵押登记。后因未按期还本付息，乙银行诉至法院，法院判决甲公司向乙银行还款，乙银行就在建工程享有优先受偿权。购房人丙主张其已经就上述"抵押权"对应的抵押房产订立转让合同，且已经交付完全部款项，而且已经实际占有房产，这些都发生在抵押登记之前。此时，丙认为自己已经取得诉争房产的所有权，其正确的做法是提起第三人撤销之诉，因为甲乙之间的司法裁判一旦确认银行享有抵押权，执行机关则会依据该判决执行属于丙的房产，丙可以提出诉讼请求，即撤销该判决中确认乙银行在案涉房产上享有抵押权的部分内容。但是，如果丙提起案外人执行异议，请求法院认定其对诉争房产享有所有权，却不足以排除法院依据前述判决认定的乙银行对诉争房产享有抵押权的判决内容所实施的执行行为。

《民事诉讼法司法解释》第三百零一条重在解决两个程序分别适用于第三人、案外人的问题，具体规定有些晦涩：第一款"第三人提起撤销之诉后，未中止生效判决、裁定、调解书执行的，执行法院对第三人依照民事诉讼法第二百三十四条规定提出的执行异议，应予审查。第三人不服驳回执行异议裁定，申请对原判决、裁定、调解书再审的，人民法院不予受理"，即第三人提起撤销之诉后，无论最终判决结果如何，只要没有终止生效执行依据执行的，执行法院都应当受理执行异议，在执行异议程序中解决第三人作为案外人享有排除执行的民事权益的问题。如上例，法院认为即使丙享有所有权，也不能排除乙银行依据判决确定的享有抵押权的内容强制执行，则会驳回第三人的执行异议；因此，第三人只能等待第三人撤销之诉的结果，即通过撤销执行依据的判决从而在根本上解决执行依据错误的问题。

第二款"案外人对人民法院驳回其执行异议裁定不服,认为原判决、裁定、调解书内容错误损害其合法权益的,应当根据民事诉讼法第二百三十四条规定申请再审,提起第三人撤销之诉的,人民法院不予受理"。这一款比较好理解,在执行程序中,案外人不能就执行依据的判决、裁定错误为由提出异议,其只能以其享有排除执行的权益为由对执行标的提出异议。根据《执行异议和复议规定》,人民法院对此仅做表面审查,如果驳回后,案外人还是认为其享有排除执行的权益,则可以提出案外人执行异议之诉,但如果认为是执行的依据错误,则没有必要终止异议程序另行提起第三人撤销之诉(该诉时限是自知道或者应当知道之日起六个月,因提出排除执行异议导致该时限已经经过)。而是应当依据审判监督程序申请再审,一方面是因为第三人撤销之诉本质上就是人民法院在判决生效后对其进行审查,是一种特殊的审判监督程序,只不过提起程序的主体是第三人,而非当事人,所以程序上并未有太多不同;另一方面,可以解决因执行异议耽误第三人撤销之诉的提起时限的问题,而且可以一揽子解决执行的问题。

2. 公证债权文书执行程序中的撤销和异议

公证债权文书是执行依据,也可能存在公证债权文书错误或执行行为错误的问题:上述两个程序的区分在判决情况下可以分得比较清楚,但在公证债权文书情况下,想要搞清楚并不容易。我们以下实践案例加以说明。

【问题 101】第三人是否能够就公证程序违法提出执行异议?

2010 年 6 月 21 日,宁夏 L 公司将 S 花园项目土地使用权抵押给被告 Z 信托公司并办理抵押登记,作为信托贷款的担保,双方向北京方圆公证处申请办理了强制执行公证。后因 L 公司违约,Z 信托公司向北京方圆公证处申请出具了(2012)京方圆内经证字第 08130 号《执行证书》。执行法院依据公证债权文书立案执行,并采取措施拍卖 S 花园项目。C 水泥公司认为上述房地产项目的部分房屋已经由 L 公司出售,遂提出案外人执行异议,被驳回后提出执行异议之诉:一审请求为终止对银川市兴庆区 S 花园 31-1-401 室的执行措施,并确认银川市兴庆区 S 花园 31-1-401 室为王某所有。银川中院作出(2018)宁 01 民初 730 号民事判决驳回其诉讼请求后,C 水泥公司向宁夏高院提起上诉,诉讼的理由之一为"涉案公证书系 Z 信托公司向非不动产所在地的北京方圆公证处申请公证,违反《公证法》的相关规定,原审法院未对涉案公证书展开全面审查,不应以不合法的公证作为强制执行的依据"。

就此，宁夏高院在其作出的（2019）宁民终 125 号民事终审判决中认为"关于 C 水泥公司上诉主张的 Z 信托公司办理公证程序不合法、公证文书无法律效力的问题。因该主张涉及涉案执行依据公证《执行证书》，而执行依据本身合法与否不是案外人执行异议之诉制度解决的问题，故 C 水泥公司的该主张不是本案审理的范围和对象，其可另行依法主张"，故未采纳 C 水泥公司提出的公证程序违法的主张。[①]

分析：我们很赞同宁夏高院的观点，即案外人可以以其享有对执行标的的民事权益提出排除执行异议，进而提出执行异议之诉，但是不能在执行异议中就涉及执行依据的公证债权文书因公证程序违反法律而确有错误为由提出异议，提出的也应当不予审理；而且我们进一步认为，没有必要给案外人安排就公证程序违法提出异议的程序。实际上，《公证债权文书执行规定》也是这样规定的。我们的理由如下：

1. 案外人在公证强制执行案件中可能提出的异议（这里的异议，不包括和判决执行一样提出的因对执行标的享有权利而提出的排除执行的异议）包括程序异议和实体异议：关于引起程序异议的程序违法，我们认为，公证强制执行程序是债权人、债务人（担保人）选择适用的程序，程序是否违法也仅与公证当事人有关，与案外人无关；关于实体异议，债权人、债务人在特定情况下，确实有可能损害第三人的利益。例如甲乙虚构借款合同，办理强制执行公证，然后在债权文书中没有执行承诺的情况下，催促公证机关出具公证书和执行证书，最后抢先在"债务人"甲和第三人丙（甲的配偶）离婚并分割共有财产前，通过强制执行完成财产转移，侵害了丙的利益。其间，既有程序违法，又有实体违法（合法形式掩盖非法目的、虚假意思表示等，都是借款合同无效的事由）。相比较两者，实质上侵害第三人利益的，仅仅是实体违法，而非程序违法；即使程序违法，其最终未作用并导致出现实体违法，该程序违法也与案外人无关。关于特殊的程序违法，例如公证机构未经债务核实即快速出具执行证书进入执行程序，但实体权利义务关系是真实有效的，在实质意义上也对案外人无任何影响。

2. 对于实体异议。案外人在执行异议之诉中，不能对执行依据提出异议，在"审执分离"的原则之下，即使其对执行依据提出问题，执行法院也应当向其释明应当采取诉讼途径，用新的判决纠正、取代、撤销原有的执行依据。否则，执行依据如果是法院判决，就会遇到其"既判力"如何被"克服"的棘手问题。在民事诉讼法中，第三人撤销之诉，就是为了解决执行依据是民事判决的情况下，该判决侵害第三人利益的时候，应当如何对第三人进行救济的问题。其核

[①] 宁夏回族自治区高级人民法院（2019）宁民终 125 号民事判决书。案件来源于中国裁判文书网。

心就是，通过撤销判决消灭原来判决的"既判力"。

在公证强制执行制度上，在《公证债权文书执行规定》颁布之前，主要是在不予执行公证债权文书的异议程序中，由第三人提出异议然后由执行法院作出裁定加以解决。这样，实践中就会引发这样的问题，公证强制执行的债权人和债务人双方对公证强制执行从公证书、执行证书到执行行为均无异议，反而因为第三人异议导致法院不予执行公证债权文书，而不予执行的裁定内容在多大程度上涉及当事人之间具体的权利义务则根本无法管控，相关当事人因此丧失诉权的问题就更加无法解决。

3.《公证债权文书执行规定》在其第十二条、第二十四条第一款中解决了上述问题，这里区分"案外人"和"利害关系人"：一方面案外人不具备就公证债权文书提出不予执行申请的主体资格，其仅能以其对执行标的享有足以排除执行的权益为由提出排除执行异议，该项异议依据《执行异议和复议规定》进行，系与公证强制执行程序无关的异议类型；另一方面第二十四条第一款规定"有下列情形之一的，债权人、利害关系人可以就公证债权文书涉及的民事权利义务争议直接向有管辖权的人民法院提起诉讼：（一）公证债权文书载明的民事权利义务关系与事实不符；（二）经公证的债权文书具有法律规定的无效、可撤销等情形"。这样做的好处在于，可以使公证强制执行程序免受案外人干扰继续执行，除非案外人提供执行担保，由执行法院中止执行等待"第三人撤销之诉"（实际上就是案外人对公证债权文书的实体错误提起的诉讼）的结果。对于上述规定，我们认为，对"公证债权文书载明的民事权利义务关系与事实不符"作为提起诉讼的情形应做实质性理解，仅指公证债权文书存在足以推翻其法律关系的实质性错误。因为，实践中存在的问题是债务双方虽然订立了有效的抵押合同，但可能第三人在抵押登记之前取得不动产所有权，且"抵押权人"并不存在善意取得抵押权的情形。对此，我们以以下案例加以说明。

【问题102】如何区分案外人排除执行异议和对执行依据的异议？

在 S 银行股份有限公司成都分行与毛某、被执行人成都 Q 大酒店有限公司、成都 Z 实业有限责任公司、张某某、唐某申请执行人执行异议之诉一案中，Q 公司作为债务人，向债权人 S 银行成都分行借款；Z 公司与成都分行签署抵押合同，用成华区一处房产提供抵押担保，张某某提供保证担保，后追加唐某提供连带保证担保，成都市蜀都公证处就上述合同办理强制执行公证。后因债务人未按期还本付息，S 银行成都分行向蜀都公证处申请出具执行证书，并向成华区法院申请强制执行，查封了案涉房产。

1. 一审法院判决

毛某称其系从 Z 公司购买了案涉房产，就此提出了执行异议。成华区法院作出裁定，"中止对被执行人成都 Z 实业有限责任公司名下位于成都市成华区房屋（权2118259）的执行"。S 银行不服该裁定在法定期限内向一审法院提起了执行申请人继续执行的异议之诉。一审经审查，成华区法院作出（2018）川 0108 民初 2047 号认为，"案外人毛某针对执行异议提出案涉《借款抵押合同》无效以及 S 银行不能以善意取得的方式取得抵押权的主张，实则是对《具有强制执行效力的债权文书公证书》《执行证书》载明的民事权利义务关系和事实提出的异议，认为《具有强制执行效力的债权文书公证书》《执行证书》侵害其合法权益，因此毛某应根据民事诉讼法的相关规定主张自己的权利，而不是通过执行异议程序寻求司法救济"。

简言之，一审法院认为毛某的执行异议，本质上是认为执行依据（公证债权文书）错误，不应当以执行异议方式提出，因为执行异议一般情况下不审查执行依据正确与否，就像案外人执行异议之诉立案审理的条件之一就是诉请与原判决、裁定无关。但颇为蹊跷的是，结论上错在毛某，但为什么一审法院据此驳回了 S 银行的一审诉讼请求？我们认为，只要一审法院没有在执行中裁定认定公证债权文书确有错误，公证债权文书就是有效的强制执行依据，中止执行的理由就不充分，S 银行依据《民事诉讼法司法解释》第三百零六条申请执行人执行异议之诉即符合法律要求，一审法院应当审查毛某对案涉房产是否有足以排除执行的民事权利。

2. 上诉理由及二审判决

（1）上诉理由

S 银行上诉称"因案外人提出异议一审法院已裁定中止执行，且各方对执行依据均不持异议，S 银行作为申请执行人提起执行异议之诉的条件完全具备，法院依法应当受理。案外人无权提执行异议，一审法院认为案外人认为《具有强制执行效力的债权文书公证书》《执行证书》侵害其合法权益，无权通过执行异议程序寻求救济，应根据《民事诉讼法》相关规定寻求司法救济。据此，一审法院在执行异议程序中依法应驳回案外人异议请求，裁定中止执行确属错误。一审法院既然认为案外人不能通过执行异议程序主张权利，那就只能依据《民事诉讼法司法解释》第三百一十三条、第三百一十四条第二款规定判决准许执行，否则将造成执行异议程序中产生的错误的中止执行裁定仍然有效，严重妨碍申请执行人之权利实现。一审法院裁定驳回起诉属于适用法律严重错误"。

总结起来，S 银行上诉理由提出了一半的问题，既然一审法院认为毛某的执行异议是针对公证债权文书，而非执行行为的，那么就应当驳回其执行异议申请，要求案外人通过其他途径主张权利；该上诉请求没有明确指出问题的另一半，即一审法院始终没有审理S银行要求继续履行的诉讼请求，或审理并就毛某在案涉房产上是否拥有排除执行的民事权益的问题给出明确的结论。

（2）二审判决

二审法院成都中院针对S银行的上诉认为，本案中案外人毛某是针对执行依据所确定的执行标的提出的异议。人民法院审理执行异议之诉案件所涉及执行标的应当与执行依据所确定的执行标的无关，人民法院在执行异议之诉案件中并无对执行依据所确定的执行标的进行审查的权利。案外人毛某如认为上述《具有强制执行效力的债权文书公证书》《执行证书》侵害其合法权益，可以通过民事诉讼法赋予的权利进行救济，而不应通过执行异议程序寻求司法救济。成都中院认为一审法院认定本案不符合民事诉讼法所规定的申请执行人执行异议之诉的受理条件并无不当，S银行的上诉理由不能成立，遂裁定驳回上诉，维持一审裁定。成都中院的观点与一审法院的观点基本相同，不再赘述。

3. 高院再审判决

四川高院受理再审后，经审查于2019年12月5日作出（2019）川民再697号民事裁定认为，"执行异议之诉，是指当事人和案外人对执行标的的实体权利存有争议，请求人民法院解决争议而提起的诉讼，为执行救济的特别程序之一。根据《民事诉讼法》第二百二十七条规定'执行过程中，案外人对执行标的提出书面异议的，人民法院应当自收到书面异议之日起十五日内审查，理由成立的，裁定中止对该标的的执行；理由不成立的，裁定驳回。案外人、当事人对裁定不服，认为原判决、裁定错误的，依照审判监督程序办理；与原判决、裁定无关的，可以自裁定送达之日起十五日内向人民法院提起诉讼'，在执行异议之诉中，人民法院对于执行标的的实体权利的审查为必需，其目的不在于否定执行依据，而是确认案外人对执行标的的全部或一部分是否具有足以阻却执行的实体权利，即执行异议之诉本身并不包括对执行依据进行审查。如当事人的主张否定执行依据，则人民法院应不予受理，但如执行异议之诉的提出在于阻却或继续人民法院对执行标的的强制执行，则人民法院应予受理并作出裁判。执行被阻却与执行依据被否定存在本质区别，前者不是后者的条件，原审认为人民法院在执行异议之诉中对执行标的的不能进行审查的观点混淆了这两个不同的概念"，四川高院实际上是在论证第三人撤销之诉和案外人执行异议之诉之间的区别，执行异议之诉本质上是围绕人民法院该不该执行的问题进行审查，与执行依据无关。

四川高院在接下来的说理部分，说清楚了公证强制执行程序中案外人执异议的处理规则,"执行法院对公证债权文书的执行并非无原则的执行,仍须依职权进行审查,即人民法院对公证债权文书执行时的行为独立于公证债权文书本身,公证债权文书作为执行依据的不可诉性并不直接排斥执行异议之诉的提出,只要执行异议之诉的原告所提诉讼请求并不否定公证债权文书作为执行依据,而是主张继续或阻却执行,则人民法院在审查该起诉是否符合法定条件时,不能以公证债权文书的不可诉性否定该起诉。对于案外人,如其对执行标的的全部或一部分主张实体权利,则其应依据《民事诉讼法》第二百二十七条之规定提出书面异议,在人民法院作出驳回裁定后,有权提起执行异议之诉。对于申请执行人,人民法院是在其作为债权人申请强制执行时,依据《民事诉讼法》第二百三十八条第二款和《民事诉讼法司法解释》第四百八十条的规定进行审查,并决定执行或不予执行,如裁定不予执行,则因其执行依据丧失,债权人须向人民法院提起民事诉讼,以重新获得执行依据,但该诉讼并非前述执行异议之诉的范畴,而是人民法院就其与债务人本就存在的民事法律关系及权利义务进行审理并作出裁判。但如人民法院在案外人提出执行异议并予以支持后,申请执行人则取得提起执行异议之诉的权利,其有权以案外人为被告,请求对执行标的继续执行"。

最终,四川高院认为,"案外人毛某以案涉被查封的房屋范围包括其从Z公司处购买的房屋为由提出执行异议,执行法院认为其提出的执行异议足以阻却执行,作出(2018)川0108执异16号执行裁定中止执行,该裁定并未对公证债权文书作为执行依据进行否定,并无不当。在此情形下,S银行为继续执行案涉房屋而提出执行异议之诉,符合法律程序规定",最终四川高院裁定指令一审法院审理本案。①

分析:我们将四川高院的方案总结如下:(1)案外人执行异议,只能针对执行标的的全部或一部分主张实体权利,目的在于阻却执行,而不是推翻公证债权文书;(2)案外人执行异议申请为法院驳回的,可以根据《民事诉讼法》第二百二十七条、《民事诉讼法司法解释》第三百零三条项下规定提出执行异议之诉,该诉中可以根据《民事诉讼法司法解释》第三百一十二条第二款"案外人同时提出确认其权利的诉讼请求的,人民法院可以在判决中一并作出裁判",提出确认实体权利的诉请;(3)案外人执行异议申请为法院支持,中止执行的,申请执行人可根据《民事诉讼法司法解释》第三百零六条提出执行异议之诉诉请继续执行,也即申请执行人的继续执行的执行异议之诉。

---

① 四川省高级人民法院(2019)川民再697号民事裁定书。案件来源于中国裁判文书网。

第六章 公证强制执行程序中的程序性法律问题——执行阶段

本案可以综合反映在公证强制执行程序中第三人撤销之诉和案外人执行异议之诉的区别，需要注意的是，四川高院作出再审裁定时已经是2019年12月，《公证债权文书执行规定》已经实施一年多，该规定中给出的解决方案并没有为四川高院讲清楚。我们根据本案假设三种情况：

第一，假设S银行对案涉房产没有抵押权，仅仅是进入执行程序后，因案涉房产登记在被执行人名下，执行法院遂查封案涉房产。此时，毛某如果和被执行人早已订立有效的买卖合同，已经在执行法院查封前占有该房产，也已经支付了全部的价款且非出于毛某的原因未办理过户，则毛某可以依据《执行异议和复议规定》第二十八条提出排除执行的执行异议，执行法院也应当支持该等异议申请。这其实就是正常的案外人基于其对执行标的的民事权利而提出的排除执行的执行异议。注意，作为执行依据的公证债权文书在此时并没有错误，执行法院裁定案外人异议成立，也并不能得出公证债权文书错误的结论。当然，执行申请人针对执行法院"案外人异议成立、中止执行"的裁定，可以以继续执行为诉请提出执行异议之诉。

第二，假设S银行订立了抵押合同，且已经办理了抵押登记，享有了《执行异议和复议规定》第二十七条所述的"对抗案外人的担保物权等优先受偿权"；而且，毛某是在抵押登记后买受案涉房产，则毛某提出其是案涉房产的所有权人而提出排除执行的执行异议，人民法院即不会予以支持。此时，作为执行依据的公证债权文书就更加没有错误。这实际上就是本案的情形，一审法院之所以在执行中会中止执行，原因是当时并没有明确的救济程序，也即一审法院认为毛某享有所有权，但结果上即可能有排除执行，和借款人无权抵押案涉房产导致案涉公证债权文书错误两个结果。两种情形，前者，毛某仅需要作为案外人正常提出排除执行的异议和异议之诉即可，与公证债权文书无关；后者，须否定公证债权文书，这就需要毛某作为第三人有一个类似第三人撤销之诉的救济程序。

第三，假设S银行订立了抵押合同，在还未办理抵押登记前，毛某签订买卖合同、交付房款、占有房屋，但是未办理房产过户登记手续，之后S银行办理了抵押登记，这就涉及S银行是否善意取得案涉房产的抵押权的问题。此时，公证机构依据抵押登记证明出具执行证书，写明S银行就抵押房产享有优先受偿的权利，则执行证书显然有问题，但公证机构就抵押合同出具的作为执行依据的公证债权文书却没有错误，所以执行依据仍然有效。那么，此时毛某就应当提出排除执行异议，因未办理房产过户登记手续，结果肯定为执行法院裁定驳回；其可以就此提出案外人执行异议之诉，最终借此确认自己对案涉房产享有无抵押权负担的所有权，最终达到排除执行的目的。这一过程中，作为执行依据的公证债权文书始终没有任何错误，执行法院更不能因此裁定不予执行。

假设S银行订立了抵押合同，在还未办理抵押登记前，毛某签订买卖合同、交付房款，但是没有占有房屋，更未办理房产过户登记手续，之后S银行办理了抵押登记，应当如何处理。我们认为，毛某没有基于占有和登记获得房屋所有权，其不享有足以排除执行的民事权利，执行法院应当驳回毛某的执行异议。其间，关键的地方就是办理抵押登记时，毛某是否占有；从反向说，即使判断毛某享有房屋所有权，但S银行也善意取得了房屋的抵押权。

我们认为，毛某在类似第三人撤销之诉的否定公证债权文书的诉讼程序中，能够提出的诉请无非就是：（1）被执行人和S银行恶意串通，故请求确认抵押合同无效，因此公证债权文书错误，有关案涉房产部分公证债权文书应当不予执行。这里，基于民法典已经转变了对无权处分行为的认识（合同有效，以履行不能或善意取得解决问题），所以即使被执行人已经不再是房屋所有权人（例如毛某已经支付全款、占有房屋），抵押合同也是有效的，作为执行依据的公证债权文书也没有问题。（2）被执行人和S银行虽然签署了抵押合同，但是在办理抵押登记前，所有权已经发生转移，被执行人并非如抵押合同所述的拥有房屋所有权的适格抵押人。上述两种情况实际上就是《公证债权文书执行规定》第二十四条第一款所列的两种情形，前者是"经公证的债权文书具有法律规定的无效、可撤销等情形"，后者是"公证债权文书载明的民事权利义务关系与事实不符"。但是，客观地讲，后者实际上是做宽泛理解，并不符合法学理论。关于毛某的情况，其提出的排除异议和排除异议之诉完全可以解决问题，公证债权文书仅是就抵押合同赋予强制执行效力，并不包含对抵押人是不是所有权人或拥有抵押房产处置权的认定；但是，这对于非法学专业的毛某来讲，确实比较难以理解。

综上，本案较为妥当的处置是，对毛某提出排除执行的异议申请，执行法院审查S银行的抵押权是否有效设立，毛某提出自己享有排除执行的权利的异议是否成立，最终裁定驳回毛某的异议申请或认定异议成立；对毛某提出的公证债权文书错误的异议，则按照《公证债权文书执行规定》第二十四条向毛某释明，如果其认为存在第二十四条所涉两项情形，可以向有管辖权的法院提起诉讼，而且可以提供担保中止执行。

【问题103】公证强制执行程序中，第三人排除执行的异议之诉的样态如何？

在S银行股份有限公司沈阳市亚明支行与被上诉人李某某，原审第三人沈阳 K 房屋开发有限公司、赵某某、汤某某案外人执行异议之诉一案中，被上诉人李某某与被执行人 K 公司于 2007 年 10 月 29 日签订《预定书》，于 2013 年 5 月 27 日签订《商品房买卖合同》，同年 10 月 29 日支付全部房款，2013 年 5 月 27 日搬入案涉住房至今。因该房存在在建工程抵押，所以一直没有办理产权登记，李某某就此不存在过错。申请执行人 S 银行于 2014 年 6 月 25 日与被执行人签订债权合同，并向沈阳皇姑区公证处申请办理公证。后 S 银行申请强制执行，李某某提出异议，执行异议之诉中一审法院认定符合《执行异议和复议规定》第二十八条可以排除执行的情形，支持了李某某的诉讼请求。二审辽宁高院在其就本案作出的（2019）辽民终 841 号终审判决中认为，尽管 S 银行已经就案涉房产登记抵押权，而且《执行异议和复议规定》第二十七条规定担保物权可以对抗案外人而优先受偿，但是李某某的情形却属于第二十七条的例外情况，所以维持了一审判决。①

分析：从上述案件中可以看出，在公证债权文书的强制执行程序中，案外人依然可以就执行标的提出排除异议，和判决情形下的异议并无二致。可见，现行程序法规定，对公证强制执行和法院判决执行都适用《执行异议和复议规定》，这也是《公证债权文书执行规定》苦心经营，统一执行规则的结果。本案中，在建工程抵押和购房人预售登记共存的情形，在不动产登记暂行条例和实施细则颁布后，已经不会发生，即已经预告登记，则登记的在建工程抵押权的抵押范围不包括已经办理预告登记的房产；如果已经办理在建工程抵押，则无法办理商品房销售的预售登记，需要就销售的商品房消除在建工程抵押权后方可办理商品房预售备案登记。

【问题 104】公证强制执行程序中，案外人就公证债权文书提出异议的程序样态如何？

2013 年 1 月 23 日，夏某某、李某某与 H 银行签订《最高额抵押合同》以及所附《抵押物清单》，约定用成都市成华区一环路东一段 257 号附 1 号房屋担保 Y 商贸公司在 2013 年 1 月 23 日至 2016 年 1 月 22 日期间因经营需要而订立的全部授信业务合同项下的债权；最高债权本金余额为人民币 4000 万元，本金指 Y 商贸公司办理业务时所产生的债务本金，包括但不限于债务人应偿还的本外币借款本金、银行承兑汇票票款、票据贴现款项等。南充市果城公证处就上述合同和 Y 商贸公司与 H 银行之间的借款合同办理了强制执行公证。因债务人

---

① 辽宁省高级人民法院（2019）辽民终 841 号民事判决书。案件来源于中国裁判文书网。

Y商贸公司没有履行债务，应申请执行人H银行的申请，南充市果城公证处于2017年1月9日出具了（2017）南市执字第005号执行证书。

原审南充中院作出（2017）川13执32-1号执行裁定书，裁定对（2017）南市执字第005号执行证书准予执行，在对案涉抵押房屋委托评估拍卖过程中，案外人J公司提出执行异议，认为夏某某、李某某原来的成房权证监证字第××号和成房权证监证字第××号权属证书，早在2013年8月10日被依法注销，其不再是执行标的物的物权所有人，故抵押权等他项权利也自然消灭，H银行对案涉房屋不享有抵押权，请求停止对案涉房屋的拍卖。南充中院遂作出（2018）川13执异6号执行裁定，中止对成都市成华区一环路东一段257号附1号1层营业房的执行。①

分析：本案中，我们不讨论J公司是不是案涉房产的所有权人等实体问题，仅讨论程序设置问题。《公证债权文书执行规定》中并没有关于案外人执行异议和执行异议之诉的规定，并不是说公证强制执行程序中没有这两个程序。如前所述，《公证债权文书执行规定》一个非常重要的作用在于让公证债权文书审查程序全面接入现有的判决执行异议和复议程序当中，本案就是典型的案例。案外人提出执行异议的理由为抵押人已经不再是抵押物所有权人，故公证债权文书所载抵押权人H银行不享有抵押权。对这一案外人提出的实体异议，我们认为：

1. 本案所述J公司提出的异议，实际上就是《公证债权文书执行规定》第二十四条第一款第一项中的"公证债权文书载明的民事权利义务关系与事实不符"，利害关系人提起诉讼的情形，即J公司认为H银行事实上不享有抵押权，而公证债权文书载明H银行享有抵押权，两者存在"不符"的情形。假如本案是判决执行，判决内容上认定H银行享有抵押权，而J公司认为抵押人不享有所有权，H银行也不能善意取得，其就可以提出第三人撤销之诉，撤销错误的判决。所以，我们认为，《公证债权文书执行规定》第二十四条对利害关系人、第三人而言，实际上就是撤销之诉。

《民事诉讼法》第五十九条第三款中的第三人撤销之诉，受案法院应当为原审作出判决的法院，但在公证强制执行程序中，没有"作出判决的法院"，故《公证债权文书执行规定》第二十四条就只能是"有管辖权"的法院。从第二十四条第一款"利害关系人可以就公证债权文书涉及的民事权利义务争议直接向有管辖权的人民法院提起诉讼"的规定来看，利害关系人并不是公证债权文书所涉民事权利义务关系的当事人，或者讲，其提起的诉讼关系根本就不是自己的

---

① 四川省高级人民法院（2019）川民终909号民事判决书。案件来源于中国裁判文书网。

法律关系。一般情况下，一个人就其他人法律关系提起诉讼，在内容上就只能是：（1）涉案法律关系无效；（2）撤销（债权人债的保全）他人之法律关系，或代位行使他人在其他法律关系中的权利，也即撤销权和代位权，注意，这里的撤销和第二十二条中的撤销不是一回事，前者是债的保全行为，后者是表意人撤销自己有瑕疵的法律行为。所以，从《公证债权文书执行规定》的视角看本案，正确的做法是要求 J 公司依据第二十四条提起诉讼，以另一个有效的判决取代公证债权文书的效力。

2. 可能有观点认为，本案 J 公司提出的或应当提出的是异议案外人排除执行的异议。我们认为，无论 J 公司有没有所有权这一实体权利，都无法排除在房产上享有抵押权的 H 银行对案涉房产的执行。所以，争议焦点不是 J 公司有没有所有权，而是 H 银行有没有抵押权。对于 J 公司而言，其在本案中并不需要在公证债权文书之外，获得一个确认 J 公司拥有所有权的新的实体判决，而是需要一个让当初确认 H 银行拥有抵押权的公证债权文书失效的结论，从而阻却强制执行。或者说，本案不是案外人 J 公司在执行标的物上是否有可以排除执行的实体权利的问题，而是案涉公证债权文书错误与否的问题；本案即使如案外人执行异议之诉确定 J 公司在案涉房产上有所有权，但不去除 H 银行在案涉房产上的抵押权，还是没有办法排除执行。对此，方案有：第一，在执行异议和执行异议之诉程序中，确认公证债权文书已经错误，这实际上就是本案的做法，四川高院到最后还是审查了公证债权文书是否存在实体错误的问题。注意，在判决场合下，无论是案外人执行异议之诉，还是分配异议的执行异议之诉等都对原来的判决毫发无伤；程序不对，就不能打破原审判决或公证债权文书的效力。第二，由人民法院在案外人提起的诉讼程序中，而非执行异议和复议程序中以实体判决内容认定公证债权文书错误，这样就可以保障执行异议和复议程序在判决强制执行和公证强制执行两个场合下的一致性；这实际上就是《公证债权文书执行规定》第二十四条给出的方案。

本案中，在南充中院中止执行后，H 银行提起诉讼，诉请准许对案涉抵押房产的执行，实际上就是根据《民事诉讼法司法解释》第三百零六条之规定提起诉讼，这就是"申请执行人执行异议之诉"，该诉的目的在于继续对执行标的的执行。

【问题 105】执行案件和执行异议的承办法官是否可以是同一人，案号能否相同？

在赵某、王某某与被执行人宋某某、牟某借款合同公证债权文书一案中，被执行人牟某提出异议称，执行异议审查程序严重违法，该案执行案件承办法官为范某某，申请不予执行一案的承办法官依然是范某某，严重违反裁执分离原则；而且，执行异议案件立案案号错误，未公开听证，未给异议人陈述申辩的机会。

山东日照中院经审查查明，日照市岚山区人民法院于2019年7月15日立案执行，案号为（2019）鲁1103执1010号，承办法官为范某某；该院2019年8月10日作出（2019）鲁1103执1010号之一执行裁定，驳回牟某不予执行公证债权文书的申请，合议庭组成法官仍然有范某某。最终，山东日照中院作出（2019）鲁11执复51号执行裁定认为，"《执行案件立案、结案意见》第八条规定'执行审查类案件按下列规则确定类型代字和案件编号：（一）执行异议案件类型代字为"执异字"，按照立案时间的先后顺序确定案件编号，单独进行排序；……'。第九条规定'下列案件，人民法院应当按照执行异议案件予以立案：……（六）被执行人对仲裁裁决或者公证机关赋予强制执行效力的公证债权文书申请不予执行的；……'。日照市岚山区人民法院未以执行异议案件类型代字'执异字'立案审查牟某请求不予执行公证债权文书一案，明显违反了上述规定。（2019）鲁1103执1010号执行案件的承办人又作为合议庭组成人员对牟某请求不予执行公证债权文书一案进行了审查，明显违反了《执行异议和复议规定》第十一条第三款'办理执行实施案件的人员不得参与相关执行异议和复议案件的审查'的规定，属程序违法"，最终将案件发回重新审查。[①]

二、轮候查封、移送处置、参与分配

（一）轮候查封

轮候查封是实践中一个令人非常头痛的问题，实践中常常引起误解。《执行工作规定》第五十五条第一款规定："多份生效法律文书确定金钱给付内容的多个债权人分别对同一被执行人申请执行，各债权人对执行标的物均无担保物权的，按照执行法院采取执行措施的先后顺序受偿。"例如，债权人甲乙在债务人丙的房产上均无抵押权，即使甲的债权成立在后，但却先行申请执行查封了丙的房产，结果上法院会将房屋拍卖所得价款先清偿甲的债权，然后才会将剩余价款分配给乙。这样，多份生效法律文书的债权人所在执行法院采

[①] 山东省日照市中级人民法院（2019）鲁11执复51号执行裁定书。案件来源于中国裁判文书网。

取查控措施的先后顺序，就产生了类似物权基于排他效力产生的优先顺位的效果。

之所以会产生上述效果，是因为根据《查封、扣押、冻结财产规定》第二十六条第一款之规定，即"对已被人民法院查封、扣押、冻结的财产，其他人民法院可以进行轮候查封、扣押、冻结。查封、扣押、冻结解除的，登记在先的轮候查封、扣押、冻结即自动生效"，在后的查、扣、冻执行措施根本就未生效。不仅如此，《最高人民法院关于查封法院全部处分标的物后轮候查封的效力问题的批复》进一步强调了在后执行措施不生效的规则，即根据《查封、扣押、冻结财产规定》的规定，"轮候查封、扣押、冻结自在先的查封、扣押、冻结解除时自动生效，故人民法院对已查封、扣押、冻结的全部财产进行处分后，该财产上的轮候查封自始未产生查封、扣押、冻结的效力"。也就是说，如果查封在先的债权人甲的执行法院，将拍卖房产的价款全部分配给甲后仍然不能清偿被执行人对甲的债务，则查封在后的债权人乙的查封措施自始不生效，所以其无法分配到任何执行案款。

【问题 106】实践中，能否直接对轮候查控措施提出执行异议？

在 H 银行股份有限公司成都分行申请执行攀枝花市 G 商贸有限责任公司、攀枝花 Z 工贸有限公司、成都 D 元科技有限公司、攀枝花市 T 商贸有限公司、攀枝花市 R 房地产开发有限公司、张某等公证债权文书一案过程中，案外人彭某对成都中院轮候查封案涉房屋提出了案外人排除执行的执行异议。

成都中院经查，该院对房屋的查封是案涉房屋的轮候查封，而攀枝花市中院对该房屋的查封属于首封，故作出（2019）川 01 执异 2231 号执行裁定，驳回彭某的异议，理由是："本院对争议房屋的查封属于轮候查封。轮候查封在性质上并不属于正式查封，不产生正式查封的效力。轮候查封产生的仅仅是一种预期的权利，类似于效力待定的行为。根据《查封、扣押、冻结财产规定》第二十八条第一款的规定：'对已被人民法院查封、扣押、冻结的财产，其他人民法院可以进行轮候查封、扣押、冻结。查封、扣押、冻结解除的，登记在先的轮候查封、扣押、冻结即自动生效。'轮候查封、扣押、冻结自在先的查封、扣押、冻结解除时才自动生效。现案外人对轮候查封行为提出异议，不符合执行异议案件受理条件。"[1]

---

[1] 四川省成都市中级人民法院（2019）川 01 执异 2231 号执行裁定书。案件来源于中国裁判文书网。

分析：轮候查封是一个未生效的强制措施，并未产生强制力，所以本案中的执行法院才会认为案外人不能对一个没有产生强制效力的执行行为提出异议。实践中，案外人碰到自己享有所有权的不动产被多个法院查封或轮候查封的，就需要一个接一个提出执行异议，因为查封也是一个一个生效的，十分烦琐。好在，前一个法院会对案外人是否享有排除执行的实体权利作出裁判，尤其是该裁判是案外人执行异议之诉中确认权利的判决，其既判力可以直接向后续轮候相同性质查封的法院示明。本案中，成都中院对轮候查封的描述比较到位，具有实践参考意义。

轮候查封的规则，给了查封在先的债权以优先受偿性质的程序性权利。如果执行案款清偿在先查封债权后没有剩余，"轮候查封"的债权人就会面临"颗粒无收"的局面。这一"先下手为强、后下手遭殃"的规则，有些违反法律常识，例如说好的债权的平等性在哪里，明明是平等的债权人，怎么就在执行中分了先后顺序了？这些疑问，最终会涉及一个问题，即这一规则的正当性何在？

1. 逻辑出发点——国家的统一执行权

人民法院执行机关是行使国家执行权的暴力机关，而执行权实际上是行政权力的一种类型。鉴于我国的政治体制，全国法院都是在一个统一的国家执行权框架下统一开展强制执行工作；所以，对同一被执行人的同一执行标的，只能实施一次国家执行权，而不能重复实施。所以，根据《查封、扣押、冻结财产规定》第二十六条第一款的规定，轮候查封属于未生效的执行措施，其并不是一个已经具备强制力的执行措施。例如，甲乙作为普通债权人在获得法院判决后，先后查封了丙的房产，甲的债权没有清偿，或解除前，乙的查封就没有生效，自然谈不上按债权比例平等分配执行案款的问题。

2. 如何保障轮候查封债权人债权平等性原则下的合法民事权益？

在明确上述规定后，紧接着的一个问题是，在无物权担保债权平等性原则的框架下，如何保障轮候查封债权人的合法民事权益。对此，应当分成两个层次：（1）人民法院一般不允许超标的采取执行措施，当被执行人可供执行的财产较多，申请执行人可以请求法院避开已经采取执行措施的财产，而针对未采取执行措施的被执行人的财产实施执行行为，以实现债权。当然，这种情况是在被执行人财产足够覆盖全部债务的情况下才会出现。（2）如果被执行人可供执行的财产不足以清偿所有债务，对于此时的轮候查封债权人而言，其有两条可供选择的救济途径。

第一，申请被执行人破产。虽然《执行工作规定》在2020修正时删除了原规定第八十九条"被执行人为企业法人,其财产不足清偿全部债务的,可告知当事人依法申请被执行人破产",但申请被执行人破产还是可以作为解决方案。这样,在进入破产程序后,所有在诉或在执行程序中的债权,无论是在先查封债权,还是轮候查封的债权都会集中到破产法院。之后,被执行人将进入破产清算程序,在结果上不分在先查封债权或在后轮候查封的债权,只要没有物权担保,就会统统按比例清偿,即所有无担保债权在破产程序中的受偿问题上均处于平等的法律地位。

第二,申请参与分配。根据《民事诉讼法司法解释》第五百零六条第一款的规定参与分配,即"被执行人为公民或者其他组织,在执行程序开始后,被执行人的其他已经取得执行依据的债权人发现被执行人的财产不能清偿所有债权的,可以向人民法院申请参与分配",并根据第五百零八条的规定获得与其他普通债权按比例受偿的机会。[①] 例如,甲乙两个债权人分别在两个不同的法院,查封和轮候查封了自然人即债务人丙唯一可供执行的财产,即一套房产,丙房产拍卖的价款尚不足以清偿首封债权的债权人甲的债权,故乙即可以申请参与对该房产拍卖价款的分配。当然,参与分配,还有其他的程序性条件需要满足,这一点我们会在"参与分配"部分进行详细讨论。

需要注意的是,破产的方案是针对企业法人的,而参与分配的方案是针对公民或其他组织的;这两个方案,就如同轮候查封规则的补丁,起到了补充该规

---

① "关于多个债权人申请执行同一被执行人的清偿顺序问题",最高人民法院"院长信箱"于2021年4月6日对律师提出的"对《民事诉讼法》司法解释疑问"的回复是"本次司法解释修订过程中,为避免条文重复,删去了《执行工作若干问题的规定》原第89条、第90条、第92条至96条的规定,但保留了《执行工作若干问题的规定》第55条(原第88条)规定。第55条的三款条文确定了关于清偿顺序的三种处理原则:第1款规定多个债权人均具有金钱给付内容的债权,且对执行标的物均无担保物权的,按照执行法院采取执行措施的先后顺序受偿,即适用优先主义原则;第2款规定债权人的债权种类不同的,基于所有权和担保物权而享有的债权优先于金钱债权受偿,有多个担保物权的,按照各担保物权成立的先后顺序清偿;第3款规定一份生效法律文书确定金钱给付内容的多个债权人申请执行,执行财产不足以清偿债务,各债权人对执行标的物均无担保物权的,按照各债权数额比例受偿,即平等主义原则。《民诉法司法解释》则是对于被执行人的财产不足以清偿全部债务时的处理原则进一步予以明确,第508条、第510条规定了被执行人为公民或其他组织的适用参与分配程序,按照平等主义原则,普通债权人按照债权数额比例受偿;第513条规定了被执行人为企业法人的执行转破产程序。上述《执行工作若干问题的规定》的规定系为执行程序中的一般规则,而非适用于被执行人资不抵债、申请执行人参与分配或执行转破产的情形,该部分规定与《民诉法司法解释》的相关规定并不冲突,共同构成了对于多个债权人申请执行同一被执行人的清偿顺序问题的体系化规定",该回复详细阐述了《执行工作规定》原第八十九条、第九十条、第九十二条至第九十六条删除后,如何参与分配的问题,载最高人民法院官网,https://www.court.gov.cn/zixun-xiangqing-301111.html,访问时间:2022年9月27日。

则，弥补规则漏洞的作用。

3. 轮候查封受偿规则的意义

从上述规定可以看出，轮候查封得以实施的前提条件和逻辑出发点是被执行人的财产足以清偿所有已经取得执行依据的债权；只有这样，执行法院才可以基于申请执行人申请执行的时间或法院采取强制执行措施的时间给申请执行的当事人排队，分先后执行，避免"搭便车行为"和鼓励当事人申请执行实现自己的民事权益。如果被执行人的财产不足以清偿所有已经取得执行依据的债权，就必须从债权平等性的大原则出发，在轮候查封或根本未申请查封的申请执行人申请的情况下，保障所有债权人平等受偿的权利。在这一过程中，申请破产和参与分配的债权人对被执行人财产不足的事实负有举证责任。所以，我们能看到债权人参与分配的条件是：第一，多个债权人对被执行人申请强制执行；第二，参与分配申请应当在执行程序开始后且在执行终结前提出；第三，被执行人可供执行的所有财产不能清偿所有债权；第四，申请参与分配的债权必须已经生效判决确认，对人民法院查封、扣押、冻结的财产有优先权、担保物权的债权除外。

轮候查封是人民法院在强制执行程序中的一项法律制度，有其自身的运行逻辑，既照顾到了债权平等性，又起到了鼓励执行申请和提高执行效率的作用，应当给予正确的理解。在面对采取执行措施在先的执行时，轮候查封的申请执行人切勿惊慌，应当理性分析，利用现有法律制度尽可能实现自己的民事权益。

（二）移送处置

实践中，常常遇到的问题是，首封法院在对标的物采取执行措施后，并不及时处置标的物。这一问题，在轮候查封的债权人对标的物享有抵押权、质权等担保物权的情况下显得尤为突出，尤其是在执行工作遇到标的物所在地法院地方保护的情况下。最高人民法院专门发布并于2016年4月14日起施行的《最高人民法院关于首先查封法院与优先债权执行法院处分查封财产有关问题的批复》，着力解决首封法院"查而不动"的问题。

根据《人民法院办理执行案件规范》第三百八十二条"在执行程序中，被执行人的财产被查封、扣押、冻结后，人民法院应当及时进行拍卖、变卖或者采取其他执行措施"以及第三百八十三条"执行过程中，原则上应当由首先查封、扣押、冻结（以下简称查封）法院负责处分查封财产"，执行工作中确立了应当由首封法院予以处置的原则。该原则的例外，就是首封法院"查而不动"的情况，尤其是查封的财产上如果设定有其他债权人的优先担保物权，首封法院处置查封财产就应当优先分配给享有优先担保物权的债权人，故有首封法院采取执行和变现措施，为优先权执行法院"做嫁衣"的问题。根据上述规范第三百八十四条之规定，"已进入其他法院执行程序的债权对查封财产有顺位在先的担保物权、优先权（该债权以下简称优先债权），自首先查封之日起已超过六十日，且首先查封法院就该查封财产尚未发布拍卖公告或者进入变卖程序的，优先债权执行法院可以要求将该查封财产移送执行"，也即首封法院未能在六十日内对查封、扣押以及冻结的标的物发布拍卖公告或进入变卖程序的，优先债权的执行法院可以函告请求将查封财产移送执行。《最高人民法院关于首先查封法院与优先债权执行法院处分查封财产有关问题的批复》作为有效之法律依据，就上述规定做出了制度性安排。

1. 移送的条件

上述批复第一条规定了要求移送的条件。第一，能够要求首封法院移送的人民法院是：（1）已进入执行程序的法院；（2）对查封财产有顺位在先的担保物权、优先权的查封法院，也即只有担保物权的债权或类似工程款优先权的执行法院。第二，要求移送的条件是：（1）自首先查封之日起已超过60日；（2）首先查封法院就该查封财产尚未发布拍卖公告或者进入变卖程序。第三，函告请求移送的是首封法院对查封财产的处置权，而非首封法院的执行案件，该执行案件还是由首封法院执行，首封法院仅移送查封财产的处置权。

2. 移送的程序

对于移送的具体程序：首先，优先债权执行法院要求首先查封法院将查封财产移送执行，应当出具《商请移送执行函》，并附确认优先债权的生效法律文书及案件情况说明；其次，首先查封法院应当在收到优先债权执行法院《商请移送执行函》之日起15日内出具《移送执行函》，将查封财产移送优先债权执行法院执行，并告知当事人。上述《移送执行函》中，应当载明将查封财产移送执行及首先查封债权的相关情况等内容。

3. 移送后的处理

上述批复在第三条中规定了移送后的处理工作：首先，财产移送执行后，优先债权执行法院在处分或继续查封该财产时，可以持首先查封法院《移送执行函》办理相关手续。例如，抵押房产拍卖后，优先债权执行法院出具执行裁定及协助执行通知书告知房产登记机关，撤销查封办理房产过户过程中，应向房产登记机关出示首先查封法院出具的《移送执行函》。其次，优先债权执行法院对移送的财产变价后，应当按照法律规定的清偿顺序分配，并将相关情况告知首先查封法院。对于首先查封债权尚未经生效法律文书确认的，应当按照首先查封债权的清偿顺位，预留相应份额，这一规定针对的是首先查封系依据诉前或诉讼保全裁定的情况。

4. 移送冲突的处理

如果首先查封法院与优先债权执行法院就是否移送发生争议，上述批复在第四条中规定，可以逐级报请双方共同的上级法院指定该财产的执行法院。而共同的上级法院根据首先查封债权所处的诉讼阶段、查封财产的种类及所在地、各债权数额与查封财产价值之间的关系等案件具体情况，认为由首先查封法院执行更为妥当的，也可以决定由首先查封法院继续执行，但应当督促其在指定期限内处分查封财产。

【问题 107】如果执行法院不是首封法院，没有处置权，但是首封法院不处置执行财产，应当如何处理？

H 证券股份有限公司与上海 Y 电子技术有限公司达成质押式回购交易合同，并进行回购交易，后因 Y 公司未按期履行回购义务。故此，经 H 证券申请，北京市方圆公证处作出（2017）京方圆执字 0053 号执行证书。H 证券持公证书和执行证书向上海市第一中级人民法院申请执行，要求拍卖 Y 公司质押的"Y"限售股股票 18519800 股，同时要求支付融资本金、利息、违约金、公证费、律师费等总计 121383824.83 元。2017 年 8 月 7 日，上海一中院轮候冻结了"Y"限售股股票 211692576 股后发现，广东省高院于 2017 年 3 月 1 日以（2017）粤民初 4 号执行裁定首先冻结了"Y"标的股票，其中包含质权人为华融证券的 18519800 股质押股票。所以，上海一中院函请广东高院移送执行处置权；而广东高院回函将其首先冻结质权人为 H 证券的"Y"股票 18519800 股的续封、解封和变价、分配等后续工作交由上海一中院处理。①

分析：本案是典型的执行法院之间相互配合，完成执行工作的案例。本案中，上海一中院查封的股票数额大于质押股票数额（实际查封 211692576 股＞质押股票 18519800 股），可能是因为股票价值下降，或债权违约积累了利息、违约金债务，以至于质押股票无法清偿 H 证券的所有债权。但是，轮候查封的上海一中院只能函请移送质押股票的处置权，剩余查封的股票数额则无法函请移送。此外，还应注意的是，移送的是"续封""解封""变价""分配"。实际上，如果是移送担保物权标的物或权利，首封法院处置后，对于变价款也应首先满足担保物权人的优先受偿权；所以，法律规定交由优先债权执行法院变价、分配更加符合执行的经济和效率原则，而且实践中鉴于优先担保物权的存在，首封法院

---

① 上海市第一中级人民法院（2017）沪 01 执 780 号执行裁定书。案件来源于中国裁判文书网。

也无"动力"处置担保物或权利。

广东高院于2016年3月3日公布的《关于执行案件法律适用疑难问题的解答意见》"问题二、首封法院与优先受偿权执行法院处分查封财产存在争议,如何处理?"的回答中,可以看到法院在处理首封、轮候法院之间矛盾时所考虑的诸项因素:"首封法院对查封财产行使处分权是有条件和要求的,在特定情形下要限制首封法院的处分权。各中院、基层法院有此类争议的,可及时启动执行协调程序,尽快消除障碍,推进案件执行,按以下原则协调解决:第一、原则上由首封法院对该财产进行处分,首封法院应及时依法处置查封财产。第二、首封法院尚未进入执行程序,或首封法院案件依法暂缓执行或进入执行程序之日起二个月内没有启动处置程序的,应由优先受偿权执行法院处分查封财产,财产处分后各法院依法推进个案后续执行工作。第三、经相关法院协商可依法委托一家法院统一执行。首封法院和优先受偿权法院按照以上原则对处分查封财产争议进行协调,不能达成一致意见的应逐级报请共同的上级法院协调处理。上级法院应当及时作出明确解决问题的协调意见。"广东高院在就上述处理原则给出的主要理由是:"在确定查封财产的处分法院时主要考虑:一是方便执行原则,依据《执行工作规定》第九十一条关于'对参与被执行人财产的具体分配,应当由首先查封、扣押或冻结的法院主持进行'的规定,原则上由首封法院处置查封财产并主持财产的具体分配。二是执行效率原则,如果首封不是执行程序中的查封而是保全查封,一般应当由最先进入执行程序的法院进行处置,避免执行拖延。三是禁止无益拍卖原则,避免首封法院处置查封财产并清偿优先受偿权和执行费用后无剩余财产可供分配的可能。四是公平保护原则,尽快处置查封财产,避免优先受偿债权的迟延履行利息增加而损害其他债权人和被执行人的合法权益。"总之,首封法院移送执行制度在现阶段人民法院的执行工作中,发挥着非常重要的作用。

(三)参与分配

1."参与分配"的基本逻辑和法律规定

《民事诉讼法司法解释》第五百零六条规定"被执行人为公民或者其他组织,在执行程序开始后,被执行人的其他已经取得执行依据的债权人发现被执行人的财产不能清偿所有债权的,可以向人民法院申请参与分配。对人民法院查封、扣押、冻结的财产有优先权、担保物权的债权人,可以直接申请参与分配,主张优先受偿权",该条款成为"参与分配"主要的法律依据。需要特别注意的是,我们在这里讨论的是轮候查封导致的无担保债权因执行先后顺序而形成的受偿先后顺序的处理方案，不涉及有担保即有优先受偿权的债权。实践中，参与分配需要满足以下条件：（1）多个债权人对被执行人申请强制执行；（2）参与分配申请应当在执行程序开始后且在执行终结前提出；（3）被执行人已有财产不能清偿所有债权；（4）申请参与分配的债权必须已经取得生效的执行依据（包括判决、裁定、仲裁裁决、公证债权文书和执行证书）；（5）被执行人系非企业法人。而参与分配的基本逻辑是：（1）执行中，遵循"先到先得"的一般原则，即轮候查封制度；（2）前述原则的例外是被执行人无足以清偿所有申请执行人债务的执行财产；（3）例外情况下，参与分配制度，人为地将所有无担保债权拉回到平等的法律地位之上。

如果被执行人系企业法人，可以通过破产程序拉平所有无担保债权申请执行人的法律地位，其不符合这里所述的"参与分配"制度的主体要求。所以，上述条件中的第（5）项争议较大：正方，即支持被执行人为企业法人时也应适用"参与分配"制度的观点认为，利用该制度可以对企业法人进行准破产处理，此种情况可以在无须被执行企业法人的所有债权人通过破产申报等程序"浮出水面"的情况下，快速处理执行问题，符合执行效率优先原则。反方，即反对的观点也很简单，即这种方式会抽干被执行企业法人的财产，对未申请执行的债权人，或还未拿到执行依据的债权人不公平，尤其是对于后者。所以，《民事诉讼法司法解释》第五百零六条关于参与分配制度的一般条款中，开宗明义即称"被执行人为公民或者其他组织"。广东中山中院就"刘某某、江门市新会区G针织厂有限公司执行审查类执行裁定书"的执行异议复议案件作出的（2017）粤20执复50号执行裁定认为，"本案争议的焦点是刘某某的异议申请应否予以支持。《民事诉讼法司法解释》第五百零八条规定，申请参与分配的适用情形为'被执行人为公民或者其他组织'，而本案被执行人W公司系有限责任公司，刘某某无权要求参与分配"[①]。从上述案例可以看到，执行机关在参与分配问题上还是倾向于坚持《民事诉讼法司法解释》第五百零六条的规定，认定参与分配制度不适用于被执行人为企业法人的情况。

---

① 广东省中山市中级人民法院（2017）粤20执复50号执行裁定书。案件来源于中国裁判文书网。该裁定书中的《民事诉讼法司法解释》第五百零八条，在2022年被修正为第五百零六条。

【问题108】"参与分配"中"被执行人的财产不能清偿所有债权"的判断标准是什么？

上海T公司因与魏某某之间的房屋买卖合同纠纷，在经判决进入强制执行程序后，发现魏某某在多起案件中均为被执行人，执行总标的已达7000多万元，主要财产均为沧州中院查封保全，北京海淀、东城、西城三家法院轮候查封。上海T公司知晓魏某某北京海淀万柳华府一处房产正在沧州中院评估拍卖，遂向沧州中院申请参与分配，而该院答复应向原执行法院北京海淀法院申请后转交沧州中院。该院作出（2014）沧执字第00365号通知，认为被执行人魏某某名下是否还有其他财产和被法律文书确认的其他债权，以及魏某某不能清偿所有债权，上海T公司均未提出有效证据证明，故申请参与分配缺乏事实和法律依据，依法予以驳回。

上海T公司不服上述通知，提出执行异议。对于该执行异议，沧州中院在其作出的（2016）冀09执异17号执行裁定书中认为，参与分配执行是否必须证明被执行人的财产不能清偿所有债权是案件审理的焦点问题之一，并认为"应当从宽把握该项要求，切实保障普通债权人申请参与分配的权利。规定参与分配制度的目的，即在于保障被执行人不具备破产资格情形下债权的平等受偿和实现，如在参与分配程序中严格要求债权人必须证明'被执行人的财产不能清偿所有债权'，则不符合设立参与分配制度的目的。虽然法律规定申请参与分配的债权人提交的申请书'应当写明参与分配和被执行人不能清偿所有债权的事实、理由'，但并未规定严格的证明责任。对于该规定的正确理解应当是，只要申请人在申请书中予以说明，执行法院在形式审查后即应准许，不能以'申请人主张被执行人不能清偿所有债权的证据不足'为由，不受理或驳回参与分配申请。实践中过于苛求申请人的证明责任，或给参与分配申请设置过多障碍，有违参与分配制度平等保护债权的立法本意"[①]，最终在这个问题上支持了上海T公司的主张。

分析：这里问题的本质是，参与分配申请人的证明程度有多深，是不是必须完成通常意义上的举证责任。我们认为，沧州中院在本案这一问题上的观点非常正确，因为：(1) 轮候查封制度的"先到先得"原则的目的在于促使债权人拿到判决后尽快进入执行程序以实现权利，其底层逻辑是债权的平等性，也即制度上起到激励作用就可以了，最重要的还是保障债权平等性，否则也就没有

[①] 河北省沧州市中级人民法院（2016）冀09执异17号执行裁定书。案件来源于中国裁判文书网。

了"先到先得"的激励效果；（2）对被执行人不能清偿所有债权的证明程度本身就没有"底线"，满足这一证明责任设定任何标准都不能绝对地说完成了举证任务；（3）结合前面两点，只要在形式上通过审查认为不能清偿所有债权即可。可以说，是否符合参与分配的这一要求，重点不在于申请人举证，而在于执行法院审查。总之，只要申请人提出被执行人的财产不足以清偿所有债务，并进行初步证明，就应当认定符合申请的实体条件。沧州中院在（2016）冀09执异17号执行裁定书中也持这一观点，"参与分配申请人上海T公司在申请书中提出，魏某某在多家法院的多起案件中均为被执行人，执行总标的已达7000多万元，且其主要财产均被本院查封保全，同时也被其他法院轮候查封，原执行法院北京市海淀区人民法院至今也未查询到魏某某的其他财产。其主张被执行人不能清偿所有债权的事实、理由基本符合客观情况。且经查，查控的四套房产虽评估价值近4000万元，但其上均设有抵押权，优先权人优先受偿后，其财产远不能清偿其所有债权，申请执行人上海T公司面临债权无法实现的风险"。可以说，对于多个具有平等属性的债权而言，其面对的债权实现风险是客观的，不因查封先后顺序而有区别；想要最大限度地摆脱这一风险，就必须设定担保物权以获取优先效力，否则即应当平等受偿，沧州中院的判决也恰好说明了这一点。

比较2008年《执行工作规定》第九十条"被执行人为公民或其他组织，其全部或主要财产已被一个人民法院因执行确定金钱给付的生效法律文书而查封、扣押或冻结，无其他财产可供执行或其他财产不足清偿全部债务的，在被执行人的财产被执行完毕前，对该被执行人已经取得金钱债权执行依据的其他债权人可以申请对该被执行人的财产参与分配"和2015年《民事诉讼法司法解释》第五百零八条第一款"被执行人为公民或者其他组织，在执行程序开始后，被执行人的其他已经取得执行依据的债权人发现被执行人的财产不能清偿所有债权的，可以向人民法院申请参与分配"的规定内容，就会发现申请参与分配的条件在弱化，只需要满足被执行人的财产不能清偿所有债权这一条件即可，但只有"被执行人为公民或者其他组织"才能申请参与分配的底层逻辑并未改变。

【问题109】参与执行分配的实质性要件是什么？

泰州市姜堰法院于2014年7月10日作出（2014）泰姜民初字第1002号民事调解书，内容主要为丁某某、罗某某向孙某某给付人民币273万元。因二被告未履行民事调解书所载义务，孙某某于2014年7月21日申请执行，姜堰法院于 2014 年 8 月 20 日裁定拍卖被执行人丁某某、罗某某两套房产。但是该两套房产在淘宝网司法拍卖平台上两次流拍。执行申请人孙某某同意以第二次拍卖保留价接受拍卖房产抵偿债务。

徐某某与丁某某、罗某某以及其他四位被告的民间借贷纠纷，由泰州中院诉前保全轮候查封了孙某某执行中司法拍卖的两套房产，首封了丁某某、罗某某的其他两套房产，查封了另外四位被告的两套房产，共计首封四套房产，轮候查封了案涉的两套房产。2015 年 1 月 22 日，泰州中院就上述民间借贷纠纷作出（2014）泰中民初字第 00055 号民事判决，判决债务人丁某某、罗某某支付本金 1230 余万元和利息，其他四位被告（保证人）承担连带清偿责任，责任承担后有权向丁某某、罗某某追偿。2015 年 3 月 3 日，徐某某向泰州中院申请执行，并向泰州中院申请要求对姜堰法院正在拍卖的丁某某、罗某某的案涉两套房产房屋所得款参与分配。

泰州中院受理上述参与分配申请后，函告姜堰法院，该院经审查于 2015 年 4 月 1 日作出（2014）泰姜执字第 02184-3 号执行裁定：驳回债权人徐某某的参与分配申请。徐某某不服，向姜堰法院提出参与分配执行异议。姜堰法院于同月 20 日作出（2014）泰姜执异字第 00008 号执行裁定：驳回徐某某的执行异议。徐某某不服，向泰州中院申请复议。泰州中院于 2015 年 6 月 17 日作出（2015）泰中执复字第 00015 号执行裁定，撤销姜堰法院上述执行裁定，准许徐某某参与分配。孙某某不服泰州中院复议裁定，向该院申请执行监督。该院于 2015 年 12 月 11 日作出（2015）苏执监字第 00440 号执行裁定，裁定撤销泰州中院（2015）泰中执复字第 00015 号执行裁定及姜堰法院（2015）泰姜执异字第 00008 号执行裁定，由姜堰法院对徐某某提出的异议重新审查。

姜堰法院于 2016 年 4 月 15 日作出（2016）苏 1204 执异 1 号执行裁定认为，根据《执行工作规定》第九十条之规定，在该院执行的孙某某申请执行丁某某、罗某某的执行案件中，正在处置的两套房产，并非被执行人的全部或主要财产，且异议人徐某某一案中，尚有四个保证人等被执行人，而且执行法院泰州中院已经查封了四个保证人的房产，故徐某某的申请，不符合参与分配的条件，应当予以驳回。徐某某不服该裁定，复议至泰州中院，认为被执行人的债务已达 2300 万元，可供执行的查封房产仅为 1000 万元，被执行人已经不能清偿全部债务，且已经查封的保证人的房产也不足以清偿债务，故应当允许参与分配。申请执行人孙某某辩称，姜堰法院查封的财产仅仅是被执行人的部分财产，并不是全部财产，复议申请人申请执行的案件中还有其他四个被执行人的财产可供执行。被查封的财产不是同一法院查封，应按执行法院采取执行措施的先后顺序受偿。复议申请人无证据证明被执行人财产不足以清偿全部债务，其要求参与财产分配不符合法律的规定，请求驳回其复议申请。其后，泰州中院作出（2016）苏执复22号执行裁定，支持了徐某某的异议申请，准许其参与分配。

孙某某不服泰州中院的上述复议裁定，向江苏高院提起申诉，除姜堰法院的理由外，其还提出其已经明确表示同意以物抵债，故执行程序已经终结，徐某某参与分配无法律依据。江苏高院经审理作出（2017）苏执监725号执行裁定书认为，《民事诉讼法司法解释》第五百零八条相较于《执行工作规定》第九十条，"该最新规定已经对申请参与分配的条件作出变更。根据新法优于旧法的原则，本案的另案债权人徐某某申请参与分配，只需要满足被执行人的财产不能清偿所有债权这一条件即可"。而且，"根据本院查明的事实，涉及被执行人丁某某、罗某某的已经司法确认的债务总额为1500余万元及相应利息，而法院查封的房产价值约为1200万，其中还有495万元的抵押债权需优先清偿，还有3至4个轮候查封债权可能申请参与分配。虽然泰州中院还查封了连带清偿责任人的房产，但该房产的价值亦不足以清偿债权人的债权，且连带清偿责任人在履行连带清偿责任之后，依然有权向丁某某、罗某某追偿。因此，根据目前掌握的被执行人财产情况，其财产不足以清偿所有债权，徐某某符合参与分配条件。第三，虽然孙某某表示同意以第二次流拍价抵偿债务，但法院并未作出以涉案房屋抵偿债务的裁定，涉案房屋尚未执行终结，徐某某在涉案房屋的执行程序终结之前提出参与分配申请，应予支持"。[1]

分析：江苏高院的判决，说明了以下三个问题：（1）就参与分配申请人的救济程序而言，其应向自己的执行法院提出申请，由该院将申请转至主持处置的法院，由该院对参与分配申请进行审查，并作出相应的执行裁定，无论是异议、复议还是分配方案异议之诉，均在该院进行。（2）《民事诉讼法司法解释》将参与分配的条件简化为"被执行人的财产不能清偿所有债权"这一实体条件，是对《执行工作规定》第九十条规定内容在立法上的变化。（3）这一变化是一把"双刃剑"，本来孙某某在自己的执行案件中，已经表示可以以物抵债，最终了结执行案件；此时徐某某参与分配，意味着其与孙某某就某一套房产应按照比例清偿，如果孙某某要求以物抵债，其需拿出款项补偿徐某某在该套房产上应按比例清偿的债务，孙某某的债权就无法得到完全清偿。这样，就会使孙某某打消以物抵债的想法。与此相对，在徐某某查封的房产上，其要想以物抵债，可能会面对孙某某所面临的同样的问题。人民法院执行机关采取查控措施有一个

---

[1] 江苏省高级人民法院（2017）苏执监725号执行裁定书。案件来源于中国裁判文书网。

原则，即"不能够超标的"，单就孙某某查封的两套房产看，价值上足够清偿孙某某的债务，所以孙某某要求参与徐某某就自己单独查封的被执行人的某一套房产价款分配的请求，很难得到法院的支持；但是，如果考虑到孙某某就自己查封的房产以物抵债的情况下，还需拿出款项补偿徐某某的结果，又会发现孙某某查封的房产又可能存在不能满足其债权实现的情况。一方面申请执行人不能超标的查封，另一方面已查封的财产经其他申请执行人参与分配又不足以实现所有债权；所以，对于本案两个申请执行人而言，很难拿出一个两全其美的方案，能够在现有法律框架下同时解决两人的问题。

一般情况下，不动产经拍卖、变卖仍无法变价的情况下，执行机关均会询问申请执行人是否愿意以物抵债，如果不愿意则会进入"终本程序"，案件也会被拖入"遥遥无期"的境地。所以，我们认为，《民事诉讼法司法解释》降低参与分配的门槛，本意是好的，但并未妥善解决"以物抵债"方式终结执行案件的情形，这个问题值得反思。

2."申请参与分配"的程序设置

《民事诉讼法司法解释》第五百零七条规定"申请参与分配，申请人应当提交申请书。申请书应当写明参与分配和被执行人不能清偿所有债权的事实、理由，并附有执行依据。参与分配申请应当在执行程序开始后，被执行人的财产执行终结前提出"，该条规定了参与分配所应提交的材料、时间等程序问题。

（1）由谁分配。根据《执行工作规定》第五十六条的规定，对参与被执行人财产的具体分配，应当由首先查封、扣押或冻结的法院主持进行，即由首封法院主持分配；如果首封法院是保全法院，而非执行法院，则应在该法院审理终结后由该院主持分配，或者由优先权法院移送后执行并分配。

（2）向谁分配。根据《民事诉讼法司法解释》第五百零六条第一款"被执行人为公民或者其他组织，在执行程序开始后，被执行人的其他已经取得执行依据的债权人发现被执行人的财产不能清偿所有债权的，可以向人民法院申请参与分配"，参与分配的，可以是提出参与分配申请的自然人和其他组织。

根据《民事诉讼法司法解释》第五百零六条第二款之规定，即"对人民法院查封、扣押、冻结的财产有优先权、担保物权的债权人，可以直接申请参与分配，主张优先受偿权"，对执行法院查扣冻的财产拥有优先权的债权人，可以直接申请参与分配，而不必以取得执行依据为条件。

（3）向谁申请。债权人在申请执行后，发现被执行的财产不足以清偿所有债务，可以申请参与分配，但向谁申请，是主持分配的首封法院，还是原审的执行法院？参照 2008 年《执行工作规定》第九十二条的规定，即"债权人申请参与分配的，应当向其原申请执行法院提交参与分配申请书，写明参与分配的理由，并附有执行依据。该执行法院应将参与分配申请书转交给主持分配的法院，并说明执行情况"，也即参与分配申请应当向原申请执行的法院提交，而不能直接向主持和处置标的物的法院提出。

【问题 110】参与分配申请，应当向哪个法院提出？

在上海 T 公司就"王某、魏某某民间借贷纠纷执行案"提出的执行异议案件中，上海 T 公司申请执行被执行人魏某某的财产的执行法院是北京市海淀区人民法院，而执行被执行人魏某某财产的法院为沧州中院。上海 T 公司向沧州中院提出参与分配申请后，沧州中院答复应向原执行法院海淀法院申请后转交沧州中院。后上海 T 公司向海淀法院提出申请，该院将该申请转交沧州中院。

分析：2008 年《执行工作规定》第九十条规定必须通过原执行法院提出参与分配申请，目的在于通过原执行法院转交参与分配申请给主持分配的法院的程序基本保障了申请参与分配债权的真实可靠性，也有利于原执行法院通过与主持分配的法院沟通掌握情况，而且因申请参与分配的债权已在原执行法院进入了执行程序，执行情况、债权数额的增减等千差万别，规定由原执行法院说明执行情况更有证明力和客观可操作性。另外，存在首封法院对参与分配申请人所持执行依据无执行管辖权的可能，所以参与分配申请人并不能直接向首封法院递交执行申请进入执行程序，只能通过向有执行管辖权的法院先行递交执行申请进入执行程序。但是，《执行工作规定》（2022 年修正）删除了这一规定，目前我们还没有找到替代条款，但就我们观察到的情况，还是可以通过原执行法院递交参与分配申请。

（4）申请的时间。根据《民事诉讼法司法解释》第五百零七条第二款之规定，"参与分配申请应当在执行程序开始后，被执行人的财产执行终结前提出"。因为执行中的情况非常复杂，所以在实务中，如何理解"执行终结前"存在分歧，甚至是在法院系统内部就存在规范意义上的分歧。

【问题 111】参与分配申请的时限如何确定？

沧州中院在其就上海 T 公司执行异议作出的（2016）冀 09 执异 17 号执行裁定中认为，"申请参与分配的期限对债权人是否能进入已经开始的执行程序至关重要，只有在规定的期限内提出申请，债权人的参与分配申请才能成立，其债权才能得到平等受偿"。在该案中，上海 T 公司向沧州中院提出参与分配申请，被该院告知应通过原审执行法院申请。2015 年 7 月 31 日，北京市海淀区人民法院将上海 T 公司的参与分配申请函转至沧州中院，故上海 T 公司提交申请的时间被认定为 2015 年 7 月 31 日；而在此之前，沧州中院就已经完成拍卖变现，并于 2015 年 7 月 6 日将产权变更裁定送达拍卖买受人刘某某。根据《民事诉讼法司法解释》第五百零九条第二款，提出参与分配申请的最后截止日期为"被执行人的财产执行终结前"，故该院认为"财产执行终结"是一种应然状态，即案款已执行到位或财产已完成变价。最终，该院认为上海 T 公司的参与分配申请超出了《民事诉讼法司法解释》第五百零九条第二款申请参与分配的截止日，从而驳回了上海 T 公司参与分配的申请。[①]

应当注意的是，沧州中院执行案件中的申请执行人王某拿到拍卖款的时间为 2016 年 2 月 5 日。也就是说，参与分配申请的提出时间，刚好在拍卖并移转拍卖标的物权利和申请执行人拿到拍卖案款之间。那么，问题来了，是以财产拍卖中财产权利的转移时间为执行终结的时间，还是以拍卖案款分配到位的时间为执行终结的时间？我们认为，从《民事诉讼法司法解释》第五百零九条第二款"被执行人的财产执行终结前"的规范意义上讲，本案中沧州中院将产权变更裁定送达买受人时，确实完成了对"被执行人财产"的执行；但是，从整个执行行为来看，标的物经拍卖完成变现，但案款还没有分配，重新分配和参与分配还存在可能，所以执行程序还没有结束，不能认为是执行终结。从正反两个方面看，都有一定的道理。问题的关键在于，各种规范规定了"终结执行"的事由，但均未规定什么是"执行终结"。在没有法定概念的情况下，各地法院只能按照自己的理解出台相关意见。

A. 北京高院——执行案款到达主持分配法院的账户之日

在《北京市高、中级法院执行局（庭）长座谈会（第五次会议）纪要——关于案款分配及参与分配若干问题的意见》中，北京市法院系统给出的答案是："按照《执行规定》第 90 条的规定，若执行标的物为货币类财产，以案款到达主持分配法院的账户之日作为申请参与分配的截止日；若执行标的物为非货币类财产，需对该财产予以拍卖、变卖或以其他方式变价的，以拍卖、变卖裁定送达买受人之日或以物抵债裁定送达申请执行人之日作为申请参与分配的截止日。前款中的以物抵债裁定应当载明执行标的物折抵的价款数额，但不应载明折抵

[①] 河北省沧州市中级人民法院（2016）冀 09 执异 17 号执行裁定书。案件来源于中国裁判文书网。

的债权数额,待分配方案确定后再作出认定。同一案件中,法院执行多项财产的,各项财产分别确定申请参与分配的截止日;同一项财产(指同一项执行措施控制的财产)为可分的多个财产的,以被处置的最后一个财产确定申请参与分配的截止日。"上述意见非常清楚,与沧州中院的观点一致,即"以拍卖、变卖裁定送达买受人之日或以物抵债裁定送达申请执行人之日为申请参与分配的截止日"。

这里需要注意的是,对于以物抵债,北京高院的意见是参与分配的申请应在"以物抵债裁定送达申请执行人之日"之前提交;对此,湖北高院在"龚某某、章某等与X现代化农牧业发展有限公司民间借贷纠纷执行案"中认为,"执行法院于2013年2月6日依法作出抵偿裁定前,申请复议人龚某某仍未向人民法院申请参与分配,而根据上述规定,参与分配申请应当在执行程序开始后,被执行人财产执行终结前提出。故在被执行人的上述财产已被分配执行完毕后,申请复议人龚某某提出重新分配的主张没有法律依据,本院亦不予支持"[1],也即参与分配的申请应当在执行法院作出执行裁定之日前提出。对此,我们认为,应以以物抵债裁定发生法律效力之日为提出参与分配申请的截止日,具体看该裁定的生效时间。

B. 广东高院——执行案款支付给执行申请人之日

广东高院于2016年3月3日公布的《关于执行案件法律适用疑难问题的解答意见》中,对"问题五、如何认定'申请参与分配截止时间'"的解答为:"应严格适用《最高人民法院关于适用〈中华人民共和国民事诉讼法〉的解释》第五百零九条第二款规定,将申请参与分配截止时间限定在'被执行人的财产执行终结前'。各级法院可参考本院在(2014)粤高法执监字第131号《执行监督函》认定'在执行财产尚未实际支付给争议财产分配方案中确定的债权前,提出参与分配的申请,应当认定此时财产尚未执行完毕,其他债权人有权参与分配'。各级法院不能将'对分配方案合议之日'、'分配方案作出之日'等时间点作为申请参与分配截止日期。"简言之,就是直到执行财产实际支付前,提出参与分配的申请都是有效的。在"麦某某不服东莞市第二人民法院作出的(2016)粤1972执异86号执行裁定复议案"中,异议人麦某某即以广东高院的上述意见为主要理由申请复议,而东莞中院在其于2017年11月16日作出的(2017)粤19执复74号执行裁定中认为:"第一,《民事诉讼法司法解释》第五百零九条第

---

[1] 湖北省高级人民法院(2015)鄂执复字第00017号执行裁定书。案件来源于中国裁判文书网。

二款规定,参与分配申请应当在执行程序开始后,被执行人的财产执行终结前提出。经查,本案中涉及的被执行人谢某某财产即涉案房地已于 2016 年 1 月 26 日由执行裁定书确认权属变更,对该财产的执行已实际完结。麦某某依据此后生效的 65 号判决书申请参与分配,应视为已超出上述司法解释规定的申请时限。第二,至于麦某某主张的执行款分配完成前都应允许参与分配,该主张缺乏法律和司法解释作为明确依据;麦某某认为拍卖所得执行款仍为上述司法解释规定的被执行人财产,依据不足,本院不予认可。"[1]可见,东莞中院并未认可广东高院的意见。

相较于判决和仲裁裁决这两种执行依据,公证债权文书和执行证书作为执行依据在申请时效上具有明显的优势,其可以在相对较短的时间内出具执行依据,从而避免错过参与分配的申请时效。鉴于公证债权文书大多是有担保的债权,参与分配制度可以在保证人为自然人的情况下合理应用。

(5)申请"参与分配"提交哪些材料。《民事诉讼法司法解释》第五百零七条第一款规定,申请参与分配,申请人应当提交申请书,申请书应当写明参与分配和被执行人不能清偿所有债权的事实、理由,并附有执行依据。在申请参与分配的材料中,比较重要的是"执行人不能清偿所有债权的事实",因为这是参与分配的底层原因;正是因为不能清偿所有的债权,才需要对作为被执行人的自然人、其他组织采取类"破产"的处置措施,维护债权平等性的基本原则。实践中,不能清偿所有债权的事实,通常是指被执行人所有可供执行的财产已经被执行机关采取查、扣、冻的执行措施,且该等财产不足以清偿这些执行措施的执行依据载明的债权总额。实际上实践操作也比较简单,例如申请执行人甲申请对乙执行,执行机关轮候查封乙的不动产,随后若发现乙没有其他可供执行的财产,则会对甲的执行申请作出"终本裁定";之后,甲即可持该裁定通过裁定法院向乙的不动产的查封法院(首封法院)申请参与分配。此时,终本裁定就是说明"执行人不能清偿所有债权的事实"的最好佐证材料。

(6)执行机关如何分配。《民事诉讼法司法解释》第五百零八条规定,"参与分配执行中,执行所得价款扣除执行费用,并清偿应当优先受偿的债权后,对于普通债权,原则上按照其占全部申请参与分配债权数额的比例受偿。清偿后的剩余债务,被执行人应当继续清偿。债权人发现被执行人有其他财产的,可以随时请求人民法院执行",故向普通债权人分配前,应当优先满足:①执行

---

[1] 广东省东莞市中级人民法院(2017)粤19执复74号执行裁定书。案件来源于中国裁判文书网。

费用；②优先债权，如工人工资社保、工程款债权、担保物权担保的债权等。随后，按照债权比例平等受偿，此时即没有所谓首封、轮候查封的区别，所有参与分配的普通债权（即无优先权的债权）都一样。

3. 对于执行机关就分配作出的裁判，当事人如何救济？

如果执行机关裁定可以参与分配，则会就财产分配制作方案，并送达可以参与分配的债权人和被执行人，根据《民事诉讼法司法解释》第五百零九条之规定，债权人或者被执行人对分配方案有异议的，应当自收到分配方案之日起十五日内向执行法院提出书面异议。其后，执行法院会将异议送达未提出异议的债权人和被执行人，由其在收到通知之日起十五日内提出反对意见。如无反对意见，则执行法院将根据异议人的意见对分配方案进行修正。如有反对意见，执行法院则会将反对意见通知异议人，而异议人应自收到通知之日起十五日内以反对意见的债权人、被执行人为被告提起诉讼，即所谓的分配方案异议之诉；如异议人逾期未提起诉讼，则执行法院会按照原分配方案进行分配。这里需要注意的是，对人民法院裁定驳回参与分配申请的，实践中一般是通过复议程序予以救济；这一点，与分配方案异议之诉有很大区别。

相较于法院判决、仲裁裁决执行中参与分配而言，同样作为执行依据的公证债权文书的问题在于生效法律文书即执行依据本身既已存在，是否可以不经向公证机构申请执行证书，而直接依据《民事诉讼法司法解释》第五百零六条第一款"被执行人的其他已经取得执行依据的债权人发现被执行人的财产不能清偿所有债权的，可以向人民法院申请参与分配"之规定，立即向执行机关申请参与分配。我们认为不可以，因为在程序上，其提出参与分配的申请，须向被执行人所在地或执行财产所在地法院提出，此时其尚未出具执行证书，还未进入执行程序，根本没有可以提出参与分配申请的执行法院。但应当看到，相较于法院判决、仲裁裁决，公证债权文书执行的优势在于可以快速地进入执行程序，从而提出参与分配申请。

三、终本执行和终结执行

（一）终本执行

终结本次执行，是法院在强制执行过程中发现被执行人无可供执行的财产或存在其他法定情形，为了节约司法资源，减轻人民法院执行部门的工作压力，遂采取终结本次执行措施；终结本次执行程序后，待发现被执行人有效的可供执行的财产后，可以再行恢复执行程序的程序。《终本执行规定》第一条规定人民法院终结本次执行程序，应当同时符合下列条件：（1）已向被执行人发出执行通知、责令被执行人报告财产。（2）已向被执行人发出限制消费令，并将符合条件的被执行人纳入失信被执行人名单。（3）已穷尽财产调查措施，未发现被执行人有可供执行的财产或者发现的财产不能处置。（4）自执行案件立案之日起已超过三个月。（5）被执行人下落不明的，已依法予以查找；被执行人或者其他人妨害执行的，已依法采取罚款、拘留等强制措施，构成犯罪的，已依法启动刑事责任追究程序。

【问题112】何谓"终本程序"？

何谓"终本程序"，我们以以下执行机关的执行裁定为例加以说明。昆明西山法院作出的（2016）云0112执1729号执行裁定书："某公证处作出的某某号执行证书已经发生法律效力，被执行人邓某、钟某到期未履行生效法律文书确定的义务，权利人于2016年7月21日向本院申请执行。本案在执行过程中，已将被执行人邓某、钟某名下所有的坐落于昆明市六甲乡叶家村夏意雅园一期某幢某单元某层某某号的房屋处置，现该房屋已进入评估拍卖程序。但该房屋价值不足以支付被执行人的全部欠款，除此之外，被执行人邓某、钟某现暂无其他财产可供执行。申请执行人某银行股份有限公司昆明分行亦不能提供被执行人可供执行的财产线索，且书面申请法院终结本次执行程序。故经合议庭评议，依照《民事诉讼法司法解释》第五百一十九条之规定，裁定如下：终结本次执行程序。如发现被执行人确有可供执行的财产，申请执行人可以向本院重新申请强制执行。本裁定书送达后立即生效。"[①]

分析：终本程序的结果是人民法院作出"终本裁定"，其基本逻辑是：第一，人民法院执行机关已经就被执行人的财产采取了执行行为，但仍然不能使债权得到全部清偿；第二，在被执行人已无其他可供执行的财产的情况下，即在"无米下锅"的情况下"先关火"，暂停执行行为；第三，待申请执行人提供了执行线索，可以"另打火、再升灶"时重新申请强制执行。从裁定的内容看，主要有以下三个内容：（1）终结"本次"执行，而不是终结"本案"执行；（2）申请执行人重新启动执行程序的条件是，提供被执行人有可供执行财产的确实线索；（3）执行裁定书是送达后立即生效。

---

① 云南省昆明市西山区人民法院（2016）云0112执1729号执行裁定书。案件来源于中国裁判文书网。

终本裁定在确立债权人是否有权立即要求一般保证人承担保证责任等相关问题上，有很重要的实践意义：《民法典》第六百八十七条第二款规定的一般保证人无权行使先诉抗辩权的情形"债权人有证据证明债务人的财产不足以履行全部债务或者丧失履行债务能力"即可以用终本裁定加以证明。另外，《担保制度司法解释》第二十八条规定了一般保证的诉讼时效起算点，即包含"人民法院作出终结本次执行程序裁定，或者依照民事诉讼法第二百五十七条第三项、第五项的规定作出终结执行裁定的，自裁定送达债权人之日起开始计算"。

1. 终本执行前的核查

《终本执行规定》第三条对该规定第一条所述"已穷尽财产调查措施"给予了解释，即对终本前核查工作提出了要求：（1）对申请执行人或者其他人提供的财产线索进行核查；（2）通过网络执行查控系统对被执行人的存款、车辆及其他交通运输工具、不动产、有价证券等财产情况进行查询；（3）无法通过网络执行查控系统查询本款第二项规定的财产情况的，在被执行人住所地或者可能隐匿、转移财产所在地进行必要调查；（4）被执行人隐匿财产、会计账簿等资料且拒不交出的，依法采取搜查措施；（5）经申请执行人申请，根据案件实际情况，依法采取审计调查、公告悬赏等调查措施；（6）法律、司法解释规定的其他财产调查措施。

在中国某银行股份有限公司成都盐市口支行与李某某、翟某公证债权文书一案中，成都双流法院作出（2019）川0116执239号之二执行裁定书认为，"申请执行标的259372.96元，全部未执行到位。在执行过程中，依法向被执行人发出了执行通知书和报告财产令，经财产调查，查到被执行人有房产，经两次拍卖均因无人竞价而流拍，未查到被执行人有其他可供执行财产，已依法将被执行人限制消费和纳入失信人员名单。经约谈，申请执行人同意终结本次执行程序"①。据此，依照《民事诉讼法司法解释》第五百一十九条之规定，最终就本案作出终本次执行的裁定。

2. 如何理解"未发现被执行人有可供执行的财产或者发现的财产不能处置"这一规范性要求？

"未发现被执行人有可供执行的财产或者发现的财产不能处置"一般是指发现被执行人有可供执行的财产，但不能借处置实现债权的情形，包括：（1）人民法院已经轮候查封，但因执行法院没有处置权，也不存在移送执行处置权的

---

① 四川省成都市双流区人民法院（2019）川0116执239号之二执行裁定书。案件来源于中国裁判文书网。

情形，所以存在不能处置的情形；（2）人民法院已经进行拍卖处置，但因流拍无法成功拍卖变现，且经变卖程序也无人问津，申请执行人也拒绝折价抵债或不能交付其抵债，即可以认定为"不能处置"，进而裁定终结本次执行；（3）特殊财产上，虽然查封但未有效控制，例如《终本执行规定》第四条第二项"人民法院在登记机关查封的被执行人车辆、船舶等财产，未能实际扣押的"；（4）尽管发现被执行人有财产，但属于被执行人生活所需，无法进行变价处置，也属于"不能处置"的情形，最终将导致终本执行。

成都铁路中院在其就"成都龙泉驿区 L 小额贷款股份有限公司与四川 X 化工股份有限公司公证债权文书执行案"作出的（2019）川 71 执 520 号之一执行裁定书中认为，"执行中，对被执行人名下的财产采取了查封措施，系轮候查封，暂无法处置"，最终，"未发现被执行人有其他可供执行的财产，申请执行人也未提供被执行人其他可供执行的财产，并向本院书面申请本案终结本次执行程序。本院认为，本案被执行人现确无可供执行的财产，且申请执行人向本院申请终结本次执行程序，应终结本次执行程序"。[①]

【问题 113】债权人可以就执行终结后产生的新债务另行起诉吗？

H 银行成都分行借款给四川 M 酒业公司、四川省 J 公司等企业和个人提供担保，借贷各方在成都市蜀都公证处办理了具有强制执行效力的（2016）川成蜀证内经字第 130280 号债权公证文书，债权人与保证人已经在成都市高新公证处办理了具有强制执行效力的（2014）成高证经字第 7121 号、第 7122 号、第 7123 号、第 7124 号、第 7125 号债权公证文书。公证机关已于 2017 年 3 月 23 日以债务人 M 公司为被执行人出具了（2017）川成蜀证执字第 324 号执行证书，于 2017 年 4 月 10 日以保证人 J 公司、X 公司、S 公司、张某某、叶某某为被执行人出具了（2017）成高证执字第 22 号执行证书。上述执行证书均载明执行标的包括实现债权的相关费用，包括但不限于已付或应付的公证费、律师费、保全费、诉讼费、公告费、执行费、评估费、拍卖费等，其中律师费 672000 元。该执行案件最终提交成都铁路运输法院执行，该院未予执行律师费即裁定终结执行。

[①] 四川省成都铁路运输中级法院（2019）川 71 执 520 号之一执行裁定书。案件来源于中国裁判文书网。

公证强制执行完毕后，债权人H银行成都分行向武侯法院就律师费提起诉讼，该院认为，"公证机关依法赋予强制执行效力的公证债权文书以及出具的执行证书，与法院生效裁判具有同等法律效力，都是法院执行案件的依据。H银行成都分行在已经取得具有强制执行力的公证文书和执行证书的情况下，再行提起诉讼获取新的执行依据，违反了'一事不再理'的法律原则"，最终作出（2017）川0107民初12230号民事裁定驳回起诉。H银行成都分行不服裁定，上诉至成都中院。二审期间提交了成都铁路法院出具的《情况说明》，"本院于2017年10月12日主持双方协商达成一致，被执行人支付1680万元用于清偿所欠你行借款本金、利息、罚息、复利，本案现已终结执行。关于律师费问题，因出具执行证书时尚未实际发生，执行证书中既无具体的律师费数额，也无明确的计算方法，故本院本次未予执行"；提交成都市高新公证处出具的《不予出具执行证书决定书》一份，拟证明四川省成都市高新公证处不再就律师费出具执行证书，H银行成都分行只能通过诉讼程序追索实际发生的律师费。二审法院经审理认为，"本案中H银行成都分行主张的案涉律师代理费发生于四川省成都市高新公证处作出的公证债权文书之后，因公证债权文书中未能明确该项费用导致该债权文书所涉律师费在执行过程中未予执行，现执行已终结。因案涉律师费实际支付时间发生在执行终结后，被执行人支付1680万元用于清偿的范围为借款本金、利息、罚息、复利，未包含H银行成都分行主张债权产生的律师代理费，因本案出现了新的情形，H银行成都分行向人民法院起诉要求支持律师代理费并不违反'一事不再理'的法律原则，故对该诉讼请求人民法院应当予以审理"，随后作出（2018）川01民终3117号终审裁定撤销武侯法院裁定，指令其审理。

武侯法院经审理作出（2018）川0107民初3839号民事判决支持了律师费请求，二审成都中院在其作出的（2018）川01民终17109号终审判决中坚持认为本案审理不违反一事不再理，律师费债务属于新产生的债务，最终维持了武侯法院的判决。[1]

分析：一事不再理是民事诉讼法中的重要原则，主要维护的是法院裁判的既判力。在公证强制执行程序中，律师费、鉴定费作为执行标的必须有明确的金额，否则一般不予执行。假如，本案中律师费并非新发生的债务，那么执行法院不

---

[1] 四川省成都市中级人民法院（2018）川01民终17109号民事判决书。案件来源于中国裁判文书网。

予执行即意味着其不认可债务的有效性，在此情况下当事人也有权利另行起诉寻求法院的裁判支持。

本案得出的经验教训是，在执行证书中载明，但在强制执行程序中未予执行的事项，应当争取执行法院就此进行说明，或说明驳回的理由，或说明不予执行的理由。在公证机构已经就某一债务的部分出具执行证书的情况下，很难要求其再次就该债务其他部分出具执行证书。例如公证债权文书（借款合同）中约定了本金和利息，公证机构应债权人的申请，就本金出具执行证书最终启动执行程序；执行完毕后，就利息部分申请执行证书是否可以？对此，我们认为：第一，作为执行依据的公证债权文书包含本金和利息两个债务，如同法院判决了两个债权。但是，债权人仅申请执行本金，不申请利息，不代表放弃利息债权。第二，本金和利息两个判决内容，可以分两次申请执行，例如先申请执行本金，执行完毕后再申请执行利息。公证强制执行程序的申请执行证书阶段，实际上就是判决场合下向法院申请判决执行的阶段，所以就公证债权文书中载明的几个债务，向公证机构多次申请执行证书并无理论障碍。唯一可能的麻烦是，本金和利息分开进行执行立案，则会出现几个不同的执行案号，如何统一，就成为争议焦点。

（二）终结执行

终结执行，是指在执行过程中，由于发生某种特殊情况，执行程序没有必要或不可能继续进行，从而结束执行程序。《民事诉讼法》第二百六十四条规定了终结执行的法定情形，即（1）申请人撤销申请的；（2）据以执行的法律文书被撤销的；（3）作为被执行人的公民死亡，无遗产可供执行，又无义务承担人的；（4）追索赡养费、扶养费、抚育费案件的权利人死亡的；（5）作为被执行人的公民因生活困难无力偿还借款，无收入来源，又丧失劳动能力的；（6）人民法院认为应当终结执行的其他情形。

《执行案件立案、结案意见》根据上述规定，在第十七条中进一步确定终结执行的事由：（1）申请人撤销申请或者是当事人双方达成执行和解协议，申请执行人撤回执行申请的；（2）据以执行的法律文书被撤销的；（3）作为被执行人的公民死亡，无遗产可供执行，又无义务承担人的；（4）追索赡养费、扶养费、抚育费案件的权利人死亡的；（5）作为被执行人的公民因生活困难无力偿还借款，无收入来源，又丧失劳动能力的；（6）作为被执行人的企业法人或其他组织被撤销、注销、吊销营业执照或者歇业、终止后既无财产可供执行，又无义务承受人，也没有能够依法追加变更执行主体的；（7）依照刑法第五十三条规定免除罚金的;(8)被执行人被人民法院裁定宣告破产的;(9)行政执行标的灭失的;(10)案件被上级人民法院裁定提级执行的;(11)案件被上级人民法院裁定指定由其他法院执行的;(12)按照《最高人民法院关于委托执行若干问题的规定》,办理了委托执行手续,且收到受托法院立案通知书的;(13)人民法院认为应当终结执行的其他情形。

根据《执行案件立案、结案意见》第十四条,终结执行和终结本次执行程序均是执行案件的结案方式;但是,它们与同属结案方式的执行完毕不同,终本执行和终结执行都是非正常结案方式,裁判文书确定的申请执行人的权益都没有完全实现;而执行完毕,则是指债权得到实现,执行案件正常得以终结。事实上,终本执行是终结执行的一种特殊方式,是鉴于执行案件在实践中大量遇到无可供执行的财产,从而加以区分,将终本执行的事由从终结执行中剥离出来加以处理,增加案件执行的精细程度。实践中,终结执行和终本执行的相同之处在于:(1)两者都没完全实现执行依据所载标的债权,申请执行人的权益都没有完全实现,所以两者都是非正常结案方式。(2)与执行完毕不同,终本执行和终结执行都要将执行裁定送达执行申请人,由其决定是否就该裁定进行司法救济。(3)两者都存在恢复执行的可能:前者是发现被执行人有可供执行的有效财产,后者是发现据以认定终结执行的事实错误。例如,被执行人死亡,人民法院经核查发现被执行人没有遗产,即裁定终结执行;后申请执行人或法院发现被执行人仍然有可供执行的遗产,此时即可恢复执行。当申请执行的条件具备时,当被执行人恢复履行能力时,以终本执行和终结执行方式结案的申请人都可以向执行法院申请恢复执行,立案恢复执行时的案件类型代号都是"执恢字"。(4)鉴于终本执行是一种特殊的终结执行方式,故《最高人民法院关于对人民法院终结执行行为提出执行异议期限问题的批复》提出,当事人、利害关系人对两者提出异议的,应当自收到终结执行法律文书之日起六十日内提出。

【问题114】当事人是否可以对人民法院作出的结案通知提出执行异议?

在北京H基金销售有限公司与北京S房地产开发有限公司、北京Y投资管理公司、北京K物业管理有限公司、北京L园林绿化有限责任公司、张某、郭某某公证债权文书纠纷一案中,H公司提出异议请求撤销北京二中院于2018年12月18日作出的结案通知书,理由为根据北京中信公证处出具的执行证书,执行内容本金、利息、逾期利息、公证费总计789916412.22元,已经支付款项合计743508616元,未执行债权合计46407796.22元;根据《民事诉讼法》第二百二十五条，当事人认为执行行为违反法律规定的，有权提出书面异议。北京二中院经审理，就执行申请人提出的执行异议作出（2019）京02执异303号执行裁定认为，"《公证债权文书执行规定》第十条规定：人民法院在执行实施中，根据公证债权文书并结合申请执行人的申请依法确定给付内容。在本案执行过程中，本院执行实施机构在尚未依法确认被执行人已完全履行完毕生效法律文书确定的还款义务，且申请执行人H公司对执行数额有异议的情况下，径行作出结案通知书的行为，不符合相关法律规定，应予撤销"[①]。

分析：出具结案通知，是人民法院执行机关实施的执行行为之一，当事人认为违反法律规定的，当然可以提出异议。本案中，案件尚未执行完毕，债权尚未完全实现，当然不能出具结案通知结束案件的执行工作，所以结案通知应当被撤销。

[①] 北京市第二中级人民法院（2019）京02执异303号执行裁定书。案件来源于中国裁判文书网。

后 记

因为任职法学专业高校，有教授学生和法学研究的任务，专业方向和主要研究领域在合同法和担保法，这和强制执行公证涉及的债权文书类型基本一致，再加上对公证强制执行制度这个"小众"制度多少有些好奇，就常常关注这一制度的研究和发展。在我看来，公证强制执行制度是诉讼制度的一个非常好的补充和替代，符合合同这一法律关系的基本特征和定分止争这一程序法立法宗旨的制度内核：首先，办理强制执行公证时，合同刚刚签订，各方大都和和睦睦，符合"合而同之"的合同法宗旨；其次，公证机构在办理公证时大都会向各方告知其应当承担的权利和义务，强化债务关系，消弭可能的误解甚至消解未来的纠纷；再次，在债务人不履行或不完全履行债务时，不经诉讼，直接进入执行程序，节约司法资源、帮助债权人快速实现债权；最后，通过《公证债权文书执行规定》中精巧的制度设计，原先在诉讼中由原告证明债务关系真实有效提出诉讼请求的诉讼格局，变为由债务人缴纳执行担保并自行提起诉讼证明债务关系存在无效等不予执行法定事由的诉讼格局，可以有效地阻却恶意或不当诉讼。总之，这项制度有着诉讼制度无法比拟的优势，其先行一步，自债务关系建立之时即由公证机构介入开始"事前救济"的运转机制完全可以在一些类型的债务关系领域替代诉讼制度，维护社会的司法公正。

通过与来西北政法大学访问或培训的公证机构的执业人员进行座谈，了解到公证强制执行制度在实践中的问题和理论研究进展，我发现，尽管强制执行公证债权文书和执行证书，和法院裁判、仲裁裁决并列为中国强制执行的三大执行依据，但对其进行理论研究的著述很少，而且深度有限。于是，就起意写一部专门论述公证强制执行程序的专业书籍，供执业人员参考。在收集文献资料的过程中，一位曾经来校培训的公证机构的公证学员联系我，通过微信问了我一个问题，即"公证书和执行证书是否可以补正？"我听了以后，非常惊讶，我觉得这就是一个基本问题，《公证程序规则》明确规定可以通过公证书的补正纠正公证书非基础内容上的错误，这和法院作出的民事裁判、仲裁委员会作出的仲裁裁决一样，都是通过补正纠正法律文书中的错误。在我疑惑的追问之下，那位提出问题的公证学员才告诉我，他知道《公证程序规则》的规定，但没有经历过，所以心里没底。由此，我才知道，因为公证法本身仅仅是大多数法学院系专业法学课程中的选修课，感兴趣的学生并不多，更何况大多数公证法教材中对公证强制执行制度仅仅是一笔带过；所以，即使是正规法学院系毕业的科班学生，对公证强制执行制度也仅仅是一知半解，更不用说很多实践当中的问题和背后的理论逻辑。所以，我与本书的另一位作者就打算将这本书写得更加贴近实践，尽可能将实践中的问题以及各地公证机构和各级人民法院在实践中解决问题的各种方法拿出来展示和讨论，一方面通过讲述公证强制执行的理论，讲清楚有关法律规定背后的机理和逻辑；另一方面将实践案例拿出来讨论，提出一个个公证人员、当事人在实践中可能会遇到的问题，然后用实践案例进行回答。对此，我们的分工是由我来撰写公证债权文书在人民法院强制执行这一部分的内容，包括对2018年出台的《公证债权文书执行规定》的解读，由本书的另一位作者陈凯女士详细讨论和讲解公证程序部分的理论和实践。这样，通过本书，公证人员或当事人一方面可以知晓法律规定，知晓法律为什么这样规定，背后的逻辑是什么；另一方面可以从案例中得知其他公证机构、人民法院是如何处理实践中的各种问题的，以及会产生什么样的法律后果。希望可以通过本书的内容，达到介绍、宣传、推广公证强制执行制度的效果，让这一制度发挥更大的功能。

本书的写作得到了很多同事、朋友和学生的帮助，这里首先要感谢陕西省西安市汉唐公证处主任杨磊先生，其丰富的从业经验，给了我们很多启发；其次，要感谢西北政法大学民商法学院院长张翔教授的大力支持；再次，要着重感谢我所任职的西北政法大学民商事纠纷解决研究中心、西北政法大学民事强制执行研究中心，没有中心各位同仁的智力支持，我们不可能顺利写完本书；最后，要感谢我的研究生们，没有他们辛苦的校对，这本书也不可能如期付梓。

付颖哲

二〇二二年四月一日　于西安·高新·都市印象

图书在版编目(CIP)数据

公证强制执行理论与实务精要 / 陈凯, 付颖哲著. —北京：中国法制出版社, 2023.2
ISBN 978-7-5216-2598-1

Ⅰ.①公… Ⅱ.①陈… ②付… Ⅲ.①债权法—执行(法律)—研究—中国 Ⅳ.①D923.34

中国国家版本馆CIP数据核字(2023)第010185号

策划编辑：侯　鹏
责任编辑：宋　平　　　　　　　　　　　　　封面设计：杨鑫宇

公证强制执行理论与实务精要
GONGZHENG QIANGZHI ZHIXING LILUN YU SHIWU JINGYAO

著者 / 陈　凯　付颖哲
经销 / 新华书店
印刷 / 三河市国英印务有限公司
开本 / 710毫米×1000毫米　16开　　　　　印张 / 26.25　字数 / 382千
版次 / 2023年2月第1版　　　　　　　　　　2023年2月第1次印刷

中国法制出版社出版
书号ISBN 978-7-5216-2598-1　　　　　　　　　　　　定价：96.00元

北京市西城区西便门西里甲16号西便门办公区
邮政编码：100053　　　　　　　　　　　　　传真：010-63141600
网址：http://www.zgfzs.com　　　　　　　　编辑部电话：010-63141825
市场营销部电话：010-63141612　　　　　　印务部电话：010-63141606
(如有印装质量问题，请与本社印务部联系。)